"十四五"职业教育国家规划教材

新编
大学生心理健康
（第九版）

微课版

新世纪高职高专教材编审委员会 组编

主　编　刘庆明　赵生玉
副主编　高　燕　王　军
　　　　赵慧勇　陈毓秀
主　审　岳五九

大连理工大学出版社

图书在版编目(CIP)数据

新编大学生心理健康 / 刘庆明,赵生玉主编. -- 9
版. -- 大连：大连理工大学出版社,2022.1(2023.11重印)
ISBN 978-7-5685-3697-4

Ⅰ.①新… Ⅱ.①刘… ②赵… Ⅲ.①大学生－心理
卫生－健康教育－高等职业教育－教材 Ⅳ.①G444

中国版本图书馆 CIP 数据核字(2022)第 022186 号

大连理工大学出版社出版
地址:大连市软件园路80号　邮政编码:116023
发行:0411-84708842　邮购:0411-84708943　传真:0411-84701466
E-mail:dutp@dutp.cn　URL:https://www.dutp.cn
辽宁虎驰科技传媒有限公司印刷　　大连理工大学出版社发行

| 幅面尺寸:185mm×260mm | 印张:18 | 字数:437千字 |

2003年6月第1版　　　　　　　　　　2022年1月第9版
2023年11月第7次印刷

责任编辑:赵　部　　　　　　　　　　责任校对:程砚芳
封面设计:张　莹

ISBN 978-7-5685-3697-4　　　　　　　定　价:49.80元

本书如有印装质量问题,请与我社发行部联系更换。

前　言

《新编大学生心理健康》(第九版)是"十四五"职业教育国家规划教材、"十三五"职业教育国家规划教材、普通高等教育"十一五"国家级规划教材，也是新世纪高职高专教材编审委员会组编的公共基础课系列规划教材之一。

党的二十大报告中明确指出，要"推进健康中国建设"，要"把保障人民健康放在优先发展的战略位置，完善人民健康促进政策"，特别强调要"重视心理健康和精神卫生"。

我们的心理健康程度不仅决定着我们行为的良善与丑恶，而且更进一步地影响着整个社会文明。因为健康的意识与不健康的意识都在不停地循环，整个社会精神文明进程的命运就取决于我们人类心灵深处的认识。大学阶段是青年学生个性形成的关键时期，也是其个性心理转折的关键时期。面对因科技进步、经济全球化等多重因素引致的、竞争日趋激烈的社会环境，如何培养青年学生的健康心态，以应对日趋严峻的挑战，乃是当前高等教育需要履行的极为重要、极为迫切的职责和义务，也是我国高等教育能够给予当代大学生的最好礼物。

基于这样的考虑，我们组织优秀一线教师编写了《新编大学生心理健康》(第九版)教材，旨在给予莘莘学子一种乐于接受的、客观全面的人生健康指导。

与人类的物质文明并行，精神文明在自身不断发展的进程中也在不断地给出心理健康的新标准，很显然，这是一个动态的进化过程，而这个过程的每一次变动，都是文明进程的标志性见证。因此，我们在通过本教材给予学生以心理健康指导的时候，重要的不是要给出一个多么正确的结论，而是旨在指导学生怎样学会自己去认知。因此，开放性、探讨性是本教材最显著的特征。

面对众多而复杂的心灵，希冀将一种认识强加于人是不现实的。心灵的产物只有得到心灵的认可，才有获得接受的可能。因此，注重可读性，注重趣味性，注重心灵的互动与感应，注重潜移默化的自然影响过程，也是本教材的重要特征。

本教材以习近平新时代中国特色社会主义思想为指导，深入贯彻党的二十大报告精神，突出"立德树人""三全育人"等重要教育理念，从心理育人的角度，挖掘传统文化中优秀的心理元素，融入社会主义核心价值观，培养适应现代职场要求的、具有优秀职业素养的高职大学生。本次修订还突出以下特色：

1. 体现现代社会对高职大学生心理素质的独特要求。本教材瞄准时代对高职大学生的职业素养要求，紧紧扣住高职大学生这个群体的独特的心理发展特点来设计内容和项目。现代社会所看重的诚信、意志坚韧性、感恩意识、创新能力、沟通与合作、团队精神、耐挫能力等心理素质皆在本教材中通过各种教学形式加以训练和培养。

2. 架构体例体现知识、技巧、能力的有效结合。本教材由原来的从理论到实践技能架构改为情境式模块：以心理测试、案例、生活写真、角色扮演等形式进行情景再现（提出问题）；通过基本概念、最新研究成果、微课等形式进行知识解读（分析问题）；以案例分析、角色扮演、团体拓展、分组讨论等形式实现实践技能（解决问题）；通过团体拓展、推荐好书等形式促进素质养成（能力提升）。这种编写模式遵循学生的认知特点，大大激发了学生的学习兴趣，提高了学生学习的动力。

3. 呈现形式丰富多彩，能有效保障教学效果。本教材除了设计教师知识讲解内容外，还提供了大量生动活泼的互动式实践活动，以促进理论与实践的有效结合。如教材中引起学生好奇心的心理测试、精彩绝伦的案例分析、有趣又实用的心理知识、激发主动性和挑战性的团体拓展活动、图文声像并茂的微课等，极大地调动学生的感官，有效提升了教学效果。

本教材适用于不同学时安排的教学过程，这一方面是由于其讲座式的结构安排，一方面是由于其容易为人接受的风格叙述。借助本教材，教师完全可以创造性地去安排一个真正互动的教学过程。

《新编大学生心理健康》（第九版）由安徽水利水电职业技术学院刘庆明、温州职业技术学院赵生玉任主编，滨州职业学院高燕、淮北职业技术学院王军、亳州职业技术学院赵慧勇、广州科技职业技术大学陈毓秀任副主编，此外，大连理工大学城市学院王进、安徽水利水电职业技术学院余磊、西双版纳职业技术学院冉玉珏也参与了部分章节的编写工作。具体编写分工如下：第一、七、十四章由刘庆明编写，第四、八章由赵生玉编写，第五章由高燕编写，第九章由王军编写，第二、十三章由赵慧勇编写，第六、十一章由陈毓秀编写，第十二章由王进编写，第三章由余磊编写，第十章由冉玉珏编写。全书由刘庆明负责统稿、定稿。安徽水利水电职业技术学院岳五九审阅了全部书稿并提出了宝贵意见，在此谨致谢忱。

在编写本教材的过程中，编者参考、引用和改编了国内外出版物中的相关资料以及网络资源，在此表示深深的谢意！相关著作权人看到本教材后，请与出版社联系，出版社将按照相关法律的规定支付稿酬。

对于教材中存在的不足和错误之处，诚望读者批评指正。

编　者

所有意见和建议请发往：dutpgz@163.com
欢迎访问职教数字化服务平台：https://www.dutp.cn/sve/
联系电话：0411-84706671　84707492

目　录

第一章	心理健康概述	1
	第一节　心理与健康	2
	第二节　大学生常见的心理问题	8
	第三节　大学生心理健康的培养	16
	第四节　心理咨询与心理治疗	19

第二章	心理适应	29
	第一节　环境适应	30
	第二节　角色适应	37

第三章	自我意识	44
	第一节　自我意识概述	45
	第二节　认识自我	48
	第三节　悦纳与完善自我	51

第四章	职业生涯规划	61
	第一节　职业生涯规划概述	62
	第二节　职业生涯规划理论	68
	第三节　大学生职业生涯规划	74

第五章	健康人格	81
	第一节　人格概述	82
	第二节　不良性格及其调适	91
	第三节　人格魅力之诚信	98
	第四节　健康人格的培养	105

第六章	学习成才	110
	第一节　学习概述	111
	第二节　技能学习	114
	第三节　学习的心理误区及其调适	116
	第四节　学习能力的培养	124

第七章	创新思维	131
	第一节　创新思维概述	132
	第二节　创新思维开发	136

第八章　人际交往 ... 144
- 第一节　人际交往概述 ... 145
- 第二节　人际交往中常见的心理困扰及其调适 ... 147
- 第三节　提高人际吸引力 ... 153

第九章　恋爱与性 ... 163
- 第一节　关于爱情 ... 164
- 第二节　培养健康的恋爱观 ... 168
- 第三节　恋爱中的心理困扰及其调适 ... 174
- 第四节　培养爱的能力 ... 181
- 第五节　大学生的性心理 ... 184

第十章　绿色网络 ... 192
- 第一节　网络概述 ... 193
- 第二节　网　恋 ... 196
- 第三节　网络游戏 ... 200
- 第四节　大学生网络心理素质的培养 ... 207

第十一章　情绪管理 ... 212
- 第一节　大学生与情绪 ... 213
- 第二节　理性情绪理论及其应用 ... 222
- 第三节　健康情绪情感的培养 ... 227

第十二章　挫折应对 ... 232
- 第一节　挫折概述 ... 233
- 第二节　大学生常见的挫折及其反应 ... 234
- 第三节　大学生耐挫能力的培养 ... 237

第十三章　珍爱生命 ... 248
- 第一节　生命意识 ... 249
- 第二节　生命的意义 ... 254
- 第三节　自杀及其心理干预 ... 261

第十四章　爱与感恩 ... 268
- 第一节　爱让我们懂得感恩 ... 269
- 第二节　学会感恩 ... 271
- 第三节　大学生感恩缺失的表现及其改进途径 ... 276

参考文献 ... 280

第一章 心理健康概述

本章导航

中国青年报社、中青校媒等在 2019 年 1~11 月对全国大学生,样本量为 12 117 人进行健康调查,并于 2020 年 1 月发布《2020 中国大学生健康调查报告》。

该报告显示,健康问题的三大困扰:皮肤、睡眠、情绪困扰。其中情绪困扰占 38%。大学生最近一年心理困扰来自学业压力(60%)、人际关系(34%)、性格(不自信等)(31%)、就业规划(27%)、专业前景(22%)、恋爱、家庭关系等方面。面对来自各方的压力,大学生解决心理困扰的主要途径是转移注意力、跟同学或朋友倾诉,只有 6% 的学生向专业人士求助。

大学生有心理困扰却不愿或不敢去寻求专业人士帮助的原因何在?如何判定自己的心理是否健康?大学生提高自己的身心健康水平的渠道有哪些?学校心理咨询可以为我们提供哪些帮助?带着这些疑问开始我们的心理健康旅程吧。

经典名言

只有优异的成绩,却不懂得与人交往,是个寂寞的人!
只有过人的智商,却不懂得控制情绪,是个危险的人!
只有超人的推理,却不善于了解自己,是个迷茫的人!
只有健全的肢体,却不拥有健康心理,是个不幸福的人!

第一节　心理与健康

一、心理

2016年某职业院校心理协会对刚入学的大一新生进行抽样调查,发现95%的学生在高中没有系统学过心理健康的相关知识,他们只是凭感觉或从课外书中了解一些零散的心理学内容:有的同学认为心理是指人的情绪、心中所想;有的同学则认为它是一种生活态度、一种思想、一种处世能力等;还有一些同学认为心理是道德伦理。那么,什么是人的心理?

人的心理是心理过程和个性心理的总称。人的心理现象如图1-1所示。

图1-1　人的心理现象

(一)心理过程

1. 认知心理过程

认知心理过程是人的最基本的心理过程,一般概括为感觉、知觉、记忆、思维、想象等心理活动过程。

感觉是人脑对直接作用于感觉器官的客观事物个别属性的反映,它包括视觉、听觉、味觉、触觉、嗅觉等。知觉是人脑对直接作用于感觉器官的客观事物整体属性的反映。如当一个苹果的色、香、味、形等各个属性,直接作用于人的各有关感觉器官时,就在大脑皮层相关的几个中枢间建立起一组复杂的暂时神经联系,于是就形成苹果这一事物的整体映象,这就是对苹果的知觉。记忆是经验过的事物在人脑中的反映。思维是人脑对客观现实间接的、概括的反映,即在掌握感知材料的基础上,通过分析、综合、推理、判断等环节,从而认识事物共同的、本质的特征和内在的联系。想象则是人脑在思维的参与下对已有表象进行加工改造而创造新形象的过程。

2. 情感心理过程

人在认识客观事物时,对客观事物是否符合自己的需要,总会做出一定的评价,并产生满意、喜爱、恐惧、愤怒等主观体验,这些现象就是情感心理过程。

3. 意志心理过程

人在与周围环境互相作用时,不仅认识事物,产生情绪、情感,还要为达到认识世界、改造世界的预期目的订立计划、采取行动、克服困难,这种心理过程叫意志心理过程。

(二)个性心理

个性心理是指一个人在其生活、实践活动中经常表现出来的、比较稳定的、带有一定倾向性的个体心理特征的总和。它包括个性倾向性和智能。

个性倾向性是指人的多种心理活动特点的一种独特的结合形式,包括心理活动的动力特征,即气质,以及对现实环境和完成活动的态度上的特征,即性格。智能指完成某种活动的潜在可能性的特征,即智力和能力。

二、心理健康

心理健康的含义有广义和狭义之分。广义的心理健康是指一种高效而满意的、持续的心理状态；狭义的心理健康是指人的基本心理活动的过程和内容完整、协调一致，即认知、情感、意志、行为、人格完整和协调。基于以上观点，我们认为心理健康是指个体在适应环境的过程中，生理、心理和社会性方面达到协调一致，保持一种良好的心理功能状态。

保持良好的心理功能状态，必须符合三项基本原则：

其一是心理活动与客观环境的同一性原则。不论在形式上还是内容上都要与客观环境保持统一，失去统一，即失去平衡，则心理失调、行为异常。例如，青少年富于想象，幻想未来，无疑是正常现象，但若整天想入非非，甚至产生幻觉，则是心理异常的表现。

其二是心理过程之间协调一致性原则。即一个人的认知、情感、意志等心理活动保持自身的完整统一、协调一致，保证准确有效地反映客观现实。如果失去这种协调和统一，必然会出现异常心理。例如，当一个人对令人愉快之事却做出冷漠的反应，而对使人痛苦之事却做出欢迎的反应，就是心理异常的表现。

其三是个性特征的相对稳定性原则。即一个人在长期的生活经历中形成的个性心理特征具有相对稳定性，一般是不易改变的。但是，如果在外部环境没有巨大变化的情况下，一个人的个性出现明显变化，就应考虑心理活动是否出现异常。例如，一个平常热情活泼的人突然变得沉默寡言。

三、大学生心理健康的标准

结合学者张伯源等的看法，我们认为大学生心理健康的标准可参考以下几点。

（一）了解自我，悦纳自我

心理健康的大学生能体验到自己的存在价值，既能积极探索自己、了解自己，又能接受自己，有自知之明，能对自己的能力、性格和优缺点做出恰当的、客观的评价，不苛求、不苛责、不过分期待，对自己总是满意的；努力发展自身的潜能，即使面对自己无法补救的缺陷，也能泰然处之，心态平和、淡定。

（二）接受他人，善与人处

心理健康的大学生秉持"我好，你也好"的人际交往模式，认同"我不完美，你也不完美，但这没关系，我们可以一起努力营造美满的关系"。因此，他们能与他人沟通和交往，认可别人存在的重要性和作用，同时也能为他人和集体所理解、接受，人际关系和谐；既能与人共享欢愉，也能安然独处；在与人相处时，积极的态度（同情、友善、信任、尊敬等）总是多于消极的态度（猜疑、嫉妒、畏惧、敌视等）；在社会生活中有较强的适应能力和较充足的安全感。

（三）接受现实，适应环境

无论升学成绩是否符合预期理想，无论自己能否进入心仪的院校、专业，心理健康的大学生能够正视现实、接受结果，并能很快适应大学的新环境，妥善处理生活和学习中的困难，积极地发展自己；能够对周围的事物和环境做出客观的评价，并与现实环境保持良好的关系；既有高于现实的理想，又不会沉湎于不切实际的幻想与奢望。

（四）热爱生活，好学力行

心理健康的大学生能珍惜和热爱生活，积极投身于生活，并从中尽情享受人生的乐趣；能保持良好的学习兴趣，学习目标明确，能够为自己的发展做准备；能尽力发展潜能，使自己的学习和生活更有效率，也更有成效。

（五）心境良好，善于调节情绪

在心理健康的大学生身上，愉快、乐观、开朗、满意等积极情绪总占优势，当然也会有悲、忧、愁、怒等消极情绪，但一般能很快地调整。他们能适度地表达和控制自己的情绪。对于无法得到的东西，他们不过分追求，争取在社会允许的范围内满足自己的各种需要；对于自己能得到的一切，他们感到满意，能够在大学这片广阔天地中愉快地学习和生活。

（六）人格完整、和谐

心理健康的人的气质、能力、性格和理想、信念、动机、兴趣等各方面统一发展，人格作为人的整体精神面貌，能够完整、协调、和谐地表现出来。他们思考问题的方式是适中和合理的，待人接物能采取恰当、灵活的态度，对外界刺激不会有偏激的情绪和行为反应。他们能够与社会的发展步调保持一致，也能和集体融为一体。

（七）心理行为符合年龄特征

人生命发展的每个阶段都有其相对应的心理行为表现，从而形成不同阶段独有的心理行为模式。心理健康的大学生具有与多数同龄人相一致的心理行为特征，如开始独立、处理无助感、摆脱依赖心理等。

心理健康的标准说起来容易，但在实际操作中则要困难得多。

人体的身高、体温可以用尺子、温度计准确测量，心理健康水平的测试就困难多了。不妨先来看看下面的这些例子：

一个人玩扑克游戏正玩得开心，同伴走过来拿走了他的扑克牌，他立刻大哭大叫。你认为他正常吗？也许你会认为他不正常。但是，如果他是一个四五岁的孩子，你还这样认为吗？

有一位同学，精力旺盛，易与人相处，整天无忧无虑。可是近两个星期来，他变得极为抑郁，不能集中精力学习，晚上失眠，还时常发出阵阵失去控制的哭喊。他是精神不正常了吗？或许你会这样认为。但是，假如你知道，他两个星期前收到家里的来信，得知自己的弟弟得了白血病，前两天又得知弟弟已经离开了人世，你还会认为他的精神出了问题吗？

心理健康是一种持续性的心理状态，一个人偶尔出现一些不健康的心理行为，并不表明这个人的心理不健康。

正确理解和运用大学生心理健康标准应注意以下几个问题：

第一，心理不健康与有不健康的心理和行为表现不能等同。心理不健康是指一种持续的不良状态。偶尔出现一些不健康的心理和行为并不等于心理不健康，更不等于已患心理疾病。因此，不能只看一时一事就简单地对自己或他人做出心理不健康的结论。

第二，心理健康与不健康不是泾渭分明的对立面，而是一种连续的状态。从良好的心理健康状态到严重的心理疾病之间有一个广阔的过渡带。在许多情况下，异常心理与正常心理、变态心理与常态心理之间没有绝对的界限，只是程度的差异。

第三，心理健康的状态具有动态性。心理健康状态不是固定不变的，而是动态变化的过程，是随着人的成长、经验的积累、环境的变化而变化的过程。

第四，心理健康的标准是一个理想尺度，是从人的优秀的心理素质中总结出来的有代表性的特征，它不仅为我们提供了衡量心理是否健康的标准，而且为我们指明了提高心理健康水平的努力方向。

四、大学生心理健康的意义

（一）心理健康是大学生身心健康发展的需要

心理健康是身体健康的保证。生理健康是心理健康的基础，而心理健康反过来又能促进生理健康。有研究表明，人体内有一种最能促进身体健康的力量，即良好情绪的力量。如果善于调节情绪，经常保持心情愉快，可以提高自身的免疫力，促进身体健康。

（二）心理健康是大学生适应社会的需要

现代社会要求人才具有良好的心理素质。良好的心理素质是时代发展的需要，是社会全面发展对培养高素质创新型人才的必然要求。培养大学生良好的个性品质，拥有创新、自信、进取、合作的精神，使个人的心理素质、文化素质、专业素质和身体素质协调发展，是现代社会对人才的要求，是大学生必备的心理素质。

现代社会要求人才具有很强的适应能力。现代社会挑战与机遇并存，面对社会的迅速变革，每个人都会承受来自各方面的巨大压力。迎接挑战，战胜压力，要不断调整人的心理，使之与环境相适应。大学生要在现代社会中发展，必须拥有健康的心理。

（三）心理健康是大学生实现自我、超越自我的前提

每个人都有一座潜能"金矿"，蕴藏无穷，价值无限。当一个人拥有自信、情绪积极乐观、意志品质坚强时，能够最大限度地挖掘自己的潜能；当一个人处于自卑、愤怒、抑郁、焦虑、紧张等消极状态时，对外界的感知能力就会下降，从而限制自己潜能的发挥。

适中的情绪、坚强的意志、良好的性格，对人的智力发展和成就的取得具有巨大的推动作用；相反，情绪不稳定、意志力薄弱、性格存在明显缺陷的人，其在学习、生活、事业上往往到处碰壁，其智力的发展亦同样会受到阻抑。

心理测试

大学生心理健康测试

对以下40道题，如果感到"常常是"，画"√"；"偶尔是"，画"△"；"完全没有"，画"×"。

1. 平时不知为什么总觉得心慌意乱，坐立不安。
2. 上床后，怎么也睡不着，即使睡着也容易惊醒。
3. 经常做噩梦，惊恐不安，早晨醒来就感到倦怠无力、焦虑烦躁。
4. 经常早醒1~2小时，醒后很难再入睡。

5. 学习的压力常使自己感到非常烦躁,讨厌学习。
6. 读书看报,甚至在课堂上也不能专心一致,往往自己也不清楚在想什么。
7. 遇到不称心的事情便较长时间地沉默少言。
8. 感到很多事情不称心,无端发火。
9. 哪怕是一件小事情,也总是很放不开,整日思索。
10. 感到现实生活中没有什么事情能引起自己的乐趣,郁郁寡欢。
11. 老师讲概念,常常听不懂,有时懂得快忘得也快。
12. 遇到问题常常举棋不定,迟疑再三。
13. 经常与人争吵发火,过后又后悔不已。
14. 经常追悔自己做过的事,有负疚感。
15. 一遇到考试,即使有准备也紧张焦虑。
16. 一遇到挫折便心灰意冷,丧失信心。
17. 非常害怕失败,行动前总是提心吊胆、畏首畏尾。
18. 感情脆弱,稍不顺心就暗自流泪。
19. 自己瞧不起自己,觉得别人总在嘲笑自己。
20. 喜欢跟比自己年幼或能力不如自己的人一起玩或比赛。
21. 感到没有人理解自己,烦闷时别人很难使自己高兴。
22. 发现别人在窃窃私语,便怀疑是在背后议论自己。
23. 对别人取得的成绩和荣誉常常表示怀疑,甚至嫉妒。
24. 缺乏安全感,总觉得别人要加害自己。
25. 参加春游等集体活动时,总有孤独感。
26. 害怕见陌生人,人多时说话就脸红。
27. 在黑夜行走或独自在家会有恐惧感。
28. 一旦离开父母,心里就不踏实。
29. 经常怀疑自己接触的东西不干净,反复洗手或换衣服,对清洁极端注意。
30. 担心是否锁门和可能着火,反复检查,经常躺在床上又起来确认,或刚一出门又返回检查。
31. 站在经常有人自杀的场所、悬崖边、大厦顶、阳台上,有摇摇晃晃要跳下去的感觉。
32. 对他人的疾病非常敏感,经常打听,生怕自己也身患同病。
33. 对特定的事物、交通工具(电车、公共汽车等)、尖状物及白色墙壁等稍微奇怪的东西有恐怖倾向。
34. 经常怀疑自己发育不良。
35. 一旦与异性交往就脸红心慌或想入非非。
36. 对某个异性伙伴的每一个细微行为都很注意。
37. 怀疑自己患了癌症等不治之症,反复看医书或去医院检查。
38. 经常无端头痛,并依赖止痛或镇静药。
39. 经常有离家出走或脱离集体的想法。
40. 感到内心痛苦无法解脱,只能自伤或自杀。

测评方法

画"√"的题得2分,画"△"的题得1分,画"×"的题得0分。

评价参考

(1) 0~8分。心理非常健康,请你放心。

(2) 9~16分。大致还属于健康的范围,但应有所注意,也可以找老师或同学聊聊。

(3) 17~30分。你在心理方面有了一些障碍,应采取适当的方法进行调适,或找心理辅导老师帮助你。

(4) 31~40分。黄牌警告,有可能患了某些心理疾病,应找专门的心理医生进行检查治疗。

(5) 41分以上。有较严重的心理障碍,应及时找专门的心理医生治疗。

(资料来源:孔洁.高职大学生心理健康指南.合肥:中国科学技术大学出版社,2006.)

生活链接

心理学与生活

我们生活的每一天都离不开心理现象与心理问题。

清晨,到点自己醒来,是生物钟的作用,这是人对时间知觉的心理现象;当你起床之后,感觉天气冷热变化或根据季节时令而增减衣服,这是人的冷暖知觉心理在起作用;走出房间,发现绿色的树木、各色的花朵使人心旷神怡,这是人的视觉与内心的体验;来到校园,生活在集体中,要与老师、同学交往,人际交往心理必然参与其中;学习时,要专心听讲,记下知识的结构和主要内容,要思考问题,其间要调动人的多种感觉器官如听觉、视觉、触觉等参与其中,要有记忆、思维、观察、想象、书写、创新等心理活动。

从我们个人成长来看,从初生的婴儿,到幼儿期、少年期,再到青年期,以至中年期、老年期,从生到死,在人生的各个阶段都会有不同的心理特点。

在人的社会发展中,也处处有心理学。从平凡的生活小事,如人与人之间的交流、合作,亲子沟通,恋爱,求职就业等,到国际的交流与合作,极端的政治——战争中的心理宣战,如美国—伊拉克战争中信息心理战就是绝好的例子。在高新技术对现代战争产生巨大影响的今天,世界各国在注重发展高技术武器的同时,从未放松对心理战的研究。"攻心为上,攻城为下",开展心理战是达到不战或小战而屈人之兵的重要手段。战争中不仅要扔炸弹,还要投食品袋、收音机、传单——战争不仅仅在战场上,也在电视屏幕、互联网上。

现实中的时时事事都在提醒着我们:心理学在生活中无时不在,心理健康问题无处不有。大学生活的开始,也是新阶段自身心理探索的开始。

(资料来源:理查德·格里格,菲利普·津巴多.心理学与生活.王垒,王甦,译.北京:人民邮电出版社,2003.)

第二节 大学生常见的心理问题

心理问题是指一个人在其成长过程中,受自身生存环境的影响,在没有认知障碍和智力障碍的情况下,形成的一种不协调的心理状态。通常情况下,将心理问题分为三类:第一类是心理困扰,第二类是心理障碍,第三类是精神疾病。大学生中有严重心理障碍的比较少,多数是比较轻微的心理问题,但是如果轻微的心理问题不予以及时调节和疏导,也会影响身心健康,持续发展下去还可能导致严重的心理障碍。

一、大学生常见的心理困扰

(一)入学适应方面的心理问题

对于绝大多数新生来讲,面临的主要问题是陌生的校园,生疏的面孔,全新的生活、学习方式。这对首次远离家乡、离开长期依赖的父母和熟悉的生活环境的大学生来说,通常会产生不同程度的压力和心理上的不适应,即对将来如何独立生活、怎样适应新的环境,内心或多或少地会感到担忧与不安,并伴有焦虑、苦闷和孤独等现象。这在一些适应能力较弱的大学生中表现得尤为明显,且往往会出现食欲不振、失眠、烦躁及注意力不集中等症状,个别严重者甚至不能正常坚持学习以致提出休学、退学要求。

(二)自我意识方面的心理问题

自我意识是影响大学生心理健康的重要因素,人的所有行为无不受意识左右。自我意识是大学生认识自我、发展自我、完善自我的重要条件,但由于自我意识认知过程相对漫长等特点,因此在这个过程中往往会使人出现意识偏差,甚至陷入认知矛盾的状态。如理想自我和现实自我的矛盾,满足感和空虚感的矛盾,独立性和依赖性的矛盾,理智和情感的矛盾,等等。这些矛盾解决不好往往会造成不良的心理反应,影响其心理状态。

(三)学习方面的心理问题

大学的教学目标、教学内容、教学方式都与高中有明显的差异。这就要求大学生必须改变高中的学习模式和方法,明确学习目的,端正学习态度,学会科学用脑,掌握自学方法,以适应全新的大学学习生活。但一些大学生学习动力不足、学习方法不当或对专业缺乏兴趣等导致成绩不佳,同时引发考试焦虑,甚至厌学、弃学等问题。

(四)人际交往方面的心理问题

与高中生相比,大学生的人际交往更为复杂,更为广泛,更具社会性,大学生对人际交往也更加重视,并希望发展这方面的能力。但由于认识、情绪和个性因素的影响,再加上缺乏人际交往的经验与技巧,在交往中往往会遇到各种困难与挫折,从而产生焦虑等心理问题,影响其健康成长。

(五)恋爱情感方面的心理问题

在人的成长过程中,爱的渴望与需要是一个永恒的主题。大学生可能会因情窦初开而兴奋、害羞,可能会经历浪漫而纯洁的爱情,同样还可能面临暗恋、失恋的情感困惑。为情所困是大学生常见的烦恼,既会为得不到爱而焦灼,也会为失去爱而伤心。

(六)性方面的心理问题

性的困扰是大学生普遍存在的心理困扰。一方面,青春期性心理的成熟,必然带来相应的心理变化,渴望获得异性的好感与承认,产生性幻想、性冲动等。但由于性教育的缺失,很多学生不能正确认识自我的性反应,产生了堕落感、耻辱感与性罪恶感,把性与不洁联系起来。另一方面,青春期性心理与性生理密切相关,对异性存有好感,希望在异性心目中树立良好的形象,获得对方的认可。有的大学生认为,"爱,不能没有性","面对男朋友的性要求,如何选择既不伤双方感情又能保持自身的尊严"。性的好奇、性无知、性贞洁感的淡化,甚至性与爱的困惑、分离以及由于性行为引起的后果及产生的心理压力,都是困惑着一些大学生的心理问题。

(七)情绪情感方面的心理问题

"郁闷"已经成为大学生群体的流行词。有些大学生情绪波动大,兴奋时眉飞色舞,压抑时萎靡不振,难以有效地自我调节;有些大学生做事容易紧张,事前犹豫不决,事后后悔不已;还有些大学生容易冲动,总发脾气等。大学生不能很好地控制情绪,为人处世倾向于情绪化,更容易引发心理问题。

(八)职业生涯发展规划方面的心理问题

大学生憧憬自己的未来,更关心个人的发展。选择什么样的职业、如何寻找工作、要不要进行职业转换等,都是大学生职业发展中会面临的困扰。此外,纠结于要不要毕业即就业、要不要专升本、要不要自考等也有可能引发心理问题。

二、大学生常见的心理障碍

(一)神经症

神经症患者的心理体验是焦虑,主要表现为担忧、害怕、焦灼不安,有时伴有一系列与动物神经活动相联系的生理反应,如心跳加快、血压增高、呼吸急促、出汗等。他们通常没有任何可以证明的器质性病变,而人格特征常常构成发病的基础。神经症患者的社会适应能力没有严重受损,对自己的心理障碍有自知力,多数人积极寻求帮助。神经症主要包括焦虑性神经症(焦虑症)、恐怖性神经症(恐惧症)、强迫性神经症(强迫症)。

1. 焦虑症

> **案例**
>
> **她为什么紧张**
>
> 王某,女,19岁,某高校二年级学生。从大学一年级第二学期开始,她就出现了心理问题,主要表现为每到期末考试临近时就紧张焦虑,还伴有较严重的睡眠障碍。
>
> 原来,王某在中学学习时理科就是弱项,所以才报考了文科,没料到上大学后自己所在的专业还要学习数学、统计等课程,她感到负担沉重。老师一堂课讲的内容很多,学起来极为吃力。第一学期期末考试,她有三科不及格,心情分外沉重,因为这对她来说是前所未有的事。于是,她经常感到心慌、焦虑,难以入眠,加上宿舍里的室友每晚熄灯后都要海阔天空地聊天,所以她经常大半夜都睁着眼望着墙壁,无法入睡。期末考试来临

之际,她的神经就绷得更紧了,越紧张就越难入睡。到了白天就神疲力乏,无法集中注意力听课,也难以静下心来复习,所以她的考试成绩连续三学期都排在倒数一二名。但是,她也并不是时时刻刻都感到紧张、焦虑,她在每学期的前半期情况都比较好,因为距离考试还有很长时间,压力不大,所以身心都比较放松。但当期末考试临近时,她就紧张、焦虑,甚至失眠。

从王某的情况来看,她患的是考试焦虑症,这也是大学生心理咨询中常见的问题。

焦虑症是指持续性精神紧张或惊恐发作状态,常伴有头晕、胸闷、心悸、呼吸困难、口干、尿频、出汗、震颤和明显的运动性不安等。此症并非由实际威胁所引起,其紧张程度与现实事件很不相称。焦虑症包括急性焦虑(惊恐发作)和慢性焦虑(广泛性焦虑)两种表现形式。急性焦虑是一种突如其来的惊恐体验,仿佛窒息将至、疯狂将至、死亡将至。患者如大祸临头、惊恐万状、四处奔走,并常伴有下列三个方面的症状:①心脏症状:胸闷、胸痛、心跳过速且不规则;②呼吸症状:呼吸困难,有透不过气的感觉;③神经系统症状:头痛、头晕、眩晕和感觉障碍。急性焦虑发作急促,终止也迅速。一般持续数十分钟便自发缓解,代之以虚弱无力,数天后逐渐恢复。慢性焦虑是焦虑症最为常见的表现形式,患者长期感到无明显原因、无明确对象、游移不定的紧张和不安;经常会提心吊胆,而又说不出具体原因;经常呈现高度警觉状态,如过分关心周围事物,注意力难以集中,做事心烦意乱、没有耐心;遭遇突发事件时惊慌失措,极易往坏处想等。

2. 恐惧症

案例

不敢面对他人目光的"怪人"

柳某,女,21岁,某高校三年级学生。一天,她向心理医生倾诉了自己的烦恼。她认为自己是个怪人,有个害羞的怪毛病。两年多来,她从不与人多讲话,与人讲话时不敢直视对方,目光躲闪,像做了亏心事似的。她一说话脸就"发烧",低头盯住脚尖,心怦怦直跳,身上起鸡皮疙瘩,全身好像都在发抖。她不愿与班上同学接触,觉得别人讨厌自己,在别人眼中自己是个"怪人"。她最怕接触男生,即使在寝室里,只要有男生出现,她也会不知所措。

对老师也害怕,上课时,只有老师背对学生写板书时她才不会紧张。只要老师面对学生,她就不敢朝黑板方向看。常常因为紧张,她对老师所讲的内容不知所云。更糟糕的是,她现在在亲友、邻居面前说话也不自然了。由于这些毛病,她极少去公共场所,很少与人接触。

她也曾力图克服这个怪毛病,也看了不少心理学科普图书,按照社交技巧去指导自己,用理智说服自己,用意志控制自己,但作用不大。后来她哭诉说,这个怪毛病严重影响了她各方面的发展:学习成绩下降;人际交往失败,同学们说她"清高"。眼看就快毕业了,这样下去怎样适应社会呢?她急切地说:"医生,请你快点告诉我,我为什么会这样呢?我该怎样才能克服这个怪毛病呢?"

从柳某的叙述中可以看出她得的是一种常见的心理障碍——社交恐惧症。

恐惧症是对某种特定情景或物体产生强烈恐惧,明知无害,但又不能克制的神经症。根据恐惧对象的不同,它分为物体恐惧、处境恐惧和社交恐惧。如恐高症、恐水症、恐血症、黑暗恐惧症、社交恐惧症、广场恐惧症、声音恐惧症等。

恐惧症最重要的特点是内心恐惧感的不合理性。比如与他人交往是很正常的事,可有些人不敢与人接近,不敢在陌生人面前讲话,必须这样做时会非常紧张、脸红、语塞,甚至逃避,这就是社交恐惧症。再如很多人都怕蛇,不能认为是恐惧症,但是如果看到蛇的图片、电视里的蛇,甚至听到"蛇"字就吓得受不了,那就是恐惧症了。

大学生中较常见的是社交恐惧症,它是指对某一特定社交场所和对象产生的恐惧心理。如有的大学生不敢与他人目光相对,眼睛总是游离于房顶或窗外,产生目光恐惧症;有的大学生不敢与异性说话或交往,一看到对方就脸红、心跳,形成社交恐惧症;有的大学生不敢到人多的广场去,一到广场就紧张、盗汗、心跳过速,形成广场恐惧症;有的学生见到特定的人就感到恐惧,形成恐人症,比如,见到穿白大褂的医生就害怕。恐惧症对人际交往、生活、学习和工作都会产生一定的不良影响。

3. 强迫症

案例

如此"干净"

小张最近一段时间总是反复洗手。每次他洗完后仍不放心,怀疑自己的手没洗干净,又用肥皂洗,试图彻底洗干净以保证万无一失,反反复复,长达半个小时以上。其实他心里也知道没有必要,但是每次还是反复洗手,为此他很苦恼,到学校心理咨询室求助。

像小张这样的"洁癖"患者,在我们身边比较常见,大家总以为这只是一些过分干净的表现。其实,小张患的是强迫症。

强迫症是指当事人的行为不受自由意志的支配,即使其行为违反自己的意志,却仍然一再身不由己地重复。强迫症有两种含义,一种是强迫性观念,另一种是强迫性行为,二者有时单独出现,有时同时出现。这些观念和行为在当事人心中往往有特别的象征意义,如果没有那样做,就总觉得内心不安。

强迫性观念主要表现为无法控制自己反复出现的一些想法,如强迫性怀疑、联想、穷思竭虑等。强迫性怀疑是指患者总是对自己做的事情不放心,例如,寄信时已投进信箱,却怀疑是否贴了邮票或写错地址;强迫性联想是指对所闻所见立刻联想到令自己恐惧、担忧、紧张的情景,例如看到地上有裂缝就想到裂缝里会伸出刀子等;强迫性穷思竭虑是指对一些没有意义的问题无休止地思索、追究,例如,世界上是先有蛋还是先有鸡。还有强迫性出现与正常意愿相反的欲望和冲动,比如看到刀子就想到杀人。

强迫性行为主要表现为不由自主地重复自己认为毫无必要的行为。如强迫性计数(例如,看到高楼就要数楼层数)、强迫性仪式(例如,走路一定先迈左脚,如果迈了右脚就必须退回来,重新迈左脚)、强迫性洗手、洗衣物等。

其实,在日常生活中谁都免不了会有强迫倾向。例如,走出宿舍楼忽然记不清是否锁

11

门,这个念头一出现便有些担心,回去检查发现已经锁好便安心上课,这是很正常的。只有那些回去反复检查,而且不反复检查多次就不放心,也知道自己这样做没必要但还是要做,才称之为强迫行为。有的人因为反复检查门是否锁好,甚至耽误上课,耽误其他事情,对日常生活产生影响,应视为强迫症。

> **温馨提示** 正常人也会不同程度地具有一些症状,但未必属于某种心理障碍。但凡确诊为心理障碍者,症状需要达到一定程度、持续一定时间,且需要有经验的专业人员进行临床诊断。

(二)人格障碍

案例

> 有一位大学生H被班主任带到咨询中心,原因是全班男生一起给班主任写了一封信,谈到这位同学给他们的生活带来许多麻烦,已无法再与他相处,希望老师帮助解决。他们列举了H同学的许多行为,例如,大家一起踢球,如果别人不小心碰到他,他一定找机会踢对方一下;同学在宿舍里下象棋,如果他给别人支招而别人未听,他半夜起来把那位同学大骂一顿。最近,他下楼时和另一位同学相撞,竟然认为那位同学态度不好,带着家伙找那位同学算账,最后打了起来,事后受到了处分还对别人耿耿于怀。只要出现冲突,即使没有矛盾,他都会认为是别人故意找他麻烦。

从心理学角度看大学生H的问题,可以发现他敏感、多疑、容易冲动,从不认为自己有错,总觉得别人故意找他麻烦,以各种理由对别人实施攻击行为,干扰别人的生活。这样的人被认为患有人格障碍。

人格障碍指个体自幼养成的待人处世异于常人的性格。人格障碍与神经症患者不同,神经症患者常常为自己的症状焦虑不安,而且有想要改变自己的意向;而人格障碍患者虽然客观上显示生活适应困难,但他们并不为自己的行为感到愧疚。此外,人格障碍与精神分裂症不同,精神分裂症患者与现实脱节,而人格障碍患者不但未脱离现实,反而善于利用现实达到自己的目的。

人格障碍的主要类型有:

(1)妄想型人格障碍:对事多怀疑,对人不信任,重视自己的身份地位,如有过失则归咎于别人,无法与人合作,生活适应困难。

(2)分离型人格障碍:性格孤僻,感情冷淡,缺少与人相处的兴趣和能力,因而无法与人建立起亲密关系,社会适应困难。

(3)分裂型人格障碍:症状较分离型人格障碍严重,除性格孤僻与人隔离之外,兼有精神分裂症患者知觉扭曲与思维紊乱等特征。

(4)戏剧型人格障碍:人格表现幼稚,情绪极不稳定,常为芝麻小事而过分计较,表现为喜怒无常的戏剧化反应。

(5)自恋型人格障碍:人格表现幼稚,有强烈的自我中心倾向,经常以夸耀自己的方式引人注意。自恋型人格障碍的人无法与人建立良好的社会关系。

(6)反社会型人格障碍:一切言行以自我为中心,不遵守社会规范,不重视别人的权利,是一种损人利己的异常性格。

(7)边缘型人格障碍:情绪困扰的程度较其他人格障碍类型严重,其症状也较复杂,是介于神经症和精神病之间的一种心理异常。

(8)回避型人格障碍:对人际关系过度敏感,急求别人接纳,生怕遭人拒绝伤及自尊,因而在矛盾的心情下回避本想参与的社会活动。

(9)依赖型人格障碍:性格幼稚,凡事依赖别人的帮助和支持,如不得已独立完成某项任务时,就会感到极大的恐惧。

(10)强迫型人格障碍:性格固执,语言僵化,处事墨守成规,不知通权达变,对变动的生活情境及复杂的人事关系均不能有效适应。

(11)被动攻击型人格障碍:性格矛盾而懦弱,常以被动而又间接的方式表达其带有恨意的攻击性倾向;内心充满愤怒和不满,但又不直接将负面情绪表现出来,而是表面服从,暗地推脱、敷衍、不予合作,常私下抱怨,但又不想依赖权威。

三、大学生常见的精神疾病

如果在深夜两点钟,你被同宿舍的人叫醒,他请你帮他赶走楼下正在骂他的人,虽然你没有听到任何声音,但他深信不疑,还是请你帮忙,你该怎么做呢?

显然,对于这位同学绝不能掉以轻心,因为他已经出现一些精神病学的症状。因此,需要赶快与老师联系,让该同学就医诊断,得到恰当的治疗。

大学生常见的精神疾病有以下几种:

(一)精神分裂症

在各种心理异常中,精神分裂症是最严重的一种,在大学生中也有发作。精神分裂症大多具有以下典型症状,在精神病学上常作为主要的临床诊断依据。

1. 思维紊乱

精神分裂症的核心症状是思维紊乱,联想过程缺乏连贯性和逻辑性。无论是经由口头还是文字,均不能系统地表达其所要表达的意思。

2. 知觉扭曲

精神分裂症患者对知觉经验的陈述有明显扭曲事实的现象,例如,本来非常微弱的声音可能在患者听来震耳欲聋,极暗淡的颜色可能在患者看来鲜明耀眼。此外,还表现在对身体的知觉也可能会扭曲,比如,觉得自己的手变短了、腿变长了、脸变小或变大了。严重的精神分裂症患者站在镜子前面,不能识别镜子中的人是自己还是别人。

3. 幻觉和妄想

精神分裂症最典型的症状是幻觉和妄想。幻觉是不真实的知觉及无中生有。如患者在毫无事实根据的情况下认为他听见什么声音、看到什么景象或闻到什么气味等,这些症状被分别称为幻听、幻视和幻嗅等。妄想指不合事实、不合逻辑的思想或观念。例如,迫害妄想:认为别人在有计划地跟踪、迫害他,吃饭怕人下毒,睡觉怕人袭击,惶惶不可终日;夸大妄想:说自己是重要的领导人,过分夸大自己的身份和地位,以此炫耀;关联妄想:认为一些不相干的事情都与自己有关,觉得报纸上的新闻评论或者小说中的故事都是在影射自己。

4. 情绪错乱

精神分裂症的明显症状之一是情绪错乱，患者以明显异于常人的方式表达喜怒哀乐等各种情绪。他们的内心世界与外在环境已失去统合功能。

精神分裂症患者喜怒无常，在悲伤的情境中他可能发笑，而在惹人发笑的场合他可能悲伤。他们经常呆坐良久，表情冷漠，即使告知亲人病逝也无动于衷，但在另外一个时间又可能无缘无故地痛哭。

5. 脱离现实

精神分裂症患者不仅不肯与周围的人交往，而且也不愿意与周围的环境接触，经常离群索居，孤独自守，不知世事的变化、时间的流逝。他们与现实严重脱节，退缩到属于自己的世界之中，这也是在外人看来喜怒无常的原因。

6. 动作怪异

精神分裂症患者动作减少，表现奇特，异于常人。他们表现极为怪异，时而无故傻笑，时而咬牙切齿，时而愁眉苦脸，时而指手画脚，似乎在表达某种意义，但与所处的环境并无直接的关系。僵直型精神分裂症患者，甚至能以"金鸡独立"的姿势单脚着地，像蜡像一样持续站上几个小时。

（二）抑郁症

情绪低落是很多人都会经历的情绪体验，大学生最多的担心是自己是不是患了抑郁症。每个人都会有情绪的起落，考试失败令我们沮丧，恋爱分手让我们痛苦，未来的发展使我们焦虑，但这不一定就是患上了抑郁症。

抑郁症在心理异常中最为常见，也最不容易辨别。起病大都缓慢，最初的表现往往是失眠、乏力、食欲不振和工作效率降低等。抑郁症的典型症状是情绪低落、思想缓慢、言语动作迟缓。其主要表现有以下几个方面：

1. 认知方面

对自己、对周围事物以至对整个世界，均持有负面的想法和看法，认为自己无能、失败，是个废人，因而极度自卑，丧失自尊心，有自责、自罪的观念。对别人不再关心，冷漠；对未来看不到希望，充满悲观和绝望。

2. 情绪方面

精神症状以情绪低落、抑郁悲观最为突出，而且昼重夜轻，情绪消沉以早晨最为严重。患者整日忧心忡忡，唉声叹气，丧失对生活的任何兴趣，甚至懒得吃饭、睡觉。在生活中只感到痛苦，在绝望中时时有自杀的念头。

3. 动机方面

在任何活动中完全处于被动状态，厌倦生活，当被动的外力消失以后会处于极度孤独的困境。

4. 生理方面

生理方面会出现食欲下降、体重下降、睡眠失常等现象，常常感到四肢无力，容易疲劳。这些有碍身体健康的症状，会加重抑郁，造成恶性循环。

> **心理测试**

抑郁症的诊断标准

症状标准

以心情低落为主,并至少有下列情况中的四项:

1. 兴趣丧失,无愉快感。
2. 精力减退或有疲劳感。
3. 精神运动性迟滞或激越。
4. 自我评价过低、自责,或有内疚感。
5. 联想困难或自觉思考能力下降。
6. 反复出现想死的念头或有自杀、自伤的行为。
7. 睡眠障碍,如失眠、早醒或睡眠过度。
8. 食欲降低或体重明显减轻。
9. 性欲减退。

严重标准

社会功能受损,给本人造成痛苦或不良后果。

病程标准

1. 符合症状标准和严重标准至少已持续两周。
2. 可存在某些分裂性症状,但不符合分裂症的诊断。若同时符合分裂症的症状标准,在分裂症缓解后,满足抑郁发作标准至少两周。

排除标准

排除器质性精神障碍,或精神活性物质和非成瘾物质所致抑郁。

[资料来源:中国就业培训技术指导中心,中国心理卫生协会.心理咨询师(基础知识).2版.北京:民族出版社,2012.]

(三)双相情感障碍

双相情感障碍又叫躁狂抑郁症,是一种以情感的异常高涨或低落为特征的精神障碍性疾病,其病因尚不明确,兼有躁狂状态和抑郁状态两种主要表现,可在同一病人身上间歇交替反复发作,也可以一种状态为主反复发作,具有周期性和可缓解性,间歇期病人精神活动完全正常,一般不表现人格缺损。

1.典型的躁狂发作以情绪高涨、思维奔逸和意志行为增强的"三高"症状为特征,属于精神运动性兴奋。

(1)情绪高涨患者轻松愉悦、乐观热情,有时表现易激惹,会因小事发脾气。病情严重时有冲动言语及行为。

(2)思维奔逸患者思维联想快,说话急促,语速比正常时候快,语量也比正常时候明显多,滔滔不绝,说得口干舌燥。病情严重时,患者出现音联意联,随境转移,易被周围事物吸引,自我感觉良好,说话漫无边际,甚至患者的症状可达到妄想的程度。

（3）意志行为增强患者会不断做计划,整日忙碌,爱交际,爱管闲事,易冲动,行为鲁莽,做事有始无终,不计后果。

2.典型的抑郁发作以情绪低落、思维迟缓和悲观、意志行为减退的"三低"症状为特征,伴有认知功能减退和躯体症状还有精神运动性抑制状态。

（1）情绪低落患者陷入显著而持久的情感低落,低落的严重程度从闷闷不乐,到严重的悲观、绝望。患者因情绪低落、兴趣减退,对什么事情都没有兴趣。

（2）思维迟缓和悲观患者思维联想缓慢,如感觉脑子像生了锈的机器,主动言语少,语速慢,严重情况下,甚至无法进行正常交流。患者在情绪低落下,出现悲观思维,有无用感、无价值感、无助感、自责自罪,严重时,患者出现罪恶感。部分患者出现幻觉,或在悲观思维基础上出现自杀念头和企图。

（3）意志行为减退患者活动和行为缓慢,如生活被动、懒散,常独坐一旁或整日卧床,日常生活需要人料理,不想做事,不想上班,不参加平时爱好的活动,回避社交,严重者不语、不动、拒食等。

> **温馨提示** 类似抑郁症双相情感障碍之类的精神疾病的诊断非常严格。不仅有典型症状,而且要达到一定的程度、持续一定的时间,而且需要与其他精神疾病相鉴别。通常只有精神专科医生才能进行精神疾病的诊断。切忌对号入座!

第三节 大学生心理健康的培养

一、掌握心理健康知识

大学生应积极参加学校开设的有关心理健康知识的课程与专题讲座,阅读有关书籍与杂志,上网访问心理网站,收听与收看有关的广播和影视节目,参加团体拓展培训活动,等等。通过这些方式,可以使大学生尽快了解和掌握与自身心理健康有关的问题与知识。

二、积极进行自我调整

在自己出现心理困扰的时候,采取一些方法进行调整是一种积极的生活态度。自我调整的方法因个人的喜好而异、因困扰的问题而定、因当时拥有的条件而选择,只要有效就是好的调整方法。

（一）合理地宣泄

运动是一种很好的宣泄方式。通过运动可以使人充满朝气,排解沮丧、抑郁等消极情绪;通过运动可以使人放松身心,不再过度紧张、焦虑;通过运动还可以转移注意力,避免执着于不开心的事情上。

当然,选择什么样的宣泄方式因人而异。既可以找朋友聊天、倾诉,也可以与朋友出去散步、购物。对于长期压抑的人,呐喊也是一种宣泄的方式,可以找一个没人的地方如山顶、河边、树林,通过大声喊叫把胸中的愤怒、委屈都倾泻出来。写日记既是情感宣泄的过程,也是整理思路的过程,通过文字可以把内心世界压抑的许多东西表达出来。总之,人只要活动起来,就可以帮助自己转换心境。

(二)认识自我与接纳自我

学会多方面、多途径了解自己,既不盲目自信,也不妄自菲薄;与他人比较的标准要恰当,应该认清比较的是可变标准还是不可变标准,是单一标准还是多元标准。我们更多地建议是扬长避短而不是取长补短。

(三)积极的人际交往

正如美国著名心理学家罗杰斯所说,"只要能够创造真诚相处、互相理解和彼此尊重的气氛,就会出现奇迹。人人都可以由僵化变为灵活,由静态变为动态,由依赖变为自主,逐步实现自己的全部潜能"。培根则说:"如果你把快乐告诉一个朋友,你将得到两个快乐;而如果你把忧愁向一个朋友倾诉,你将被分掉一半忧愁。"在交往中保持自信心,学会不过分在意他人的评价是十分重要的。

因此,大学生应学会对自我和他人的评价做全面、客观的分析。另外,对他人的宽容是交往成功的重要保证和心理健康的表现,宽容既表现为对他人的宽厚容忍、不斤斤计较,也表现为对自己的悦纳包涵、不过分苛求。悦纳自己、悦纳他人是心理健康的重要原则。

三、主动寻求心理帮助

在我国,由于心理健康教育发展的延后和人们对心理问题的曲解、偏见,影响了人们寻求心理帮助的效果。

大学生寻求心理帮助,一般去学校心理咨询中心或心理健康教育中心。首先,应了解学校心理咨询中心服务的具体情况,包括开放时间、地点、保密规定等,与咨询中心签署接受咨询的协议,旨在最大限度地保护自己。其次,选择适合自己的咨询员预约登记。可以根据咨询员的性别、年龄、经验、咨询流派等因素来选择咨询员,根据工作时间预约。此外,对自己想咨询的问题应有个基本准备,不用担心自己讲得是否有逻辑、有重点。咨询员会根据具体情况,与来访的同学进行讨论。经心理咨询员判断,如果疑似心理障碍或精神疾病,一般需要转到精神专科医院进行心理治疗。

生活写真

网络心理测试正试图把正常人逼疯

网络上关于抑郁症等的自测的试题一直处于野蛮生长的状态,这些试题真真假假,有一些靠谱的能帮助你认识自己,而对很多营销类媒体来说,只有测出你有问题,这个结果才会被你分享,带来流量。

大部分抑郁症试题只有"是""否"这样的选项,准确性大打折扣,而且这种结果只能表明你现在处于抑郁状态,而不一定是抑郁症。医生表示自测可以作为参考,但是不准确,一些人还会被不准确的诊断结果误导,产生不必要的心理压力,影响健康状态。

将正常人贴上有精神疾病的标签并非儿戏,这会给真正患有疾病的人带来压力,和任何事情一样,心里有疾病的人更需要一个代言者,但是同时他们也不希望自己被一个路人随便代言。

"你看那个谁,得了自闭症都去参加××节目了。""抑郁症也没什么了不起,××旅行一次不就好了吗?"太多正常人给自己套上心理疾病的表情,让社会产生一种心理疾病就是矫情的错觉,而这样的误解让那些真正的病人更加难以直视自己的痛苦。

这是一种趋同化,否认了人的多样性。这种误解,不仅浪费医疗资源,减少劳动力,更严重的是,它会让那些原本很正常的人在"自己有病"这样的催眠下一蹶不振。在过度诊断下,正常人都变成精神病人:悲伤就是忧郁症,老年人忘东忘西就是轻度认知障碍,发脾气就是暴烈性心情失调,贪吃就是狂食症……《救救正常人》的作者艾伦·法兰西斯说:"如果我们一再把人类正常情况贴上有心理问题的标签,就等于一点一滴放弃人类的适应性与多样性,把正常人生变成黑白。"

(资料来源:腾讯网)

他山之石

获得心理健康的九步训练

下面的九步训练可以带来更多的快乐和更好的心理健康状态,可以作为一种指导,鼓励你更加积极地生活,并为你自己和他人创建一个更加积极的环境。下面的训练步骤可以在一年内实施。

1. 不要说关于你不好的事情。寻找那些你将来采取行动可以加以改变的不快乐的根源。只给你自己和他人建设性的批评,应该采取什么不同的做法来得到你想要的东西。

2. 将你的反应、想法和感受同你的朋友、同学、家庭成员以及他人进行比较,从而使你可以估计出自己的行为适应性以及你的反应与适宜的社会规范的一致性水平。

3. 结交一些密友,你可以同他们分享感受、快乐和忧虑。致力于发展、保持和拓展你的社会支持系统。

4. 发展一种平衡时间的观点,从而可以灵活地对待你的学习、生活和自身需求。目标达到、有快乐时请珍惜现在,和你的老友联系时请珍惜过去。

5. 对你的成功和快乐充满信心(并且和他人分享你的积极感受)。清楚地了解你独特的、与众不同的品质——那些你可以提供给他人的品质。例如,一个内向性格的人可以为一个健谈者提供专注的倾听。

6. 当你感觉你就要对自己的情绪失去控制时,请用离开的办法避开使你不快的环境,或者站在另一个人的位置上考虑一下,或者设想未来,使你看到问题得以克服的前景,或者向一个同情者进行倾诉。请允许你自己感受和表达自己的情绪。

7. 记住失败和失望有时是伪装下的祝福。它们可以告诉你目标可能并不适合你。吃一堑,长一智。遭受挫折后说一句"我犯了个错误",再继续前进。你所经历的每一次事故、不幸和挫折实际上都是一个潜在的美妙机会,只是他们未以真面目示人。

8. 如果你发现你无法使自己走出抑郁,那就向学校的心理健康教育中心受过训练的专业人员寻求建议。

9. 培养健康的爱好。花些时间去放松,去反省,去收集信息、去放风筝、去享受你的爱好、去进行一些你可以独处的活动以及那些你可以做到并得到更好享受的活动。

(资料来源:郑日昌. 大学生心理健康——自主与自助手册. 2版. 北京:高等教育出版社,2017.)

第四节 心理咨询与心理治疗

一、心理咨询

(一)心理咨询的含义

心理咨询是运用心理学的理论和技术,借助语言等媒介,与来访者建立一定的人际关系,进行信息交流,帮助来访者消除心理问题,增进心理健康,发挥自身潜能,以有效适应社会生活环境的过程。心理咨询师、治疗师是大学生可以求助的专业人士。

(二)心理咨询的特点

一般而言,心理咨询的特点包含心理性、职业性、限制性、保密性、成长性和自愿性等。

1. 心理性

心理咨询解决的是来访者心理或精神方面存在的问题,而不是帮助个体处理生活中的具体问题。例如,一位生活孤单的大学生,希望咨询师帮他找一位有共同爱好的朋友,或介绍他参加某社团组织;一位考试焦虑的大学生,希望咨询师替他和学校交涉缓考的问题,等等。显而易见,这些问题都不属于心理咨询的工作范围。

2. 职业性

心理咨询是一种从心理上为来访者提供帮助的职业化行为,而不是一般的帮助活动。在日常生活中,人们也可以互相帮助,如通过谈心交流来缓解别人的紧张情绪、缓解别人的伤感,但这不是心理咨询。心理咨询有特定的目标和任务,有专门的理论与方法,重在帮助来访者分析内心的矛盾冲突,探讨影响其情绪和行为的原因,协助他们进行自我改变,而不是人与人之间一般的社会交往。

3. 限制性

心理咨询强调良好的人际关系。咨询师对来访者的理解和帮助是真诚的,态度是诚恳

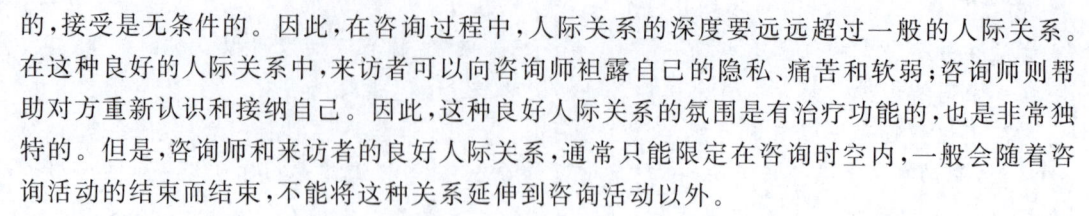

的,接受是无条件的。因此,在咨询过程中,人际关系的深度要远远超过一般的人际关系。在这种良好的人际关系中,来访者可以向咨询师袒露自己的隐私、痛苦和软弱;咨询师则帮助对方重新认识和接纳自己。因此,这种良好人际关系的氛围是有治疗功能的,也是非常独特的。但是,咨询师和来访者的良好人际关系,通常只能限定在咨询时空内,一般会随着咨询活动的结束而结束,不能将这种关系延伸到咨询活动以外。

4. 保密性

心理咨询中良好的人际关系是在特定时空内建立起来的具有隐蔽性和保密性的特殊关系。来访者不希望将咨询内容和咨询关系公开化;咨询师也有责任为来访者保守秘密(危及生命安全的除外)。这是咨询师必须遵守的原则。

5. 成长性

咨询是学习和人格成长的过程。通过心理咨询,来访者从不能自强自立到能够自强自立,从不能正确对待自己和他人到学会正确对待自己和他人,从不善交往或具有交往焦虑的困扰到学会怎样与他人和谐相处,减少了内心的矛盾和冲突,最终在生活的各个领域发挥个人的潜能。这些都是在心理咨询过程中实现的学习和人格方面的成长。

6. 自愿性

咨询是来访者的自愿行为。一般来说,只有当来访者感到心理不适,产生主动寻求咨询的愿望时,咨询才有效果。

(三)心理咨询的目标

心理咨询的目标是协助个体真正了解自己,进而促进自我成长。简单地说,就是助人自助。

1. 学会自我调适

自我调适包括调节与适应两个方面。调节针对的是个体自身内部的心理问题。其重点是自我认知和情绪体验。学会调节就是要学会正确认识自己、接纳自己,确立适当的志向,保持个人心理空间的内部和谐。适应是处理人与环境的关系问题。学会适应就是要掌握正确的思维方式,形成积极的生活态度,养成良好的行为习惯,建立和谐的人际关系,能够及时发现和矫正错误。

2. 学会自我发展

自我发展是针对部分来访者存在的妨碍自身发展的问题提出的,要解决的问题主要是如何充分发挥自身潜能,促进自我实现。寻求发展就是要客观评价自己的能力与潜力,确立适合自己的发展目标,发展建设性的人际关系,充分发挥自身的主动性与创造性,使自己的生活更加积极和有价值。

(四)心理咨询的功能

心理咨询能够为大学生提供全新的人生经验和体验,可以展示全新的思维、情感和行为方式。对于那些进行发展性咨询的大学生来说,咨询所提供的全新环境可以帮助他们认识自己与社会,处理好各种关系,以便更好地发挥他们的潜能,实现自我价值。那些进行障碍性咨询的大学生可以在心理咨询师的帮助下,逐渐改变与外界格格不入的思维、情感和反应方式,并学会与外界相适应的方法,提高学习效率,改善生活品质。具体地说,心理咨询具有以下几个方面的功能。

1. 建立良好的人际关系

咨询师与来访者之间建立起一种不同寻常的新型人际关系。在与咨询师的咨询中，来访者可以直抒胸臆而不必顾虑破坏性的后果。在咨询中，来访者可能做出过激的或冷淡的情绪反应，但咨询师要用积极的态度去回应，促进来访者做出新的建设性的积极反应，并成功地运用于其他人际交往中。

2. 纠正错误观念

来访者确信他们清楚自己需要什么和在乎什么，但实际上并非如此，他们是以种种不良观念来进行自我欺骗的。心理咨询促使他们对自己的错误观念进行认真思考，代之以良好的观念。

3. 深化对自我的认知

心理咨询可以帮助来访者认识到，大部分心理困扰是源于自己尚未解决的内部冲突，而不是源于外界，外部环境不过是一个舞台，内心冲突就在这个舞台上全面展开。心理咨询师引导来访者进行自我探索，当人们真正认识自己时，他们也就认识了自己的需要、价值观、态度、动机、长处和短处，而一旦认识了自己，就可以随时根据自己的情况规划自己的人生。

4. 学会面对现实

来访者一般都喜欢逃避现实，往往会花很多时间回味过去，计划未来，话题总离不开昨天和明天，但总回避今天。来访者总想按照自己的愿望摆脱现实，不仅通过躲避现实来减少自己的焦虑，还经常想方设法求得周围人的支持以利于他们逃避现实。咨询师应促使其认识到这一点，并引导其面对现实。

5. 增加心理弹性

大多数前来寻求心理咨询的人至少在一个相当重要的方面缺乏心理弹性。咨询师要协助他们给自己的心理以更大自由的机会，接受矛盾和不完美。咨询师只有协助来访者采取合理而有效的行动，才能减少其内心烦恼。

(五)心理咨询的过程

心理咨询是一种过程，包括一连串有序的步骤和阶段。了解和重视每个阶段的任务以及重点、难点和注意事项，有助于工作的顺利开展和效果的提高。虽然个别咨询的形式多样、流派各异，但是个别咨询的过程一般都可以划分为开始、实施、结束三个阶段。

1. 开始阶段

个别咨询的开始阶段主要包括以下两个环节：收集信息，建立咨询关系；分析诊断。

(1)收集信息，建立咨询关系。这一环节的主要任务是广泛深入地收集与来访者及其问题有关的所有资料，并与来访者建立初步的信任关系。其主要步骤和要求有：首先，建立良好和恰当的关系。咨询师要给来访者以良好的第一印象，给他们以职业上的信任感，并让他们感到你乐意帮助他们。同时，咨询师要以热情而自然的态度、亲切而温和的言行，消除初次见面的陌生感，使来访者的紧张情绪得到放松。其次，通过来访者的自述和询问，了解他们的基本情况、社会文化背景和存在的问题。在这一阶段，咨询师要注意倾听对方的谈话，不要随意打断，避免过多提问和追问，只有在必要时才加以引导。

(2)分析诊断。分析诊断的主要任务是根据收集到的材料和有关信息,对来访者进行分析和诊断,明确来访者所存在问题的类型、性质、原因等,以便确立目标、选择方法。其要求和注意事项有:首先,弄清来访者是否适宜做个别咨询。例如,来访者是由家人、亲友、师生送来,而非本人自愿,没有求助的咨询动机;某些人的文化水平或智力极低,缺乏领悟能力;某些人对咨询师持不信任的态度;等等。通常情况下,这些人都不适宜做个别咨询,因此就要在这一阶段对这些情况进行分析、诊断和确认。其次,对来访者存在的问题及其原因、形式、性质等进行分析诊断。来访者的有些问题可能包括精神病的症状,这属于精神病学范畴,要注意区别和转介。咨询师要对来访者的问题进行辨认,并对其严重程度予以评估,特别是对问题的原因进行分析,必要时可结合心理测量等手段进行诊断和分析。最后,此阶段还要进行信息反馈。咨询师要把自己对来访者所存在问题的了解和判断反馈给来访者,以求证实和肯定,使来访者做出进一步决定,考虑是否继续进行咨询。反馈要尽可能清晰、简短、具体和通俗易懂。

2. 实施阶段

个别咨询的实施阶段包括目标确立、方案探讨和行动实施等环节。

(1)目标确立。目标确立的主要任务是心理咨询的双方,在心理分析和诊断的基础上,共同协商和制定个别咨询的目标。通过个别咨询目标,引导个别咨询过程,并对咨询过程的进展和效果进行监控评估,督促双方积极投入咨询。

(2)方案探讨。方案探讨的主要任务是根据问题性质及其与环境的联系,还有来访者自身的条件、资源、能力、经验等,结合既定的个别咨询目标,设计达到目标的方案。通俗地说,也就是双方共同拟订类似日程表一样的方案,明确双方在什么时间,做什么事情,怎样去做等问题。

(3)行动实施。行动实施的主要任务是根据拟订的方案,采取行动,达到个别咨询的目标。在此阶段,咨询师应以心理学的方法和技术帮助来访者消除各种心理问题,改变不良心理状态,提高心理健康水平。

3. 结束阶段

个别咨询结束阶段的主要任务是对咨询情况做一个小结,帮助来访者回顾咨询工作的要点,检查目标的实现情况,指出来访者的进步、成绩和需要注意的问题,更需注意传达这样的信息:你现在表现得越来越好了。

心理咨询是一个过程,由不同的环节和阶段构成,每个阶段都有各自的任务和侧重点。它们相互关联、相互重叠,形成一个整体。

二、心理治疗

(一)心理治疗的含义

心理治疗是在治疗师与来访者建立良好关系的基础上,由经过专业训练的治疗师运用心理治疗的有关理论和技术,对来访者进行帮助的过程。其目的是激发和调动来访者改善动机和潜能,以消除或缓解来访者的心理障碍,促进其人格的成熟和发展。

心理治疗是一个与心理咨询既相互联系又相互区别的专业领域。心理咨询与心理治疗的相似之处主要有:两者采用的理论和方法常常是一致的;在强调帮助来访者成长和改变方面,两者是相似;两者都注重建立帮助者和来访者之间的良好人际关系,认为这是帮助来访者改变和成长的必要条件。

心理咨询与心理治疗工作的区别主要在于：①心理咨询的工作对象主要是正常人，心理治疗则主要针对患有心理障碍的人。②心理咨询着重处理的是正常人所遇到的各种问题，如人际关系、职业、学业问题等；心理治疗的适应范围则主要为某些心理障碍、行为障碍、心身疾病等。③心理咨询一般用时较短，心理治疗相对费时较长，治疗由几次至几十次，甚至更长时间。④心理咨询既可以在医疗机构也可以在非医疗机构开展；心理治疗则必须在有资质的医疗机构里才可以进行（这一点与国外不同）。

心理治疗与药物治疗也是有区别的。对于绝大部分神经症及部分人格障碍者来说，心理治疗可以是其主要的治疗方案；已达到精神病程度的患者，特别是在疾病的急性期，药物治疗应是主要的选择。心理治疗的机制部分是间接通过生理生化效应来实现的，更多的是通过心理活动的变化产生效果的；药物治疗的机制是直接通过生理生化效应来实现的，其效应表明人体生理生化状况的改变对心理行为的影响。

（二）心理治疗的过程

心理治疗是一个动态的过程，基于心理治疗的复杂性，不同的心理学流派对此看法不一，本书将通常心理治疗的主要过程介绍给大学生。

1. 诊断阶段

这个阶段的主要任务：收集来访者的基本背景资料，认识其存在的主要问题；确定良好的医患关系；制定治疗的目标。这是个很重要的开端。心理治疗主要取决于来访者与治疗师之间能否建立起互相依赖、合作无间的关系，并基于此种友好的关系而施予治疗。因此，在心理治疗过程，医患关系的建立是非常重要的。良好医患关系的建立是为了帮助来访者以更合适的方式思考和行事。通过这种关系的内化，来访者可以尝试去改变自己，达到矫治的目的。并非所有的来访者都适宜做心理治疗，因此需要慎重决定治疗的适合性。也就是说，来访者的精神状况达到可以谈话的条件，且愿意接受治疗，才适合于心理治疗。

一般说来，治疗师收集的资料越多，对进行心理诊断就越有利。有时候需要来访者做些心理测量甚至生理测量。信息的收集包括三个维度：一是时间维度，即注意来访者过去、现在、将来的有关信息。对于来访者过去经历的了解，可以得知其目前的概况。二是思维与情绪的维度，即注意来访者对于自身、他人及有关事件的看法。对思维与情绪的认识有助于了解思维与情绪之间的交互作用，以及理智与思维不协调甚至对立的情况。三是行为维度，即注意来访者怎样待人处世，怎样处理自身所遭遇的各种问题，注意其出现心理冲突时，采取什么应对措施。这有助于了解来访者是怎样一个人，有助于了解其思维与行为之间的关系，并可预测其今后在某事上的反应。

2. 制定目标阶段

在本阶段，治疗者就要和来访者共同协商，明确治疗的目标。即与来访者明确讨论通过治疗解决什么问题，应有什么改变，达到什么程度等。治疗目标的制定应注意以下几点：首先，治疗目标应具体且具有可测性。其次，应切实可行。治疗的目标应是现实的，要根据来访者的潜力、水平及其所受周围环境的限制来确定。超越现实可能性的目标不仅不会使治疗成功，反而会加大来访者心理治疗的难度。最后，应有轻重缓急。有些来访者只有一个治疗目标，而有的来访者可能会有多个治疗目标。因此，要注意分出轻重缓急。当然，在治疗过程中,随着治疗师对来访者的深入了解,治疗目标可能会重新排序,或者也可能引申出其他治疗目标。

制定治疗目标后,还需要探讨方案。首先,双方根据问题的性质、程度,来访者个人及其环境条件情况,治疗师的策略和技术储备等,结合已确定的治疗目标,设想出各种可能的方案。其次,对这些方案的优劣进行权衡、评估。再次,评价方案应以有效性、可行性和经济性为标准。最后,双方共同确定方案。

3. 实施阶段

来访者的心理障碍一般是过去很长时间形成的,要解决也需要一个过程,所以心理治疗要持续做一段时间。首先,治疗阶段不能使来访者变成一种被动、接受、依赖的角色。其次,治疗方法的应用也具有试错性。再次,要注意实践以及在实际生活中的迁移应用情况。最后,治疗阶段要经常进行评估。在确定方案后,需要来访者在生活中认真完成治疗师布置的家庭作业,把具体的面对和解决问题的策略、方法应用在生活实践中,通过练习获得经验,发现新问题之后,自己先尝试想办法解决,并且在下一次的心理治疗中讨论。这个阶段的主要工作是:持续的情感疏导、问题梳理和解析;发现生活实践中的问题并做出相应的调整;坚定治疗的方向,进一步完善解决方案,寻找更有效的策略和方法,发现和发展出更有利于解决问题的资源。

4. 结尾阶段

心理治疗实施一段时间,取得满意的治疗效果后,随即应进入结尾阶段,结束治疗。在结尾阶段应注意以下几点:首先,综合所有资料,做结论性解释,并向来访者指出还有哪些应该注意的问题,以便应对将来可能面对的压力。其次,帮助来访者学习应用治疗经验。心理治疗的最终目的,不仅希望来访者能把在治疗过程中所学习到的新知识、体会与经验应用到日常生活里,而且更希望来访者以后不经治疗师指点、帮助,自己也能继续学习、发展,走向成熟。最后,回顾过程,接受离别。治疗全部结束后,治疗师要对整个治疗过程进行回顾性的客观评估,总结经验,吸取教训。有的来访者经过长期心理治疗以后,可能形成依赖治疗师的心理,舍不得结束离别,因此,在结束之前,治疗师必须评估来访者在结束治疗关系时是否会有强烈的感受,从而适当地处理这些感受,使其能接受离别,独立自主。

心理知识

团体心理咨询

一对一的个别咨询是心理咨询的主要形式,还有一种重要的形式是团体咨询。团体咨询是在团体情境中提供心理帮助与指导的一种心理咨询形式。它是通过团体内的人际交互作用,促使个体在交往中通过观察、学习、体验,认识自我、探讨自我、接纳自我,调整和改善与他人的关系,学习新的态度与行为方式,以发展良好的生活适应的助人过程。一般而言,团体心理咨询方式由1~2名指导者主持,根据团体成员问题的相似性,分成小组,通过共同探讨、训练、引导,解决成员共有的问题。团体是社会的缩影,是一种动力互动。团体成员之间的互动的模式就像他们在其他社会关系中与人互动的模式。所以,在良好的团体气氛引导下,成员通常可以学习尝试与人建立良好关系的技能并通过在团体内演练或角色扮演及成员的反馈来观察与转移情结的困扰,将学到的技巧与方法运用到实际生活中。由此,团体心理咨询之于每个学生自我成长、个性发展的重要性可见一斑。

(资料来源:樊富珉.团体心理咨询.北京:高等教育出版社,2005.)

生活写真

大学生寻求心理咨询的常见误区

1. 害怕被同学看成"有病"

在人们的观念里,说某人"有病",通常是指有精神病,或指一个人思想极度不正常。因此,许多大学生本来想去寻求心理咨询,但害怕被同学视为"有病",不敢去。

2. 害怕被咨询老师看作不正常

许多大学生会认为,心理咨询就是道德教育,只是从道德角度给予评判和要求。而按照他们所掌握的道德标准,他们的某些所思所行很难从道德的角度去剖析。例如,某些同学所遇到的单相思或某些欲望冲动问题,虽然自己从道德的角度会有一个判断,但却仍然摆脱不了心理困扰。如果去咨询,又担心被咨询老师从道德的角度将自己看作"有问题"的人。

3. "咨询老师解决不了我的实际问题"

许多同学会因生活中一些具体的生活困难而产生心理困扰,甚至严重影响自己的正常生活。但当有人劝其寻求心理咨询时,他们常常会大叫:"咨询老师解决不了我的实际问题!"当事人简单地认为,自己要走出困境,别人只要能帮我解决好具体事情就行。殊不知,心理学早已证明,人在负面情绪的困扰下,负面情绪越大,人的思维水平越低,甚至想不到任何新的解决问题的出路。所以,不论事情是否还能改变,都必须先调整自己的心态,从而以更好的心理状态去争取事情发生转变。

4. 混淆药物治疗与心理咨询的效用

有不少大学生身体有些疾病,通常会在医院治疗一段时间,但当从医生那里听说这些病一时治不好,甚至终身"治不断根",便会立即产生心理困扰,甚至背上严重的心理包袱。但当有人劝其进行心理咨询时,他们常常会说:"医院都解决不了,咨询老师还能做什么?"这不仅混淆了医学治疗与心理咨询的差异,而且忘记了人的本质力量。因为,心理咨询协助来访者调动的正是具有巨大超越性的人的本质力量:社会智慧的力量、个体能动性的力量和自由意志的力量。

5. 回避自己的问题

生活中每个人都会遇到或大或小的心理困扰,有些心理困扰自己可以调整好,但有些心理困扰在某个阶段自己没有能力调整好,就会沉积为心理包袱。许多大学生背上这些包袱后害怕被别人误以为有严重的心理问题,宁肯自己承受着痛苦,也不愿去寻求心理咨询的帮助,有的甚至以从主观上"否认"自己有问题的方式糊弄自己。其实,问题越早解决越轻松,可以减少许多痛苦。

总的来说,当你遇到自己不能解决的问题,同时所产生的情绪等困扰又是你自己调整不好的,已经明显影响了你的生活质量或功能,这时就应该立即寻求心理咨询的帮助。对大学生来说,遇到下列具体情况都应寻求心理咨询的帮助:学业迷茫;考试屡次失败;人际交往困难;与家人很难沟通;欲求过强,不能自控;恋爱失利;家境困难,学习生活艰难;家人出现意外;上网过度,不能自控;较长时间内受到某种想法或情绪困扰;突然发现某种自己不能调控的状况;身患疾病,心中茫然等。

(资料来源:贾晓明,陶勑恒.大学生心理健康——走向和谐与适应.2版.北京:北京理工大学出版社,2010.)

生活链接

心理咨询的五个不等式

我们对心理咨询要有正确的认识。如今许多原来不把心理问题当回事的人,已意识到自己可能有心理疾病,并产生了主动求助于心理医生的愿望。但不少人对心理咨询的认识仍有一定的局限性,甚至产生了一些曲解,使心理问题不能较好地得到解决。

心理咨询≠精神病心理咨询 心理咨询在我国是一门起步较晚的新兴学科,人们对它有一种神秘感。来访者通常都是左顾右盼、鼓足了勇气才走进诊室,在医生反复保证下,才肯倾吐愁苦;或是绕了很大圈子,才把真实的情况暴露出来。因为在许多人眼里,来咨询的人很可能不正常或有精神病,要不就是有见不得人的隐私或道德品质方面有问题。此外,在中国人的传统观念中,表露出情感上的痛苦是软弱无能的表现,对男性来说尤其如此。以上种种原因,使得很多人宁愿饱受精神上的痛苦折磨,也不愿或不敢前来就诊。

其实,心理问题与精神病是两个不同的概念。每个人在成长的不同阶段及生活、工作的不同方面,都有可能会遇到这样那样的问题,导致消极情绪的产生。对这些问题如能采取适当的方法予以解决,个体就能顺利健康地发展;若不能及时加以正确处理,则会产生持续的不良影响,甚至导致心理障碍。这样看来,心理问题是日常生活中经常会遇到的,就这些问题求助于心理咨询并不意味着不正常或有见不得人的隐私,相反,这表明了个体具有较高的生活目标,希望通过心理咨询更好地自我完善,而不是回避和否认问题,浑浑噩噩虚度一生。有相当一部分人认为精神病就是疯子,其实他们所说的精神病严格地来讲是重性精神病,如精神分裂症、躁郁症等,它与一般的心理问题和轻度心理障碍有很大区别。绝大部分精神病人对自己的疾病没有自知力,更不会主动求医。

心理学≠窥见内心 两个久未谋面的老同学在路上不期而遇,其中一个知道对方是心理医生,就让他猜一猜自己现在心中想些什么。许多来访者也有类似的心态,他们不愿或羞于吐露自己的心理活动,认为只要简单说几句,心理医生就应该能猜出他心中的想法,要不就表明对方水平不高。其实心理治疗师也是人,他们没有什么"特异功能"可以窥见他人的内心世界,他们只是应用心理学的理论和方法,对来访者提供的信息进行讨论和分析,并进行咨询与治疗。

心理咨询≠无所不能 许多来访者将心理咨询神化,似乎心理医生无所不会、无所不能,就像一个开锁匠,什么样的心结都能一下打开,所以常常来诊一两次,没有达到所希求的"豁然开朗"的心境,就大失所望,再也不来了。实际上,心理咨询是一个连续的、艰难的改变过程。心理问题常与来访者的个性及生活经历有关,就像一座冰山,积封已久,没有强烈的求助、改变的动机,没有恒久的决心与之抗衡,是难以冰消雪融的,所以来访者需有打"持久战"的心理准备。

心理医生≠救世主 一些来访者把心理医生当作"救世主",将自己的所有心理包袱丢给医生,以为医生应该有能耐把它们一一解开,而自己无须思考、无须努力、无须承担责任。多年来传统的生物医学模式就是,病人看病,医生诊断,开药、治疗一切由医生说了算,要求病人绝对服从、配合,因此来访者自然而然地把这种旧的医学模式带进心理咨询。然而,心理咨询与心理治疗是新的生物—心理—社会医学模式的产物,心理医生只能起到分析、引导、启发、支持、促进来访者改变和人格成长的作用,他无权把自己的价值观和愿望强加给来访者,更不能替来访者去改变或做决定。来访者须认识到,"救世主"只有一个,那就是自己。只有改变自己、战胜自己,最终才能超越自我,达到理想目标。

心理咨询≠思想工作 来访者中还有另一种极端的认识,就是认为心理咨询没多大用处,无非是讲些道理,因而忽视或未意识到心理问题是需要治疗的。一女孩因强迫性观念痛苦异常前来就诊,家人反对并干涉:"你就是死钻牛角尖,想开点就会好的。"亦不让患者服药。患者得不到家人的理解和支持,内心很绝望,从而影响到治疗的连续性和效果。心理咨询作为医学中的一门学科,有着严谨的理论基础和诊疗程序,它与思想工作是有本质区别的。思想工作的目的是说服对方服从、遵循社会规范、道德标准及集体意志,而心理咨询则是运用专门的理论和技巧寻找心理障碍的症结,予以诊断治疗,咨询者持客观、中立的态度,而不是对来访者进行批评教育。另外,某些心理障碍同时具有神经生化改变的基础,需要结合药物治疗,这更是思想工作所不能取代的。

(资料来源:陈衍.大学生心理健康教育心理课堂.北京:化学工业出版社,2007.)

推荐好书

《改变自己:心理健康自我训练》

作者:【美】约瑟夫·J.卢斯亚尼
译者:迟梦筠、孙燕
出版社:重庆大学出版社

出版时间: 2020年1月

内容简介: 没有人生来就缺乏安全感,内心满是愤怒、无聊或抑郁的。事实上,快乐是我们的自然状态,正如心理学家约瑟夫·J.卢斯亚尼博士在这本热情的、睿智的、有力的指导性书中所说,慢性不愉快只是一种坏习惯——一种能改掉的习惯。

当你按照本书所介绍的方法做完诸多的自我测试与训练后,你会发现自己已焕然一新,无忧无虑,更自发地去把握新的生活方向。

本书介绍的、已被临床治疗证明行之有效的方法可以帮助你重新找回人的快乐本性:学会识别令你不快乐的思维和情绪;学会运用约瑟夫·J.卢斯亚尼博士著名的自我谈话技巧来发展新的、健康的思维和认知方式;消除生活中的厌倦、绝望、慢性疲劳和情感麻木;开发你的全部创造力、智力和情感潜力,过上你渴望得到并应该得到的富足、满意的生活。

作者简介: 约瑟夫·J.卢斯亚尼,博士,国际知名心理咨询及治疗专家,具有30年的临床心理治疗和咨询经验,30年来,通过在全球的心理健康培训和演讲,为千千万万的人带来了康复的希望和信心。

第二章 心理适应

本章导航

进入高职院校对大学生来讲,无论是自然环境还是生活环境,无论是人际交往还是学习方式,无论是个人的目标还是社会的期望,都发生了很大变化。面对全新的环境,你如何尽快适应呢?更重要的是,对于职业院校,你有何了解?高职生的角色定位是什么?本章的学习将帮助你更快地适应大学生活,从心理上澄清和接纳高职生的社会角色。

经典名言

通其变,天下无弊法;执其方,天下无善教。——王通

如果你没有能力给生活强加一种什么方式的话,你必须接受生活给你提供的方式。——伊利奥特

适应生活意味着人在不断成长,人只有不断成长,才会拥有被称之为是相对健康的应对机制。——范伦特

第一节 环境适应

一、环境不适应的心理反应

适应是指生物个体为应对和顺应环境,以利于生存和发展,而引起生理、心理和行为上的变化。对人而言,人的生存、发展与环境变化之间的关系是双向的,一是自觉或不自觉地改变自身,以满足环境的要求;二是影响环境,能动地改变环境以适合自身的需要,促进人与环境的良性互动,以促进生存和发展。物竞天择,适者生存,不适者将被淘汰!适应是存在于自然界和人类社会的普遍规律之一。

人的适应主要受社会规律的支配,有自觉的,也有不自觉的,自觉的适应是通过学习获得的。比如,一个人到了一个新的环境,开始可能不习惯、不适应,情绪波动,紧张焦虑,然而随着时间的推移,不知不觉由不习惯到习惯,由不适应到适应,这种适应往往是被动的、不自觉的。

高职生大多是或多或少存在着未升上本科院校的无奈心态来到高职院校的,生活和学习的条件及环境变了,自身的社会角色也变了,家庭和社会的要求高了,生理、心理和社会行为上的适应问题就变得尤其突出。

由于每个学生的生活经历不同,人格特点的差异,应激和自我调适能力的不同,在适应新生活的过程中显示出明显的差别性。新入学的大学生们一般面临着生活环境、学习环境、人际关系环境等方面的变化,如对这些变化不能很好地适应,就可能产生各种心理问题。

(一)重要人际关系的丧失引起的孤独

案例

> 这是某高职院校学生的咨询信:"老师,我是刚刚走进校园的新生,面对这陌生的一切,生活习惯的变化,异地口音的不同,还有一张张陌生的面孔,我常常感到一种失落和孤独,请问我该做些什么?"

高职院校新生的重要人际关系的丧失,首先表现在失去了对家庭的完全依赖,从生活上事事由家长做主到常常需要自己拿主意,自己支配生活费、料理生活起居等。离开家庭以后,在最需要家长帮助时往往得不到及时的帮助,这使得初次离家的学生顿生无助之感。当然,对于那些在家庭中接受独立锻炼较多的学生,面对的困难相对少一些,问题解决起来就较容易些。

其次,对老师的依赖减少。中学教学更多地强调老师的主导作用,由老师制订学习目标、学习计划并监督执行。而高职院校更多强调学生的能动作用,原来由老师完成的许多工作要由学生自己完成。失去学习中的指导,高职院校新生常有茫然不知所措的感觉。

最后,是朋友的分离。中学时代许多学生结交了非常要好的朋友,这种友谊是青春期重要的精神支柱和财富,这种朋友关系是影响心理健康发展的一个外在因素。但升学使多数好朋友各奔东西、身处异地,新的环境又使得新生难以在短时间内觅到挚友。一旦遇到困难、受到挫折,孤独感和失落感就油然而生。

高职院校新生面临着众多的"丧失",由丧失带来的挫折感围绕着他们,是他们产生心理困扰的重要原因。

(二)生活自理能力差引起的烦躁

案例

> 小张,高职一年级学生。由于父母的溺爱,他在家连一双袜子都没有洗过,几乎不会照顾自己。到学校后,起初一个阶段不能进行正常的集体活动,衣服不会洗,生活用品丢三落四,起居饮食没有规律,不久又把生活费弄丢了,生活顿时陷入困境。他烦躁不安,非常怀念在家的日子,甚至有退学的打算。

像小张这样的同学在大学新生中并不少见。在上大学前,不少新生在生活上对父母有较强的依赖心理,缺乏独立生活的能力。上大学后,没有了父母、长辈每日的悉心照料,一些新生在生活上不能自理。还有很多新生不能适应大学的集体生活。在安徽某高校对新生开展的心理普查约谈中,很多被约谈的学生都会谈到自己对集体宿舍生活的不适应。这些学生上大学前没有住过集体宿舍,缺乏集体生活的经验,很难适应一间宿舍住五六个人,同时打水、扫地、洗衣服、打扫卫生等原本自己从不需要考虑的事情成为生活中必不可少的一部分,从来不是问题的事现在成了问题。在这样的环境中,有些同学表现出睡眠问题,"我从小就有自己的房间,现在一下子六个人一个房间真不适应。尽管每天晚上我十点钟就上床准备睡觉,但是要等到熄灯后其他同学都发出鼾声我才能入睡。"这种状况是很多学生的睡前写照,也是在心理普查约谈中学生提及较多的困扰。

(三)财务支出不当引起的后悔和焦虑

案例

> ### 大学生金钱快速流失的N个原因
>
> 1. 请客吃饭。"我请你吃饭"是大学生交往中出现频率很高的一句话,隔三岔五地下馆子,一些学生就是这样"吃穷"的。
>
> 2. 疯狂网购。"购物狂"主要出现在部分女生身上。她们通过各种网购平台买回一大堆有用没用的东西,最后大部分都用来压箱底。
>
> 3. 信用卡、校园贷惹的祸。信用卡、校园贷一方面给我们带来便利,另一方面又导致我们盲目消费,你刷卡、贷款消费的时候完全不晓得自己还剩多少钱,直到无法偿还时才如梦初醒,这是一个噩梦!
>
> 4. 谈恋爱。没钱别谈恋爱,这是某些恋爱中的大学生给我们的感觉,上百元一束的玫瑰,生日礼物要有分量才能表达对对方的爱意……其实简简单单的浪漫也能打动人心,况且真正爱你的人应该不会希望你因不必要的支出而委屈自己、节衣缩食。
>
> 5. 穿名牌。这其实是无意义的虚荣心、攀比心在作祟。一些穿的用的都要求名牌,其实大可不必,学生花的是父母的血汗钱,东西能满足需求就好,不该浪费。

大部分同学在上大学之前,基本没有进行过个人财务管理,一般是需要什么直接向父母索取,由父母决定买或不买,花费多少跟自己没有太大的关系。到了大学,大部分同学远离父母,父母一般把生活费打到卡上。面对外面的花花世界,父母又不在身边,学生像断了线的风筝,跟着感觉走,很容易出现过度消费的情况,等到口袋里没有钱吃饭,维持基本的生活需要都面临困难时,尴尬和后悔随之出现,要么节衣缩食,要么拆东墙补西墙,后悔和焦虑接踵而来……

(四)宿舍人际关系处理不当引起的愤怒和伤心

案例

我是一名高职院校的新生,自入校以来,我一直处于一种不太好的情绪中。寝室中共有六名同学,分别来自不同的地区,有着不同的兴趣爱好。刚开始的时候还能勉强相处,但是随着时间的推移,我发现寝室中的人际关系越来越复杂,越来越难相处。比如,在生活作息时间上有很大的差异,中午有人想睡觉,有人却喜欢听歌;晚上到了关灯睡觉的时间,有人却喜欢挑灯夜战。在消费上也矛盾重重,无论天气暖和与否,有人喜欢一直用热水洗衣服,而有人却为了节约坚决反对。在生活习惯上,有的人喜欢不打开水而用他人的开水,有的人打回了开水而自己用时却没有了。这样的事情在寝室屡见不鲜,室友常常因小事而争吵不休,寝室人际关系越来越复杂。

大学是集体生活的地方,也是大学生学会处理社会人际关系的一个演练地。但人际关系问题往往成为困扰大学生的一大难题和障碍,而且容易影响到学生的学习和生活。

(五)学习不适应引起的困惑

案例

吴某,某高职院校大一学生,因高考发挥失常而进入此学校,他调整好心态,决定在哪里跌倒就在哪里爬起,每天早起晚睡,上课认真听,课后刻苦学习,室友们开玩笑说他是在读"高四",他全当听不见,自认为"一分耕耘,一分收获"。可一学期下来,他不但没有拿到一等奖学金,竟然还挂了科。他伤心至极,来到心理咨询室,心理老师仔细听了他的学习过程和所采取的学习方法,告诉他成绩不理想是没有领悟大学学习的特点而一味沿袭高中的被动学习模式所致。

高职院校的学习与中学时期的学习相比,的确存在着很多不同之处,主要体现在以下几个方面:

(1)课程内容多。中学阶段,一般只学习10门左右的课程,教师主要讲授一般性的基础知识。而高职院校三年(二年)需要学习的课程却在30门以上,每一个学期学习的课程都不相同,内容多,学习任务远比中学重。

(2)授课速度快。高职院校教师讲课时介绍思路多,详细讲解少,主要讲授重点、难点内容,而且许多教师使用多媒体授课,授课手段多样化,授课进度比较快。

(3)专业性强。中学教育是普通教育、基础教育,高职教育中的专业基础课和专业课都有明显的专业特征。

(4)自学时间多。上中学时,经常有教师占用自习课,在高职院校这种情况几乎不存在。在高职院校教学过程中,课堂讲授时间相对减少,自学时间大量增加。同时,学校为学生学习提供了较好的环境,有藏书丰富的图书馆,有设备先进的实验室和专业实训基地,有丰富多彩的课外活动。

(5)教师不再是学生学习的中心。在学习方法上,中学时期,只要跟着教师走就可以了,一切听教师的指挥,教师教学生是"手拉手"领着教,而高职院校则是"教师在前,学生在后,引着走",提倡生动活泼地学习,提倡勤于思考,提倡动手能力的培养。

二、环境适应能力的培养

随着时间的推移,新生思念家人和想念以前好友的孤独会随着结交新同学和新朋友而慢慢缓解,简单的生活自理能力也会渐渐培养起来。在新生面临的主要问题和心理困扰中,可能需要较长时间调整的是个人财务管理、人际关系适应和学习方法的改变等。

(一)消极情绪的及时调整

新生对环境不适应可能产生焦虑、愤怒、伤心、孤独等消极情绪,如果持续时间较长,容易产生心理问题,我们可采取一定的措施来缓解情绪的困扰。

1. 能量宣泄法

对焦虑和抑郁等不良情绪所产生的能量可用各种办法加以调整。例如:可以到空旷的地方大喊几声,或者去参加一些体力劳动,也可以进行一些体育活动,把心理的能量变为体力上的能量释放出去。在过度焦虑和抑郁悲伤时,哭也不失为一种排解不良情绪的有效办法。哭可以释放能量,调整心理平衡。特别是男生,在无人的地方,"男儿有泪尽情流",大哭一场,痛苦和悲伤的情绪就减少了许多。

2. 静观与内省

静观与内省是指用反观自身的方式发现自身存在的问题并消除不良情绪的一种自我调节方法。在受到不良情绪的困扰时,选择一种自己感觉比较舒适的方式,或坐或卧,慢慢地通过调节呼吸或放松使心情平静,将精神集中到自己的思想活动上,观察自己头脑中正在出现的念头,让它随来随去,不去执着地想它,也不期待未出现的念头的到来,慢慢地你就会进入一种平静而舒适的状态。下面具体介绍冥想放松和自主训练两种方法。

(1)冥想放松法。你可以用一件真实的物件,如某种球、某种水果,或者手头可以找到的小块物体,来发挥自我想象的能力,具体的做法是:

①凝视手中的橘子(或其他物体),反复、仔细地观察它的形状、颜色、纹理、脉络。然后用手触摸它的表面质地,看是光滑还是粗糙,再闻闻它的气味。

②闭上眼睛,回忆这个橘子留给你哪些印象。

③放松肌肉,排除杂念,想象自己钻进了橘子里。那么,想象一下,里面是什么样子?你感觉到了什么?里面的颜色和外面的颜色一样吗?然后再想象你尝了这个橘子,记住它的滋味。

④想象自己走出了橘子的内部,恢复了原样,记住刚才在橘子里面所看到的、尝到的和感觉到的一切,然后做五遍深呼吸,慢慢数五下,睁开眼睛,你会感觉到头脑清爽、心情放松。

(2)自主训练法。

①取坐姿,把背部轻轻靠在椅子上,头部挺直,稍稍前倾,两脚摆放与肩同宽,脚心贴地。

②两手平放在大腿上,闭目静静深呼吸三次,排除杂念,把注意力引向两手和大腿的边缘部位,把意念引导至手心。

③不久,你会感到注意力最先指向的部位慢慢产生温暖感,然后逐渐地扩散到手心全部。这时,你心里可以反复默念:"静下心来,静下心来,两手就会暖和起来。"

④做五遍深呼吸,慢慢数五下,睁开眼睛。

进入这种状态后,再回顾一下自己为什么会感到苦恼、压抑、烦闷与不安,一次找不出原因也没关系,坚持练习一段时间,一旦抓住了感觉,就会很容易发现自己不良情绪产生的原因,并对自己的思维活动和行为做必要的调节。

(二)运用认知疗法,对"症"下"药"

1. 正确理财

(1)量入为出。量入为出是一种最简单的理财方法,就是根据自己的收入状况来决定自己的消费行为,即通常所说的"有多少钱办多少事"。表2-1为个人基本收入和支出状况表,我们可以简单地根据自己的收入状况进行统计,根据结余决定消费。

表2-1　　　　　　　　　　个人基本收入和支出状况表

时间	收入						支出						结余
	父母给予	个人打工	奖学金	个人投资	学校补贴	其他收入	学杂费	书籍费	服装费	生活费	交通费	同学交往	其他	

(2)量出为入。量出为入是一种积极的理财方式,主要方式是根据自己的消费计划进行适当的节约和收集,控制个人的资金流量,以保证正常的消费。表2-2个人计划消费表的主要目的是为了解决非常规的大额消费,如购买贵重物品、参加校外辅导班以及假期旅游等,掌握了这种方法,不仅能保障个人学习生活的正常进行,还能养成做个人财务计划的习惯,有利于适应今后的经济生活。

表2-2　　　　　　　　　　个人计划消费表

时间	项目预算					现有资金			差额资金	特殊收入	争取收入
	日常支出		特殊项目		总计	固定收入	已有资金	总计			
	名称	预算	名称	预算							

树立良好的消费观念。除了具体的理财操作外，更为重要的是形成一种正确、健康的消费观念和消费习惯。需要保持一种积极健康的消费心态，避免攀比、浪费的消费行为，使自己的消费更趋理性、科学。

勤俭节约，增收节支。大学生可以在保障学习的情况下增加收入，增加收入的方式大致有以下几种：

奖学金：各个大学都设有奖学金制度，如国家励志奖学金、院奖学金等。

勤工助学：在政策上，国家虽然为大学新生入学建立了贷款制度，但同时也不反对学生以勤工助学的方式来解决经济问题。目前在大学校园里，勤工助学的方式有以下几种：做兼职、开网店、假期到企业或公司打工等。

2. 良好人际关系的关键——理解和宽容

人际关系中问题最多的是同学之间的关系。大学新生生活的主要场所由家里转到宿舍，能否与朝夕相处的同学尤其是本宿舍同学建立良好的人际关系就成了一个关键问题。

宿舍是我们在校期间活动时间最长的地方。宿舍成员关系处理得好，可以培养集体观念、锻炼沟通能力、改善同学关系。良好的宿舍成员关系可以使我们愉快地度过大学时代的生活，给未来留下美好的回忆。但由于同一个宿舍的同学来自不同的地域、不同的家庭，生活方式、价值观念以及个性特征都存在很大差异，因而也容易产生矛盾，如果处理不好，也会影响心理健康。

宿舍成员关系大致有三种类型：第一，紧张型。宿舍成员之间关系紧张，气氛沉闷，时有冲突发生。第二，相容型。宿舍成员之间虽不十分密切，但能遵守集体生活原则，成员之间无大的冲突。第三，亲密型。宿舍同学之间关系密切，学习、生活上互相帮助，自觉遵守宿舍规范和值日制度，生活有规律、配合默契。

要改善关系，彼此和睦相处，应注意以下几个方面：

（1）相互理解，学会宽容。一个宿舍中，每个人都有各自的生活习惯：有的人喜欢安静，有的人喜欢热闹；有的人非常懒散，有的人非常勤奋；有的人喜欢早睡早起，有的人喜欢晚睡晚起；有的人喜欢洁净，铺位收拾得井井有条，有的人不拘小节，大大咧咧。这些习惯都是长期生活养成的，一时难以改变，因此大家要学会相互理解、相互宽容。

（2）求同存异，善于沟通。在与同学相处的过程中难免会发生争执、矛盾，这是很正常的现象。关键是要学会化解矛盾，而不是激化矛盾或积累矛盾。在出现矛盾时，要善于从分歧中找到共同点，学会求同存异，加强沟通，彼此开诚布公，切忌相互猜疑、心存芥蒂。

（3）互助互爱，彼此尊重。宿舍就是我们的第二个家庭，在这里大家要共同度过几年的时光，彼此之间如同兄弟姐妹，应学会互相帮助、互相关爱。尤其是当其他同学遇到学习困难、经济困难、出现情感问题或身体不适等需要我们帮助时，我们要及时伸出援助之手。同学相处是一种缘分，走到一起不容易，要注意彼此尊重、互助互爱、友好相处。

3. 掌握大学学习的方法

（1）了解高职院校学习的特点。要对整个学习过程的课程、考试方法和学籍管理规定做一些了解，包括有关本专业的公共课程、专业课程、专业基础课和选修课的设置情况。了解获得毕业证书和各种技能证书的必要条件，例如有的学院规定不及格科目超过三科就没有毕业证书，有的同学疏忽这些条件，直至毕业时拿不到证书才后悔当初没有认真了解情况。

(2)树立学习目标。在中学阶段,所有的同学几乎都有一个共同的目标,那就是考上大学。但是进入高职院校之后,许多同学便进入了目标盲区,有一种失落感、松懈感,再也难以保持中学时的学习热情。如何尽快渡过盲区、重新确立新的学习目标,直接关系到能否顺利度过高职阶段学习生活、圆满完成学习任务。

(3)主动学习。养成良好的学习习惯,首先是要做到主动预习,通过预习,发现课程重点和难点,了解课程的前后关系及内在联系,做到心中有数,掌握听课的主动权,从而事半功倍;其次是要认真听课,努力提高听课质量,紧跟老师的思路,适时做好笔记;再次是重视作业,高职院校的作业相对高中而言,量少而精,着眼于加深对原理的理解和对思考方法的培养,因此必须认真对待;最后要做到自觉复习,及时消化课堂繁重的教学内容,最终达到开阔思路、扩展知识领域,为进一步学习创造条件的目的。

(4)制定学习时间表。新的学习方式为学生安排时间提供了较大的自由度,为了避免出现时间空白带,新生可以制订一个学习计划,按照计划安排学习内容,合理地确定时间表中各个时间段的学习内容,努力提高学习效率。

他山之石

上大学啦!你想家吗?

开学伊始,大一新生白天忙碌在大学校园,华灯初下,部分新生躲在被窝里偷偷哭泣:想家了。一方面,想家是一种积极的情感,家让你的情感有了归属,是你的安全基地。另一方面,想家的感觉很难受,你会由此感到悲伤、脆弱、不适应。那么,你可以做些什么?

1. 接纳自己想家,并理解这是很自然和正常的反应,要知道很多同学与你的感觉是一样的,只是他们没有告诉你。因此,请允许想家的感觉出现和存在。

2. 饮食规律、睡眠充足,适当的休息和充足的营养对情绪及身体健康都是必需的。

3. 与老师、兄长、朋友或离开家的同学倾诉聊天。

4. 与家人保持联络,通过电话或网络视频诉说自己的经历,但注意不要过分依赖。

5. 与自己在其他大学或学院的同学保持联系,分享彼此的经历。

6. 参加一些学生社团或活动,尽量使自己融入宿舍的生活。

7. 探访校园和周边环境,邀约朋友一起游山玩水,参观文物古迹,发现日常生活中的乐趣,可以通过视频与家人和朋友分享自己的见识和感悟。

8. 充分利用学校的资源,积极参加讲座、文娱活动,进行体育锻炼。

9. 计划好回家的时间并做好安排,这有助于减少回家的冲动,并使调整的过程变得轻松。

10. 要给自己一定的时间去调整。克服想家对很多人来说是一个循序渐进的过程。如果你总是想家,或想家明显影响到学习或人际交往,应考虑与学校的心理咨询师谈谈。

(资料来源:郑日昌.大学生心理健康——自主与自助手册.2版.北京:高等教育出版社,2017.)

第二节　角色适应

一、角色转变的"剧痛"

一般来说,同学们从小学到高中目标是非常明确的,那就是考上大学,这不仅是孩子的梦想,也是家长的期望。由于有明确的目标,也就有了学习动力,再苦再累也能忍受;可一旦高考失利,没能考上理想的本科院校,伤心、失望可想而知。由于主客观条件的限制,他们中的大部分选择了高等职业院校,虽然是大学专科,可在许多人心中,高职院校不算真正意义上的大学。

他们接到高职院校的录取通知书时,并没有太多的欣喜和快乐,即使亲戚和同学问及他们高考的情况,一般也是闪烁其词,避而不答,他们的父母也是如此。很多同学是带着无奈来到高职院校的,他们和他们的父母有意无意地否认高职生的"大学生"身份。

某高职院校的大学生心理协会对3所学校在新生入学报到时所做的随机访谈显示,95%的同学只知道高职是专科,高职生是高考失利者,不知道高等职业院校的特色是什么;60%以上的同学要专升本或自考甚至考研;对于现在所上的高职是无奈选择的占85%。一年后,该大学生心理协会做了跟踪随机调查,发现仍然有60%的同学不能理解和认同高职生的技术优势,50%的同学参加了各种形式的本科学历的学习,心理上对高职生的角色的积极接受度只有40%。

案例

一天,一名高职院校的大三学生来到了心理咨询室,他说自己觉得生活没有意义,有时有种想跳楼的意识和冲动。他说自从上了这所学校,上本科的梦想破灭后,生活便失去了色彩,他经常逃课,"挂科"是常事。后来他不愿意在学校里待着,他觉得待在这种院校里是浪费生命(咨询师观察到他当时鄙夷的眼神),他承认三年来专业知识是一无所获,不过,他并没有后悔的意思,他认为这种专科学校的课程不学也罢。咨询师说:"作为大学生,这样岂不太可惜了?"他很不以为然甚至愤怒得咬牙切齿:"我从来就不是个大学生!""高职生怎能与大学生相提并论?"他说在外面或同学、朋友面前从不说自己是哪所学校的,他认为提到自己的学校是一种可耻的事情。咨询师告诉他,他是严重的角色适应障碍,不能接纳自己的高职生角色,不了解高职生的优势(其实高职生的就业率远远高于本科生,我国的高级技工非常短缺)。他不仅不能顺利毕业,还严重影响了心理健康。

从高中生到高职生,不仅要经历普通大学生的生活、学习、人际关系环境的心理适应,还要从心理上接纳自己的高职生的角色定位,这并非易事,要经历一番心理上的"剧痛"。

高职院校的学生大多是应试教育制度下的考试失利者。他们大部分学习基础比较差,在学习意识、学习方法、学习能力及学习动力方面比较欠缺。他们就读高职是无可奈何的或是为了应付家长。

在他们心目中,十二年甚至更长时间的寒窗苦读,他们想上大学(普通本科大学)的愿望,在接到录取通知书的一刹那彻底破灭了!这种刻骨铭心的失落对一个人的打击,用任何言语来描述都是苍白无力的。

目前,大部分高职院校无论是在校园环境还是在教学条件方面,与本科院校相比都有一定的差距。有些高职生在与考上本科院校的高中同学的交往中看到了这种差距,产生了强烈的自卑心理,认为自己读高职很没面子,看不起自己,甚至看不起就读的学校和老师,在这种妄自菲薄中,他们的意志日渐消沉。

另外,激烈的就业竞争也给他们造成了较大的心理压力,对社会对其的容纳有一种怀疑,感到前途渺茫、失落和自我轻视。

对于进入高等职业院校的大部分同学来说,高考失利确实是他们难以面对的现实,但既然这种心理的"伤害"是无法逃避的,我们只能接纳它,使"它"——高职生身份成为我们身体和心灵的一部分,好好呵护它,让它健康成长。

生活链接

我国职业教育迈入高质量发展新阶段

本报北京12月8日电(记者张烁) 记者从8日举行的教育部新闻发布会上获悉:全国职业学校开设1 200余个专业和10余万个专业点,基本覆盖了国民经济各领域,每年培养1 000万左右的高素质技术技能人才。

教育部职业教育与成人教育司司长陈子季介绍,目前,全国共有职业学校1.15万所,在校生2 857.18万人;中职招生600.37万,占高中阶段教育的41.70%;高职(专科)招生483.61万,占普通本专科的52.90%。累计培养高等学历继续教育本专科毕业生5 452万人,开展社区教育培训约3.2亿人次。

"职业院校70%以上的学生来自农村。"陈子季介绍,中职免学费、助学金分别覆盖超过90%和40%的学生,高职奖学金、助学金分别覆盖近30%和25%以上学生,"职教一人,就业一人,脱贫一家"成为阻断贫困代际传递见效最快的方式。

据介绍,我国职业教育迈入了提质培优、增值赋能的高质量发展新阶段。目前,已发布中职专业368个、高职(专科)专业779个、本科层次职教试点专业80个,修(制)订并发布347个高职和230个中职专业教学标准、51个职业院校专业实训教学条件建设标准、136个专业类顶岗实习标准。开展现代学徒制试点,布局了558个现代学徒制试点单位,覆盖1 000多个专业点,惠及10万余学生(学徒)。同时,遴选公布232门在线精品开放课程,建设203个职业教育国家专业教学资源库,遴选约4 000种"十三五"职业教育国家规划教材。

陈子季介绍,目前已培育800多家产教融合型企业、试点建设21个产教融合型城市,构建了以城市为节点、行业为支点、企业为重点的产教融合新模式。成立1 500个职业教育集团,3万多家企业参与职业教育,确定150家示范性职业教育集团(联盟)培育单位,组建56个行业职业教育教学指导委员会,发布近60个行业人才需求预测与专业设置指导报告。在向世界开放上，与70多个国家和国际组织建立了稳定联系，有400余所高职院校与国外办学机构开展合作办学。

（资料来源：《人民日报》2020年12月09日14版）

他山之石

德国的"双元制"职业教育

"双元制"是德国职业教育最重要的特色，也是其推行职业教育最成功的关键。所谓"双元制"职业教育是指学生在企业接受实践技能培训和在学校接受理论培养相结合的职业教育形式。"双元制"职业教育由校企合作办学，职业学校一般设在企业里，直接与企业挂钩，校企联合制定教学目标和教学计划；学校负责理论教学，企业负责培训，学生边学习边上岗实习，两者同步进行，毕业时学生同时获得毕业证和职业资格证书，毕业后零培训上岗。

"双元制"职业教育的教学内容按照企业和学校的不同特点既有分工又有合作。企业的培训按照联邦教科部和有关专业部门共同颁布的培训条例进行。德国经济部公布了国家承认的培训职业有93个职业大类共371个职业。各专业部门分别制定相关职业类别的培训条例，包括教育内容、时间安排以及考核办法等，并会同联邦教科部共同颁布实施。各培训企业根据培训条例和本企业的特点制订具体的培训计划并付诸实施。职业学校的教学内容由各州文教部制定。它的任务是在服从企业培训要求的前提下实施普通和专业教育，深化企业培训中的专业理论。德国"双元制"职业教育有以下几个突出特点：同生产紧密结合；企业的广泛参与；互通式的各类教育形式；培训与考核相分离的考核办法。

德国的"双元制"职业教育为国家培养了大批既有熟练的专业技能又有较高职业道德的优秀的专业技术工人，被视为德国的"第二根支柱"。其结构完善，办学形式多样而灵活，培养人才效率较高，享有良好的国际声誉。

[资料来源：姜立增.德国职业教育的特点及启示.机械职业教育,1998(7).]

二、如何尽快适应角色转换

（一）了解高职生的社会角色

作为高职生，他们既有一定的专业理论知识，又有一定的实践操作经验，这正好契合了灰领性质岗位（灰领性质岗位是指需要以一定科学知识为支撑、对技能水平要求较高的，并希望以一定创造性去推动知识和技能发展来提升工作成果的岗位）的要求。

微课

"灰领"——高职生的角色定位

灰领在我国市场潜力很大。目前,我国建筑行业高级技师仅占0.3%,影响了建筑行业的科技转化。有96%的企业缺少机电方面的人才,88%的矿产企业缺少采矿方面的人才。灰领人才的短缺危机有可能影响我国成为下一个制造业中心,严重影响到我国经济的持续健康发展。在北京,高级技师岗位与人才的比例是7.3∶1,在西安甚至达到43∶1。由于灰领掌握的技术大多属于企业的稀缺资源,一些大型外企的高级技师年薪甚至超过公司经理。

作为一名高职生,工作的起点大都是蓝领,可能刚工作时工作环境与高中生一样艰苦,待遇方面也就比高中生多几百元钱。可高职生毕竟经过了2～3年的理论学习,在掌握专业技术和创新意识上比一般工人有潜力,在动手操作方面一般比本科生能力强。如果主观上努力上进,蓝领的过渡期会大大缩短,工资、福利和待遇也会逐渐提高,社会地位也会因为经济地位的提升而得到提高。

高职生的优势恰恰在于将中职生的动手能力和本科生的理论水平合二为一,高职生应该看到自己的长处和特色。

有一则"西邻五子食不愁"的故事:西邻有五子,但三子残疾。西邻则认为五子"各有千秋":长子质朴,次子聪明,三子目盲,四子背驼,五子脚跛。按照常理看,这家的当家人日子很难过,可是西邻有方,日子过得还蛮不错。细一打听,原来他对自己的儿子各有安排:老大质朴,正好让他务农;老二聪慧,正好让他经商;老三目盲,正好让他按摩;老四背驼,正好让他搓绳;老五脚跛,正好让他纺线。这一家子人,各展其长,各得其所,"不患于食焉"。从这则故事我们可以看出,每个人都有自己的优势和不足,只要善用其利,避其不足,皆可成才。

(二)接纳高职生的角色

1. 跟过去说"再见"

一部分高职生入校后是"身在曹营心在汉",一方面带着挑剔的眼光看待自己的学校,另一方面对本科院校十分羡慕,结果是越看越烦,越看越郁闷……

高职生如果心理上无法接受理想破灭的现实,可以跟过去的梦做个道别的仪式:自己画幅代表高中时理想大学的画,在适当的时机,找个安静的环境,把画放到桌上或挂到墙上,对画中的"我"告别,口中大声重复说"你不要再找我了,我要和你再见,我现在是高职生,我要踏上新的征途",每个星期做2～3次,一个月后逐渐减少,直至彻底与过去告别。

2. 破除传统高职生的"刻板印象"

传统观念认为,本科生才是大众认可的大学生,他们理所当然地就业率高,工作环境好,待遇好,发展潜力大;高职生毕业后要么在机器轰鸣的车间里,要么在烈日炎炎或寒风刺骨的工地上,底薪不高,发展空间小。

随着我国经济和工业化程度的进一步发展,我国对中级以上的技术工人的需求越来越多,我国中高级技术人才的培养是近年才在我国的高等教育体制中有所体现的,高职生的"灰领"角色正好适合市场的这一需求,其收入非常可观;另外,随着工业现代化程度的进一步提高,工矿企业的工作环境越来越人性化、智能化。

(三)发挥高职生的优势

技能的掌握是高职生的特色之一。技能学习与一般的理论学习有很大差别,技能学习主要与耐力和实际操作能力有关。

与中职生相比,高职生又有理论上的优势。中职生一般以技能的掌握为主,理论知识由于基础的薄弱而很难达到一定的深度。高职生在高中阶段经过严格的理论训练,基础扎实,为大学的理论学习奠定了坚实的基础,在大学经历了一年半或两年的专业知识学习,他们的理论水平总体上远远超过中职生。

作为一名高职生,如果牢固地掌握专业基础和专业知识,又能娴熟地运用专业技能,把高职生的理论和技术优势淋漓尽致地发挥出来,那么他们在就业市场上一定会占有重要的一席之地。

心理测试

心理适应能力测试

下面的问题能帮助你进行心理适应能力的自我判别,每题均有"A.是 B.无法肯定 C.不是"三个备选答案,请认真阅读,并决定其与你实际情况的符合程度,然后选择相应的答案。

1. 我最怕转学或转班级,每到一个新环境,我总要经过很长一段时间才能适应。

2. 每到一个新的地方,我很容易同别人接近。

3. 在陌生人面前,我常无话可说,甚至感到尴尬。

4. 我最喜欢学习新知识或新学科,它给我一种新鲜感,能调动我的积极性。

5. 每到一个新地方,我第一天总是睡不好,就是在家里,只要换一张床,也会失眠。

6. 不管生活条件有多大变化,我也能很快习惯。

7. 越是人多的地方,我越感到紧张。

8. 我的考试成绩多半不会比平时练习差。

9. 全班同学都看着我,心都快跳出来了。

10. 对他(她)有看法,我仍能同他(她)交往。

11. 我做事情总有些不自在。

12. 我很少固执己见,常常乐于采纳别人的观点。

13. 同别人争论时,我常常语塞,事后才想起该怎样反驳对方,可惜已经太迟了。

14. 我对生活条件要求不高,即使生活条件很艰苦,我也能过得很愉快。

15. 有时自己明明把课文背得滚瓜烂熟,可在课堂上背的时候,还是会出差错。

16. 在决定胜负成败的关键时刻,我虽然很紧张,但总能很快地使自己镇定下来。

17. 我不喜欢的东西,不管怎么学都学不会。

18. 在嘈杂混乱的环境里,我仍然能集中精力学习,并且效率较高。

19. 我不喜欢陌生人来家里做客,每逢这种情况,我就有意回避。

20. 我很喜欢参加社交活动,我觉得这是交朋友的好机会。

评分规则

1. 凡是奇数号题(1,3,5,7…),选 A 为－2分,选 B 为0分,选 C 为2分。
2. 凡是偶数号题(2,4,6,8…),选 A 为2分,选 B 为0分,选 C 为－2分。将各题得分相加,即得总分。

结果解析

35~40分:心理适应能力很强。能很快地适应新的学习、生活环境,与人交往轻松、大方。给人的印象极好,无论进入什么样的环境,都能应付自如。

29~34分:心理适应能力良好。

17~28分:心理适应能力一般,当进入一个新的环境,经过一段时间的努力,基本上能适应。

6~16分:心理适应能力较差,依赖于较好的学习、生活环境,一旦遇到困难则易怨天尤人,甚至消沉。

5分以下:心理适应能力很差,在各种新环境中,即使经过相当长一段时间的努力,也不一定能够适应,常常困惑,因与周围事物格格不入而十分苦恼。在与他人的交往中,总是显得拘谨、羞怯,手足无措。

如果你在这个测试中得分较高,说明你的心理适应能力较强。但是,如果你得分较低,也不必忧心忡忡,因为一个人的心理适应能力是随着年龄的增长、知识经验的丰富而不断增强。只要你充满信心,刻苦学习、虚心求教、加强锻炼,你的心理适应能力一定会大大增强的。

[资料来源:边玉芳.心理健康(教师用书).上海:华东师范大学出版社,2007.]

推荐好书

《不抱怨的世界》

作者:(美)威尔·鲍温
译者:陈敬旻
出版社:陕西师范大学出版社
出版时间:2009 年 4 月
内容简介:有时候,我们的抱怨不仅会针对人,也会针对不同的生活情境,以表示我们的不满。而且如果找不到人倾听我们的抱怨,我们会在脑海里抱怨给自己听。本书作者提出的神奇"不抱怨"运动,来得恰是时候,它正是我们现代人最需要的。我们可以这样看:天下只有三种事:我的事,他的事,老天的事。抱怨自己的人,应该试着学习接纳自已;抱怨他人的人,应该试着把抱怨转成请求;抱怨老天的人,请试着用祈祷的方式来诉求你的愿望。这样一来,你的生活会有想象不到的大转变,你的人生也会更加美好、圆满。

作者简介:威尔·鲍温,美国著名的心灵导师。他热爱运动、骑马、旅游、阅读,他发起的"不抱怨"运动改变了无数人的命运。

第三章　自我意识

本章导航

"我是谁？"这个熟悉而又陌生的话题在进入大学以后会引发我们越来越多的困惑，诸如："我"究竟是一个怎样的我？为什么总是离那个完美的"我"相距遥远？为什么总会对未来感到迷惑？为什么人与人会有很大不同？为什么同一个人会有大相径庭的表现？为什么读书越多却觉得不知为什么而读？本章将与你一起探索"自我"之谜。

经典名言

君子博学而日参省乎己，则知明而行无过矣。　　　　　　——荀子

知人者智，自知者明。胜人者有力，自胜者强。　　　　　——老子

没有自我的世界是死寂的世界，而没有世界的自我是空洞的自我。

——伯格林

第一节　自我意识概述

一、自我意识的含义

古希腊神话中有一个妖怪,叫斯芬克斯。她整天守着那条过往行人必经的路,让人猜一个谜:"什么东西早上是四条腿,中午是两条腿,傍晚是三条腿?"如果行人不能答对谜底,她就会把行人吃掉;如果猜出来了,她自己就会死去。无数的人都猜不出谜底,于是许多人被吃掉了。终于有一天,一个叫俄狄浦斯的年轻人来到了斯芬克斯的面前,说出了这个神奇"东西"的谜底——"人"!于是,斯芬克斯死了。在知晓这个答案后,我们恍然大悟,原来就是"人"自身啊,认识自我也就是自我意识,是多么困难!那么什么是自我意识?

自我意识,是指一个人对自己各种身心状况以及自己和周围关系的意识,是认识自己和对待自己的统一。

从自我的内容上来划分,自我可以分为生理自我、心理自我和社会自我。生理自我是指个体对自己的生理属性的认识,如身高、体重、衣着、长相;心理自我是指个体对自己心理属性的认识,如能力、情绪、道德、性格等;社会自我是指个体对自己社会属性的认识,如自己在各种社会关系中的角色、地位、权利等,如班级、家庭、同伴、社团等。自我类型划分如图 3-1 所示。

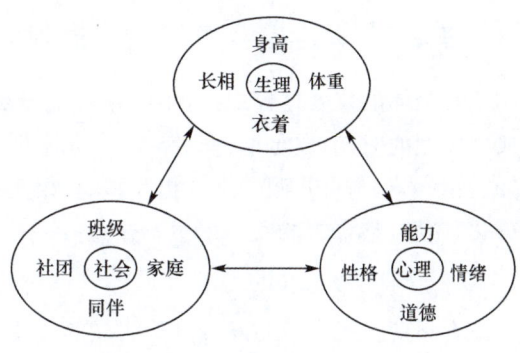

图 3-1　自我类型划分

二、自我意识的结构

由于自我意识既是心理活动的主体,又是心理活动的客体,故对"自我"三方面的认识,可以从认知、情感、意志过程展开,表现为自我认知、自我体验和自我调节,它是多层次、多维度的心理现象。

（一）自我认知

自我认知主要涉及"我是一个什么样的人""我为什么是这样的人"等,它包括自我感觉、自我观念、自我分析、自我观察、自我评价、自我批评等多种形式。

（二）自我体验

自我体验属于情绪范畴,它以情绪体验的形式表现出人对自己的态度,主要涉及"我是否接受自己""我是否满意自己""我是否悦纳自己"等。它主要是一种自我的感受,以自尊、自爱、自信、自卑、自怜、自弃、自恃、自傲、责任感、义务感、优越感等表现出来。

（三）自我调节

自我调节主要表现为人的意志行为,它监督、调节人的行为活动,调节、控制自己对自己的态度和对他人的态度。它涉及"我怎样节制自己""我如何改变自己""我如何成为理想的

45

那种人"，表现为自主、自立、自强、自制、自律、自卫等。

以上三者互相联系、有机组合、完整统一，成为一个人个性中的核心内容。自我意识的结构见表 3-1。

表 3-1　自我意识的结构

	自我认知	自我体验	自我调节
生理自我	对自己身体、外貌、衣着、风度、家属、所有物等的认识	英俊、漂亮、有吸引力、迷人、自我悦纳	追求身体的外表、物质欲望的满足，维持家庭的利益等
社会自我	对自己的名望、地位、角色、性别、义务、责任、力量的认识	自尊、自信、自爱、自豪、自卑、自怜、自恋	追求名誉地位，与他人竞争，争取得到他人的好感等
心理自我	对自己的智力、性格、气质、兴趣、能力、记忆、思维等特点的认识	有能力、聪明、优雅、敏感、迟钝、感情丰富、细腻	追求信仰，注意行为符合社会规范，要求智慧与能力的发展

三、大学生自我意识的发展过程

在个体的发展过程中，童年期是人格开始形成的时期，少年期和青年期则是人格初步形成并定型的时期，成年期是人格成熟的时期。自我意识是人格发展的核心要素，在自我认知、自我体验与自我调节三者相互影响、相互作用的过程中，自我意识逐步成熟，其间经历了分化、矛盾、整合的过程。

（一）自我意识的分化

青年期自我意识的发展是从明显的自我分化开始的。原来完整、笼统的"我"被打破了，出现了两个我：主观我（I）和客观我（me），即大学生既是观察者又是被观察者。伴随着主观我和客观我的分化，"理想我"和"现实我"开始分化。

自我意识分化是自我意识开始走向成熟的标志。自我意识明显的分化，使大学生主动、迅速地关注自己的内心世界和行为，产生了新的认识、体验，同时，由此而来的种种激动不安、焦虑、喜悦增加，自我沉思增多起来，要求有属于自己的一片空间，渴望被理解、被关怀。

（二）自我意识的矛盾

自我意识的分化，使青年开始意识到自己不曾注意的许多"我"的细节，另一方面也带来了主观我与客观我的矛盾斗争，呈现出"理想我"和"现实我"的矛盾并且加剧。随着自我冲突加剧，自我不能统一、自我形象不能确立、自我概念不能形成，表现出明显的内心冲突，甚至有很大的内心痛苦和激烈的不安感。这个时期，青年对自我的评价常常是矛盾的，对自我的态度常常是波动的，对自我的控制常常是不果断的。

（三）自我意识的整合

自我意识的矛盾冲突，常常会给大学生带来不安或心理痛苦，他们总是力图通过自我探究、自我调整来摆脱这种不安与痛苦。与此同时，大学生的自我意识也在不断调整、发展。在自我意识的不断调整、发展的过程中，逐步整合自我意识，向"理想我"靠近，这就是我们常说的自我同一性的建立。

他山之石

快乐的真谛

青年拜访一位年长的智者。青年问:"我怎样才能成为一个既能使自己愉快,也能使别人快乐的人呢?"

智者说:"我送你四句话。第一句是把自己当作别人,即当你感到痛苦、忧伤的时候,就把自己当作别人,这样痛苦自然就减轻了;当你欣喜若狂时,把自己当作别人,那些狂喜也会变得平和些。第二句话是把别人当作自己,这样就可以真正同情别人的不幸,理解别人的需要,在别人需要帮助的时候给予恰当的帮助。第三句话是把别人当作别人,要充分尊重每个人的独立性,在任何情形下都不能侵犯他人的核心领地。第四句话是把自己当作自己。"

青年问:"如何理解把自己当作自己?如何将四句话统一起来?"

智者说:"用一生的时间,用心去理解。"

(资料来源:夏翠翠.大学生心理健康教育.2版.北京:人民邮电出版社,2019.)

心理知识

大学生的自我同一性危机

按照埃里克森的人生阶段划分,在进入大学之前个体应该就已经完成了自我统合的过程。但从中国大学生的实际情况来看,在初高中阶段,学习和考大学是最主要的生活方式和生活目标,是社会、学校、家长为大多数学生早已确定的、不容置疑的道路。作为青春期的个体并没有真正的选择权和自主思考的意识,这实际上就推迟了个体自我整合的年龄阶段。因此,个体是进入大学之后才开始真正发展自我认同的。

自我认同主要内容包括以下六个方面:我现在想要什么?我有怎样的身体特征?父母如何期望我?以往的成败经验是怎样的?现在有什么问题?希望将来如何?这些问题如果处理得好,大学生就能适应和化解危机,达到自我同一性,否则,容易出现自我同一性危机,迷失个人前进的方向,与自己的角色不适应,最后出现退缩、自卑等不良人格特征。具体来说可能出现的情况有以下方面:

1.对时间的认同。有的大学生没有认识到时间的重要性,为了逃避成长的压力,不愿主动去面对自己的问题,不愿做出决定和付出努力,而是希望随着时间的流逝,面临的问题也随之而去;而有的则希望时间停滞不前,认为目前的状况会永远维持下去。

2.自我肯定与自我怀疑。自我评价与认识包括很多方面,在进入大学前,学习成绩是最主要的评价指标,其他方面都要为这个指标服务。但进入大学后,对自我评价和认识开始多元化,如自己的智力、外表、心理、人际交往、社会活动等方面,都会逐渐进入大学生的自我认知范围,并且各方面的重要性也会因人而异。有的大学生过分看重别人对自己外表的看法,有的则对一切持漠不关心的态度,一个自我认同的人能够有效地统合自我与他人的信息,达到自我同一性,同时又能够努力去理解与充分尊重他人的独特性和自我认同方式。

3. 预期职业成就与无所事事。大学生的职业生涯规划和职业预期是学业的重要归宿,也是非常实际的问题。大学生通过职业生涯确定与肯定自己的能力,对大学生来说,重要的是坚持学习并充分发挥自己的潜能,而不是确定自己的能力有多大。许多有潜能的大学生由于缺乏意志力和坚定的目标而无所建树。

4. 性别角色的认同与两性混淆。大学生应当对社会规范的性别角色及其责任有所认同,接受自己是男性或女性并有适当的性别表现。性别认同的程度可能与从幼儿期到童年期与同性还是异性相处的紧密程度有关。在实际生活中,同样都是男性,每个人的男性气质也会有一定程度的差异。有的可能喜欢各种体育运动,身体强壮、外向、开朗,给人以男性气概的感觉;有的则可能比较沉静、内向,情感细腻,身体单薄,但这也并非男性角色不适当的表现。同样,女性气质也有很大的变动范围。

5. 服从与领导的认同。随着个性和思想的发展,大学生会有更加明确的个人见解和要求,往往会与他人有所不同。在团体中,如果作为领导,则要认清自己所处的位置以及被赋予的责任与权利,善于整合团体的意见,代表团体的利益,做好协调和领导的工作;如果作为普通的团体一员,则要具有团队精神和合作精神,既归属于团体又能够不盲目服从。

6. 价值观的形成。价值观的形成是在生活中通过不断思考、辨别、选择,通过实践不断调整、检验,逐渐确立的。大学生价值观的确立是自我同一性的最高境界,也是自我同一性最为重要的任务。

(资料来源:周家华,王金凤. 大学生心理健康教育. 3 版. 北京:清华大学出版社,2010.)

第二节 认识自我

"人贵有自知之明",任何一个人都有一个如何评价、看待自己的问题。正确评价自己即能全面、客观地认识到自己的长处和短处。了解自己,评价自己,需要有参照点,在确立了参照点之后,我们才能真正了解自己。

一、他人对你的看法

你的一言一行都会对周围人产生影响,留下印象。他人对你的反应与评价,就如同一面镜子,反映出你的形象。他人对你的评价是你形成自我评价的一个重要线索。

在童年,我们的自我概念是通过"镜像过程"形成的"镜像自我",别人对于我们的态度、反应(表情、评价与对待)就像是一面镜子,我们通过它来了解和界定自己,并形成相应的自我概念。童年生活中的重要他人会对自我概念发展有着重要的影响。

我们每个人都会对自己有一个认识或看法，但是我们眼中的自我和他人眼中的"我"往往会有一些偏差。产生这些偏差有时候是因为我们高估或低估了自己，对自己的认识不够全面；有时候是因为他人误解了我们。

那么，我们怎样才能够对自己有一个全面的认识呢？首先我们要学会听取他人的意见。有时"忠言逆耳"，只有愿意指出你不足的朋友才是你值得信赖的朋友。聆听了别人的看法之后，我们还要学会拿别人的意见和自己的评价相对比，找出其中相同和不同的部分，最重要的是弄清楚相同和不同的原因。外界对我们的评价和我们对自己的评价都有一定的偏差，取消这种偏见的唯一方法还是得靠我们自己去分析和判断。

实际上要真正接受他人的评价比较难。有时候他人的评价往往带着指责、批评的情绪，用词可能比较直接或苛刻，虽然第一反应认为确实是自己的问题，但紧接着往往会本能地激发出自己的对抗情绪，不但不愿意承认对方的评价，还会反唇相讥。即使对方是心平气和地指出自己的问题，自己本来也知道自己的问题所在，但还是会觉得不舒服，甚至感觉受到伤害。面对他人的批评，这时候作祟的不是自尊心而是虚荣心，担心因为被指出缺点而被人看不起，有了缺点就低人一头，或者认为对方是有意要反对、伤害自己。

"闻过则喜""从善如流"是中国古人正确面对他人评价的榜样，也因此流传下来很多脍炙人口的故事。能够虚心接受他人的意见和批评，并且表示感谢，又能够善加分析，不盲目听信，从中发现自己真正的问题所在，这正是一个人不断要求进步、自我完善的强烈愿望的表现。

二、与他人进行比较

通过对比他人来认识自己应该特别注意以下几点：第一，跟别人比较的是行动前的条件，还是行动后的结果？如果认为自己上的是高职学院，不如普通高校学生，就开始置自己于次等地位，自然影响心态和情绪。而有效的参照点应是大学毕业后实际的成绩。第二，跟别人比要有标准，是相对标准还是绝对标准？是可变标准还是不可变标准？经常有大学生认为自己不如他人。其实他们关注的可能是身材、入学分数等不能改变的条件，而实际能力则很少关注。第三，比较的对象是什么？是与自己条件类似的人，还是个人心目中的偶像或不如自己的人？所以，确立合理的参照系和立足点对自我的认识尤为重要。

与谁比较、比较什么，往往反映了我们看重和关注什么，希望在哪方面发展和提升自己。大学生更应该多在学习成绩、工作能力、良好生活习惯、品德、意志行为等方面与人比较，而不是在经济条件、家庭背景等方面比较。因为经济条件、家庭背景很大程度上并不取决于大学生自身，往往受家庭情况的影响，也是个人难以在短期内改变的；而学习成绩、工作能力、品德、意志行为等则是可以通过自身努力不断提高和完善的，真正反映了大学生的综合素质。通过比较，可能会发现自己某些方面占有优势，但也不要因此沾沾自喜甚至骄傲自满；发现自己某些方面居于劣势，也不要因此灰心丧气。"上天在关闭一扇窗的时候，必定为你打开一扇门"，认识到自己的不足正好为我们提供了努力的方向和前进的动力。

三、自我反省和检查

《论语》中曾子要"吾日三省吾身"。早上醒来，想想今天的生活内容，包括学习、工作任务有哪些，应该怎样安排时间；白天有时间静下来的时候，想想自己在已经过去的这段时间做了什么，接下来的时间应该做什么，注意保持平和的心态，对自己的言语行为保持觉知；晚上睡觉之前,回想一下今天自己是否完成了任务,查缺补漏,有哪些方面做得比较顺利,值得鼓励,有哪些方面做得还不到位,需要吸取经验教训,争取下次做得更好,在有问题的方面,有没有有意识地去调整自己,是否有所改变。

但是成败得失,其价值也因人而异。对聪明又善用智慧的人来说,成功、失败的经历都可以促进他再成功,"失败是成功之母",因为他们了解自己,有坚强的人格,善于学习,因而可以避免失败。而对于某些比较脆弱的大学生来说,失败的经历更使其失败,"失败是失败之母",因为他们不能从失败中学到教训,未能改变策略追求成功,而是在失败后形成害怕失败的心理,不敢面对现实去应付困境或挑战,甚至失去许多良机。而对于有些妄自尊大的人而言,成功反而可能成为失败之源。他们可能侥幸成功便骄傲自大,以后做事便不自量力,往往失败较多;或者成长过于顺利,一直比较成功,而一旦失败,便一蹶不振。因此,一个大学生在成败经验中获得的自我认识要细加分析和区别。

我们每个人都不是完美无缺的,也不是一无是处的。重要的是要相信,我们在进步,今天比昨天好一点,明天又会比今天好一点。逐步改进我们的不足,发挥我们的长处,我们就是这样在成长、在进步,我们的生命也因此变得多姿多彩。

团体心理拓展活动

我是谁?

1. 轻柔体操

请学生排成两排,后排同学为前排同学揉肩、敲背。然后互换位置,相互问好。

2. 教师指导语

我现在问你们20个"你是谁",请你将头脑中浮现出来的答案写下来(如"我是某学校的学生""我是一个爱好足球的人""我是一个非常热情的人"等)。不要有什么顾虑,回答每次提问的时间为20秒。若写不出来可略去,继续往下写。

3. 结果分析

(1)答案的数量和质量。看一共写出了几个答案,答案中哪些方面的内容为多。如果能写出9~10个答案,则大体上可以认为没有特别的障碍。如果只能写出7个或更少的答案,则可以认为是过分压抑自己。

(2)回答内容的表现方式。有三种情况:符合客观情况的,如"我是大女儿""我是小学生"等;主观解释的情况,如"我是老实人""我胆小"等中性的情况,即谁都不能做出判断的情况。如果主、客观评价都有,可以认为取得平衡了。如果倾向于主观或客观,则不能取得平衡。

(3)回答的内容是否涉及自己的未来。哪怕只有一个答案涉及未来(如"我是未来的大学生"),也说明自己有理想和抱负,在现实生活中充满生机。如果没有一个答案涉及未来,则可能说明自己对未来考虑不多。

（4）回答的内容涉及自己的身体状况、心理（才智、情绪等）、社会关系状况各有几项。

（5）评估一下你对自己的陈述是积极、肯定的还是消极、否定的。其中，表示积极和消极的句子各有几句。如果表示积极的句子多于表示消极的句子，说明你的自我接纳状况良好。相反，你的消极陈述的句子将近一半甚至超过一半，这显示你不能很好地接纳自己，你的自信程度较低，这时你需要内省一番，寻找问题的根源。如哪一方面过低评价了自己？是什么原因造成的？有没有改善的可能？

4. 小组分析

（1）组长随意抽取一份组员的答案，注意不要写出名字，大家对该生的答案进行分析，试着猜出该生是谁。

（2）得到确认后，大家对该生再次进行评价，如他的优点、缺点等，如此直至每一份答案都经过分析，每一个组员都能得到评价。

（3）每个学生总结自己的评价和同学的评价，课后写一篇《这就是我》的小文章，文章不讲究形式、措辞，只要求对"我"的各个方面都写全，以达到正确地自我认识。

5. 总结

教师发言，指出正确认识自我的意义。

（资料来源：樊富珉. 团体心理咨询. 北京：高等教育出版社，2005.）

第三节　悦纳与完善自我

一、悦纳自我

悦纳自我是发展健康的自我体验的关键和核心。具体地说，积极悦纳自我就要做到以下几点：

第一，接受自己，喜欢自己，觉得自己独一无二，有价值感、自豪感、愉快感和满足感；

第二，性情开朗，对生活乐观，对未来充满憧憬；

第三，平静而又理智地看待自己的长处与短处，冷静地对待自己的得与失；

第四，树立远大的理想，并以此激励自己不断地克服消极情绪；

第五，既不以虚幻的自己补偿内心的空虚，也不以消极的自己回避漠视现实，更不以怨恨、自责以至厌恶来否定自己。

每个人一生都在追求幸福生活，更大的房子、更豪华的汽车、时髦的衣服、有地位的朋友以及他们在事业上令人羡慕的成就，等等。这些东西在带给我们某种满足的同时也带给我们许多患得患失的忧虑、压力和令人疲惫不堪的混乱情绪。即使是能力、水平再高的人也会被这些问题困扰，更何况我们呢？因此，当你感觉自己"不如人"时，千万不要被这种情绪击倒。重新审视自己，说不定你会发现自己原来还有许多可取之处，甚至有优于别人、强于别人的地方。所以，你根本没有必要为了自己某个方面"不如人"而小看自己，甚至产生自卑情绪，要学会从另外一个角度看问题。换个角度看人生，你会有新的收获。

案例

渔夫与哲学家

有一个渔夫,一天没有去下海捕鱼,而是在岸上找了一个地方躺下,睡着了,而且睡得很香。有一位来此观光的哲学家看见了这位渔夫,像所有受过文化知识熏陶的人一样,他看见渔夫睡在这里,觉得渔夫很可怜,于是,他就走过去,结果惊醒了渔夫。那个哲学家就和渔夫攀谈了起来。

哲学家问:"你今天为什么不下海捕鱼呢?"渔夫没有正面回答他的问题,而是问了哲学家一个问题:"那你说说,我今天为什么就要下海捕鱼呢?"

哲学家可能觉得渔夫问的这个问题好奇怪,他就不假思索地说:"捕到鱼你就可以卖很多的钱啊!"

"那,我卖很多的钱又是为了什么呢?"

"你有了很多的钱,你就可以好好享受生活,过一种无忧无虑的生活了!"

那个渔夫笑了,说:"刚才我就是在这儿无忧无虑地睡觉,是你来了打破了我的好梦!"

渔夫回答了一个哲学家并没有完全理解的问题,即对生活的观念问题。这位渔夫并没有将自己盲目地投入到紧张的工作中,而是按照自己对生活的理解,过着一种恬静的日子,并且对生命充满了由衷的喜悦与感激。

其实,换一种活法,改变一下自己,我们也许就会找到生活的幸福和快乐。学会享受生活,让自己适当放松,你就能够感受生命的伟大与快乐。

(资料来源:黄群瑛.大学生心理素质训练.长沙:湖南师范大学出版社,2011.)

团体心理拓展活动

我的核桃

活动目的: 提高观察能力,识别和接纳人与事物的独特性。

活动时间: 50分钟。

活动准备: 每组8~10人,每人1个核桃(也可以是柑橘、西红柿、柠檬等)。

活动过程: 每人发一个核桃,让成员花10分钟认真观察自己的核桃,尽量调动一切感觉通道,如视觉、听觉、嗅觉、触觉等,先用眼睛观察,然后闭上眼睛,感觉核桃的触觉特征。10分钟后,将所有的核桃混在一起,看看每个人是否能找到自己的核桃。然后再次将成员的核桃混合,每个人闭上眼睛去找自己的核桃。找不到的和找到的都讲讲原因。最后小组成员分享自己的核桃有哪些特点,你是怎样找到的,找到后的感觉如何,找核桃的练习给了你哪些启示。指导者总结时,可以引导成员认识人与事物的独特性,学习接纳这种独特性,并学习比较的方法。

(资料来源:樊富珉.团体心理咨询.北京:高等教育出版社,2005.)

心理测试

自信心测试

本问卷由25个问题组成,每个问题都由一个陈述句表示,都涉及你对自信的感觉和态度。如果问题的陈述符合你自己的实际感觉,你就在这道题的前面画"√";如果问题的陈述不符合你通常对自己的感觉,你就在这道题的前面画"○"。你的选择要符合你自己的实际感受和实际情况。

1. 我一般不会遇到麻烦事。
2. 我觉得在众人面前讲话是很困难的。
3. 如果可能,我将会改变我自己的许多事情。
4. 我可以轻而易举地做出决定。
5. 我有许多开心的事要做。
6. 我在家里常常感到心烦。
7. 我适应新事物较慢。
8. 我与我的同龄人相处得很好。
9. 我家里的人通常很关心我的感情。
10. 我常常会做出让步。
11. 我的家庭对我期望太多。
12. 我是个很麻烦的人。
13. 我的生活一团糟。
14. 别人通常听我的话。
15. 我对自己的评价不高。
16. 我有许多次想离家出走。
17. 我常常觉得我的工作或学习很烦。
18. 我不像大部分人长得那么漂亮。
19. 如果我有什么话要说,我通常是说出来的。
20. 我的家里人理解我。
21. 我不像大部分人那样讨人喜欢。
22. 我常常觉得我的家里人好像是在督促我。
23. 我常常对我所做的事感到失望。
24. 我常常希望我是另外一个人。
25. 我是不能被依靠的。

计分方法

①对照下面答案来确定自己的实际得分。若你的选择与答案一样,那么你就得1分,若是不一样就不计分。

答案为:选择画"√"的题号应是1、4、5、8、9、14、19、20,选择画"○"的是其余题号。

②把你的实际得分乘以4,算出一个新的分数,那么这个分数就是你的自信分。

③得分越高,自信程度越高。一般来说,得分在80分以上的,是属于自信程度较高的范围;得分为70~80分的,是属于自信程度正常的范围;得分为60~70分的,属于自信程度偏低的范围;得分为50~60分的,属于自信程度较低的范围。

(资料来源:王民忠.大学生心理成长进行时.北京:中国轻工业出版社,2008.)

心理知识

自信和自卑的心理分析

1. 自信的心理过程分析

自信指的是无条件地,或者说他接纳自己没有前提条件,没有在接纳自己前设定必须要达到的标准。如果说有什么条件的话,那只有一个,即自己是一个独特的个体。人本身的价值不容置疑,不需要别的证明。因为自我接纳是无条件的,因此自信的"我"可以有不足,可以失败,也可以不完美,这均不影响"我"的存在。自信者做事情时就更可能选择自己喜欢的事情,投入较多,关注过程和体验,从过程和体验中获得满足。通常而言,当一个人全身心投入一件事情时,即使不问结果,通常也会有较好的结果。相应的,其心理和行为特征通常表现为追求开放的结果,通常不会有诸如"我一定要成功""我必须要得到大家的认可"等设定,愿意尝试多种可能性,会接受失败和错误。他们知道失败和错误是正常的,是学习和成长的新起点。这种理念可以减少个体因担心结果不好而分散精力的情况发生。这样,自信者就更可能把主要精力集中在提升自我、发展个人潜能的事情上,而自卑者则会将大量时间和精力用于无谓的担心、焦虑或紧张上,会使人更加疲劳,更加沮丧。

从以上分析可以看出,真正的自信牢牢地建立在"我"是一个独特个体的基础上,而不是建立在必须达到某种标准的基础上。因此,自信者承受失败和挫折的能力更强,也更敢于面对自己的不足。自信者不需要掩饰,因为他接受自己的不完美。

2. 自卑的心理过程分析

自卑者的自我接纳建立在一系列条件上,只有达到了某些条件,自卑者才能认可自己的价值,如拥有好成绩和好容貌、大家都认可和喜欢自己等。只有拥有这些条件,得到认可、赞扬或被他人羡慕时,他才感觉自信。这样的人在做事情时主要关注结果,因为他是有条件地接纳自己的。成功意味着得到他人的肯定,个体因此会获得自信;失败则意味着未得到他人的肯定,个体因此会感到自卑。否定自己这种体验是我们都不愿意体验的,尤其是自卑者。因此,自卑者的自信不是真正的自信,因为他们对自己的评价以他人的评价和标准为转移,基础非常脆弱,毕竟他人是多样的、变化的。自卑者容易过度纠结,不能自由呼吸,感到累和束缚。显然,自卑者追求有限制的结果,那就必须要成功,安全是他们最在乎的。

(资料来源:俞国良.大学生心理健康.北京:北京师范大学出版社,2018.)

生活链接

接纳不完美的自己——一位大一学生的感悟

我们总是寄希望于外界的变化来改变自己,那只会让我们失望,不妨放下这种执念,从现在开始尝试无条件的悦纳自己,从内心开始改变。无论何时,我们都要记住:每个人都有自己的失败,在很多情况下,失败才能让我们真正获得成长。

我过去一直挺要强的,本着"要么不做,要么就尽全力做到最好"的原则,做任何事都想要做好,认真、尽善尽美,我觉得这是我的优点之一。但凡事都不能走极端,有些时候不管我怎么努力,都达不到"完美"的标准。这时我就会怀疑自己,尤其是当别人轻易做到了时,我还会产生嫉妒之心。

这种痛苦折磨着我,以至于我不敢尝试去做可能成功也可能失败的事,害怕暴露自己的缺点。我后来意识到"即使做得不完美,我仍然是值得被爱的、仍然是有价值的"我才看到了更加真实、更加完整的自己。我以前不敢直面自己的不足,现在我知道那些不足也是我的一部分。虽然我并不完美,但我会以更积极、要正面的方式去面对自己,给自己更多的机会去尝试。

二、完善自我

(一)人的潜能无限

无数事实和专家的研究成果告诉我们,每个人身上都有巨大的潜能还没有被开发出来。美国心理学家马斯洛指出:"实际上绝大多数人,一定有可能比现实中的自己更伟大些,只是缺乏一种不懈努力的自信。"

那么人的潜能表现在哪些方面,会达到什么程度呢?

1. 人的感觉能力很强

你也许还记得童年的经历吧。当你走出家门,到公园或郊野去游玩,空气是何等的新鲜,万物的颜色是何等的丰富!然而当你回到家里,父母一言未发,这时你已经预感到他们将要说什么,有什么事情将会发生。人在童年时,对父母所做的种种暗示很容易心领神会。

这种感觉能力包括多种非语言的暗示。一个人刚到办公室,在椅子上坐下来,虽然他还没有讲一句话,但一个训练有素的心理学家已经对他有所了解了。

2. 创造力是人类巨大潜能的又一种表现

关于创造力,我们以往只注意那些著名的科学家、发明家、文学家和艺术家们所具有的非凡的创造力,也就是所谓的"天才的创造力"。这里我们要强调的是广义创造力,即人人都具有的一种潜在能力。

广义创造力本来是人人都具有的一种潜能,但只有心态积极、热爱生活的人才能在他们的生活和工作中显露出来。这种人通常表现出一种特殊的洞察力,他们往往能发现新颖的、未加工的、具体的、有个性的事物。

3. 人的脑力活动是个伟大的奇迹

大脑接收、储存和整合多种信息的潜能是极其巨大的。在这个领域,许多心理学家进行了大量的研究和试验。

人的大脑是由成百上千亿个细胞组成的,具有极大的储存量,可以在每秒钟接受十几个信息。一个人若把自己一生中耳闻目睹的全部信息记录下来,即使一天24小时都不休息,大约也要2 000年之久,更何况人类还有潜意识,有许多难以用语言表达的微妙感觉和印象。实际上,通常一个人能够表达出的信息量只是冰山一角。

4. 人的潜能的另一种表现是精神力量

比如有的人不幸患了不治之症,但如果他能以积极的心态去面对,重新振作,决心与病魔斗争,该干什么就专心致志地干什么,有时就会创造奇迹。这类事例世界各地都有,并有案可查。科学家们预言:终有一天,我们会发现人体有能力使自身再生。这不是指依靠医学手段的新发展在人体内更换各种器官,而是指精神力量的巨大作用。

(二)设定理想自我

你希望自己是什么样的人?把它具体写下来。用这样的一句话开始:"我应该是这样一个人……"这样写出来的人就是你的理想自我。

只有极少数人的理想自我和自我概念相近,而多数人的理想自我和自我概念不同,所以他们都把希望放在未来,希望自己未来能成为一个理想自我。

一个人自我概念中的一些不真实、达不到的东西,有时并非是外界强加的,而是个人心向神往、自愿追求的东西。这就是一个人心中的理想自我。理想自我可以激发我们上进,引导我们完善自己。但是,如果在每一个具体阶段,目标定得过高,脱离实际,那么就可能对个体的自信造成致命的打击,也会使人感到做人力不从心,充满了失败感。

生活链接

人生没有什么能被保证

他生长在一个普通的农户家里,小时候家里就很穷,很小就跟着父亲下地种田。在休息的时候,他经常望着远方出神,父亲问他在想什么,他说等将来长大了,不要种田,也不要上班,他想每天待在家里,等人给他寄钱。父亲听了,笑着说:"荒唐,你别做梦了,我保证不会有人这样做的,除非他是傻子!"

后来他上学了,有一天他从课本上知道了埃及金字塔的故事,就对父亲说:长大了我要去金字塔。父亲生气地拍了一下他的头:真荒唐,你总是做梦,我保证你去不了。

十几年后,少年长大了,成了青年,考上了大学,毕业后做了记者,平均每年出几本书。他每天坐在家里写作,出版社、报社便不断地往家里寄钱;他用寄来的钱去埃及旅游。他站在金字塔下,抬头仰望,想起父亲在他小时候说过的话,心里默默地对父亲说:"爸爸,人生没有什么能被保证!"

他,就是台湾最受欢迎的散文家之一——林清玄。

有位哲人说过:世界上一切的成功,都始于我们心中的梦想。而梦想是稍纵即逝的精灵,梦想是夏夜匆匆划过的流星,当它来临,我们要义无反顾地拥抱它。因为一些完全可以克服的困难而放弃它的人,肯定会抱憾终生,人生没有什么被限定,有梦想就能够实现。

我想每个人都有自己的梦想,而并非每个人都为自己的梦想追求过、奋斗过,这实在是一件非常可悲的事情。在上学的时候,曾经参加过一次演讲比赛,题目就是"我的梦想",具体讲的什么都已经忘记了,只记得老师点评后说的那句话:很羡慕你们都有自己的梦想,要为实现它而努力呀!

不要等到老去的时候再后悔,何不趁着现在还有梦想,还有努力的资本,为实现梦想马上行动呢!

(资料来源:方平.自助与成长——大学生心理健康教育.北京:教育科学出版社,2010.)

(三)目标应符合自己的个性

一个人竭尽全力去做一件事而没有成功,并不意味着他做任何事情都无法成功。因为他可能选择了不适合自己天性的事业,这就注定难以成功。莫里哀和伏尔泰都是失败的律师,但前者成了杰出的文学家,而后者成了伟大的启蒙思想家。

在事业的选择方面,要扬长避短。你的天赋所在就是你擅长的职业。西德尼·史密斯说:"不管你天性擅长什么,都要顺其自然;永远不要丢开自己天赋的优势和才能。"

当每一个人都选择了适合他的位置时,这就标志着人类文明已经发展到了至高境界。只有找到了适合自己的位置,人们才有可能获得理想的成功。就像一个火车头一样,它只有在铁轨上才能风驰电掣,一旦脱离轨道,就会寸步难行。

团体心理拓展活动

我 能

活动目的: 通过活动,学生提高认识自我的能力,学会寻找自己的优势、挖掘自己的潜力。

活动道具: 呼啦圈5个,记录簿5本。

活动过程:

1.指导教师提问全体男同学:"一分钟你能做多少个标准的俯卧撑?"有同学说可以做20个,有同学说可以做30个……指导老师让参与回答的同学到台上集合站成一排,他们代表各自的小组,当着全体同学的面,现场PK做俯卧撑。一分钟后,现场公布对应队员

57

的成绩。大多数的学生所做的俯卧撑个数远远超出他在赛前所报的数字。

2.指导教师面向全体同学发问：一分钟内，你能转呼啦圈多少圈？

这一次同学们似乎胆子大了许多，有人说50圈，有人说70圈，有人说80圈，没有人低于50圈，最多的报了100圈。这一次的实际运动的数字和预报的数字出入不是太大，多数同学基本完成了任务，个别同学还估"冒"了。指导老师说：这一次我不问大家一次最多能转多少圈了，我问大家一次最多能同时转起多少个呼啦圈。同学们都小心翼翼不再抢答了。这时播放视频《金琳琳呼啦圈》。

讨论：

1. 当你在体验活动中突破自我后，你有什么样的感觉？
2. 金琳琳一次次的自我突破让你明白了什么？
3. 本次体验活动你有哪些收获？

启示： 人生最可悲的莫过于没有生存希望及目标；人生最可怕的是给自己设限。改变命运的不是机遇，而是我们的认知和态度，有些事，相信自己能，也就能了；相信自己行，也就真的行了。有些事情不是我们做不到，只是我们没想到。

（资料来源：崔建华.大学生心理素质拓展教育.厦门：厦门大学出版社，2009.）

他山之石

盲目学习，不如扬长避短

一天，一群动物聚在一起，彼此羡慕对方的优点，抱怨自己的缺点。于是决定成立一所学校，希望通过训练，使自己成为通才。他们设计了一套课程，包括奔跑、游泳、飞翔和攀登。所有的动物都注册并选修了所有的科目。最后的结果是：小白兔在奔跑方面名列前茅，但是一到游泳课时就发抖；小鸭子在游泳方面成绩优异，飞翔也还差不多，但是奔跑与攀登成绩却惨不忍睹；小麻雀在飞翔方面轻松愉快，但就是不能正经地奔跑，碰到水就几乎精神崩溃；至于小松鼠，固然爬树的本领高人一等，奔跑的成绩也还不错，却在飞翔课中学会了逃课。大家越学越迷惑，越学越痛苦，终于决定停止盲目学习他人，好好发挥自己的长处。

他们不再抱怨自己、羡慕他人，因此又恢复了往日的活泼和快乐。

（资料来源：伊索.伊索寓言.王焕生，译.北京：人民文学出版社，2001.）

（四）制订一份切实可行的计划

你要想很好地经营自己，就必须制订一份切实可行的计划。如果你想成功，今天就开始制定目标，规划未来的航向。正如罗伯特·F.梅杰所说："如果你没有明确的目的地，你很可能走到不想去的地方。"我们制订计划的目的就是尽一切力量实现自己的理想，不要走到不想去的地方。计划就能够使我们有明确的前进方向，把我们有限的精力用在与我们人生密切相关的事情上，而不要盲目地浪费精力。

怎样制订一份切实可行的计划呢？

1. 以大目标为核心和基准

把你确定自己人生理想时写下的文字重读一遍，以这个理想为基础，写出一份陈述。要写得简单，但要包括你想做的一切。这是你需记住的，写的时候一定要包括以下几点：你人生的重点目标是什么；你为什么想做这些事情；你打算怎样做到这些事情。

例如，"我打算以行医来服务大众，目的是尽量多帮助一些不幸的人改善他们的人生"；"我希望通过爱护、教导和培养别人来帮助他们找到自己的人生目标，做出自己的贡献"；"我希望向顾客提供最好的产品和服务，使生意成功，收入可观。这样，我可以用赚得的钱来照顾家人及其他人"。

每个人都会有不同的理想，也会确立不同的目标，这些只能根据个人的实际情况来决定，不可强求一致。写好了陈述之后，在最初几周每天看一次，看看这份陈述是否准确代表了你的人生理想。

2. 定出你的主要目标

从人生的总体理想开始，找到实现人生理想所必须达到的主要目标，你大概会想出 2 至 10 个目标，然后你要从头看几遍这些人生目标，看看你是否真的觉得它们很重要。比如，一个人的理想是行医，那么，现在他要确立的目标就应该是读医科院校，取得医科文凭，这样才可能实现自己的理想。

3. 分解你的主要目标

把一个人生目标分解成几个必须达到的中长期目标，再把每周、每月可以执行的任务具体化为一些活动。这些活动将为你描绘成功的蓝图。例如，"读医科院校"这个目标可以划分为几个阶段的任务，即复习准备、报名考试、入学准备、上学后的学习计划等。

4. 评估目标实现的可能性

确定你的短期和中长期目标是否能现实，弄清哪几个目标是需要与别人合作才能达到的，记下需要别人帮助的目标，以及可能给你提供帮助的人（记住要挑选有类似目标及理想的人）。

5. 化目标为现实的步骤

制订实现目标的具体步骤，并定出最后期限，细心规划各时期的进度：每小时的、每日的、每月的。有组织的工作及持久的热情是力量的源泉。

只有设定具体可行的目标，才能产生具体可行的计划。拟订一个实现目标的可行计划，马上行动。你要习惯于行动，不能总是停留在空想阶段。每天两次，大声朗诵你写下的那个计划的内容，一次在晚上就寝之前，另一次在早上起床之后。当你朗诵时，你必须看到、感觉到和深信你已经拥有了成功。

（五）人生的意义在于行动

一般说来，人分为两种类型：积极主动做事的成功人，我们称为"积极主动的人"；庸庸碌碌、被动做事的普通人，我们称为"被动的人"。

仔细研究这两种人的行为，可以找出一个成功原理：积极主动的人都是不断做事的人，他真的去做，直到完成为止。被动的人大都会找借口拖延，直到最后证明这件事"不应该做"

"没有能力去做""已经来不及了"为止。

有许多被动的人平庸一辈子,是因为他们一定要等到每件事情都百分之百地有利、万无一失以后才去做。当然,我们需要追求完美,但是人间的事情很少有绝对完美或接近完美的,等到所有的条件都完美以后才去做,只能永远等下去了。

成功的人并不是在问题发生以前先把它统统排除,而是一旦发生问题时有勇气克服种种困难。最好的做法是逢山开路、遇水架桥。行动是人的生活成为合乎目的的生活的关键环节。

推荐好书

《我是谁》

作者:朱建军

出版社:安徽人民出版社

出版时间:2009年1月

内容简介:心灵的领域浩瀚无比,远不是大海和星空可以比拟。只有更了解心灵,我们才能知道什么是人真正需要的,才能知道如何减少贪婪、仇恨和不明智的行为。更重要的是,了解自己的心灵是最幸福的事情,可以让每个挣扎于心灵障碍中的人早日走出自我迷宫。本书共十二章,通过对意象对话技术的理论阐述以及意象对话技术在实际中的运用,系统地就心理咨询与意象对话技术做了深入细致的探讨。本书内容全面、结构严谨、条理清晰,具有较高的科学性、系统性、理论性及实用性。

作者简介:朱建军,我国著名心理学家、心理咨询与治疗师。1993年师从著名心理学家曾性初先生,1996年获博士学位。曾接受德中心理研究院的培训,主修精神分析。自1987年开始从事心理咨询和治疗,20世纪90年代创立了我国自己的一门心理治疗技术——心理咨询和治疗的意象对话技术。

第四章 职业生涯规划

本章导航

"凡事预则立,不预则废。"做好职业生涯规划可以帮助你明确自己的目标以及达到目标的途径和方法。大学生正处于职业生涯规划的关键阶段,那么你了解职业生涯规划吗?你明晰自己的爱好和特长吗?你对未来有明确的目标吗?本章将帮助你量身定做适合自己的职业生涯规划。

经典名言

人无远虑,必有近忧 ——孔子

在职业生涯发展道路上,重要的不是你现在所处的位置,而是迈出下一步的方向。 ——程社明

由预想进行于实行,由希望变为成功,原是人生事业展进的正道。
——丰子恺

第一节　职业生涯规划概述

一、职业生涯规划的内涵

舒伯于1953年提出"生涯"概念。生涯（career）是个人一生中所经历的一系列职业与角色的总称，即个人终身发展的历程。职业生涯规划是指以生涯发展为着眼点，学习在面对各种抉择情境时界定问题、设立目标、收集并运用资料，通过恰当的规划实现个体的全面最优发展。

具体来说，职业生涯规划是指在对一个人职业生涯的主客观条件进行测定、分析、总结的基础上，对自己的兴趣、爱好、能力、特点进行综合分析与权衡，结合时代特点，根据自己的职业倾向，确定最佳的职业奋斗目标，并为实现这一目标做出行之有效的安排。

职业生涯规划的目的不仅是帮助个人按照自己的资历条件找到一份合适的工作，实现个人目标，更重要的是帮助个人真正了解自己，为自己筹划未来，拟定一生的发展方向。

二、职业生涯规划发展的阶段

（一）成长阶段（从出生至14岁）

这一阶段主要根据儿童自我概念形成的特点，发展儿童自我形象，发展他们对工作意义的认识以及对工作的正确态度。这一阶段分为幻想期、兴趣期、能力期。幻想期（4岁至10岁），以"需要"为主要因素，在幻想中的角色扮演起着重要作用；兴趣期（11岁至12岁），对某一职业的兴趣是个体抱负和活动的主要决定因素；能力期（13岁至14岁），以"能力"为主要因素，个体能力逐渐成为儿童活动的推动力。

（二）探索阶段（15～24岁）

这一阶段青少年通过学校生活和社会实践，对自我能力及角色、职业进行探索。这个阶段可划分为试探期、过渡期和承诺期三个时期。试探期（15岁至17岁），考虑需要、兴趣、能力和机会，可能会做暂时决定，并在幻想、讨论、学业和工作中尝试，将一般性职业选择变为特定的选择；过渡期（18岁至21岁），开始就业或进行专业训练，更重视现实，并力图实现自我观念，将一般性职业选择变为特定的选择；承诺期（22岁至24岁），青年进行职业生涯初步确定，并验证其成为长期职业的可能性。

（三）建立阶段（25～44岁）

这一阶段的任务是根据人们的职业实践，协助进行自我与职业的统合，促进职业的稳定，即调整、稳固并力求上进。大致分为两个时期：稳定期（25岁至30岁），个体开始寻找安定的工作，如果工作不满意则力求调整；建立期（31岁至44岁），个体致力于工作上的稳固，大部分人处于富有创造性的时期。

（四）维持阶段（45～64岁）

这一阶段的任务是帮助人们维持现有的成就和地位。

(五)衰退阶段(65岁以上)

这一阶段的任务是根据个体心理与生理机能的日益衰老,逐渐离开工作岗位,个体学会发展新的角色,寻求新的生活方式替代和满足个体发展的需求。

三、职业生涯价值观

大学生在择业时,首先考虑的是自己的预期收益,这种预期收益要求你实现个人幸福的最大化,也就是使收益最大化。心理学家马斯洛将这种需求按先后次序排列成五个层次:生存需求、安全需求、爱与归属需求、尊重或肯定需求以及自我实现需求,如图4-1所示。个人预期收益在于使这些由低到高的基本需求得到最大的满足,而衡量其满足程度的指标表现为收入、社会地位、职业生涯稳定感与挑战性等,不同的人有不同的偏好,每个人都会尽可能满足其所有的需求。

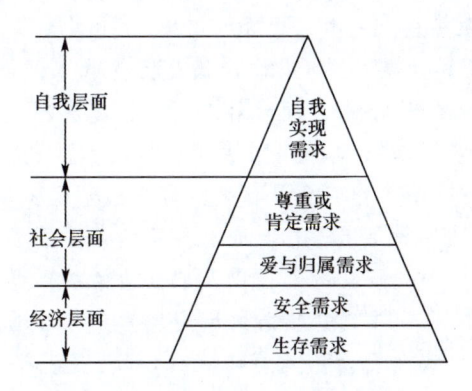

图 4-1 马斯洛心理需求阶层理论

心理学家认为"工作"是人生的重要核心,能达成多重目的。职业生涯学者赫尔和卡里姆将工作可能达成的目的归纳为经济的、社会的和心理的三个层面,见表4-1。

表 4-1 工作可能达成的目的

经济的	社会的	心理的
物质需求的满足 体能资产的获得 对未来发展的安全感 可用于投资或延宕满足感的流动资产 购买休闲和自由时间的资产 购买货品和服务 成功的证据	一个和人们会面的地方 潜在的友谊 人群关系 工作者和其家庭的社会地位 受他人重视的感觉 责任感 受他人需要的感觉	自我肯定 角色认定 秩序感 可信赖感 主控或胜任 自我效能感 投入感 个人评价

现在的年轻人流行什么生涯大梦呢?每回问起,总有许多人会说,"钱多、事少、离家近,位高、权重、责任轻,睡觉睡到自然醒"——一个"只应天上有,不似在人间"的超完美梦想。当你面临工作、职业或生活形态的选择时,你必须明确理清自己最终的目的究竟是什么。

职业生涯学者鲍丁主张工作可提供个人内在需求的满足,个人通过工作上的表现来寻求个人的意义和价值,也在工作中致力于达成自我的实现。因此,工作可以提供给你满足心理需求的目标物,在你选择工作或职业时会显得相当重要,这就形成了你的"生涯价值"。

生活链接

职业生涯规划就是找工作挣钱吗?

"在我看来,世界上最大的悲剧莫过于有太多的年轻人从来没有发现自己真正想做什么。想想看,一个人在工作中仅仅为了薪水,其他的从不考虑,是一件多么可悲的事情啊!"卡尔夫人(美国家庭产品公司工业关系协会副总裁,杜邦公司人事主管)说。在许多人的眼里,与"职业"一词相关联的就是"收入"。职业就是找份工作挣钱吗?深想一下,并非如此。每一个有工作经历的人都知道,当你选择了一份工作时,这份工作就会成为你生活的一部分。你的喜怒哀乐常常源于你的工作,工作中的人际关系也是你生活中人际关系的重要部分。钱固然重要,但如果你仅仅是因为收入问题而频频换工作,你会发现几年下来你不仅没有提高多少收入,反而对工作越来越厌烦。当一个成熟的人决定自己的工作方向时,他不仅会考虑收入,更重要的是,他会考虑人际环境、个人发展机会、地理和文化环境等许多问题。那工作究竟是什么?与"生涯"这么深刻的词有什么联系呢?

选择恰当的职业,是决定青年跨入社会成功与否的重要因素。青年跨入成人社会的最具有象征性的事件,可以说是职业的选择以及职业生活的开始。职业选择及随之而来的职业生活的开始,实际上是一个选择出路的问题。青年只有通过选择和从事自己所选择的职业,才可能真正进入成年社会。对青年来说,职业是把个人和社会联系起来的关键。青年只有找到适合自己的工作岗位并适应它,才能走向成熟,跨入社会。

(资料来源:应届毕业生求职网)

团体心理拓展活动

想象一下十年后的你

你是否能更具体地想象自己十年后的模样?未来的生涯会是什么光景?现在就让我们一起乘坐未来世界最先进的时光穿梭机,到未来世界去旅游!

(自我暗示放松训练+轻音乐)

现在,我们一起坐在时光穿梭机里,来到十年后的世界,也就是公元××××年的世界。算一算,这时你多少岁了?容貌有变化吗?请你尽量想象十年后的情形,愈仔细愈好。好,现在你正躺在家里卧室的床上。这时候是清晨,和往常一样,你慢慢地睁开眼睛,首先看到的是卧室里的天花板。看到了吗?它是什么颜色?

接着,你准备下床。尝试去感觉脚趾头接触地面那一刹那的温度,凉凉的还是暖暖的?经过一番梳洗之后,你来到衣柜面前,准备换衣服上班。今天你要穿什么样的衣服上班？穿好衣服,你看一看镜子。然后你来到了餐厅,早餐吃的是什么？一起用餐的有谁？你跟他们说了什么话？

接下来,你关上家里的大门,准备前往工作地点。你回头看一下你家,它是一栋什么样的房子？然后,你将搭乘什么样的交通工具上班？

你即将到达工作的地方,首先注意一下,这个地方看起来如何？好,你进入工作的地方,你跟同事打了招呼,他们怎么称呼你？你还注意到哪些人出现在这里？他们正在做什么？

你在你的办公桌前坐下,安排一下今天的日程,然后开始上午的工作。上午的工作内容是什么？跟哪些人一起工作？工作时用到哪些东西？

很快地,上午的工作结束了。午餐如何解决？吃的是什么？跟谁一起吃？午餐还愉快吗？

接下来是下午的工作,跟上午的工作内容有什么不同吗？还是一样的忙碌吗？快到下班时间了,或者你没有固定的下班时间,但你即将结束一天的工作。下班后,你直接回家吗？或者要先办点什么样的事？或者要做一些其他的活动？

到家了。家里有哪些人呢？回家后你都做哪些事？晚餐的时间到了,你会在哪里用餐？跟谁一起用餐？吃的是什么？

晚餐后,你做了些什么？跟谁在一起？

到了就寝的时间了。你躺在早上起来的那张床上。你回想一下今天的工作与生活,今天过得愉快吗？是不是要许一个愿？许什么样的愿望呢？

渐渐地,你很满足地进入梦乡。安心地睡吧！一分钟后,我会叫醒你。

(一分钟后)

我们慢慢地回到这里,还记得吗？你现在的位置不是在床上,而是在这里。现在,我从10开始倒数,当我数到0的时候,你就可以睁开眼睛了。好,10—9—8—7—6—5—4—3—2—1—0,请睁开眼睛。你慢慢地醒过来,静静地坐着。

幻游未来世界之后,你回到了现实世界。还记得你的幻游经验吗？请和你的朋友或同学一起分享你的生涯幻游中出现的那些有趣的经验。

幻游经验：

我看到天花板的颜色是：

我感觉地板的温度是：

我穿的衣服样式是：

和我一起吃早餐的人是：

我住的房子是：

我乘坐的交通工具是：

我的工作环境是：

同事们称呼我是：

我上午的工作内容是：

我下班后的活动是：

和我一起吃晚餐的人是：

我晚餐后的活动是：
对于一天的工作和生活，我的感觉是：
临睡前，我许的愿望是：
对于这一次的幻游，我的心得是：
（资料来源：樊富珉.团体心理咨询.北京：高等教育出版社，2005.）

四、职业生涯规划的意义

案例

没有规划的人生注定要失败！——张××（女，35岁，文职人员）

完全没有规划的职业生涯，注定是要失败的。但规划的前提是有明确的意识、强烈的愿望：我要干什么，要达到什么目标。可惜，我从来都不清楚自己到底想做什么。

其实从小就不断有人问：你长大了想干什么？直到大学毕业也不清楚自己想做什么，擅长做什么。大学所学的专业并不是自己喜欢的，当时自己到底喜欢什么，也不清楚。当了两年教师，没找到兴奋点，后来又稀里糊涂读了原专业的研究生，毕业进了出版社，工作了两三年，没有太大的成就感，感到很苦闷，好像有劲没处使。于是想跳槽，偶然中看到某个招聘广告就去应聘了，对所要进入的行业没有太多的了解、分析。刚进入一个新领域的新鲜感消失后，我又开始怀疑自己的选择：到底适不适合这个行业？在这个行业工作了几年，别人看来还算不错，但自己内心时不时会冒出一个声音："这不是我最想要的！"不满足感常常困扰自己。

这期间，我接触到一些有关职业规划的理念，才把这个问题与职业生涯规划挂起钩来。如果我早早建立自我规划意识，我的人生和事业一定非常不同。随波逐流注定是会失败的，我已经有了很重的失败感。我非常想提醒那些刚入职场的年轻人：不要随波逐流，规划一下自己的未来非常重要！人生中，无论职业还是情感、生活方式，都应该有规划，时间浪费不得！

我们会经常听到这样的话："我花了九牛二虎之力终于应聘成功了，可几个月后发现，每天做的工作我实在打不起兴趣。""学了几年的工商管理专业，感觉自己好像是什么都能做，又像是什么都不能做。真不知道该往哪个方向发展啊！"如此种种，其实都是典型的缺乏职业规划的表现。

大学生要认识到职业生涯规划的重要意义，职业生涯活动将伴随我们的大半生，拥有成功的职业生涯才能实现完美人生。因此，职业生涯规划具有特别重要的意义。

（一）职业生涯规划可以发掘自我潜能，增强个人实力

一份行之有效的职业生涯规划将会引导你正确认识自身的个性特质、现有与潜在的资源优势，帮助你重新对自己的价值进行定位并使其持续增值。

（二）职业生涯规划可以准确定位个人职业方向

好的计划是成功的开始，"凡事预则立，不预则废"。好的职业生涯规划可以使你树立明确的职业发展目标与职业理想；引导你评估个人目标与现实之间的差距；引导你前瞻与实际

相结合的职业定位,使你的职业发展具有明确的目标。

(三)职业生涯规划能鞭策个人努力学习

在制订职业生涯规划之后,它能在两个方面起作用:它是你努力的依据,也是对你的鞭策。随着你把这些规划目标一步一步实现,你就会有一种成就感,有一种努力学习的动力,同时你的思想方式和学习方式又会渐渐改变。当然,你的规划必须是具体的,可以实现的。如果规划不具体——无法衡量是否实现了——就会降低你的积极性。

(四)职业生涯规划可以提升应对求职竞争的能力

现在不少应届大学毕业生认为只要具备学识、业绩、耐心、关系、口才等条件就能找到理想的工作,认为职业生涯规划纯属纸上谈兵,他们拿着简历和求职书到处乱跑,总想会撞到好运气、找到好工作,结果是浪费了大量的时间、精力与资金。

当今社会处在变革的时代,到处充满着激烈的竞争。物竞天择,适者生存。职业活动的竞争非常突出,要想在这场激烈的竞争中脱颖而出并保持立于不败之地,必须设计好自己的职业生涯规划。机会总是给有准备的人的,好的职业生涯规划会使你学会如何运用科学的方法采取可行的步骤与措施,不断增强你的职业竞争力,搜索或发现新的或有潜力的职业机会,实现自己的职业目标与理想。

生活链接

生涯规划——通向理想之路

当你很小的时候,你曾经梦想过未来吧?你一定写过无数次"我的志愿",你还记得你的梦想吗?是老师、科学家、律师、医生,还是护士?随着你一天天长大,你的梦想一步步向现实靠近,现在你已经是大学生了,你必须更诚实地面对自己。趁着青春年少,为自己投资一些时间,仔细思索在这人世间数十年的生涯历程之中——

你究竟"要"什么?

你"是"什么样的人?

你"拥有"什么资产?

你"期望"成为什么样的人?

为了成为你所期望的自己,你需要"充实"些或"付出"些什么?

你要如何做,才能成就你自己?

如何才能不白费了这一人生的历练?

如何才能在回顾时,对自己的生涯历程感到满意?

一方面,我们总是在生命事件中寻找成就感和满足感,然而随着我们本身的改变和经验的积累,成就感和满足感的来源和程度均会发生变化。另一方面,外在环境、经济条件的改变,以及科技的进步更新,使得未来越发变得遥不可测,增加了生涯发展的不确定性。一部分同学以"计划赶不上变化"而拒绝考虑生涯规划。

你可能无法预测路途中会遇见久违的朋友或其他人和事,于是必须要改变原定的计划,展开另一段意外的旅途。然而,在遭遇意外之前,你仍有着坚定前进的方向。你不会因为路途中的意外而不去你要去的地方。

倘若你不知道要往何处去,你会怎么办呢?可能你会暂时呆坐原地,不知所措,直到天色昏暗、日落西山。更可能的是你会因为不敢独自停留而盲目跟随着其他人的脚步前进,直到绕了一大圈才发现,那并不是你要去的地方。如果你还年轻,一切可以重新来过;或者,你已青春不在,只好无奈地将就现有的安排——虽然那并不是你心中的梦想。

生涯规划就是找到引领自己坚定前进的方向!

[资料来源:聂振伟.高职心理健康阳光教育(学生用书).北京:北京师范大学出版社,2007.]

第二节 职业生涯规划理论

一、职业生涯发展理论的基本框架

舒伯多年来对职业生涯进行全面的研究,提出12项基本命题,这12项基本命题可以看成是职业生涯发展理论的基本主张和框架结构。

命题一:职业生涯发展是一个连续不断、循序渐进且不可逆转的确定过程。

命题二:职业生涯发展是一个有次序、具有固定形态的过程,因此每阶段的发展都是可预测的。

命题三:职业生涯发展是一个经过统合的动态过程。

命题四:一个人的自我概念在青春期以前就开始形成,至青春期较明朗,并于成人期由自我概念转化为生涯概念。

命题五:从青少年至成人期,个体实际的人格特质及社会的现实环境等,都会因年龄、时间的增长而增强对人的影响力。

命题六:父母亲之间的互动关系以及他们对职业计划结果的解释,会影响下一代对自己职业角色的选择。

命题七:一个人是否能由某一职业水平跳到另一职业水平,即是否有升迁、发展机会,是由他的智慧能力、父母经济社会地位、本人对权势的需求、个人的价值观、兴趣、人际关系技巧以及社会环境、经济的需求状况等共同决定的。

命题八:一个人会踏入某一类型的行业,也是由下列因素来决定的:个人的兴趣、能力,个人的价值观及需求,个人的学历,利用社会资源的程度及社会职业结构、趋势等。

命题九:即使每一种职业对从业者都有特定的能力、人格特质及兴趣的要求,但在某种范围内,仍然允许不同类型的人来从事多种不同类型的行业。

命题十:个人的工作满足感视个人是否能配合自己的人格特质,即是否能将能力、兴趣、价值观适当地发挥出来而定。

命题十一:个人工作满足的程度,常取决于是否能将自我表现概念实现于工作中。

命题十二：对少部分人而言，家庭及社会因素是人格重整的中心；但对大部分人来说，工作是人格重整的焦点，即经过工作过程，理想自我与现实自我之间会逐渐整合。

二、霍兰德的职业生涯规划理论

霍兰德认为一种职业环境就是一种职业氛围，这种职业氛围是由具有类似人格特质的人所创造出来的特定环境，具有特定的价值观念、态度倾向和行为模式。

某一类型的职业通常会吸引具有相同人格特质的人，这种人格特质反映在职业上，就是职业兴趣；个人的职业兴趣往往是多方面的。因此，通常用三个字母的代码来表示一个人的职业兴趣，这个代码就称为"霍兰德代码"。

如果人格类型与职业环境匹配，就有可能增加职业满意度，带来职业成就感和提高职业稳定性；人们都尽量寻找那些能运用自己的技术、体现自己的价值和能扮演令自己愉快的角色的职业。

霍兰德认为，一个人的职业选择，是其个人人格在工作世界中的延伸。也就是说，人格是影响一个人的核心因素，它不仅是一个人的人格特征，这种特征也影响了一个人将选择什么样的工作，同时，一个人选择什么样的工作，也是为了满足个人的性格偏好。

霍兰德将人的人格类型分为六种：现实型（R），研究型（I），艺术型（A），社会型（S），企业型（E），传统型（C）。相应地，每种类型都有适合其人格的职业选择。这六种人格类型及其典型职业特点见表4-2。

表 4-2　　　　　　　　　　　人格类型及其典型职业特点

人格类型	人格倾向	典型职业
现实型（R）	共同特点：愿意使用工具从事操作性工作，动手能力强，做事手脚灵活，动作协调。偏好于具体任务，不善言辞，做事保守，较为谦虚。缺乏社交能力，通常喜欢独立做事 性格特点：感觉迟钝、不讲究、谦虚、踏实稳重、诚实可靠	职业特点：喜欢使用工具、机器，需要基本操作技能的工作。要求具备机械方面的才能、体力，或从事与物件、机器、工具、运动器材、植物、动物等相关职业的兴趣，并具备相应能力 例如：技术性职业（计算机硬件人员、摄影师、制图员、机械装配工）、技能性职业（木匠、厨师、技工、修理工、农民、一般劳动）等
研究型（I）	共同特点：是思想家而非实干家，抽象思维能力强，求知欲强，肯动脑、善思考、不愿动手，喜欢独立的和富有创造性的工作。知识渊博，有学识才能，不善于领导他人。考虑问题理性，做事喜欢精确，喜欢逻辑分析和推理，不断探讨未知的领域 性格特点：坚持性强，有韧性，喜欢钻研，为人好奇，独立性强	职业特点：喜欢智力的、抽象的、分析的、独立的定向任务，要求具备智力或分析才能，并将其用于观察、估测、衡量、形成理论、最终解决问题的工作，并具备相应的能力 例如：科学研究人员、教师、工程师、电脑编程人员、医生、系统分析师等
艺术型（A）	共同特点：有创造力，乐于创造新颖、与众不同的成果，渴望表现自己的个性，实现自身的价值。做事理想化，追求完美，不重实际。具有一定的艺术才能和个性。善于表达，怀旧，心态较为复杂 性格特点：有创造性、非传统型、敏感、容易情绪化、较冲动、不服从指挥	职业特点：喜欢从事要求具备艺术修养、创造力、表达能力和直觉的工作，并将其用于语言、行为、声音、颜色和形式的审美、思索和感受，具备相应的能力 例如：艺术方面（演员、导演、广告制作人、雕刻家、建筑师、摄影家）、音乐方面（歌唱家、作曲家、乐队指挥）、文艺方面（小说家、诗人、剧作家）等

(续表)

人格类型	人格倾向	典型职业
社会型（S）	共同特点：喜欢与人交往、不断结交新的朋友、善言谈、愿意教导别人。关心社会问题、渴望发挥自己的社会作用。寻求广泛的人际关系，比较看重社会义务和社会道德 性格特点：友好、热情、善解人意、乐于助人	职业特点：喜欢与人打交道的工作，能够不断结交新朋友，从事提供信息、启迪、帮助、培训、开发或治疗等事务，并具备相应能力 例如：教育工作者（教师、教育行政人员）、社会工作者（咨询人员、公关人员等）
企业型（E）	共同特点：追求权力、权威和物质财富，具有领导才能。喜欢竞争、敢冒风险，有野心或抱负。为人务实，习惯以利益得失、地位、金钱等来衡量做事的价值，做事有较强的目的性 性格特点：善变、精力旺盛、独断、乐观、自信、好交际、机敏、有支配愿望	职业特点：喜欢从事要求具备经营、管理、劝服、监督和领导才能，以实现机构、政治或社会及经济目标的工作，并具备相应的能力 例如：项目经理、销售人员、营销管理人员、政府官员、企业领导、法官、律师等
传统型（C）	共同特点：尊重权威和规章制度，喜欢按计划行事，细心，有条理，习惯接受他人的指挥和领导，自己不谋求领导职务。喜欢关注实际和细节情况，通常较为谨慎和保守，缺乏创造性，不喜欢冒险和竞争，富有自我牺牲精神 性格特点：有责任心、依赖性强、高效率、稳重踏实、有耐心	职业特点：喜欢从事要求注意细节、精确度，有系统、有条理，具有记录、归档、依据特定要求或程序组织数据和文字信息的职业，并具备相应能力 例如：秘书、办公室人员、记录员、会计、行政助理、图书管理员、出纳员、打字员、投资分析员等

霍兰德用六边形模型，来解释六种职业兴趣类型，如图 4-2 所示。六边形模型可以帮助我们对人格特质类型和职业环境的适配性进行评估。如果人格类型与职业环境相匹配有可能增加职业满意度，带来职业成就感和职业稳定性。因此，占主导地位的特质类型可以为个人选择职业和工作环境提供方向。

霍兰德所划分的六大类型并非是并列的，而是有着明晰边界的。他以六边形标示出六大类型的关系。

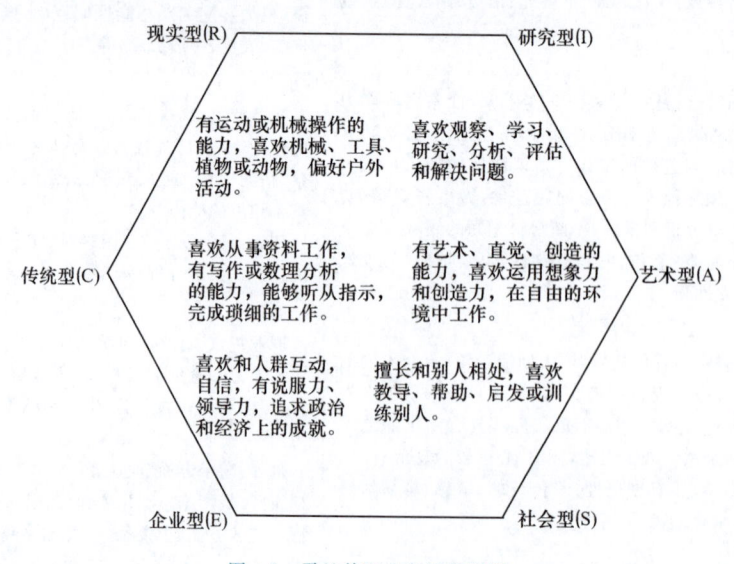

图 4-2 霍兰德职业兴趣类型图

(1)相邻关系,如 RI、IR、IA、AI、AS、SA、SE、ES、EC、CE、RC 及 CR。属于这种关系的两种类型的个体之间共同点较多,现实型、研究型的人就都不太偏好人际交往,这两种职业环境中也都较少有机会与人接触。

(2)相隔关系,如 RA、RE、IC、IS、AR、AE、SI、SC、EA、ER、CI 及 CS。属于这种关系的两种类型的个体之间共同点较相邻关系少。

(3)相对关系,在六边形上处于对角位置的类型之间为相对关系,如 RS、IE、AC、SR、EI 及 CA。相对关系的人格类型共同点少,因此,一个人同时对处于相对关系的两种职业环境都感兴趣的情况较为少见。

(4)多数人属于六种人格类型中的两种或以上。

在实际的职业选择中,个体并非一定要选择与自己兴趣完全对应的职业环境。一则因为个体本身常是多种兴趣类型的综合体,单一类型显著突出的情况不多,因此,评价个体的兴趣类型时也时常以其在六大类型中得分居前三位的类型组合而成,组合时根据分数的高低依次排列字母,构成其兴趣组型,如 RCA 、AIS 等;二则因为影响职业选择的因素是多方面的,不完全依据兴趣类型,还要参照社会的职业需求及获得职业的现实可能性。

因此,职业选择时会不断妥协,寻求与其相邻的职业环境甚至相隔的职业环境,在这种环境中,个体需要逐渐适应工作环境。但如果个体寻找的是相对的职业环境,意味着所进入的是与自我兴趣完全不同的职业环境,则工作起来可能难以适应,或者难以做到工作时觉得很快乐,甚至可能会每天工作得很痛苦。

心理测试

霍兰德职业爱好问卷

仔细阅读各种类型,并在每一项特性前用笔做记号。凡是看起来很像你自己的画"＋",完全不像的画"－",其他的留空白。然后根据"＋""－"及各类型的一般描述,选出一种最像你的类型,虽然没有一种可以完全准确地描述你,但总有一个或两个比其他类型看起来更适合你,最后从高到低排出适合你的六种类型,思考一下什么职业最适合你。你也可以让你周围的同学测试,看看差异性。

一、现实型

1. 喜好户外、机械及体育类的活动及职业。
2. 喜欢从事和植物、动物有关的工作,而不喜欢和理念、资料或成人有关的工作。
3. 往往具有机械和运动的能力。
4. 喜欢建筑、塑造、重新建构和修理东西。
5. 喜欢使用设备和机器。
6. 喜欢看到有形的结果。
7. 是个有毅力、勤勉的人。
8. 缺乏创造力和原创性。
9. 较喜欢用熟悉的方法做事并建立固定模式。

10. 以绝对的观点思考。

11. 不喜欢模棱两可。

12. 较不喜欢处理抽象、理论和哲学的议题。

13. 是个唯物论、传统和保守的人。

14. 没有很好的人际关系和语言沟通技巧。

15. 当焦点汇聚在自己身上时会很不自在。

16. 很难表达自己的情感。

17. 别人认为你很害羞。

二、研究型

1. 天生好奇且好问。

2. 必须了解、解释及预测身边发生的事。

3. 具有科学精神。

4. 对于非科学、过度简化或超自然的解释,持悲观、批判的态度。

5. 对于正在做的事情能全神贯注、心无旁骛。

6. 独立自主且喜欢单枪匹马做事。

7. 不喜欢管人也不喜欢被管。

8. 以理论和解析的观点看事情且用于解决抽象、含糊的问题及状况。

9. 具有创造力和原创性。

10. 常难以接受传统的态度及价值观。

11. 逃避那种受到外在束缚的结构化情境。

12. 处事按部就班、精确且有条理。

13. 对于自己的智力很有信心。

14. 在社会场合常觉得困窘。

15. 缺乏领导能力和说服技巧。

16. 在人际关系方面拘谨且形式化。

17. 通常不做情感的表达。

18. 可能让人觉得不太友善。

三、艺术型

1. 是个有创造力、善表达、有原则性、天真、有个性的人。

2. 喜欢与众不同并努力做个卓绝出众的人。

3. 喜欢以文学、音乐、媒体和身体(如表演和舞蹈)创造新事物来表达自己的人格。

4. 希望得到众人的目光和赞赏,对于批评很敏感。

5. 在衣着、言行举止上倾向于无拘无束、不循传统。

6. 喜欢在无人监督的情况下工作。

7. 处事较冲动。

8. 非常重视美及审美的品位。

9. 较情绪化且心思复杂。

10. 喜欢抽象的工作及非结构化的情境。
11. 在高度秩序化和系统化的情境中很难表现出色。
12. 寻求别人的接纳和赞美。
13. 觉得亲密的人际关系有压力而避免之。
14. 主要通过艺术间接与别人交流以弥补疏离感。
15. 常自我省思。

四、社会型

1. 是个友善、热心、外向、合作的人。
2. 喜欢与人为伍。
3. 能了解及洞察别人的情感和问题。
4. 喜欢扮演帮助别人的角色,如教师、调停者、顾问和咨询者。
5. 善于表达自己并在人群中具有说服力。
6. 喜欢当焦点人物并乐于处在团体的中心位置。
7. 对于生活及与人相处都很敏感、理想化和谨慎。
8. 喜欢处理哲学问题,如人生、宗教及道德的本质和目的。
9. 不喜欢从事与机器或资料有关的工作,或是结构严密、反复不变的任务。
10. 和别人相处融洽并能自然地表达情感。
11. 待人处世很圆滑,别人都认为你很仁慈、乐于助人和贴心。

五、企业型

1. 外向、自信、有说服力、乐观。
2. 喜欢组织、领导、管理及控制团体活动以达到个人或组织的目标。
3. 胸怀雄心壮志且喜欢肩负责任。
4. 重视地位、权力、金钱及物质财产。
5. 喜欢控制局面。
6. 在发起和监督活动时充满活力和热忱。
7. 喜欢影响别人。
8. 爱好冒险、易冲动、行事武断且言语具有说服力。
9. 乐于参与社交圈并喜欢与有名、有影响力的人来往。
10. 喜欢旅行和探险,并常有新奇、花费昂贵的嗜好。
11. 自认为很受人欢迎。
12. 不喜欢需要科学能力的活动及系统化、理论化的思考。
13. 避免从事需要注意细节及千篇一律的活动。

六、传统型

1. 是个一板一眼、固执、脚踏实地的人。
2. 喜欢做抄写、计算等遵循固定程序的活动。
3. 是个可依赖、有效率且尽责的人。
4. 希望拥有隶属于团体和组织的安全感且做个好成员。

5. 具有身份地位的意识,但通常不渴望居于高层领导地位。
6. 知道自己该做什么事时,会感到很自在。
7. 倾向于保守和遵循传统。
8. 遵循别人所期望的标准及他所认同的权威人士的领导。
9. 喜欢在令人愉快的室内环境工作。
10. 重视物质享受和财物。
11. 有自制力并有节制地表达自己的情感。
12. 避免紧张的人际关系,喜欢随和的人际关系。
13. 在熟识的人群中才会自在。
14. 喜欢有计划地行事,较不喜欢打破惯例。

(资料来源:严肃,陈先红.大学生心理素养.合肥:中国科学技术大学出版社,2008.)

第三节 大学生职业生涯规划

一、大学生职业生涯规划应遵循的基本原则

职业生涯规划要从生活需要出发,正确认识自身的条件与相关环境,从专业、兴趣、爱好、特长、机遇等方面尽早确定自己未来的发展方向。大学是培养专业人才的重要基地,大学生应当从跨入校门开始确立自己的未来职业生涯目标。在进行职业生涯规划时,大学生应遵循以下基本原则:

(一)大学生职业生涯规划必须与兴趣爱好相结合

从事一项你所喜欢的工作,工作本身就能给你一种满足感,你的职业生涯也会从此变得妙趣横生。兴趣是最好的老师,是成功之母。调查表明,兴趣与成功概率有着明显的正相关性。在规划自己的职业生涯时,务必注意:考虑自己的特点,珍惜自己的兴趣,择己所爱,选择自己所喜欢的职业。

(二)大学生职业生涯规划必须与所学专业相结合

每位大学生都有自己所学的专业,每个专业都有一定的培养目标和就业方向。经过大学阶段的学习,大学生都具有某一领域的专业知识和技能,这是每个人的优势所在。而且,用人单位在招聘过程中,首先要考虑大学生所学的专业。因此,大学生在进行职业生涯规划时,应以所学专业为依据。否则,如果所从事的职业不是自己所学的专业,在参加工作后就要重新"补课",这无形中为自己的工作和生活增加了许多负担,对个人职业发展是极为不利的。

(三)大学生职业生涯规划必须与专长相结合

任何职业都要求从业者掌握一定的技能,具备一定的能力,而一个人一生中不能掌握所有技能,所以你必须在进行职业选择时择己所长,这有利于发挥自己的优势。运用比较优势原理充分分析别人与自己,尽量选择冲突较少的优势行业。

（四）大学生职业生涯规划必须与社会需求相结合

择业是一种社会活动，它必定受到社会的制约，如果择业脱离社会的需求，将很难被社会接纳。职业生涯规划要把握社会对人才需求的动力，以社会需求作为出发点和归宿，这样的职业生涯规划才有现实性和可行性。

（五）大学生职业生涯规划必须与提高综合能力相结合

知识经济时代是崇尚创新、充满创造力的时代，应养成推陈出新、追求创意和以创新为荣的意识，要有广博的视野、掌握创新知识以及善于开创新领域的能力；树立终身学习的思想观念，不断更新知识结构，有针对性地"充电"，以适应瞬息万变的形势，跟上时代发展潮流；应注重个性发展，要用知识探索未知，解决问题，创造机会与财富，成为社会的强者。在此过程中，还应承认个人智慧具有局限性，懂得自我封闭的危险性和团结协作的重要性，才能以合作伙伴的优势弥补自身的缺陷，增强自身力量，在各种人际环境中有良好的沟通能力，与他人友好合作，更好地应付知识经济时代的各种挑战。

此外，进行职业生涯规划设计时还要遵循挑战性原则（目标或措施宜具有挑战性）、变动性原则（目标或措施要具有弹性或缓冲性，随着环境的变化而做调整）、一致性原则（主要目标和分目标、目标与措施、个人目标与组织发展目标要一致）、激励性原则（目标要符合自己的性格、兴趣和特长，能对自己产生内在的激励作用）。

二、大学生职业生涯规划的过程

美国作家盖尔·希伊通过一份内容十分广泛的"人生历程调查问卷"间接访问了6万多名各行各业的人士。他发现那些最成功和对自己生活最满意的人至少有两个共同的特点：第一，他们喜欢有更多的亲密朋友；第二，他们都致力于实现一个其实际能力所难以达到的目标。根据盖尔·希伊的研究，这些开拓者们觉得他们的生活很有意义，而且比那些没有长远目标驱使其向前的人更会享受生活。正像西方有一句谚语所说的，"如果你不知道你要到哪儿去，那通常你哪儿也去不了"。

人生规划既是一个实现终生目标的时间表，也是一个实现那些影响你日常生活的无数更小目标的时间表。人生规划的设计是要使人的注意力集中起来，在一个特定的时间范围里充分地利用自己的能力和体力。

（一）自我评估

大学生在职业生涯规划前，需要审视自己、认识自己、了解自己，并做自我评估。自我评估包括自己的兴趣、特长、性格、学识、技能、智商、情商、思维方式、思维方法、价值观念等。主要有以下几方面：

1. 学习了什么

在学校期间，你从专业中获取了哪些收益；社会实践活动提高和升华了哪方面知识和能力。努力学好专业课程是职业生涯设计的重要前提。

2. 曾经做过什么

在学校期间担当的学生职务、社会实践活动取得的成就及工作经验的积累等。要提高自己经历的丰富性和突出性,你应该尽量有针对性地选择与职业目标相一致的工作项目,坚持不懈地努力工作,这样才会使自己的经历有说服力。

3. 最成功的是什么

你做过的事情中最成功的是什么?如何成功的?通过分析,可以发现自己的长处,譬如坚强、智慧超群,以此作为个人深层次挖掘的动力之源和魅力闪光点,形成职业设计的有力支撑。

4. 自己的弱点

人无法避免与生俱来的弱点,这就意味着,你在某些方面存在着先天不足,是你力所不能及的。多跟别人好好聊聊,看看别人眼中的你是什么样子,与你的预想是否一致,找出其中的偏差并弥补,这将有助于自我提高。

5. 经验或经历中所欠缺的方面

欠缺并不可怕,怕的是自己还没有认识到或认识到了而一味地不懂装懂。正确的态度是认真对待,善于发现,努力克服和提高。

(二)探索环境

这一过程主要是评估各种环境对自己职业生涯发展的影响。

每一个人都处在一定的环境之中,离开了这个环境,便无法生存与成长。所以,在制订个人的职业生涯规划时要分析环境条件的特点、环境的发展变化情况、自己与环境的关系、自己在这个环境中的地位、环境对自己提出的要求以及环境对自己有利的条件与不利的条件等。只有对这些环境因素充分了解,才能做到在复杂的环境中避害趋利,使你的职业生涯规划具有实际意义。环境因素评估主要包括政治环境、经济环境、社会环境、行业环境、家族和家庭环境等。

(三)确定志向

志向是事业成功的基本前提,没有志向,事业成功也就无从谈起。俗话说:"志不立,天下无可成之事。"立志是人生的起跑点,反映着一个人的理想、胸怀、情趣和价值观,影响着一个人的奋斗目标及成就的大小。所以,在制订职业生涯规划时,首先要确立志向,这是制订职业生涯规划的关键,也是你的职业生涯规划中最重要的一点。

(四)职业的评估和选择

俗话说"三百六十行,行行出状元",行业形形色色,各类不同的行业有不同的工作内容和工作方式;即使是在同一类职业中,也因工作层次与责任的高低之分,使所要求的条件、资格有很大的差异。

面对五花八门的工作世界,包罗万象的职业类别,你还需要依据一些方法来评估职业的各个层面或工作性质是否符合你的需要,或是你的各方面特质条件是否符合该职业的需要。

"PLACE"通常可以用来作为评估职业的指标。

P:指职位或职务(Position),包括该职位的经常性任务、所担负的责任、工作层次等。

L:指工作地点(Location),包括地理位置、环境状况、室内或户外、都市或乡村、工作地点的变化与安全等。

A：指升迁状况（Advancement），包括工作的升迁渠道、升迁速度、工作稳定性、工作保障等。

C：指雇用情形（Condition of Employment），包括薪水、福利、进修机会、工作时间、休假情形及特殊雇用规定等。

E：指雇用条件（Entry Requirements），包括所需的教育程度、证照、训练、经验、能力、人格特质等条件。

如果希望了解某一项看起来很吸引人的职业，可以通过查阅相关职业介绍的书籍，借助网络资源，实际参观、实习或打工取得所需的信息；还可以咨询从事该职业的校友或老乡，一方面可以印证所收集的职业资讯的可靠性和有效性，另一方面可以更深入地了解工作者本身从事该职业的生涯抉择和甘苦经验，以作为审视自身是否投入该项职业的重要参考。

职业选择正确与否，直接关系到人生事业的成功与失败。据统计，在选错职业的人当中，有80%的人在事业上是失败者，正如人们所说的"女怕嫁错郎，男怕选错行"。由此可见，职业选择对人生事业是何等重要。如何才能选择正确的职业呢？至少应考虑以下几点：

第一，性格与职业的匹配；

第二，兴趣与职业的匹配；

第三，特长与职业的匹配；

第四，内外环境与职业相适应。

（五）设定职业生涯目标

职业生涯目标的设定是职业生涯规划的核心，一个人事业的成败很大程度上取决于是否有正确、适当的目标。没有目标如同驶入大海的孤舟，四顾茫茫，没有方向，不知道自己走向何方。只有树立了目标，才能明确奋斗方向，犹如海洋中的灯塔，引导你避开险礁暗石，走向成功。

目标的设定是在继职业选择、职业生涯路线选择后，对人生目标做出的抉择。其抉择是以自己的最佳才能、最优性格、最大兴趣、最有利的环境等信息为依据。通常目标分短期目标、中期目标、长期目标和人生目标。短期目标一般为一至二年，中期目标一般为三至五年，长期目标一般为五至十年。

（六）制订行动计划

在确定了职业生涯目标后，行动便成了关键的环节。没有达到目标的行动，目标就难以实现，也就谈不上事业的成功。这里所指的行动，是指落实目标的具体措施，主要包括工作、训练、教育、轮岗等方面的措施。例如，在业务素质方面，你计划学习哪些知识、掌握哪些技能来提高你的业务能力；在潜能开发方面，采取什么措施开发你的潜能；等等。都要有具体的计划与明确的措施。这些计划要特别具体，以便定时检查。

微课
分解与调整——如何制定合适的职业生涯目标

（七）评估与修订

俗话说："计划赶不上变化。"是的，影响职业生涯规划的因素有许多。有的变化因素是可以预测的，而有的变化因素是难以预测的。在此状况下，要使职业生涯规划行之有效，就需要不断地对职业生涯规划进行评估与修订。修订的内容包括职业的重新选择、职业生涯路线的选择、人生目标的修正、实施措施与计划的变更等，让它更符合你的理想。

生活写真

职业生涯规划设计范例

21世纪是生物制药产业飞速发展的时代。随着以基因工程、细胞工程、酶工程、发酵工程为代表的现代生物技术的发展，60%以上的生物技术成果集中于制药产业，用以开发特色新药或对传统医药进行改良，由此引发了制药工业的重大变革。目前在世界范围内，生物制药产业中心正在迅速崛起。我是一个21世纪的高职生，所学的专业正是生物制药。为了在这瞬息万变和竞争激烈的社会中立足并有所成就，我决定为自己的职业生涯做出规划和设计。

一、认识自己

报考的时候，根据自我的条件：学习成绩中等、家庭经济比较困难等，经过一番认真的思考和调查，最后，我和爸爸共同决定选择这所高职院校——××职业技术学院生物制药专业。

我的性格属既活泼开朗又沉着稳重的类型，能独立思考，考虑问题比较客观，做事努力，对工作更是踏实肯干。我能积极、主动地学习，担任班级的学习委员。21世纪是合作与对话的时代，因此我很重视团队的力量，也比较有凝聚力。我经常组织同学参加一些学习活动，并且很有成效。我曾经担任过班长，善于影响、监督他人，有较强的管理能力。

二、确定目标

我认为一个人的职业选择正确与否，在很大程度上决定了其事业的成败。

我的专业是偏向理科的。主修课程有：生物化学、微生物学、药理学、遗传与育种、生物制药工艺、生物制药设备、生化药物分析、生化制药学、工业企业管理、药事管理与法规。专业的主要就业方向：食品药品监督管理部门、生物技术制药企业、医药科研单位、抗生素生产及医药卫生企业事业等单位，也可在其他科研部门从事菌种培养、工业发酵质量检测等工作。

以上就业方向要求从业者应具备以下条件：

人文素养：如职业道德，有一定的道德标准。

知识结构：必须考取"双证"（毕业证书和岗位技能证书），职业药师资格证，英语四、六级证书以及相应程度的计算机等级证书。

学历要求：大专、本科、研究生。

对于这些职业，要求从业者性格开朗稳重，善于思考。所以我认为我的性格和职业还是匹配的。

职业目标应切合实际、可行性强，而不是虚幻的空想。根据我的自身条件以及我省只有一所医药专科学校、全国医药人才严重紧缺等情况，我为自己设立的目标是：在多年以后成为一名出色的企业家。作为一名成功的企业家，不仅能为家人和自己创造更好的物质条件，而且能为国家分忧，提供就业机会，增加财政收入。有了资金实力之后，我要回馈社会,在家乡开办培养医药人才的学校,并尽自己所能多做些善事。这样,不仅自我的人生价值得到体现,从更高层面上讲,也为国家的科教兴国战略贡献了一点力量。

三、规划发展

为了使目标成为现实,我制定了以下实现职业理想的措施。

(一)第一阶段的目标是在能顺利大学毕业的基础上多去接触、了解社会,增长专业知识,为将来走上工作岗位做前期的准备。为实现第一阶段的目标,我必须做到以下几点:

1. 努力学习,并且拿奖学金。
2. 合理利用课余时间,积累更多的专业知识。
3. 积极参加课外活动,提高自身的综合能力。
4. 顺利考取"双证"(毕业证书和岗位技能证书)。
5. 利用假期多参加社会实践活动,丰富专业知识的同时也能赚取一些酬金。
6. 通过各种途径了解就业形势,争取找到专业对口的好工作。

(二)第二阶段的目标是考取本科。大专毕业以后,受到经济条件的限制,我必须边工作边学习。我要找一家药店先就业,把工作安定下来后就努力学习,向本科冲刺。我要利用初期的工作收入来支付自己继续学习的费用。所以,我必须做到以下几点:

1. 对工作不挑剔,虚心地多向同事学习。
2. 利用业余时间努力学习本科知识。
3. 要勤俭节约。
4. 在工作中注意所在单位的各方面经营管理经验,同时多读些管理方面的书籍,为以后创业做好准备。

(三)第三阶段的目标是考取研究生并拿到职业药师资格证书。本科毕业以后还要继续完成研究生的学习,以提高自己的专业水平。而已经积累了一定工作经验和拿下了本科文凭的我,应能找到一份更好的工作,当然,在实践中也可以巩固、加深理论知识。同时,在这期间我要注意提高自己的人际交往能力,为创办公司而努力。此阶段,我要更加努力工作并为积累创办公司的"第一桶金"做准备。

(四)第四阶段的目标是创办公司。此时的我已经有了研究生的文凭,具有丰富的工作经验,而且也积累了一定的社会经验和生活阅历;此时的我也已经是一位成熟睿智的白领了,可谓时机成熟,我要争取得到同学、朋友、家人的资助,筹集资金,自己创办企业。

(五)第五阶段的目标是回馈社会:开办学校、做慈善事业。我要做到以下几点:

1. 积累一定的资金。
2. 了解开办学校的相应流程。
3. 按相应程序通过有关部门的审批。
4. 开始筹建学校。

我坚信,只要我按以上的计划去做,从现在就开始行动,那么我的目标一定会实现。

(资料来源:陈衍.大学生心理健康教育心理课堂.北京:化学工业出版社,2007.)

推荐好书

《我的梦想我的路》

作者：李廷海

出版社：原子能出版社

出版时间：2008年4月

内容简介：本书以"生命中最重要的决定"为开篇，引出当前的中学生、大学生及职场白领在选择职业时的迷茫与无奈，然后作者从一次圆梦之旅的经历与感悟开始，把人生比喻成一次长途旅行，如何选择适合自己发展的公司或人生平台？如何选择好的上司或老板？如何管理职业生涯以实现自己的人生梦想？本书力求实际、实用、实效，为当代大学生或中国青年提供个人职业规划与职业生涯管理的实用方法和技巧，引导更多的人去追求人生中最有价值的事，帮助更多的人去实现人生的梦想。

作者在书中再三强调人生梦想的重要性，人只有把精力投在"梦想"的职业上，他才会有兴趣，而一旦从事的是实现人生梦想的事情，那么他的力量将会势不可当，正如美国一句著名的谚语所说："当一个人知道自己想要什么时，整个世界将为之让路。"

作者简介：李廷海，著名职业规划专家，曾先后任职某跨国公司中国北方区总经理，世界500强企业资深行业总监，并担任20多家国内著名企业高级管理顾问。中国人民大学、中国地质大学、中国传媒大学、中央财经大学、北京邮电大学等全国50多所高校职业规划特邀讲师。他的"选对未来之路"大学生职业规划讲座的相关思想、观念和方法通过各种方式传播到中国的近2 000所大学校园，在各高校的大学生中引起了强烈的反响。

第五章　健康人格

本章导航

　　世界上没有完全相同的两个人,每个个体都有独特的人格。大学时代正是一个人内心与现实不断冲突、解决自我同一性危机的阶段。要解决这一危机,必须在经历外在的感性冲突和对自我行为反思的过程中,学会认清自己的人格特点,并逐渐沉积下来,慢慢形成独特的核心品质。人格是什么?健康的人格是怎么样的?如何面对人格发展中遇到的困惑与冲突?……如果你想解开诸多的问题,那么请和我们一起走上解密人格的旅途,在人生的黄金阶段养成健康的人格,为未来美好的生活奠定坚实的基础!

经典名言

行为形成习惯,习惯形成性格,性格决定命运。　　——杰克·霍吉
富贵不能淫,贫贱不能移,威武不能屈。　　——孟子
自信与骄傲有异;自信者常沉着,而骄傲者常浮扬。　　——梁启超

第一节 人格概述

一、人格的概念

人格,英文"personality",这个词源于拉丁文"persona"。"人格"一词在生活中有多种含义,有道德上的人格,指一个人的品德和操守;有法律意义上的人格,指享有法律地位的人;有文学意义上的人格,指人物心理的独特性和典型性。在心理学上,由于心理学家各自的研究取向不同,对人格的看法也有很大的差异。中国的《心理学大辞典》(朱智贤主编),对此做了如下注释:"个性(personality)也可称人格,指一个人的整个精神面貌,即具有一定倾向性的心理特征的总和。个性结构是多层次的、多侧面的,由复杂的心理特征的独特结构结合构成的整体。这些层次有:①完成某种活动的潜在可能性的特征,即能力;②心理活动的动力特征,即气质;③完成活动任务的态度和行为方式方面的特征,即性格;④活动倾向方面的特征,如动机、兴趣、理想、信念等。这些特征不是孤立存在的,是错综复杂、交互联系,有机结合成一个整体,对人的行为进行协调和控制的。如果各种成分之间的关系协调,人的行为就是正常的;如果失调,就会造成个性分裂(双重人格或多重人格),产生不正常行为。个性不是天赋的,是在先天生理结构的基础上,在后天环境教育影响下形成的。个性受一定社会历史条件和所处社会地位的制约,它具有民族的、阶级的、团体的共性。"

二、人格的基本特征

心理学有一句名言:"你像所有的人,全世界的人类所共同具有的特征你都具有;你像一部分人,像你的文化背景下的一些人;你不像任何其他的人。"前面两点强调了人格的社会性,最后一点强调了人格的独特性。心理学上认为人格有四个特性:整体性、稳定性、独特性、社会性。

(一)人格的整体性

人格的整体性是指人格中的多种心理成分和特质如气质、性格、能力、兴趣、价值观等,并不是孤立存在的,而是密切联系并成为一个有机整体。表现在外的人的行为不仅是某个特定部分运作的结果,而且是与其他部分紧密联系、协调一致进行活动的结果。

人格中的自我意识因子将人的心理特质与行为统一组织起来,并监控与协调人格结构各要素的关系。尽管表现在社会环境中的"我"是戴有"面具"的,但却与卸下"面具"的真我共同构成了人格的整体性,使个人保持与现实环境的协调一致。

(二)人格的稳定性

人格的稳定性是指由各种心理特征构成的人格特征是比较稳定的,它对人的行为影响是一贯的,具有跨时间的持续性和跨情境的一致性。换句话说,我们要从时间和空间两个方面的特征来理解人格的稳定性。

从时间角度来看,在人生的不同时期,人格的持续性首先表现为"自我"的持久性。一个人可以失去一部分肉体，改变自己的职业，变穷或变富，幸福或不幸，但他仍然认为自己是同一个人。这就是自我的持续性。

从空间角度来看，人格的稳定性是跨情境的一致性。比如，一个外倾型的学生无论是在学校里还是在校外活动中都善于结交朋友，喜欢聚会，经常表现出来的稳定的心理和行为特征就是人格特征，但他偶尔表现出来的安静的行为则不属于人格特征。

要注意的是，人格的稳定性并不意味着人格是一成不变的。

（三）人格的独特性

人格的独特性是指人与人之间的心理和行为是不相同的。由于人格结构组合的多样性，每个人的人格都有自己的特点，正所谓"人心不同，各如其面"。

强调人格的独特性，并不是排除人格的共同性。事实上，人格是独特性与共同性的统一。人格的共同性是指某一群体、某个阶层或某一民族，在一定的群体环境、生活环境、自然环境中形成共同的、典型的心理特点。同一民族、同一阶级、同一群体的人们具有相似的人格特征。文化人类学家把同一种文化陶冶出的共同的人格特征称为群体人格或众数人格。

（四）人格的社会性

人格是社会的人所特有的。所谓社会化是个人在与他人交往中掌握社会经验和行为规范、获得自我的过程。社会化与个人所处的文化传统、社会制度、种族、民族、阶级地位、家庭有密切的关系。通过社会化，个人获得了从装饰习惯到价值观和自我观念等人格特征。人格既是社会化的对象，也是社会化的结果。

人格的社会性并不排除人格的自然性，即人格受个体生物特性的制约。人格是在个体的遗传和生物性基础上形成的，受个体生物特性的制约。在这个意义上，也可以说人格是个体的自然性和社会性的综合。但是，人的本质并不是所有属性相加的混合物，或者是几种属性相加的混合物。

因此，也可以这样理解人格：人格是个人各种稳定特征或特质的综合体，它显示出个人的能力、思想、情绪和行为的独特模式。这种独特模式是社会化的产物，同时又影响着他（或她）与环境的交互作用。

三、人格的结构

人格的结构（表5-1）是多层次的，包括个性倾向性、自我意识和个性心理特征。气质、性格、智力和能力是人格的重要组成部分。

表 5-1　人格结构

人　格		
个性倾向性	自我意识	个性心理特征
需要、动机、兴趣、价值观等	自我认识、自我体验、自我调节	气质、性格、智力、能力

(一)气质

案例

曾有心理学家做过一个实验,故意让四个不同气质的人去看晚场戏,以观察其反应。四人到了戏院时,戏已经开演了。按照戏院规定,演出开始后,观众一般不能再入场擅自走动。检票员建议大家暂在大厅休息等候,待第一场结束中间休息时再进去。胆汁质的人性急,当时就与检票员吵了起来,并不顾阻拦强行闯了进去;多血质的人机灵,趁着检票员没注意,悄悄溜到了楼上,恰巧有空位,就坐下来看戏;黏液质的人性情沉稳,做事有耐心,从不越雷池一步,此时,按照检票员的要求,耐心地等候,直到第一场结束休息时才进去;抑郁质的人感到十分沮丧,再也提不起看戏的兴致,转身回家去了。可以看出,不同气质类型的人其性情、行为不同。

气质是一个人生来就具有的心理活动的动力特征,包括心理活动的强度、速度、稳定性和指向性等多方面的内容。

人的气质可分为四种类型:胆汁质(兴奋型)、多血质(活泼型)、黏液质(安静型)、抑郁质(抑制型)。

胆汁质(兴奋型)类型的特征是:好冲动,情感发生快,强烈而持久;动作迅速而强烈,对自己的言行不能控制,反应速度快,但不灵活。具有这种类型特征的人在情绪反应上易受感动,情感一旦发生就很强烈,久久不能平静,易发脾气,性情暴躁、易怒,情绪不能自制;在行为方面表现为积极参加各种活动,有创新精神,工作积极,遇到困难时能以极大的毅力去克服。这种人的优点是有毅力、积极热情、有独创性。不良表现是缺乏自制性、粗暴和急躁、易生气、易感动。

多血质(活泼型)类型的特征是:情绪不稳定,情感的发生迅速而易变,思维、语言迅速而敏捷,活泼好动。具有这种类型特征的人在情绪反应上表现为发生快而多变,但不强烈,情感体验不深,但很敏感;在行为方面表现为活泼好动、机敏,爱参加各种活动,但常常有始无终。这种人的适应性强,善于交际,待人热情,学习上领会问题快,但也表现出轻率、不忠诚等。

黏液质(安静型)类型的特征是:性情沉稳,情感发生缓慢而微弱,不外露,动作迟缓,易抑制,沉默寡言。具有这种类型特征的人在情绪方面表现为沉着,心境平稳而不易激动,很少发脾气,情感很少外露;在行为方面表现为沉默寡言,面部表情单一,胸怀宽广,不计小事,能委曲求全,自制力强,活动中表现为有条有理、深思熟虑、坚韧不拔。这种人容易形成勤勉、实事求是的精神,具有坚毅性等特征,但也可能发展成萎靡、迟钝、消极、怠惰等一些不良的品质。

抑郁质(抑制型)类型的特征是:性情脆弱,情感发生缓慢而持久,动作迟钝、柔弱易倦。具有这种类型特征的人在情绪方面表现为情感不易变化,比较平静,不易动情,情感脆弱,易神经过敏;在行为方面表现为动作迟缓,胆小,不喜欢抛头露面,反应迟钝。这种人易形成伤感、沮丧、忧郁、深沉、悲观等不良心理特征。

人的气质类型可通过一些方法加以测定,但属于某一种典型类型的人很少,多数人是介于各类型之间的中间类型即混合型,比如胆汁-多血质、多血-黏液质等。

气质对人的实践活动有一定的影响,但不起决定作用。

首先，人的气质特征在个人的社会生活中并无好坏优劣之分。任何一种气质类型特点都有其积极的一面和消极的一面。例如，多血质的人情感丰富，工作能力较强，容易适应新的环境，但注意力不稳定，兴趣容易转移；抑郁质的人工作中耐受能力差，容易产生惊慌失措的情绪，但感情比较细腻，做事审慎小心，观察力敏锐，善于察觉别人不易察觉的细小事物；黏液质的人容易养成自制、镇定、安静、不急躁的品质，但容易对周围事物冷淡，不够灵活；胆汁质的人精力充沛，态度直率，能以极大的热情投入工作，但易暴躁，在精力消失殆尽时便失去信心，情绪顿时转为沮丧。

其次，气质不能决定一个人的智力发展水平，不能决定一个人的社会价值以及成就的高低。气质类型的不同，并不影响人们在事业上取得同样杰出的成就。同样，勇敢、果断、有组织性、有首创精神的人，都可以从不同气质类型的学生中培养出来。

（二）性格

1. 性格的定义

"性格"一词，源于希腊文。心理学对性格的界定是"个人对客观现实所持的稳定的态度以及与之相适应的习惯化的行为方式"。也就是说，个人在生活过程中接触到形形色色的人、事、物时，会根据自己的认识对它们同时也对自己产生一种稳定的、评价性的心理倾向，如肯定或否定、赞成或反对、满意或不满意等，这就是态度。态度会支配人的行为，有什么样的态度就会表现出什么样的行为方式，如追求或放弃、接纳或拒绝、保持或改变等。日久天长，逐渐稳定下来的态度和形成习惯的行为方式就构成了一个人独具特色的性格特征。

性格和气质的主要区别是：气质更多地体现神经类型基本特性的自然影响，是神经类型在行为、活动中的直接表现；而性格更多地受社会生活条件的外来影响，是在神经类型的基础上形成的暂时联系系统。所以，某些气质类型和某些性格之间不存在对应关系。不同的气质类型可能会形成相同的性格特征，相同的气质类型也可能会形成不同的性格特征。

同时，我们也应该知道，性格在人的个性中处于核心的地位。这首先是因为性格具有社会评价的意义，人们可以对某种性格特征的社会价值进行评判。例如，诚实或欺诈、仁慈或冷酷、勇敢或怯懦、勤奋或懒惰、认真或敷衍、宽容或尖刻，等等。以上性格特征在任何社会条件下，都具有明确的积极或消极的价值倾向。相比之下，能力与气质就不具有直接的社会评价意义，而且对个人而言也难以确定其绝对的高低或好坏。因为每个人在能力上各有所长，也各有所短；每个人的气质类型在面临不同的环境与行为活动时，也都会表现出有利或不利的一面。因此，一个人个性的优劣主要从性格上体现出来。其次，性格还制约着能力与气质的发展方向和表现形式，如勤奋造就天才，懒惰荒废才华；又如认真的性格会使原本脾气急躁的胆汁质的人可以忍耐琐碎、细致的工作，而敷衍的性格也会使原本沉静、稳重的黏液质的人工作时丢三落四、差错不断。因此，人与人的个性差异首先是性格的差异，而不是能力水平、气质类型的差异。

性格和气质既有所区别又互相渗透、彼此制约。气质不是人的性格中的某种外来东西，而是有机地包括在性格结构之中的。首先，气质影响着性格的动态方向，渲染着性格的特征，从而使性格特征具有独特的色彩。比如，同样是助人为乐的性格特征，多血质的人在帮助别人时，往往动作敏捷，情感明显外露；而黏液质的人则可能动作沉着，情感内隐。其次，气质可以影响性格特征形成和发展的速度。比如，对于自制力的形成，胆汁质的人需要经过

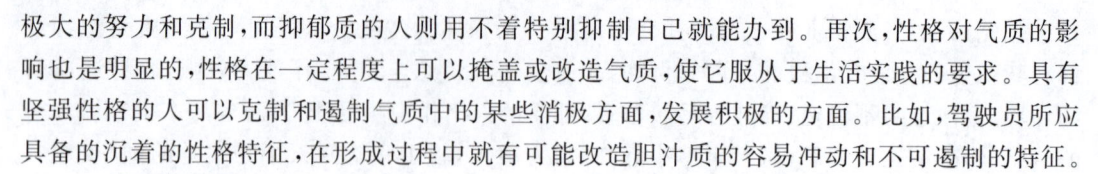

极大的努力和克制,而抑郁质的人则用不着特别抑制自己就能办到。再次,性格对气质的影响也是明显的,性格在一定程度上可以掩盖或改造气质,使它服从于生活实践的要求。具有坚强性格的人可以克制和遏制气质中的某些消极方面,发展积极的方面。比如,驾驶员所应具备的沉着的性格特征,在形成过程中就有可能改造胆汁质的容易冲动和不可遏制的特征。

2. 性格的类型

性格的分类标准很多,一般根据人的性格的不同,将性格分为内倾性格和外倾性格两种类型。一般认为,外倾是一种客观的心态,内倾是一种主观的心态,这两种心态彼此排斥。一个人可能在某些时候是外倾的,而在其他时候是内倾的。但是,在一个人的一生中,通常是其中的一种心态占据优势。如果是客观的倾向占据优势,即可认为其性格是外倾的;如果是主观的倾向占据优势,即可认为其性格是内倾的。

性格外倾的人,心理活动倾向于外部,经常对外部事物表示关心。他们性情开朗活泼,善于交际。他们不愿独自苦思冥想,而要依靠他人或集体活动来满足个人情绪的需要。他们也善于在集体活动与群体交往中表达自己的情绪和情感。他们自由奔放,当机立断,动作快,不拘小节,易做出轻率举动。

性格内倾的人,很少向别人显露自己的喜怒哀乐。他们在情感方面经常自我满足,珍视自己内心的体验。他们在外人面前容易害羞,说话紧张,不愿在大庭广众面前抛头露面,做事深思熟虑,缺乏实际行动,常给人困惑、忧虑、闷闷不乐之感。

心理学家对外倾性强和内倾性强的人进行了研究,结果表明:长期苦恼的人倾向于内倾;领导品质与外倾性格呈正相关;内倾性格或外倾性格与智力水平的高低无关;外倾性强的人,他们的手部运动、语言反应和决断简单事物的能力,要优于内倾性强的人。一般来说,外倾性强的人适于培养成开拓型人才,成为实业家或领导管理人才;内倾性强的人适于培养成学术型人才或从事精细工作的人才,如会计师、实验人员等。心理学研究还表明,性格类型的心态特征与气质一样,不能成为一个人的事业和社会价值的决定因素。唐朝诗人李白具有外倾性格特征,而杜甫则具有内倾性格特征。对此,《沧浪诗话》云:"子美不能为太白之飘逸,太白不能为子美之沉郁。"但这并没有妨碍他们都成为大诗人。

3. 大学生喜欢的性格

大学生喜欢的性格一般如下:①聪明乖巧,能理解人;②亲切;③温和;④诚实;⑤富于幽默感,脸上经常挂着笑容;⑥能倾听别人的意见;⑦容貌漂亮,但首先必须心地善良;⑧经常照顾别人;⑨头脑灵活;⑩话题广泛,说话有感染力;⑪能力强;⑫爽直,不自命不凡。

此外,以下几点也很重要:①信守约定的时间,不随便迟到、早退等;②自己喜欢娓娓而谈,但同时也能很好地倾听别人的谈话;③可以与之进行愉快的交谈;④表里如一,可以信赖;⑤克制、谦让,不出风头;⑥不讲别人的坏话;⑦礼貌周到;⑧不自食其言、信口开河;⑨态度明朗,不阴阳怪气。

总的来说,大学生普遍喜欢如下性格:善于控制自己,情绪稳定,能力较强,适应能力强,待人忠厚,开朗、温和、亲切,富有同情心,善于交际等。

(三)智力

智力是指生物一般性的精神能力,指人认识、理解客观事物并运用知识、经验等解决问题的能力,包括观察力、注意力、记忆力、思维力、想象力等。

1. 观察力

观察力是指大脑对事物的观察能力,如通过观察发现新奇的事物等,在观察过程中对声音、气味、温度等有一个新的认识,并通过对现象的观察,提高对事物本质认识的能力。

2. 注意力

注意力是指人的心理活动指向和集中于某种事物的能力。

3. 记忆力

记忆力是识记、保持、再认识和重现客观事物所反映的内容和经验的能力。

4. 思维力

思维力是人脑对客观事物间接的、概括的反映能力。人们在学会观察事物之后,会逐渐把各种不同的物品、事件、经验进行分类或归纳,不同的类型都能通过思维进行概括。

5. 想象力

想象力是人在已有形象的基础上,在头脑中创造出新形象的能力。比如,当对方说起汽车,马上就想象出各种各样的汽车形象来就是这个道理。因此,想象一般是在具有一定的知识面的基础上完成的。

(四)能力

1. 能力的定义

能力是个性心理特征之一,它在我们的学习、工作和生活中发挥着至关重要的作用。那么,究竟什么是能力,能力都包括哪些因素呢?

能力是人们成功地完成某种活动所必需的并直接影响活动效率的个性心理特征。比如,一个人在音乐活动中,表现出具有强烈的节奏感,这种节奏感就是其音乐活动的一种能力。

能力总是和行为活动联系在一起的,它在行为活动中形成,在行为活动中发展,并在行为活动中表现出来。但不能认为所有行为活动中表现出来的心理特征都是能力。比如急躁、冷静、活泼、沉着等气质和性格特征,虽然也和活动能否顺利进行有一定的关系,但它们不是完成活动所必须具备的最直接、最基本的心理条件,因而也不能称之为能力。

2. 大学生能力的构成

(1)学习能力。学习是大学生的主要任务,也是大学生的基本行为活动。要成功地完成大学的学习任务,除了要具备一定的智力外,还必须具备自学能力、发现能力和表达能力。

自学能力是指在教师的指导下,不依赖教师,自己独立有效地进行学习的能力。培养自学能力,就是要使大学生善于阅读教科书和参考书,善于查找文献资料,尤其是善于在网上搜集信息,善于使用工具书、写读书笔记及制作资料卡片等。

发现能力是指主动获得知识的能力。发现不局限于那种寻求人类尚未知晓的事物的行为,还包括用自己的头脑亲自获得知识的一切行为。

表达能力是指将自己的认识、情感、愿望表达出来并使他人理解和接受的能力。表达能力包括口头表达能力和书面表达能力两种。

(2)操作能力。操作能力主要是指专业学习中必须具备的动手能力和实践能力。比如,理工农医类专业的实训、实验能力,社科类专业的社会调查能力等。较强的实际操作能力是高职学生的优势所在。

（3）组织管理能力。组织管理能力越来越成为当代大学生必须努力培养的一种能力。组织管理能力主要包括综合分析能力、表达能力、谋略能力、决断能力、指挥协调能力、应变能力、创新能力、任贤能力和社交能力等。

（4）创造能力。创造能力是产生新思想、新发现和创造新事物的能力。它是成功地完成某种创造性活动所必需的心理品质。

心理知识

多元智力理论

美国心理学家加德纳反驳了传统智力理论的观念，他认为，智力测验的频繁使用，使得它把人进行了分类并贴上了标签，用来判断人的弱项和短处而非长处。智力并不是一个容易被"测量"的东西，目前所能够测量的东西仅仅是语言和数理逻辑，如果一定要去测量智力，那么应当侧重于智力所要解决的问题或在运用智力时表现出来的创造性的能力。

加德纳认为，现行智力测验的内容，因偏重对知识的测量，结果是窄化了人类的智力，甚至曲解了人类的智力。按加德纳的解释，智力是在某种人文环境的价值标准之下，个体用以解决问题与生产创造所需的能力。至于智力内涵中所包括的多元，加德纳认为，构成智力需要以下七种能力：

语言能力：包括说话、阅读、书写的能力；
数理能力：包括数字运算与逻辑思考的能力；
空间能力：包括认识环境、辨别方向的能力；
音乐能力：包括对声音之辨识与韵律表达的能力；
运动能力：包括支配肢体以完成精密作业的能力；
社交能力：包括与人交往且和睦相处的能力；
自知能力：包括认识自己并选择自己生活方向的能力。

加德纳还认为，因为每个人的智力都有独特的表现方式，每一种智力都有多种表现方式，所以，我们很难找到一个适用于任何人的统一的评价标准来评价一个人的聪明和成功与否。

心理测试

测测你的气质类型

请根据自己的实际情况真实地填写表5-2和表5-3。在回答这些问题时，你认为：很符合自己情况的计2分，比较符合的计1分，介于符合与不符合之间的计0分，比较不符合的计-1分，完全不符合的计-2分。

表 5-2　　　　　　　　　　　气质量表

题号	问题内容	计分选择				
1	做事力求稳妥,不做无把握的事	2	1	0	−1	−2
2	遇到可气的事就怒不可遏,想把心里话全说出来才痛快	2	1	0	−1	−2
3	宁肯一个人做事,不愿很多人在一起	2	1	0	−1	−2
4	到一个新环境很快就能适应	2	1	0	−1	−2
5	厌恶强烈的刺激(如尖叫、噪音、危险的镜头等)	2	1	0	−1	−2
6	和人争吵时,总是先发制人,喜欢挑剔	2	1	0	−1	−2
7	喜欢安静的环境	2	1	0	−1	−2
8	善于和人交往	2	1	0	−1	−2
9	羡慕那种善于克制自己情感的人	2	1	0	−1	−2
10	生活有规律,很少违反作息制度	2	1	0	−1	−2
11	在多数情况下情绪是乐观的	2	1	0	−1	−2
12	碰到陌生人觉得很拘束	2	1	0	−1	−2
13	遇到令人气愤的事,能很好地自我克制	2	1	0	−1	−2
14	做事总是有旺盛的精力	2	1	0	−1	−2
15	遇到问题常常举棋不定	2	1	0	−1	−2
16	在人群中不觉得过分拘束	2	1	0	−1	−2
17	情绪高昂时,觉得干啥都有趣;情绪低落时,干啥都觉得没意思	2	1	0	−1	−2
18	当注意力集中于某一事物时,别的事很难使我分心	2	1	0	−1	−2
19	理解问题总比别人快	2	1	0	−1	−2
20	碰到危险情景,常常有一种恐惧感	2	1	0	−1	−2
21	对工作、学习、事业怀有很高的热情	2	1	0	−1	−2
22	能够长时间做枯燥、单调的工作	2	1	0	−1	−2
23	符合兴趣的事情,干起来劲头十足	2	1	0	−1	−2
24	一点小事情就能引起情绪波动	2	1	0	−1	−2
25	讨厌做那种耐心、细致的工作	2	1	0	−1	−2
26	与人交往不卑不亢	2	1	0	−1	−2
27	喜欢参加热闹的活动	2	1	0	−1	−2
28	喜欢看情感细腻、描写人物内心活动的作品	2	1	0	−1	−2
29	工作、学习时间长了,常感到厌倦	2	1	0	−1	−2
30	不喜欢长时间谈论一个问题,愿意实际动手去做	2	1	0	−1	−2
31	宁愿侃侃而谈,不愿窃窃私语	2	1	0	−1	−2
32	别人说我总是闷闷不乐	2	1	0	−1	−2
33	理解问题常比别人慢些	2	1	0	−1	−2
34	疲倦时只要短暂地休息就能精神抖擞地重新投入工作	2	1	0	−1	−2
35	心里有事宁愿自己想,也不愿说出来	2	1	0	−1	−2
36	认准一个目标,就希望尽快实现,不达目的誓不罢休	2	1	0	−1	−2
37	学习、工作一段时间,常比别人疲倦	2	1	0	−1	−2
38	做事情有些莽撞,常不考虑后果	2	1	0	−1	−2
39	老师或师傅讲授新知识、新技术时,总希望讲得慢些,重复几遍	2	1	0	−1	−2
40	能够很快地忘记那些不愉快的事情	2	1	0	−1	−2

(续表)

题号	问题内容	计分选择				
41	做作业或完成一件工作,总比别人花的时间多	2	1	0	-1	-2
42	喜欢运动量大的体育活动,或参加各种文艺活动	2	1	0	-1	-2
43	不能很快地把注意力从一件事情转移到另一件事情上去	2	1	0	-1	-2
44	接受一个任务后,总希望把它迅速解决	2	1	0	-1	-2
45	认为墨守成规比冒风险强一些	2	1	0	-1	-2
46	能够同时注意几件事物	2	1	0	-1	-2
47	当烦闷的时候,别人很难使我高兴起来	2	1	0	-1	-2
48	爱看情节曲折、激动人心的小说	2	1	0	-1	-2
49	对工作抱有认真严谨、始终一贯的态度	2	1	0	-1	-2
50	和周围人的关系总是相处不好	2	1	0	-1	-2
51	喜欢复习学过的知识,重复做已经掌握的工作	2	1	0	-1	-2
52	喜欢从事变化大、花样多的工作	2	1	0	-1	-2
53	小时候会背的诗歌,我似乎比别人记得清楚	2	1	0	-1	-2
54	别人说我出语伤人,可我并不觉得这样	2	1	0	-1	-2
55	在体育活动中,常因反应慢而落后	2	1	0	-1	-2
56	反应敏捷,头脑机智	2	1	0	-1	-2
57	喜欢有条理而不麻烦的工作	2	1	0	-1	-2
58	兴奋的事使我失眠	2	1	0	-1	-2
59	老师或师傅讲课,我常常听不懂,但是弄懂后就很难忘记	2	1	0	-1	-2
60	假如工作枯燥无味,马上就会情绪低落	2	1	0	-1	-2

表 5-3　　　　　　　　　　结果统计表

胆汁质	题号	2	6	9	14	17	21	27	31	36	38	42	48	50	54	58	总分
	得分																
多血质	题号	4	8	11	16	19	23	25	29	34	40	44	46	52	56	60	总分
	得分																
黏液质	题号	1	7	10	13	18	22	26	30	33	39	43	45	49	55	57	总分
	得分																
抑郁质	题号	3	5	12	15	20	24	28	32	35	37	41	47	51	53	59	总分
	得分																

我的气质类型是：

气质测量判断说明：

①如果某气质一栏(如多血质)的得分超过 20 分,其他三栏得分较低,则为典型的某气质(即典型多血质)。

②如果这一栏(如多血质)在 20 分以下、10 分以上,其他栏得分较低,则为一般某气质(即一般多血质)。

③如果有两栏的得分明显超过另两栏的得分(超过 4 分以上),而且分数接近(差异低于 3 分),则可定为这两种气质的混合型。

④如果三种气质得分接近但又明显高于第四种,则为三种气质的混合型。

(资料来源:张日冉.大学生心理健康.2 版.大连:大连理工大学出版社,2006.)

第二节 不良性格及其调适

不良性格对人体健康的影响是多方面的,它会对人体大脑、内脏及其他部位产生危害。例如,忧郁时,大脑过度抑制,造成免疫功能失调,从而引起营养性功能紊乱,使人体虚弱早衰;发怒时,胃的出口处肌肉会骤然紧缩,导致胃肠功能紊乱,甚至造成器质性损伤。愤怒和痛苦的情绪会使人的交感神经极度兴奋、心跳加快、心肌耗氧量大大增加,由于外围动脉血管阻力增加、血小板聚集力增高、血清胆固醇平均浓度增高,心脏收缩压升高,会慢慢地引发高血压和冠心病。

人的性格与心理健康有着密切的关系,这已经得到世界上许多人的注意和重视。性格是心理因素中最本质的东西,因此它制约着人的一切心理活动,尤其是情绪反应活动。性格急躁、争强好胜的人,一旦遇到不顺心的事,就比别人的情绪反应强烈,更易陷入焦虑、愤怒和仇恨的情绪状态之中,这无疑会成为致病因素。因此,克服不良性格对增进心理健康有重要意义。不良性格的主要表现有:

一、苛求完美

苛求完美是指大学生对自己持过高的要求,期望自己完美无缺,却不顾自己的实际状况,对自己"不完美"的地方过分看重,总对自己不满意,严重地影响自己的情绪和自信。

发展心理学的研究表明,青春期是人认识自我并急于肯定自我的人生阶段,而自己的外部形象更是他们进行自我评价的重要方面,他们觉得自己的外貌几乎就是自我的全部象征,直接关系着自己在同龄人中的地位与尊严。于是,他们开始"吹毛求疵"地研究起自己的外貌。

案例

小何是一名大二男生,他发短信来咨询,却又说不出自己典型的心理问题,只是觉得烦躁不安,觉得自己这也不是,那也不是。照镜子看自己觉得眼睛过小,而嘴巴又太大,走路背有点驼,耳后有个疤痕,说话方言重,和朋友聊天也觉得自己不会说话。他说:"父母把不良的基因遗传给了我,多数人在心里肯定讨厌我。"

每个人都不可能完美无缺,只有从内心接受自己、喜欢自己、欣赏自己,坦然地展示真实的自己,才能拥有成功快乐的人生。期待别人完美是不现实的,期待自己完美则是愚蠢的。完美主义性格的调整可以从以下几个方面入手:

第一,适当放宽对自己的要求。人无完人,正是因为那些不完美,才让人有不断向完美挑战的动力。珍视自己,认清我们的身体与生命是世界上独一无二的,剔除不必要的烦忧,给自己一个快乐的空间。

第二,接纳自己的不完美。人生总有缺陷,当你凡事苛求时,可能只会让自己因沉重的心理负担而不快乐。

第三,目标合理恰当,符合自己的实际。有一些大学生渴望在大学期间把所有的证书都拿到,既想各门课都获得高分,又想在各种活动中表现出众,还要有浪漫的爱情,于是做了完美的计划,可是忙忙碌碌了几年,到最后却一事无成。究其原因就在于他们做事非要等到所有的情况都完美时,才肯动手去做,然而没有一件事情是绝对完美的。所以,这些人也只有在等待完美中耗尽他们永远无法完美的一生。

二、过度依赖

案例

小孙已是大三的学生了,可是总给人独立不起来的感觉。在日常生活中,小孙总是缺乏自信心,即使自己有能力做,也事事依赖他人的帮助。小孙缺乏判断力,遇事总是优柔寡断,事事依靠别人替自己拿主意。

依赖型人格的特征为:①在没有从他人那里得到大量的建议和保证之前,对日常事务不能做出决定;②让别人为自己做大多数的重要决定,如该在何处生活、该选择什么职业等;③因为害怕遭人遗弃,明知他人错了,也随声附和;④很难单独开展计划或做事;⑤为讨好别人甘愿做自己不愿做的事;⑥独处时有不适和无助感,或竭尽全力以逃避孤独,当亲密的关系中止时感到无助或崩溃;⑦经常被遭人遗弃的幻觉所折磨;⑧很容易因遭到批评或未得到赞许而受到伤害。只要符合上述特征之中的五项,即属于依赖型人格。

依赖型人格的人对亲近与归属有过分的渴求,这种渴求是强迫的、盲目的、非理性的,与真实的感情无关。依赖型人格的人宁愿放弃自己的个人趣味、人生观,只要能找到一座靠山,时刻得到别人对他的温情就心满意足了。依赖型人格者的这种处世方式使得他越来越懒惰、脆弱,缺乏自主性和创造性。由于处处委曲求全,他会产生越来越多的压抑感。依赖型人格的自我疗法有:

微课:依赖型人格的自我疗法

(1)习惯纠正法。依赖型人格者的依赖行为已经成为一种习惯,他应做的第一步是清查自己的行为中有哪些事是习惯性地依赖别人去做的,有哪些事是自主决定的。将自主意识很强的事归纳在一起,如果你做了,则当作一件值得庆贺的事,以后遇到同类的情况应坚持做;如果你没有做,以后遇到同类情况则应要求自己去做。对自主意识中等而没有按自己意愿做的事,提出改进的想法,并在以后的行动中逐步实施这种想法。另一方面,将已经按照自己意愿做的事常态化。对自主意识较差的事,可以采取分级行动法,逐步强化,提高自主意识。

(2)重建自信法。如果只是简单地破除了依赖的习惯,而不从根本上找原因,那么依赖行为也可能复发,重建自信法便是从根本上对其予以解决的方法:

第一步,消除童年不良印迹。依赖型的人主要是缺乏自信,自我意识十分缺乏,这与童年期的不良教育在心中留下的自卑印迹有关。现在努力回忆童年时期父母、长辈、朋友对自己说过的具有不良影响的话。如：

——你真笨,什么也学不会。

——你这么懒,长大以后将一事无成。

——瞧你笨手笨脚的,让我来帮你做。

以上的这些话语我们都十分熟悉。你的依赖性就是在这些不良说法的影响下逐步形成的。父母对孩子的溺爱和禁锢使孩子缺乏独立性。假如你已经有较强的依赖性,则必须把上述话语仔细整理出来,然后一条一条加以认知改造。

第二步,重建勇气。你可以选择一些略带冒险性的事去做,每周一次。例如,独自一人到附近的风景点短途旅游；独自一人去参加一项娱乐活动,如卡拉OK、跳舞等。

当你决定独立地生活时,犯错误与失败是在所难免的,你绝不能一遭挫折即退避三舍,而应坚定信念走下去,路就在你自己的脚下。

三、过度自恋

案例

小赵是独生女,在日常生活中,小赵表现为过分地关心自己,以自我为中心,还喜欢自夸。小赵常幻想自己了不起、有才学、有美貌；期待别人的欣赏,总希望有人对自己特别关注；不能接受别人的建议和批评；以极端的眼光看人,不是把人说得很好,就是说得一无是处,很难理解别人的苦处和难处。

自恋型人格的基本特征如下:①对批评的反应是愤怒、羞愧或感到耻辱(不一定马上表露出来)；②喜欢支使别人,让别人为自己服务；③过分地自高自大,对自己的才华夸大其词,希望被人特别关注；④坚信自己关注的问题是世界上独有的,仅能被某些特殊的人物了解；⑤对无限的成功、权力、光荣、美丽或理想、爱情有非分的幻想；⑥认为自己应享受他人没有的特权,渴望持久的关注和赞美；⑦缺乏同情心；⑧有很强的嫉妒心。如果出现以上特征中的五项,便属于自恋型人格。

因为具有自恋型人格的人缺乏同情心,所以人际关系往往处理得很糟,因而容易产生孤独、抑郁的心情,加之不切实际的高目标,容易在各方面遭受失败,而其对失败的承受力又特别差,往往会形成恶性循环。

改变过度自恋的途径主要有：一是正确估价自己,认识到自己的社会责任,既不妄自菲薄也不夜郎自大,既不自我贬损也不自恋；二是树立正确的人生观与价值观,将自己与他人、自我与社会、个人利益和集体利益统筹考虑,从狭隘的小天地走出来；三是学会尊重自己和尊重他人,懂得换位思考,真诚待人。

四、过度虚荣

虚荣心普遍存在于每一个大学生身上,这是正常的,但是一旦过分,则会有害无益。虚荣心往往与自尊心、自卑感联系在一起,没有自尊心,就没有虚荣心,而没有自卑感,也就不必用虚荣心来表现自尊心。虚荣心是自尊心和自卑感的混合物。虚荣心强的大学生一般性格内向、情感脆弱、多愁善感,虽然自惭形秽却又害怕别人伤害侵犯,且常会千方百计地抬高自己的形象。他们捍卫的往往是虚假的、脆弱的、不健康的自我,以致无暇来丰富、壮大真实的自我。虚荣心强的人往往都不愿意脚踏实地地做事,而是经常利用撒谎、投机等不正常手段去沽名钓誉。他们在物质上讲排场、搞攀比,在社会上好出风头,在人格上又很自负、嫉妒心重,在学习上不刻苦。过度虚荣易形成边缘型人格障碍。

防止或改变过强的虚荣心,首先,要对其危害性有清醒的认识,有勇气、有决心改变自己;其次,应当努力认识自己,了解自己的长处和短处,扬长避短;再次,要树立自信和健康的荣誉心,正确表现自己,不卑不亢;最后,不为外界的议论所左右,正确对待个人得失。

五、狭隘心理

狭隘的人往往固执己见,听不进他人之言,习惯按照自己固有的框框、模式去批评、抱怨他人的言行,没有宽广的胸怀,好嫉妒,爱挑剔,遇事斤斤计较。狭隘的人方法单一,思路狭窄,态度、观点极端;在交往中容易伤害他人感情,使人际关系恶化;狭隘还给自己带来无端的烦恼,影响自己的情绪和在他人心目中的形象。矫正狭隘的不良性格,应注意以下几点:

第一,尝试改变以自我为中心的态度和思维模式,从他人的角度去看周围的世界,设身处地地去理解、体会他人的言行、态度。

第二,要善于悦纳自己不喜欢的事物,要培养宛如海洋、天空一样宽阔的胸怀,要意识到个人自身的渺小,这样才能胸怀坦荡。

第三,要博学广闻。一个学习努力、知识渊博、经历丰富的人就不会固守狭隘的偏见,就能高瞻远瞩,放眼看四方。

第四,在处理具体事务上要学会宽容,要学会以同情、博爱的态度来对待他人。

六、惰性

《颜氏家训》说:"天下事以难而废者十之一,而以惰性废者十之九。"惰性往往使许多大学生虚度时光、碌碌无为。惰性集中表现为拖拉,可以完成的事不去立即完成,今天推明天,明天推后天。结果,事情没做多少,青春年华却在无休止的拖拉中流逝殆尽了。当你有惰性时,会有如下表现:

(1)你打算做一件事,或最终答应别人去做一件事,然而你不是从心里愿意去做这件事,与此同时,有更吸引你的事,使你顾此失彼。

(2)你有明确的目的去做某件事,而且自知不应该延误这件事,并觉察到延误行为的不利或极少有妙处可言,可你仍然在拖延你已经决定要做的这件事。

(3)你由于延误了时间而怨恨自己,或为自己拖延时间找些借口,或改变初衷放弃原计划,另做一件事来弥补,或干脆将其束之高阁,不再问津。

(4)你继续一误再误,无休止地拖下去。

(5)你在最后一刻勉强完成了事情,或晚于时间完成,或由于功亏一篑而不得不放弃努力。

(6)以一次拖延的恶果为教训,你已决心下不为例,再不发生类似的现象。然而,时隔不久,当你碰上比较复杂的、难以对付的,尤其是短时间内不能做出决定或完成的事情时,你又"旧病复发"。

那么,如何战胜和超越惰性呢?

第一,要充分意识到惰性的危害性,这是战胜惰性的出发点。

第二,要找出惰性在自己身上的主要表现和产生的主要原因,下决心克服安逸享乐的思想,培养坚毅的品格。

第三,要学会根据自己的实际能力,科学地安排时间,制订切实可行的计划,言必信,行必果。在学习和工作中要时刻提醒自己讲效率。

第四,今日事,今日毕。要有意识地敦促自己将可以立即完成的事做完,这样就会有如释重负的欣喜感和成就感,就会满怀信心地去做下面的事。如此训练,就会逐步动摇惰性存在的基础。

七、怯懦

案例

> 刚入大学的小贾在接受咨询时说:"我害怕在公众场合讲话,害怕回答问题,害怕同陌生人交往。其实我的内心有许多的想法,我也想同身边的人交往,但我做不到。我出生在农民家庭,从记事的时候起,就在父亲的拳脚底下长大。我很怕父亲打我,从不敢惹是生非,经常受人欺负。五六岁时,有一次跟小伙伴玩玩具手枪,不知怎么搞的,那玩具手枪丢了,小伙伴咬定是我偷的,并逼我交出来。其实并不是我偷的,看看自己又瘦又小的身体,再看看小伙伴凶神恶煞的模样,我很胆怯,只好从家里拿来自己的玩具手枪给了别人。在小学、中学我都受人欺负,他们叫我干什么我就干什么,因此别人叫我'胆小鬼'和'受气包'。有一次,上课时想上厕所,但不敢请示,最后竟尿湿了裤子。"

怯懦的人在生活中常以"老好人"的面目出现。怯懦者害怕面对冲突,害怕别人不高兴,害怕伤害别人,害怕丢面子……总之,由于"怕",他们总是委曲求全,习惯于通过忍气吞声来求得相安无事。但实际上,这种个性往往给个人交往带来诸多不利。过多的退让纵容了别人不适宜的行为和态度,让对方不把当事者放在眼里。另一方面,当事者在做出过多退让后,往往会产生一种自我挫败感,导致自我评价和自信心下降,不利于个性发展。要克服怯懦个性,必须做到:

首先,要从观念上强化自己作为人的权利和尊严。有时我们需要做出适时的、有分寸的忍让和妥协,但这要有一个限度,否则便会物极必反。当平等、尊重的权利受到侵害时,每一个人都应进行有理、有利、有节的反抗。这样做或许会引起对方的不满、敌意或冲突,但从长远来看有利于完善他人和自己的个性。

其次,在行动上改变自己,增强自信。以下几点建议可供参考:遇见他人,迎着对方走过去,不要总是躲避;身体站直,挺起胸膛与对方讲话,这样会使自我感觉良好,对方也会对你刮目相看;与人讲话时盯住对方的眼睛,如果开始时不易做到,可以盯着对方的鼻梁,总之不能低着头;讲话时声音要清晰,不要吞吞吐吐,事先演练是加强效果的好办法;学会保持适当沉默,不要急不可待,这样可有更多的时间思考,稳定情绪;一些谦逊的词语,如"我不行""对不起"会助长对方的自负态度,应注意尽量少用;学会说"不",对自己不喜欢做的事,如果别人提出要求,要勇于拒绝。

八、急躁

急躁主要表现为冒失、莽撞、不稳健,遇事不冷静,做事急于求成,解决问题不深入细致,只是走马观花、浮光掠影,做事往往半途而废。急躁者大多缺乏耐心、细致、严谨、恒心和毅力,因而可能给学习、生活、交往带来不少麻烦。他们往往成事不足败事有余,甚至祸及他人。要克服急躁的性格,必须注意以下几点:

第一,遇事三思而后行。在做出行动之前要深思、耐心地从多个角度考虑,多问几个为什么,不要急于行动。

第二,培养耐心、稳健的作风。在实践活动中有意识地锻炼自己,做事一步一个脚印,稳步前进,否则欲速则不达,甚至还会前功尽弃。

第三,从容不迫、锲而不舍。为了克服急躁性格,必须在学习、生活中同自己急躁的行为进行抗争,培养自制力和恒心。

九、偏执

案例

小王是某职业技术学院旅游管理专业一年级的学生,平时喜好争辩,并且喜欢夸大困难。他总是神经紧张,很难放松,对别人指手画脚,一旦遭到他人批评,立即想方设法加以反击。他平常对人总是绷着脸,一副冷冰冰的样子,没有幽默感。他偶尔能给人一种强健、雄心勃勃和有能力的印象,但更多的时候则表现为敌意、猜疑、固执和防御。他经常害怕失去自主性,害怕事情会不按他的想法进行。除非是绝对信任,否则通常回避亲密关系。除非自己领导、组织别人,否则他经常不参加集体活动,处处表现出以自我为中心和自我的强大。他对机械、电子、自动化感兴趣,对艺术或美学则不感兴趣。他对每个人的权力、地位都十分了解,对超过自己的人嫉妒万分,对才能不如自己的人的蔑视之情溢于言表。

偏执型人格的基本特征如下:①没有充分依据时,便预期自己会遭人伤害和摧残;②未经证实便怀疑朋友或同学的忠诚和诚实;③从温和的评论和普通的事件中冒出羞辱和威胁的意向;④对嘲笑与羞辱绝不宽恕;⑤不愿信任别人,无端害怕别人会利用他的信任来反击他;⑥很容易感到自己受轻视,并且立即报以恶意与反击;⑦未经证实,便怀疑恋人或配偶的忠实。以上七点特征只要满足了其中四点,便可判断为偏执型人格。

偏执型人格的调节方法如下:

(1)认知调节法。具有偏执型人格的人喜欢走极端,这与其头脑里的非理性观念相关联,因此,要改变偏执行为,首先必须分析自己的非理性观念。如:

——我不能容忍别人一丝一毫的不忠。

——世界上没有好人,我只相信自己。

——对别人的攻击,我必须立即给予强烈反击,我要让对方知道我比他更强。

——我不能表现出温柔,这会给人一种不强健的感觉。

我们来对这些观念进行改造,除去其中极其偏激的成分,如:

——我不是说一不二的君王,别人偶尔的不忠应该原谅。

——世界上好人和坏人都存在,我应该相信那些好人。

——对别人的攻击,马上反击未必是上策,我必须首先辨清是否真的受到了攻击。

——我不敢表示自己真实的情感,这本身就是虚弱的表现。

每当你产生偏执的观念时,就把改造过的合理化观念默念一遍,以阻止自己的偏激行为。有时会不知不觉地表现出偏执行为,事后应分析当时的想法,找出当时的非理性观念,然后加以改造,以防下次再犯。

(2)行为禁止法。在行动上,你可以采用行为禁止法。例如,当对某一件事你忍无可忍,即将要发作时,你对自己默念如下指令:"我必须克制自己的反击行为,我至少要忍10分钟。我的反击行为是过分的,在这10分钟内,让我分析一下有什么非理性的观念在作怪……"采用这种方法后,不久你就会发现,每次遇到令你以为怒不可遏的事,只要忍上几分钟,用理性观念加以分析,怒气便随之消减。不少你认定对你极具威胁的事,在忍上几分钟后,你会发现灾难并未降临,自己只不过是在捕风捉影罢了。

十、表演型性格

案例

小李具有浓厚而强烈的情绪反应和自吹自擂、装腔作势的行为特点,表现为:喜欢引起他人的注意和关心,爱虚荣;总是希望有事情发生;常把自己的感觉和情感加以夸张,从而加深他人对自己的印象;善变,爱挑逗;要求他人多,内心真情少;喜欢以自我为中心;依赖性较强,常需要别人的保护和支持;有时也善于玩弄点手段或威胁他人。他有时颇像"人来疯"的小孩,总是想引起人们的注意和赞许,甚至不惜使出种种的花招。他并不总是让人讨厌的,有时也挺讨人喜欢,但因为他情绪多变、不真实,所以博取的只能是他人的一时之悦。

表演型性格的判断标准如下:①持续地寻求或要求安慰、赞同或表扬;②在外表和行为上有不适当的挑逗性;③对身体吸引力过分关注;④用不恰当的夸张来表达情绪;⑤当自己不是他人的注意中心时,便感到不舒服;⑥情绪变化很快且狭隘;⑦以自我为中心,所作所为追求当即的满足,对稍迟的赞许和遇到的挫折无法忍受;⑧言语过分印象化,缺乏具体描述。以上特征只要具备其中四项即属于表演型性格。

表演型性格的自我疗法如下:

(1)情绪调整法。具有表演型性格的人情绪表达太过分,旁人常无法接受。若要改变这种情况,首先要做的便是向你的亲朋好友做一番调查,听听他们对你的看法。例如:

——对并不十分好笑的事哈哈大笑。

——对一件小事故作惊诧。

——动不动就泪流满面以表达你的激动。

对他人的看法,你应完全接受,然后仔细想想自己的上述情绪表现哪些是有意识的,哪些是无意识的;哪些是别人喜欢的,哪些是别人讨厌的。对别人讨厌的要坚决改正,而别人喜欢的则力求适中;对无意识的表现,你将其写下来,放在醒目处,不时自我提醒一下,或在事后请好友对自己今天的表现做一个评价,从中体会自己情绪表达的过火之处。只要在每一次过分的情绪表露之后进行反省,以后就会达到越来越自然的程度。

(2)认知改造法。仅对情绪进行调节而不解决认知上的问题,表演型性格还是不容易被彻底改变。艾利斯的理性情绪疗法指出,每一种不良情绪中都包含不良的认知观念。因此,用认知疗法认识、改造不良情绪的表现是必须做的工作,如冷静地分析一下自己在每一次做

97

夸张情绪表现时的不良观念。例如,情绪:因一件小事的不顺而勃然大怒。认知:我不能容忍一丝一毫的失败。

对于这类不良观念,必须合理地加以改造。在进行改造时,你可以向同学或朋友请教,然后达成合理的认知。例如,认知:失败是难免的,我应及时吸取教训;再说失败是成功之母,小事不顺并不是件坏事。情绪:对小事上的不顺叹口气就够了。

在进行了以上认知改造以后,应将认知改造的结果付诸现实,并经常进行自我反省。

第三节 人格魅力之诚信

一、诚信的含义

诚信即诚实,守信用。从人格心理学的角度来说,诚实是指对自己和他人真心实意、真挚诚恳。即在一般情形下,能以"真正的自我"出现,没有保卫式的伪装,不戴面具,不把真实的自我隐藏在某一角色的后面,而是以真实的自我投入到工作和生活中;可以开放地、自由地表达自我,能做到心口一致、言行一致、内外一致;对人对事表现出更多的接纳和包容,更少的苛求、指责、防御或攻击。从社会心理学的视角来看,守信表现为:重信誉、讲信用;彼此信守承诺、相互信赖;人与人相处会有更多的安全感、轻松感、亲近感、归属感,更少的紧张、焦虑、担忧、隔阂、猜忌、伪装和戒备。"诚"是"信"的根基,"信"是"诚"的外在体现;真诚是相互信任的充分必要条件,守信又是诚实相交的保证;真诚是一个人良好品德的底线,守信是人与人之间良好关系的底线。诚信是我们每个人都渴求的个人修为和人际环境,是维系内在与外在和谐的基石。

二、诚信的意义

(一)诚信是大学生的基本素质要求

诚实品质是对人的最基本的要求和规范。是否具备诚实品质,已经成为道德社会化是否完成的标志之一,成为衡量一个社会成员在道德上是否合格的最基本标准。

守信是遵守自己的诺言,实践自己的诺言。言必信、行必果是中国传统道德中的精华,守信是最基本的道德要求。我国传统文化中非常重视"信",把"信"作为立人之本、立政之基,人无信不立、政无信不立。

诚实守信既是一种道德品质和道德观念,更是每一个公民的道德责任。"厚德明法,格物致公",作为21世纪的大学生,我们应该具备讲信用、守诺言的优秀品质,因此,诚实守信是大学生个人道德品质修养的标准之一,是立身处世的基本原则之一。

(二)诚信是社会交往的基本准则

"与朋友交,言而有信。"曾子也把"与朋友交而不信乎"作为每日三省之一。强调在交朋友时,突出一个"信"字,这也确实抓住了交友关键之所在。因为朋友是建立在平等关系基础上的,没有等级尊卑的从属关系,没有强制的权利与义务的限制,只是因共同的兴趣、爱好、志向、理想才互相接近的,以诚信作为其沟通的桥梁。以"信"交友推而广之,人与人之间也应以信为本。"与国人交,止于信。""以信接人,天下信之;不以信接人,妻子疑之。""君臣有义矣,不诚则不能相临;父子有礼矣,不诚则疏;夫妇有恩矣,不诚则离。"可见"诚信"是人与人相处的基本原则。

(三)诚信是事业得以成功的保证

正如二程(程颢、程颐)所说的:"学者不可以不诚,不诚无以为善,不诚无以为君子。修学不以诚则学杂,为事不以诚则事败。""诚无不动者,修身则身正,治事则事理,临人则人化,无往而不得。"这是因为,只有出于诚,才能激起巨大的兴趣、激情,充分发挥自身的潜能,才能有不达目的决不罢休之毅力。正如曾国藩所说的"有至诚之心,则天下无不可为之事矣",只有讲求诚信才能使自己的事业得以成功。前北京大学校长许智宏在"信用中国论坛"上对大学生们讲:"作为大学生,应该明确,在市场经济中,人格信誉是自身最宝贵的无形资产,是每个人的立身之本。"

案例

有家公司要在三名主管之中选拔一人担任财务部经理。这三位人选当中,论学历、工龄和才能,都不分伯仲,这令总经理一时难以定夺。

对三人进行的业务考核,他们的答卷都相差无几,这更使总经理难以取舍。

在征求了几位副总的意见之后,决定对三人进行一次测试。发薪日到了,这三名主管去领工资,当他们发现自己的工资袋里的钞票比上月多出了一张百元大钞时,其中两人暗暗欢喜,另一位却回到了财务部,向财会人员汇报了情况,并退回了那一百元。很快,财务部经理的人选就尘埃落定了。

而经理的月薪比主管的月薪足足多出1 000元。

三、提高大学生诚信的途径

(一)营造良好的社会诚信环境

构建社会主义和谐社会,首先是要建立诚信社会,"营造'重诚守信'的社会道德氛围,构建赏罚分明的社会信用体系,优化社会诚信大环境,从而引导大学生讲诚守信"。因此,要在全社会范围内大力宣传诚信道德,褒奖诚信者,谴责失信者,形成强大的舆论氛围,在全社会树立起"诚信为本,操守为重"的良好风尚,推进以诚信为核心的道德体系建设。只有这样,才能为大学生提高诚信意识构建一个良好的大环境。

(二)完善当代高校大学生诚信教育体系

高校承担着大学生主要的诚信教育任务,完善高校大学生诚信教育体系对加强大学生诚信教育至关重要,主要应包括诚信制度建设、师德师风建设、校园文化建设三个方面。

1. 加强大学生诚信制度建设

大学生诚信制度建设要符合国家有关法律的规定,遵循合法性原则。大学生诚信制度建设必须在《中华人民共和国高等教育法》《高等学校学生行为准则》等的框架内、在法律的约束内进行。制度体系建设要充分体现大学生的生活,制度本身应源于大学生的生活实践,与大学生的生活相对应;要尊重大学生的需要、愿望和心理特点,使大学生乐于接受、乐于实践,赢得大学生的真心支持,最终有助于大学生的成长成才。

2. 重视学校师德师风建设

"师者,人之模范也。"作为教师,不但要遵守普遍的道德规则,还要具有高度的社会责任感,无论社会发生什么变化,都要把教人诚信作为己任,如果每一位教师都注重自身修养而品德高尚、德行昭彰,那么大学生定将深受其益。高校应当对师德建设的重要性和紧迫性有充分的认识,把师德建设当作工作的头等大事来抓,要求教师履行为人师表、教书育人的义务,学校分阶段对教师进行师德考评;引导教师个人不断学习,积极改造主观世界,加强自身修养,用良好的道德形象取信于学生,用高尚的人格感染学生。

3. 推进校园文化建设

校园舆论环境是对大学生产生较大影响的言论氛围等因素的综合,它反映的是大多数人的共同意见。校园舆论环境应引导大学生进行正确的诚信道德行为选择,并对大学生的行为进行评价,起到监督的作用。因此,扎实推进校园文化建设,大力宣传和提倡诚实守信,让大学生知道应该怎么做,知道什么是对的,什么是错的,从而自觉地用舆论所认可的道德规范要求自己。因此,要把握正确的舆论方向,坚持主旋律,宣传诚实守信,积极营造大学生诚信舆论环境。

营造大学生诚信舆论环境要采取灵活多样的方法。随着科学技术广泛应用,传播的媒介、载体形式日益多样化,传统的媒介如校园广播、宣传橱窗、报刊、条幅、标语等应继续沿用,新的载体如网络、手机的开发利用也应加快;也可以邀请已步入社会的优秀校友回学校,结合自身经历做报告,让同学们通过真实的例子认识到诚信对于每个人社会生活的重要性。

(三)净化家庭诚信教育环境

1. 家长要提高自身的诚信道德素质

父母要努力提高自身的诚信道德素养,做好孩子诚信的表率,给孩子创造一个温暖健康、积极向上的成长环境,最终会收到"随风潜入夜,润物细无声"的良好效果。

2. 家长要树立正确的家庭教育观

家长要树立正确的教育观,重视孩子的做人教育,采取一些行之有效且符合孩子心理特点的方式方法,从小对孩子在日常行为中的不诚信行为加以规范和矫正,这对孩子诚信品格的养成具有重要意义。

3. 家长要重视同学校的交流与沟通

苏霍姆林斯基十分重视学校对家庭教育的指导,他多次指出:"教育的效果取决于学校和家庭的教育影响的一致性。"对于大学生失信的预防与治理,家长要与学校、老师建立沟通渠道,加强联系,互相配合,使学校教育与家庭教育保持高度的一致性,让每个家庭都成为"培育学生诚信品德的温床"。

团体心理拓展活动

活动目标: 通过"盲人"与"拐杖"角色的互换,考查和展示信任、合作、责任等方面的人际关系的基本品质。

活动场地与道具：有些自然障碍物的树林或室内人为设置有障碍的地方。注意障碍物的选择或设置必须考虑安全风险。

活动过程：在一次严重的事故中，有一群朋友丧失了视力，成了盲人。他们很年轻，希望继续生活下去。他们需要"拐杖"来帮助他们通过一段充满荆棘的路途。

1. 所有成员围成一圈，按照"1""2"报数。所有"1"号和"2"号各自围成里外两个圈。发眼罩给"1"号戴上，所有"1"号戴好眼罩后，指导老师喊口令"1号开始原地转圈"，"1"号开始转圈直至指导师喊"停"为止。此时，"1"号与"2"号皆不能说话。让"2"号给"1"号做拐杖，提醒"2"号在引导过程中只能用非语言沟通的方式"暗示"或"提醒""1"号共同完成规定的路线。

2. "盲人"与"拐杖"互换角色走规定的路线到达目的地。

3. 摘除眼罩后，"盲人"与"拐杖"进行互致感谢仪式：握手、拥抱、言谢等。

活动规则：

1. "盲人"不能偷摘眼罩，如有违规，清退出场。

2. 整个活动过程中，"盲人"与"拐杖"不得用语言提示。

活动讨论：

1. "盲人"与"拐杖"角色的心理体验。

2. 心理活动的变化历程。

3. 联系自己生活中的"盲人"与"拐杖"，谈谈充当信任与被信任角色的感受。

（资料来源：樊富珉.团体心理咨询.北京：高等教育出版社，2005.）

心理测试

诚信度测试题

一、受测者身边人群的诚信状况

1. 在我身边背叛感情的人和事太多。（　　）

   A. 非常同意　　　B. 比较同意　　　C. 一般　　　D. 比较不同意

   E. 非常不同意

2. 我在玩牌或麻将时，我的牌友中喜欢做小动作的人很多。（　　）

   A. 非常同意　　　B. 比较同意　　　C. 一般　　　D. 比较不同意

   E. 非常不同意

3. 也许我太善良，我上的当要比别人多一些。（　　）

   A. 非常同意　　　B. 比较同意　　　C. 一般　　　D. 比较不同意

   E. 非常不同意

二、受测者对社会奖罚机制的看法
1.现实生活中老实人总是吃亏。（　　）
　　A.非常同意　　　　B.比较同意　　　　C.一般　　　　D.比较不同意
　　E.非常不正确
2.社会上很多不法分子逍遥法外。（　　）
　　A.非常正确　　　　B.比较正确　　　　C.一般　　　　D.比较不正确
　　E.非常不正确
3.溜须拍马虽然是不对的,但却有很多人因此受益。（　　）
　　A.非常正确　　　　B.比较正确　　　　C.一般　　　　D.比较不正确
　　E.非常不正确

三、受测者对社会主流行为是否诚信的看法
1.我发现大多数人认为"马无夜草不肥,人无横财不富"。（　　）
　　A.非常同意　　　　B.比较同意　　　　C.一般　　　　D.比较不同意
　　E.非常不同意
2.我的熟人中被他人骗的事较多。（　　）
　　A.非常同意　　　　B.比较同意　　　　C.一般　　　　D.比较不同意
　　E.非常不同意
3.我认为大多数人都或多或少有违背道德的隐私,只不过他们不说而已。（　　）
　　A.非常同意　　　　B.比较同意　　　　C.一般　　　　D.比较不同意
　　E.非常不同意

四、受测者的人性观
1.我认为大多数人在不受惩罚的前提下,都会干损人利己的事。（　　）
　　A.非常同意　　　　B.比较同意　　　　C.一般　　　　D.比较不同意
　　E.非常不同意
2.有人说人类存在自私基因,你估计相信的人会非常多吗？
　　A.非常多　　　　　B.比较多　　　　　C.一般　　　　D.比较少
　　E.非常少
3.我认为大多数人是十分容易受诱惑的。（　　）
　　A.非常同意　　　　B.比较同意　　　　C.一般　　　　D.比较不同意
　　E.非常不同意

五、受测者的面子观
1."人活一口气,树活一张皮",我对这个问题的认识是（　　）
　　A.非常同意　　　　B.比较同意　　　　C.一般　　　　D.比较不同意
　　E.非常不同意
2.我认为名牌或高质地的服装对提升一个人的形象和身份（　　）
　　A.非常重要　　　　B.比较重要　　　　C.一般　　　　D.不太重要
　　E.毫不重要

3.如果我家很小,如带客人来家里,我会感到有伤自尊。(　　)
A.非常同意　　B.比较同意　　　　C.一般　　　　D.比较不同意
E.非常不同意

六、受测者的胆量
1.周围的人认为我很谨慎。(　　)
A.非常同意　　B.比较同意　　　　C.一般　　　　D.比较不同意
E.非常不同意
2.对投机性盈利活动我的态度是。(　　)
A.非常不喜欢　B.不太喜欢　　　　C.一般　　　　D.比较喜欢
E.非常喜欢
3.独自一人到一个陌生的、没有熟人的小县城,在深夜12点坐出租车时我会感到。(　　)
A.非常紧张　　B.有点紧张　　　　C.一般　　　　D.不太紧张
E.毫不紧张

结果分析

一、受测者身边人群的诚信状况
(A:1分　　B:2分　　C:3分　　D:4分　　E:5分)
分数越低,表明身边骗子越多。
一般而言,假定受测者身边人群的骗子较多,那么受测者本人不诚信的可能性也大。所谓"近朱者赤,近墨者黑",就是这个道理。

二、受测者对社会奖罚机制的看法
(A:1分　　B:2分　　C:3分　　D:4分　　E:5分)
分数越低,对奖罚机制越不认同。
假如受测者认为在这个社会环境中不诚信能得到好处,诚信要倒霉,那么他本人不诚信的可能性也大。

三、受测者对社会主流行为是否诚信的看法
(A:1分　　B:2分　　C:3分　　D:4分　　E:5分)
分数低认为大多数人是不诚信的,分数高认为大部分人都是诚信的。
假如受测者认为社会大多数人是不诚信的,那么受从众心理的影响,受测者本人不诚信的可能性也大。

四、受测者的人性观
(A:1分　　B:2分　　C:3分　　D:4分　　E:5分)
分数越低表明人性观偏向性恶论。
假定受测者本人的人性观是性恶论,那么其不诚信的可能性大。反之,受测者的人性观是性善论,那么其诚信的可能性大。

五、受测者的面子观
(A:5分　　B:4分　　C:3分　　D:2分　　E:1分)
分数低表明不太爱面子,分数高表明较爱面子。
样本研究显示:面子观较强的人,较易守信用。面子观较弱的人,他在撕毁诺言时内疚心理较轻。所以,面子观较弱的人,更易倾向于不诚信。面子观的核心内容之一是对名誉及名声的向往程度。

六、受测者的胆量

(A:5分　　B:4分　　C:3分　　D:2分　　E:1分)

分数越低表明胆子越大,分数越高代表胆子越小。

样本研究显示:胆小的人更易守信用,胆大的人更易打破规则。所谓胆大妄为就是这个道理。

(资料来源:黎光明.心理测量.北京:清华大学出版社,2019.)

心理知识

守信与失信的心理分析

一、精神动力学的分析

心理防御机制是用来应对个人与环境,本我、自我与超我之间冲突的,具有减缓焦虑、保护自己心理免受伤害的作用。在常见的十几种防御方式中,至少有否认、合理化、投射、转移、酸葡萄或甜柠檬心理、仿同、幻想等防御方式表现出失实、掩饰、压抑、逃避的特点,过多使用这些方式会导致不能真实地对待自己、他人和事物,与失信有密切关系。

二、认知取向的分析

行为反应并非取决于外界刺激,而是决定于个体的信念。班杜拉认为,"认知功能是引起人的行为的决定因素";同样的刺激,不同人的情绪和行为反应可能截然不同;埃利斯的合理情绪行为疗法:在环境刺激或诱发事件(A)和情绪、行为反应(C)之间皆有信念或信念系统(B)。人既是理性的也是非理性的,天生具有歪曲事实的倾向;造成问题的不是事件本身,而是人们对事件的判断和解释;人也能够接受理性,改变自己的不合理思考和自我挫败行为。诱发负面情绪和不适应行为的事件本身无法改变,调试情绪和行为的关键是改变不合理的观念,代之以合理观念。

不合理观念主要有三个特征:绝对化、以偏概全和糟糕至极。例如:

"每个人都必须绝对诚实。"

"别人对我诚恳,我才可以诚恳待人。"

"我曾经被人骗过,所以我不敢相信任何人。"

当我们不能坚守诚信时,不能简单地归因于客观环境,每个人都是自己情绪和行为的主人。一个学生考场作弊,后来辩解说:"考场上很多人作弊老师都不管,我不作弊会吃亏的。"这是把自己行为的操控权交给了他人。

三、行为取向的分析

行为学派着重研究后天环境对个体行为的塑造。个体的行为塑造有直接和间接两种基本途径。直接途径是对个体恰当地使用强化、消退、惩罚等手段,塑造出所希望的行为,消除不愿看到的行为。间接途径是个体通过观察他人的行为及其行为后果是受到奖赏还是惩罚来习得相应的行为,这是"替代强化"。

奖赏守信和严惩失信行为,不仅可以对个人的品行有强化或戒断的作用,而且可以匡正社会风气。我们对身边的失信行为默许、处之淡然、放任,实际上是起到助长的作用。

(资料来源:桂亚莉.大学生诚信心理初步研究.硕士学位论文,西南师范大学,2004.)

第四节 健康人格的培养

一、健康人格的模式

尽管不同心理学家对心理健康的标准描述不尽相同,但人格完整是心理健康共同认可的标准。因为人格是人的各种心理特点的总和,健康人格不仅是心理健康的重要指标之一,也是心理健康的重要资源。

(一)奥尔波特的"成熟者"模式

美国著名人格心理学家奥尔波特在哈佛大学长期研究高心理健康水平的人,称他们为"成熟者",并归纳出成熟者身上的七个特征。

第一,自我扩展能力。健康成熟的人会参加超越他们自己的各种不同的活动,他们不仅关心自己的福利,也关心他人的福利。一个人越是专注于各种活动,专注于人或思想,他的心理就越健康。

第二,与他人热情交往的能力。奥尔波特把热情分为爱和同情。健康成熟的人能够与他人保持亲密关系,而不侵犯他人的隐私和权利,也不抱怨、指责和讽刺他人。这种人富有同情心。他们能容忍自己与他人在价值和信仰上的差异。

第三,有安全感和自我接纳能力。健康成熟的人不冲动行事,不把自己的过错归咎于他人,有积极的自我意象,能经得起一切不幸的遭遇。

第四,能够准确地、客观地知觉现实和接受现实。健康成熟的人能有效地运用生活上所必需的知识和技能,忘我地进行工作。这种人是以问题为中心的,而不是以自我为中心的。

第五,能够客观地看待自己。健康成熟的人能够客观地了解自己,能洞察自己的能力与不足。与这种洞察力相关的是幽默感。他们能看出生活中的荒唐但不为其吓倒,他们能够以自己的过错来取乐而不以伪装来欺骗。

第六,专注地投入工作。健康成熟的人具备一定的生产技能和工作能力,能全心全意地投入工作,高水平地胜任工作。

第七,统一的人生哲学。奥尔波特认为,健康成熟的人生是"遵照和沿着某个或几个经过选择的目标前进。每个人都有一些为之而奋斗的、很特殊的东西,都有一种主要的意向"。

(二)自我实现者模式

美国心理学家马斯洛认为,具有最健康人格的人是自我实现的人。自我实现就是个人

的潜能得以实现,所有的能力得到了运用。马斯洛从自我实现者身上归纳出15个特点:

1. 准确和充分地认知现实。
2. 悦纳自己、他人和周围世界。
3. 自然地表达自己的情绪和思想。
4. 超越以自我为中心,而以问题为中心。
5. 具有超然独立的性格。
6. 对自然条件和文化环境具有相对自主性。
7. 具有高品位的鉴赏力。
8. 常有高峰体验。
9. 具有真切的社会感情。
10. 具有深厚的人际关系。
11. 具有民主风范,尊重他人意见。
12. 具有强烈的道德及伦理观念。
13. 具有哲理气质及高度幽默感。
14. 具有创造力,不墨守成规。
15. 对现代文化具有批判精神。

二、健康人格的培养目标

国内外学者就健康人格的培养目标提出了各种建议,这里我们综合各种观点,结合大学生的特点提出以下培养目标:

第一,思路开阔,头脑开放,尊重并愿意考虑各方面的不同意见,富有创造性。

第二,准备并乐于接受新的生活体验、新的思想观念、新的行为方式,欣赏新鲜的东西。

第三,客观而公正地认识现实及他人,并能积极、肯定地看待自我、他人、自然与社会,并与之建立和谐而愉快的关系。

第四,言行坦诚、率直。

第五,注重现在与未来,守时惜时,有很强的时间观念,办事讲效率。

第六,富有自主性,具有独立于文化背景和环境之外的意志力,坚信依靠自己的知识和能力可以获得成功和发展。

第七,尊重他人,待人真诚。与朋友有较深厚的感情,能赢得他人的信任。

第八,具有民主的作风,对他人的态度不因教育程度、经济地位等特征而变化,尊重他人的信仰、态度、观念。

第九,具有理性感和幽默感,有广阔的胸怀和宽容心、同情心。

第十,具有坚强的意志,能为自己的目标而合理地调节、控制自己的行为。

以上目标可供参考,它不是唯一或标准的模式,大学生应根据自身的特点和发展需要灵活掌握,促使自己的个性更加完善。

三、健康人格的培养方式

古人云:"人格之道,当治于心。"健康的人格使人格结构中各个要素得到协调、充分的发展,能有效地适应社会的变化。人格教育是大学教育中的重中之重。哈佛大学的教学目的就是帮助学生养成健全的人格。

大学生健全人格是人体协调发展的重要指标，人格教育是全面发展教育的重要组成部分。

大学生健全人格主要通过心理健康教育课程与自我教育相结合的途径实现。对大学生来说，自我教育是培养健康人格的主体因素，健康人格的培养要注意以下几个方面。

(一)坚持体育锻炼，培养健康的体质

人格发展的过程是体质、心理因素和智力因素协同作用、相互促进的过程，健康的体质是人格健全发展的物质基础。一个体弱多病的人是难以发展健全人格的，拖拉、懒惰、急躁、怯懦等人格发展缺陷与不坚持体育锻炼明显有关。

(二)具有客观的自我认知，及时调整人格发展的方向

优化人格的前提是对自我有个客观准确的认知定位。随着年龄的增长，大学生的心理发展不断成熟，构成人格的各种心理品质也逐渐由最初的互不相关，发展到和谐统一的状态。在这个过程中，大学生要对自我心理发展的积极元素进行选择，如自信、勇敢、坚毅、善良等，以达到健全人格的目的；对于人格的弱点，如自负、胆怯、任性、以自我为中心等，要予以纠正。

(三)有效学习，提升大学生的成就感

荣格有句名言："文化的最后成果是人格。"培根也有句名言："知识就是力量。"学习科学文化知识，增长智慧的过程也是优化人格的过程。然而，大学生人格发展中遇到的问题往往源于他们在学业上没有成就感。

(四)合理规划自己的时间，养成良好的行为习惯

大学生养成良好的行为习惯需要从小事做起。制订合理的计划，并持之以恒，磨炼自己的意志，为良好的人格发展构建深厚的基础。

(五)建立良好的人际关系，融入社会环境

人格是在行为中表现的，健全的人格也只有在与人交往中才能体现出来。塑造健全人格，必须发展良好的人际关系，要尊重社会习俗，关心他人的需要，真诚地赞美，多与他人沟通意见，保持自尊和独立等。

(六)积极参与集体活动，在实践中成长

个性的培养不是封闭的自我设计，需要跳出"自我"的狭小天地，走向丰富多彩、生机勃勃的集体，在交往和活动中完善自我。大学生在学习之余应该有意识地积极参加各种集体活动、社团活动，主动和同学、老师交往，使自己融入集体之中。

目前，大学生的集体活动主要有两类，一类是班级活动，一类是社团活动。班级活动对于培养组织纪律观念、关心他人、团结协作精神等品质有重要影响；社团活动对于培养独立性、创造性、自信心、宽容、热情、开朗等个性品质有积极的推动作用。如果在这些活动中担当领导的角色，会有力地促进自信、果断、细致、热情、坚毅、成熟、创造性等品质的培养，会加速个性的完善。

此外，在广泛的交往和社会活动中，还可以借助别人对自己个性的反馈，及时进行调节，使自己的个性得到优化。

(七)学会自控,防止过犹不及

凡事都有"度",人格发展和表现的"度"是十分重要的,否则就会过犹不及,适得其反。

具体来说,应该是:自信而不自负,自谦而不自卑,勇敢而不鲁莽,果断而不冒失,稳重而不犹豫,谨慎而不怯懦,豪放而不粗俗,好强而不逞强,活泼而不轻浮,机敏而不多疑,忠厚而不愚昧,干练而不世故,等等。

人格"度"的把握还表现在不同的人格特质要协调发展,做到刚柔兼济,对于"刚"者应多发展些"柔",对于"柔"者应多发展些"刚",这样才能形成和谐的人格结构。此外,还要因人因时因地地表现人格特征,有时表现"刚"比表现"柔"好,有时表现"柔"比表现"刚"好;有时应多表现自信,有时应多表现谦恭,即所塑造出的人格应有韧性,有较强的应变、适应能力。

人格健全的过程,就是心理健康和心理成熟的过程。培养健康人格是一项系统的自我改造、自我实现的工程,要从小事做起,贵在坚持。当代大学生应努力将自己培养成具有服务社会的理念和社会责任感的成熟人。

生活写真

人缘型与嫌弃型人格特征

在大学生的人际交往中,我们发现有的同学"人见人爱",颇受大多数同学欢迎和喜爱;而有的同学虽然主观上很想与周边同学处好关系,但总是"处处碰壁",被他人排斥。大家对"人缘型"和"嫌弃型"的学生评价往往以人格特征为依据,他们的主要特征见表5-4。

表5-4　　　　　　　　　　　人缘型与嫌弃型人格特征

人缘型	嫌弃型
尊重他人,关心他人,对人一视同仁,富有同情心	以自我为中心,只关心自己,不为他人的处境和利益着想,有极强的嫉妒心
热心班集体活动,对工作非常负责	对班集体的工作,或敷衍了事缺乏责任感,或浮夸不诚实,或完全置身于集体之外
持重、耐心、忠厚老实	虚伪、固执、爱吹毛求疵,学习不努力,不求上进
热情、开朗、喜爱交往、待人真诚	不尊重他人,操纵欲、支配欲强,不听取群众意见
聪颖、爱独立思考,成绩优良且乐于助人	对人冷漠、孤独、不合群
重视自己的独立性,并且有谦逊的品质	有敌对、猜疑和报复的性格,势利眼,巴结领导
有多方面的兴趣和爱好	行为古怪,喜怒无常、粗鲁、粗暴、神经质
有审美的眼光和幽默感(但不尖酸刻薄)	狂妄自大,自命不凡,缺乏兴趣,生活放荡
温文尔雅、端庄,具有仪表美	学习成绩好,但不肯帮助他人,甚至小视他人,自我期望很高,小气,对人际关系过分敏感

[资料来源:聂振伟.高职心理健康阳光教育(学生用书).北京:北京师范大学出版社,2007.]

推荐好书

《走出迷惘：增强你的人格魅力》

作者：朱建军

出版社：安徽人民出版社

出版时间：2009年1月

内容简介：当我们发现自己懒，就逼迫自己做事，用意志力去推动自己，这是错误。不安全感是一种根深蒂固的、潜藏着的怯懦，一种不敢直面人生、不敢对自己负责的恐惧。意象分析揭示心灵的奥秘，倾听"原始人"声音，教你如何走出迷惘，做一个真正优秀的人。

作者简介：见第三章。

第六章 学习成才

本章导航

对大学生来说,学习虽然已经伴随着他们走过了十几年甚至更长时间,但他们以往对学习的理解更多地只侧重于书本知识的学习。在大学里,他们学习的内容和范围有了更大的变化和延伸,特别是对于高职院校的学生来说更是如此。技能学习既是高职院校的特色,对学生而言又是一个崭新的领域和挑战。本章将根据高职院校的培养目标、高职院校学生的学习特点,帮助大学生找到适合自己的学习策略,提高学习效率。

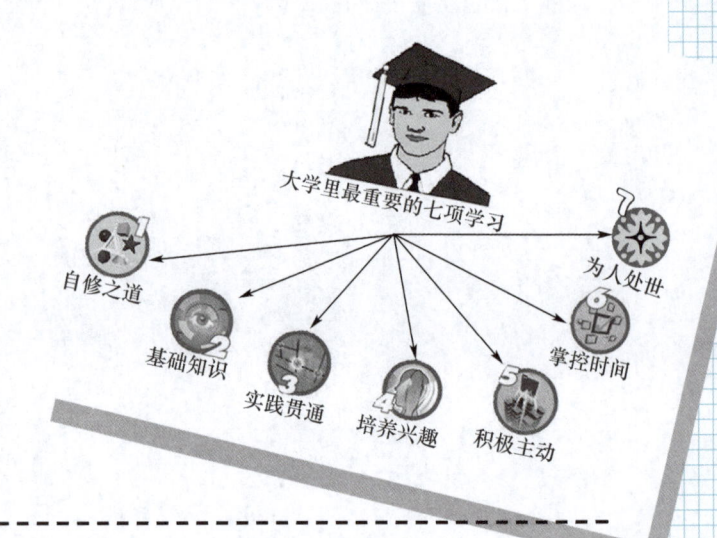

大学里最重要的七项学习：自修之道、基础知识、实践贯通、培养兴趣、积极主动、掌控时间、为人处世

经典名言

读万卷书,行万里路。　　　　　　　　　　　　　　——董其昌

锲而舍之,朽木不折;锲而不舍,金石可镂。　　　　——荀况

业精于勤,荒于嬉;行成于思,毁于随。　　　　　　——韩愈

第一节 学习概述

一、关于学习

(一)学习观

心理学家认为,学习是由于经验所引起的行为或者思维的比较持久的变化。它是一种自觉的、有目的的、有意识的认识活动,是经过大脑的思维活动而自觉、积极、主动地掌握知识、技能和经验的过程。对大学生来讲,学习不仅是对课本上理论知识的学习和掌握,也是对学习的观点所做的更深层次的思考。

学习观是指关于学生学习的基本观念系统。学生一定要把这个理念体系"嵌入"自己的认知结构中并将其作为支柱,既可以用它指导自己的学习,又可以用它查找学习过程中出现的不足而求得改进。现代学习观的内容主要包括以下几个方面:

1. 学习能力观

著名未来学家阿尔温·托夫勒说,未来的文盲不再是目不识丁的人,而是没有学会怎样学习的人。过去社会变革周期远远大于人的生命周期,而现在人的生命周期已远远大于社会变革周期。教育的目的是使学生学会学习。现在,对受教育者的要求不仅是"学会",更主要的是"会学"。国际 21 世纪教育委员会发表的研究报告《教育——财富蕴藏其中》对"学会学习"的意义又做了进一步阐述,指出:"这种学习更多的是为了掌握认识的手段,而不是获得经过分类的系统化知识。既可将其视为一种人生手段,也可将其视为人生目标。作为手段,它应使每个人学会了解他周围的世界,至少是使他能够有尊严地生活,能够发现自己的专业能力。作为目标,其基础是乐于理解、认识和发现。"可见,"学会学习"不仅是为了适应继续学习的需要,更是为了适应未来生存的需要。

现实情况是,大学生对学习能力的学习远远落后于对具体知识、学科的学习,甚至大学毕业时乃至终其一生也没有学会。

2. 大潜力—高目标观

学生的智能潜力很大,远没有被充分发掘出来。因此,学生们必须给自己制定更高的学习目标。

关于人脑的功能,有的研究报告说只利用了十分之一左右,有的说只利用了百分之一左右。因此,有人提出:假如这个百分之一的利用率是正确的,那么很可能是人脑在漫长的发展过程中形成了最佳的黄金比——"存百用一"的结构功能关系。总之,人脑的潜力是很大的。

3. 全面学习观

人必须全面发展,全面学习,这是不可抗拒、不能违反的规律。因此,大学生要处理好德与才、通与专、知识、能力与素质,全面发展与个性发展等方面的关系。

4. 重点学习观

学生应该选择适合自己的成才方向并有侧重地学习,即"有所为,有所不为"。大学生的学习一般是专业学习,即"术业有专攻",结合自己的专业发展方向有针对性地学习。

5. 自主学习观

学生必须主动地、有主见地学习,即自主学习。不同于高中的被动学习,在大学里,学生的学习基本上属于自我管理,教师除了在课堂上讲授知识外,基本上不参与学生的学习管理,学习的深度、广度以及时间管理一般由学生自己掌控。

6. 勤奋学习观

学生不论其聪明程度如何均须勤奋学习。"天上不会掉馅饼""天道酬勤""学习没有捷径""学海无涯苦作舟",只有勤奋学习才能有所收获。

7. 科学学习观

学生必须遵循不同学科、不同技能的规律科学地学习。高中的学习基本上是基础知识的学习,大学尤其是高等职业院校,专业知识和技术操作能力双管齐下,学生须了解其特点才有可能学好。

8. 创造性学习观

社会需要创造,成才必须创造,学生应注重创造能力的培养。

9. 实践学习观

学生应建立"学习离不开实践"的观点,在校期间要重视实践性环节的学习。

10. 社会责任观

学生必须有高度的社会责任感,建立社会责任观。"人人为我,我为人人",大学生的学习是为了自我的生存和发展,但只有树立为社会服务的思想,有强烈的社会责任感,才能最终实现自我价值。

11. 终身学习观

人类正在向学习化社会前进,学习将呈现终身化发展趋势。什么是终身学习?由欧洲终身学习促进会提出并经 1994 年 11 月在意大利罗马举行的首届世纪终身学习会议采纳的"终身学习"的定义是:"终身学习是 21 世纪的生存概念。""终身学习通过一个不断的支持过程来发挥人类的潜能,它激励并使人们有权利去获得他们终身所需要的全部知识、价值、技能和理解,并在任何任务、情况和环境中有信心、有创造性和愉快地应用它们。"终身学习将导致从"学历社会"走向"学习社会"。

(二)大学生的学习内容

1. 学会学习

现在的大学生将来所面临的社会是一个学习型的社会,学会学习是在这个社会生存下去并为之做出贡献的最基本要求,学会学习也就自然成为大学生的首要任务。学会学习就是要做到:培养独立自主的学习能力,摸索出一套科学的、适合自己的高效学习方法;形成良好的学习习惯,学会合理安排自己的时间;学会并熟练地掌握查阅文献、综合分析信息的方法和能力。学会学习是一个过程,它不是一蹴而就的,需要大学生具有培养自己学会学习的意识,在学习基础知识和专业知识的过程中不断探索,不断总结,逐步达到真正学会学习的境界。

2. 学会做人

当前大学生大多数是独生子女,多数从小生活在父母身边,没有经历过集体生活。他们在父母的呵护下长大,很少考虑如何与他人相处,更不用说如何谦让别人。而大学是一个小社会,它是大学生独立人生的开始,每个大学生要适应未来的社会和工作,在考虑问题时,就必须跳出以自我为中心的圈子,多角度地观察和思考问题,培养自己完善的人格,使自己成为一个全面发展的人。从心理健康方面来说,学会做一个全面发展的人,就是做一个智力正常、情绪稳定、意志健全、人格完整、自我评价正确、人际关系和谐、适应能力强的人。学会做人是做事和学习的基础,不会做人就不会做事,也将影响学习的心情和效果。为此,大学生从入学的第一天起,就要给自己制定一个做人的标准,从小事做起,严格要求自己,努力实现自己做人的目标。

3. 掌握专业技术

通常的学习主要指理论知识、书本知识的学习,作为一名高职学生,专业技术的掌握尤其重要,它是与本科生竞争的重要砝码之一。专业技术的学习有其特殊的规律和特点,高职学生应学会用科学的方法来学习专业技术,在实际操作中注意安全,熟练操作,灵活运用。

4. 做到专博结合

人才是指具备宽泛扎实的理论基础、专业深入的技术技能、精准娴熟的实际经验的人。学有专长固然重要,但是随着知识的积累加快,科技成果转化为生产力的周期越来越短,社会逐步向多元化方向演变,狭义的"专业能力"已不能适应市场的需求,"专业是否对口"也不再是市场衡量人才的标尺,而"专业能够适应社会"却受到极大的推崇。人们不应再局限于较窄的专业范围,而需要有超前意识,及时了解最新的科技动态,选择适合自己思维特征的学科内容扩大知识面,做到一专多能、专博结合。

二、高等职业院校学习的特点

高等职业院校的学习,既有一般普通本科院校的学习特点,又有职业院校的特色。

(一)职业定向性

高等职业教育的任务是为社会培养各类高级专门人才。高职学生学习的专业化程度较高,职业定向性较强;其学习活动实质上是一种"学习—职业"活动,既要学习各专业的基本知识、基本理论,掌握从事各类专业活动的基本技能,但又不同于一般劳动者的职业活动,因为大学学习活动虽具有明确的职业定向性质,但也只是为毕业后参加职业活动做准备。

(二)实用性

高等职业教育培养的是社会经济、生产、服务等一线需要的应用型职业技术人员,其中应用能力的培养是教学的主旨和目标。专业课教学突出实用性特点,注重实际动手能力的培养;基础课、专业基础课按照专业应用能力目标配备,所有课程的设置必须考虑是否具有直接有用性与间接有用性,程度的把握既要考虑学生当前能力培养的需要,又要兼顾学生可持续发展能力培养的需要。

(三)实践性

高等职业教育人才培养的重要特征之一是突出职业技能的培养。技能培养的教学体系设置是按职业(岗位)群的能力要求考虑的。在高等职业教育中,岗位技能培养,即实习、实训教学的安排,占有相当比例。

(四)专精性

专精主要是指要有扎实的专业知识结构与熟练的实际动手操作能力,能够较好地掌握一技之长,以满足社会对相关专业技术人才的需要。高职学生的学习活动是一种以掌握专业知识和技能为特征的社会活动,围绕着如何使他们尽快成长为高级专门人才而进行。基于这种特点,专业思想是否牢固以及专业应用能力的掌握程度将直接影响大学生的学业成绩以及未来的事业成就。

(五)自主性

教师课堂讲授少而精,大学生课外要更多地通过自主学习来掌握教学目标所要求的内容。大学可供学生自由支配的时间较多,为学生自主学习创造了必要的条件,同时也要求学生必须培养自我控制能力与较强的制订和执行学习计划的能力,合理地安排好作息时间,以保证既定的学业目标能顺利完成。

第二节 技能学习

一、技能的含义

所谓技能,即通过练习获得的、能够完成一定任务的动作系统。技能按其熟练程度可分为初级技能和技巧性技能。初级技能只表示"会做"某件事,而未达到熟练的程度。初级技能如果经过有目的、有组织的反复练习,动作就会趋向自动化,进而达到技巧性技能阶段。技能按其性质和表现特点,可区分为如书写、骑车等活动的动作技能和如演算、写作之类的智力技能两种。在技能形成的过程中,各种技能动作之间会相互影响。如果已形成的技能促进了新技能的形成,叫技能正迁移。如果已形成的技能阻碍了新技能的形成,叫技能干扰,也叫技能负迁移。

二、技能学习的特点

技能学习是掌握动作要领,进行反复练习,逐步达到熟练的过程。这个过程是建立在练习中知觉与动作不断协调的基础之上的,又叫知动学习。这个过程有以下几个阶段:

(一)认知定向阶段

学生根据教师的讲解和示范动作,了解与某一技能有关的知识、动作的要领和程序。

(二)动作联结阶段

在实际练习中,教师把整套动作分解为许多单个的局部动作,使学生容易学习。但在动作的联结和过渡时比较困难。初学的学生,注意范围较小,不易分配与转移,常出现情绪紧张、顾此失彼的现象,也常有多余的动作。

然后,在局部动作的基础上把整套动作的程序固定下来,并与知觉协调起来,形成连锁的反应系统。

(三)熟练技巧阶段

熟练技巧阶段也叫自动化阶段,此时全套动作连贯、协调、得心应手,靠运动知觉控制动作。此时的动作已有广泛的适应能力和概括能力,能在各种条件下灵活应变。

技能学习的阶段特点见表 6-1。

表 6-1　　　　　　　　　　　技能学习的阶段特点

阶段特点	认知定向阶段	动作联结阶段	熟练技巧阶段
信号来源	视听知觉获得观察示范讲解动作主要结构的外部信息	视觉与肌肉运动知觉提供的内、外部信息的结合	神经肌肉运动及各关节活动提供的内部信息
注意	注意范围小,不能分配与转移,指向集中于动作的主要特征或方面	注意范围扩大,分配和转移能力增强,指向集中在完成动作的薄弱环节	从完成动作的过程中解放出来,指向集中在完成整个任务的其他重要方面
记忆与思维	动作的主要结构、特征和个别单一的动作	将局部的、单一的动作联结成整体的动作系统	动作的系统性、整体性与创造性
感知觉与表象	视听知觉、运动知觉及其留下的表象模糊不清、不准确	视听知觉、运动知觉及其留下的表象逐渐清晰、准确	运动知觉精细分化,并形成专门化知觉,运动表象清晰、准确、完整
控制调节反馈	视觉表象控制与调节动作	视觉表象监督下的运动知觉表象占主导地位	运动知觉表象控制、调节动作

在高职院校的培养计划中,理论学习和技能实训的比例一般为 6∶4。现在很多院校已经开始实行"一体化教学",把理论教学融入实训的过程中,让理论指导实训,在实训中学习必要的理论知识。因此,学生应该了解技能学习的一般规律,重视自身专业技能的培养,以适应社会的需求。

三、技能学习的基本原理

(一)练习与练习曲线

所谓练习,是指以掌握一定的动作或活动方式为目标的反复的操作过程。练习成绩的进步情况可以用练习曲线(或学习曲线)表示出来。练习曲线是表示一种技能形成过程中练习次数和练习成绩关系的曲线。

(二)练习过程的一般趋势

1.练习进步的先快后慢现象

造成这种现象的可能原因有以下几个方面:

第一,练习初期,练习者可以利用过去经验中的一些方式方法,所以进步较快。

第二,练习初期常常把较复杂的完整动作分解为较简单的局部动作练习,这就比较容易掌握。

第三,练习者在练习的初期可能兴趣较高,情绪饱满,自我投入,而练习一段时间后,对练习本身产生了枯燥感,影响了练习的动机和情绪,因而进步速度减慢。

2. 在练习中期可能会出现高原现象

练习进步出现了暂时停顿,经过一段时间又继续进步的现象叫作高原现象。高原现象产生的原因有以下几个方面:

第一,因为技能的提高需要改变旧的动作结构和完成动作的方式方法,建立新的动作结构或技术风格,所以练习者在没有完成并适应这一改造之前,练习进步就出现了暂时停顿甚至有所下降。

第二,有些技能的提高取决于身体素质的提高。

第三,练习者的兴趣降低,动机不强,情绪低落,也会使运动技能的发展出现停滞。

第四,练习者身体状况不佳,如出现伤病,也会使技能的进步出现停滞。

第五,高原现象可能在复杂技能中出现,而不易在简单技能中发生。

在技能学习中出现高原现象是普通而正常的。呈现的时间有长有短,出现时,如果能及时调整心理,改变旧的技能学习模式与方法,就能够较快地突破高原期,使技能学习成绩再次上升。具体做法如下:

(1) 树立信心,积极进取。高原现象的出现并不意味着技能学习成绩达到顶峰、潜能被充分挖掘,而是生理的一种正常反应,不要为此而过度焦虑不安、意志消沉,应当树立信心,正确对待,相信自己的实力和能力。高原现象这个"怪物"一定会被你从身边驱走,实现技能成绩的再次飞跃。

(2) 改变固定的技能学习模式,达到多样化。高原现象的出现往往跟固定模式的技能学习是分不开的,长期固定模式的技能学习会降低对该技能学习的兴趣,势必会导致成绩的停滞不前或下降,相反,技能学习的多样化则会增强同学们的技能学习兴趣,使他们在累、苦中得到快乐,从而调整了他们技能学习的动机,促进了技能学习的效果。

(3) 寻求老师的激励与关爱。出现高原现象的同学亟须老师的激励与关爱,在技术上希望能得到指点,在精神方面需要老师的鼓励安慰。在这个时期,应及时寻求老师的帮助,以消除在高原期出现的苦闷、彷徨、焦虑心理,更好地投入学习中。

第三节 学习的心理误区及其调适

一、学习目标缺乏或目标过多

案例

天暗得很深沉亦如我的心情,雨下得也如我之没有理想。懒惰的我躲在被窝里,唉,又下雨了!它再一次包容着我的懒惰,也再一次让我迷失曾经的梦想和追求。真想就这么忘却自己的存在,真想让凉凉的雨水洗净自己所有的堕落与自责。唉,雨太有理想了,它见证着发生的一切,承担着世间万物的枯荣与美丽,同时也在淹没和模糊着我视线里的未来!我只能瞥见这个躲在被窝里的自己,我是存在的,可是我为什么看不到未来呢?雨滴滑过空气的声音很美,可是跌落泥土的破碎却很凄凉,心也是如此吧?

——摘自一个大学生的心情日记

有问卷调查表明,大学生学习努力程度同高中相比,自认为有所提高的占9%,大体相当的占29%,有所下降的占37%,大大下降的占25%。在学习的积极性方面,自认为"学习积极主动"的占23%,"一般能完成学业但学习比较被动"的占45%,"对学业采取应付态度"的占23%,"不能完成学业、学习放任"的占9%。可见,与高中阶段相比,大学生学习的努力程度和积极性都大大降低了,主要表现为学习动机缺乏,无明确学习目标。

某高职院校对大一新生进行心理普查约谈。很多学生在提及学习时说这样的话:"高中老师总是说,你们现在学得很辛苦,等到考上大学就好了!"这类言语往往会误导学生,导致他们在上大学后产生松懈心理,以至不能及时树立大学期间的学习目标。同时,很多学生在高中阶段兴趣被压抑,课余生活单一;一旦进入大学,就迫切地想发展自己的爱好特长,把主要精力放在"玩这玩那""练这练那"的兴趣发展上,对学习重视不足,甚至对学习失去了兴趣。大二学生基本能够较好地应对大学的学习和生活,日常生活又有了高中生活的味道,更趋程式化。然而这种程式化让一些大学生失去了学习的目标,不知道自己能干些什么和该干些什么。于是一些大学生对自己的学习要求一降再降,以"60分"作为学习目标的大有人在,日子在懵懂中不知不觉地过去了。

大学生没有明确的目标会感到迷茫,目标过多也会迷茫,那么,大学生应如何制定自己的目标呢?

大学生制定目标的时候应该考虑以下几个因素:

1. 目标应该是可操作的、具体的、可量化的

如果询问大一新生:"在以后的三年大学时光里,你的目标是什么?"可能有不少大学生回答不出来。即使回答出来,你再接着问:"为了实现这些目标,你觉得自己从现在起应该做什么样的准备呢?"这时可能又有一些大学生不知所云。因此,设置的目标一定要具有可操作性,让自己很容易就知道为了实现这些目标该做什么样的努力。

提高目标的可操作性,最重要的一步就是确立目标系统的层次性,明确长期目标和近期目标,并且根据"逐渐接近"的原则为目标设立子目标。子目标的具体性和可操作性一定会好于总目标,而且从主观层面来看,子目标实现起来相对容易,可以减轻目标实现问题带给个体的压力。

2. 目标要突出重点,明确主攻方向

目标要有主次之分,突出重点,明确主攻方向。目前,由于各种原因,很多学生入学初始就信誓旦旦地为自己制定种种目标,但是没有考虑清楚自己的主要目标是什么,这种"全面抓"的想法造成对目标的执行紊乱,进而实现目标的难度加大,使其产生很大的心理压力。

将目标分解、形成目标体系可以采用以下两种方法:

(1)剥洋葱法。剥洋葱法是一种倒推式的分解方法。最长远的目标是洋葱的最外层,最近期的目标是洋葱的最里层。制定目标的原则就是逐步接近终极目标。

(2)多叉树法。多叉树法即确定一个主要的目标,然后以此目标为核心,找到为实现这个目标自己应该在哪些方面努力,并将这些努力的方向拟定为子目标,每个子目标还可以根据实际情况再细化,从而形成一个多层次的目标体系。

3. 目标的难易水平要适合自己

目标的难易水平适合自己的标准就是目标对于自己来说是可以达到的。这里的"可以达到"有两层含意：一是目标应该在能力范围之内；二是目标应该有一定难度。目标经常达不到的确会让人沮丧，但同时得注意，目标如果太容易达到也会让人失去斗志。

团体拓展活动

画一棵你自己的目标树

1. 拿出一张 A4 白纸，画出一棵树，至少应包括树根、树干、主枝和树叶。

2. 在树根处写出你认为最有价值的东西。如果你对这一点比较模糊，不能清楚地说出自己最想要的是什么，请试一试这个办法：重新拿一张纸写下你所有想要的东西，如健康、金钱、幸福的家庭、爱情、事业、自由自在、旅行、安定……写完之后，划去你认为最不重要的一项，再在剩下的项目中划去一个最不重要的，一直划下去，直到只剩下一项，它就是你认为最有价值的东西。

3. 在树干处写出你的人生目标。注意，你的人生目标应与你的价值观是一致的，如果不一致，请反思你在树根处写下的确实是你认为最有价值的东西吗？或者，你写下的人生目标真的是你最大的希望吗？

4. 在主枝上写出几个主要任务。这些主要任务应是直接为你的目标服务的，实现这些任务有助于达到目标。如果不是这样，请思考是否有必要在这个任务上面投入时间和精力。

5. 在树叶处写出次要任务。有些次要任务是实现主要任务的手段，有些次要任务用来维持现在的生活。次要任务是不可缺少的，没有树叶的树无法生长，但它们不应占据你的主要精力。现在看着你的目标树，思考下列问题：

你绘制自己目标树的过程顺利吗？

在绘制的过程中你有什么样的思考？受到哪些启发？

这次活动中你最大的感受是什么？

和其他同学比较一下目标树，感受如何？

（资料来源：郑日昌．大学生心理健康——自主与自助手册．2 版．北京：高等教育出版社，2017.）

二、考试焦虑

案例

晓红，女，某高职二年级学生。第三学期有一门功课不及格，她觉得无法接受，无脸见人，认为接下去会有第二门、第三门功课不及格。从此，听见考试就紧张害怕，全身发抖，急急忙忙写报告，要求缓考，但过了假期再面对考试时，仍然感到提心吊胆。

晓红的心理问题属于考试焦虑，考试焦虑是一种特殊的焦虑。焦虑是指个体因感到自尊心会受到威胁而产生的紧张、不安、担心、害怕的综合情绪。焦虑不同于恐惧，恐惧是由威胁个体身体健康和安全的情境因素诱发出来的，但焦虑却是由威胁自尊心的情境因素诱发出来的。

考试焦虑是一种"高度唤起"和"过度担心"的心理状态,让人感到浑身不自在、紧张、心跳加速,这种感受很多人都体验过,尤其面对重大的考试时更容易产生这样的感受。那么,应如何克服考试焦虑呢?

1. 充分准备

有些人总喜欢考前突击,这是很不可取的。考前突击违背了学习的本质要求。学习是一个循序渐进、细嚼慢咽的过程,考前突击可能在强化记忆方面收效颇丰,但对于知识的理解、掌握、巩固不利,甚至根本没有吸收。此外,考前突击还容易造成身心的紧张、疲惫等一系列不良的生理、心理反应。由此可见,考前有足够的时间进行认真的准备是非常必要的。

2. 正确认识和评价考试

一些学生由于过分看重考试成绩,担心失败影响自己在别人心中的形象,怕父母失望,习惯于将成绩与自我评价联系,这种负面的认识容易对人产生不良影响。因此,要尝试转换角度考虑问题,"如果我能充分准备,并能控制情绪,我会考好;如果没有,我也不会失去什么,可以下次努力"。

3. 考前学会放松

在考前放松心情,听听音乐,适量运动,和朋友谈谈自己的感受,参加休闲的放松活动等,有助于我们稳定情绪、排除杂念,营造轻松愉悦的考试氛围。

4. 掌握必要的应试技巧

考前要对考试题型、解题思路、答题要点以及评分标准等进行较为全面的了解,这样在考试时才能心中有数。考试过程中,要保持情绪冷静。在发试卷的前几分钟,闭目做几次深呼吸,排除一切杂念,将心思放在考试上。发下试卷之后,不要提笔就答,而应将试卷简单浏览一遍,了解题量以及各题的难度等情况,掌握轻重缓急,安排好答题时间。考试后不要过分关心考试题目的对错,特别是当后面还有考试时,应将已考过的科目暂时抛开,全心全意地准备后面的考试。

心理知识

深度肌肉放松法

1924年,皮尔斯提出了深度肌肉放松法,这种方法有助于克服过度焦虑。

第一步,头部下缩,双臂上耸,如缩头乌龟状。感到肌肉紧张后,放松头部及双肩,然后将头慢慢按逆时针方向转动八圈,再按顺时针方向转动八圈。做完这些动作后,上床静卧三分钟。

第二步,将右脚绷直抬高,脚尖绷直至不能坚持,然后完全放松地让脚落在床上。接着左脚重复练习。练习过程中要将自己的全部注意力都集中到绷紧的那条腿上,想象从足尖到髋部都非常紧张。

第三步,右手上举,紧握拳头,绷紧手臂肌肉,同时想象手臂非常紧张,当感觉到累时,让手完全放松地放在床上。然后再做左手的练习。

第四步,将手臂放下后,双眼闭合,想象头顶的天花板上有个圆圈,直径为四米左右。视线按顺时针方向绕圆圈慢慢地转动八圈,再按逆时针方向转八圈。完成后再想象一个正方形,同样旋转。

完成上述步骤后,什么也不要想,静静地躺着,体会运动过后的松弛和宁静的感觉。

(资料来源:英国 DK 出版社. 正念——专注内心思考的艺术. 仲文明,周坤,译. 北京:电子工业出版社,2016.)

三、缺乏意志

案例

晓雯刚入校时学习的热情很高,决心一定要拿到奖学金,还报了自学考试本科学历的学习,并制订了详细的学习计划。第一个星期六,她本来打算到教室好好看书,可是同学发短信邀请她到某大学去玩,她以前没去过,心里很想去,于是就去了,准备晚上回来再看书。晚上回校,已经是筋疲力尽,直接上床睡觉了。星期天,她想无论如何也要读书了,可上午正在看书时,一个在外地的高中同学发短信要她帮忙买一本书寄回去。晓雯本不太情愿做这件事,因为这样会打乱她今天的计划,可是转念一想,毕竟大家同学一场,算了,还是去吧。事情办完后,晓雯的心情变得很糟糕,她今天的学习计划又泡汤了。类似的情形经常发生,时间一天一天地过去,越来越强的挫败感充斥了晓雯的心灵。就这样,到学期结束,晓雯不仅没有拿到奖学金,自考也一门没有通过……

类似晓雯的情况在高职院校很多见,大家刚入校时信誓旦旦,发誓要发愤图强,可往往"雷声大,雨点小",面对外界的诱惑和自己贪玩的本性,对学习计划的完成"善始者盖多,善终者克寡"。

一些大学新生自我控制能力较差,容易受别人的影响,会有意无意地模仿高年级学生的做法,诸如,他们玩我也玩,他们谈恋爱我也谈恋爱,他们"考证"我也"考证",久而久之便失去了发展方向。有些大学生经受不住暂时失败的考验,因为一次考试成绩落后就一蹶不振。

事实上,意志力并非生来就有或者不可能改变的,它是一种能够培养和发展的技能。

1. 积极主动

当意志力应用于积极向上的目标时,将会变成一种巨大的力量。主动的意志力能让你克服惰性,把注意力集中于未来。在遇到阻力时,想象自己在克服它之后的快乐;积极投身于实现自己目标的具体实践中,你就能坚持到底。

2. 下定决心

下定决心改变目前的状态实属不易。美国罗得艾兰大学心理学教授詹姆斯·普罗斯把实现某种转变分为四步:抵制——不愿意转变;考虑——权衡转变的得失;行动——培养意志力来实现转变;坚持——用意志力来保持转变。为了下定决心,可以为自己的目标规定期限。

3. 目标明确

所确立的目标一定要具体、可操作。不要说"我打算多进行一些体育锻炼"或"我计划多读一点书"诸如此类空洞的话。而应该有具体、明确的表示,如"我打算每天早晨步行45分钟",或"我计划每周一、三、五的晚上读一个小时的书"。

4. 权衡利弊

要能真实感受到用坚强的意志下定决心改变目前现状给你带来的好处。如果你因为看不到实际好处而对体育锻炼三心二意的话,光有愿望是无法使你心甘情愿地穿上跑鞋的。

5. 改变自我

光知道收获是不够的,最根本的动力产生于强烈改变自己形象和把握自己生活的愿望。道理有时可以使人信服,但只有在感情因素被高度激发起来时,自己才能从内心深处真正加以响应。

6. 注重精神

大量的事实证明,心理暗示具有强大的动力,想象自己有顽强的意志去行动,有助于使自己成为一个具有顽强意志力的人。

7. 磨炼意志

早在1915年,心理学家博伊德·巴雷特就提出了一套磨炼意志的方法,其中包括:从椅子上起身和坐下30次;把一盒火柴全部倒出,然后一根一根地装回盒子里。他认为,这些练习可以增强意志力,以便日后去面对更严重、更困难的挑战。巴雷特的具体建议似乎有些过时,但他的思路却给人以启发。例如,你可以事先安排星期天上午要做的事情,并下决心不做好就不吃午饭。

8. 坚持到底

俗话说"有志者事竟成",其中含有与困难做斗争并且将其克服的意思。如果你决心戒酒,那么不论在任何场合都不要去碰酒杯;倘若你要坚持慢跑,即使早晨醒来时下着暴雨,也要在室内照常锻炼。

9. 实事求是

如果规定自己在一个月内把所有的自考书看完,那么对这样一类无法实现的目标,最坚强的意志也无济于事,而且,失败的后果会将最终使自己再试一次的愿望化为乌有。在许多情况下,将单一的大目标分解成许多小目标不失为一种好办法。

10. 逐步培养

坚强的意志不是一夜间突然产生的,而是在逐渐积累的过程中一步步地形成的。中间还会不可避免地遇到挫折和失败,必须找出使自己斗志涣散的原因,才能有针对性地解决。

11. 乘胜前进

实践证明,每一次成功都会使自己的意志力进一步增强。如果你用顽强的意志克服了一种不良习惯,那么就能获取与另一次不良习惯决斗并且获胜的信心。

心理测试

意志品质自测

下面是对你生活情境的一些描述,每题都有"A. 非常适合,B. 比较适合,C. 难以回答,D. 不太符合,E. 很不符合"五个选项,请根据自己的情况做出适合你的选择。

1. 我很喜欢长跑、远足、爬山等体育活动,但并不是因为我的身体适应这些项目,而是因为这些运动能够锻炼我的体质和毅力。（   ）
2. 我给自己制订的计划,常常因为主观原因不能如期完成。（   ）
3. 如没有特殊原因,我每天都按时起床,从不睡懒觉。（   ）
4. 我的作息没有什么规律性,经常随自己的情绪和兴致而变化。（   ）
5. 我信奉"凡事不干则已,干则必成"的格言,并身体力行。（   ）
6. 我认为做事情不必太认真,做得成就做,做不成便罢。（   ）
7. 我做一件事情的积极性,主要取决于这件事情的重要性,即该不该做,而不在于对这件事情的兴趣,即不在于想不想做。（   ）
8. 有时候我躺在床上,下决心明天要做一件很重要的事情,但到第二天这种劲头就没有了。（   ）
9. 在学习和娱乐发生冲突时,即使这种娱乐项目很有吸引力,我也会马上决定去学习。（   ）
10. 我常因看一部引人入胜的小说或一部很有趣的电影而不能入睡。（   ）
11. 我下定决心想办成的事,不论遇到什么困难,都会坚持下去。（   ）
12. 我在学习和工作中遇到困难,首先想到的就是问问别人有什么办法。（   ）
13. 我能长时间做一项重要但枯燥乏味的工作。（   ）
14. 我的兴趣多变,做事情常常是"这山望着那山高"。（   ）
15. 我决定做一件事情时,常常说干就干,决不拖延或让它落空。（   ）
16. 我办事喜欢把容易的先做了,难的能拖则拖,实在不能拖时,就赶时间做完凑数,所以别人不再放心让我干难度大的工作。（   ）
17. 对于别人的意见,我从不盲从,总喜欢分析、鉴别一下。（   ）
18. 越是比我能干的人,我越不大怀疑他的看法。（   ）
19. 遇事我喜欢自己拿主意,当然也不排斥听取别人的建议。（   ）
20. 生活中遇到复杂情况时,我常常举棋不定,拿不了主意。（   ）
21. 我不怕做我以前从来没有做过的事情,也不怕一个人独立负责重要的工作,我认为这是对自己很好的锻炼。（   ）
22. 我生来胆怯,没有十二分把握的事情,我从来不敢去做。（   ）
23. 我和同事、朋友、家人、同学相处,很有克制能力,从不无缘无故发脾气。（   ）
24. 在和别人争吵时,我有时虽明知自己不对,却忍不住要说一些过头话,甚至骂对方几句。（   ）

25.我希望做一个坚强的、有毅力的人,因为我深信"有志者事竟成"。   (   )
26.我相信机遇,很多事实证明,机遇的作用有时大大超过个人的努力。   (   )

评分与解析

单号试题,A、B、C、D、E依次计5、4、3、2、1分。双号试题,A、B、C、D、E依次计1、2、3、4、5分。

110分以上,说明你意志很坚强:任何人、任何情形都不会使你改变主意,但有时太执着并非好事,尝试偶尔改变一下,生活将会更有趣味。

91~110分,说明你意志较强:你很懂得权衡轻重,知道什么时候要坚持到底,什么时候要轻松一下。你是那种坚守本分的人,但遇到极感兴趣的东西时,你的好玩心就会战胜你的决心。

71~90分,说明你意志一般:你并非缺乏意志力,只不过你只喜欢做那些你有兴趣的事,对于那些能够及时获得满足感的工作,你会毫无困难地坚持下去,你很想坚持你的计划与设想,可惜很少能坚持到底。

51~70分,说明你意志比较薄弱:如果你不注意平时锻炼、提高你的意志力,你将很难在事业上取得什么成就。

50分以下,说明你意志很薄弱:不要太灰心,现在开始培养和提高你的意志力还来得及。

[资料来源:聂振伟.高职心理健康阳光教育(学生用书).北京:北京师范大学出版社,2007.]

四、学习方法不当

案例

珍珍觉得老天爷真不公平。她是一个很乖的学生,每天按时去上课,无论刮风下雨,从不缺课、逃课,除了吃饭、睡觉以外,珍珍几乎把所有的时间都用在学习上;反观同宿舍的丽丽,每天花在学习上的时间可比自己少多了,丽丽喜欢运动,经常去体育馆打球,平时也很爱看些闲书、听听音乐、翻翻报纸杂志,平时还参加社团的活动。可是每当考试成绩单下来,珍珍只能无奈地看着丽丽的分数总是高出自己一大截,珍珍心中实在不平衡,她想不明白:为什么我比她勤奋那么多,可是却考不过她……

案例中的珍珍几乎把所有的时间都用在学习上,大脑得不到充分的休息,大大影响了学习效率。大脑是人体高级神经活动的中枢,是思维的器官。科学地用脑,讲究用脑卫生,不但能提高学习效率,而且能保持旺盛的精力,有助于取得学业的成功。科学用脑主要应当注意以下几个方面:

1. 劳逸结合

要科学地安排用脑,注意劳逸结合,有张有弛。这样会使大脑的工作有节制,不疲劳过度。

2. 保证睡眠

充足的睡眠是保证大脑工作的重要因素,因为长时间的工作易使大脑皮层神经细胞疲劳,而充足的睡眠会消除这种疲劳,恢复脑力。

3. 参加活动

积极地参加体育锻炼和文娱活动,对大脑来说是一种积极的休息,能调节大脑继续有效地工作。

4. 注意营养

为了保证脑的功能,还应当改善饮食结构,以增加脑的能量。如摄入豆制品、蛋白质、鱼、瘦肉等,都可以达到这一目的。

科学用脑是一个完整的系统工程,各方面均需照顾,不能遗漏。

第四节　学习能力的培养

一、激发学习动力

学习动力对保证学业成功至关重要。我们可以从以下几个方面来激发自己的学习动力。

第一,积极期望。积极期望就是从改善学习者自身的心理状态入手,对自己不喜欢的学科充满信心,相信该学科是非常有趣的,自己一定会对这门学科产生兴趣。

第二,从可以达到的小目标开始。在学习之初,学习目标不可定得太高,应从努力可达到的小目标开始。

第三,了解学习目的,间接建立动机。

第四,培养自我成就感,以培养直接的学习动机。

第五,把原有的其他兴趣转移到学习上来,以培养新的学习兴趣。

第六,在解决实际问题的过程中,建立稳定的兴趣。用学得的知识解决实际问题,一是能巩固知识,二是能验证知识,三是能带来自我成功的喜悦情绪。这种喜悦情绪正是建立稳定持久的兴趣所必需的。

第七,想象学习成功后的情景,激发学习动力。

二、合理管理时间

合理管理时间的关键是制订合理的学习计划。一般情况下,制订学习计划时要考虑以下几个方面的因素:

第一,根据每天的作息时间表合理分配和安排学习时间。

第二,根据自己的活动空间安排好学习地点。

第三,制订学习计划时各学科之间要有交叉。

第四,在一定的时间里完成适当的学习任务。分配学习任务要留有少量的机动时间,以便应对突发事件而不致打乱整个学习计划。不要拖延,不要积压。

团体心理拓展活动

时间银行

让我们进入"时间银行"看看——如果每天都有 86 400 元存入你的银行户头,而你必须当天用光,你会如何运用这笔钱?

其实,你真的有这样一个户头,那就是"时间",每天都有新的 86 400 秒进账,你打算怎样用好每一秒,对人生进行投资呢?下面让我们大家一起做这样一个小游戏——"生活的馅饼"。

活动目的: 帮助人们对自己的生活安排做具体的、客观的、系统的分析与检查。

活动条件: 需时 20 分钟,指导者在黑板上画一个大圆圈,每人准备一张白纸。

活动步骤:

1. 黑板上的大圆圈代表生活中的一天 24 小时,请大家估计一下,在下列各项中,自己在每一项上占用的时间是多少,然后按各项的比例对自己的"馅饼"(圆圈)加以分割,比如:①睡觉;②上课;③课外自学;④做作业;⑤会朋友(聊天、打球、下棋等);⑥家庭琐事;⑦独处(阅读、玩等);⑧与家人共处(包括吃饭时间);⑨其他。

2. 要求每个人画好自己的"生活馅饼"。

讨论: 等大家都画好后,请每个人思考一下:

1. 你对自己目前使用时间的情况满意吗?
2. 在你的理想中,应该怎样使用时间?现在再画一个代表你理想的"生活馅饼"。
3. 你能不能采取行动来改变目前的"生活馅饼",使它更接近理想中的"生活馅饼"?

启示: 这个活动表明了你利用时间的状况。同时也提醒大家,如果不及时重新规划,按你现在的时间分配,你的梦想将难以实现。

(资料来源:周家华,王金凤. 大学生心理健康教育. 3 版. 北京:清华大学出版社,2010.)

心理测试

时间管理诊断量表

在每道题目下的备选答案中选择一个最符合你的,把字母填在括号里。

1. 星期天,你早晨醒来时发现外面正在下雨,而且天气阴沉,你会怎么办?(   )
   A. 接着睡   B. 仍在床上逗留   C. 按照一贯的生活规律,穿衣起床

2. 吃完早饭后,在上课之前,你还有一段时间,你会怎样利用?(   )
   A. 无所事事,根本没有考虑学习点什么,时间不知不觉地过去了
   B. 准备学点什么,但又不知道学什么好
   C. 按照预先订好的学习计划进行,充分利用这段自由时间

3.除每天上课外,对所学的各门课程,在课余时间怎样安排?（　　）

　　A.没有任何学习计划,高兴学什么就学什么

　　B.按照自己的最大能量来安排复习、作业、预习,并紧张地学习

　　C.按照当天所学的课程和第二天要学的内容制订学习计划,严格有序地学习

4.你每天晚上怎样安排第二天的学习时间?（　　）

　　A.不考虑

　　B.心中和口头做些安排

　　C.书面写出第二天的学习计划安排表

5.我为自己制订了每月学习计划表,并严格执行。（　　）

　　A.很少如此　　　　B.有时如此　　　　C.经常如此

6.我每天的作息时间表有一定的灵活性,使自己拥有一些时间来应对意想不到的事情。（　　）

　　A.很少如此　　　　B.有时如此　　　　C.经常如此

7.当你发现自己近来浪费时间比较严重时,你有何感想?（　　）

　　A.无所谓　　　　B.感到很痛心　　　　C.感到应该从现在起尽量抓紧时间

8.当你学习忙得不可开交而又感到有点力不从心时,你怎样处理?（　　）

　　A.开始有些泄气,认为自己脑筋笨,自暴自弃

　　B.有激情,但又感到时间很少,仍然拼命学习

　　C.开始分析检查自己的学习时间分配是否合理,找出合理安排学习时间的方法,在有限的时间里提高学习效率

9.在学习时,常常被人干扰、打断,你怎么办?（　　）

　　A.听之任之　　　　B.抱怨,但又毫无办法　　　　C.采取措施防止外界干扰

10.当你学习效率不高时,你怎么办?（　　）

　　A.强打精神,坚持学习

　　B.休息一下,活动活动,轻松轻松,以利于再战

　　C.把学习暂时停下来,待效率最佳时刻到来,再高效率地学习

11.阅读课外书籍,怎样进行?（　　）

　　A.无明确目的,见什么看什么,并常常读出声来

　　B.能一面阅读一面选择

　　C.有明确目的地进行阅读,运用快速阅读法,提高自己的阅读能力

12.你喜欢什么样的生活?（　　）

　　A.按部就班、平静如水的生活

　　B.急急忙忙、精神紧张的生活

　　C.轻松愉快、节奏明显的生活

13.你的手表或书房的闹钟常处在什么状态?（　　）

　　A.常常慢　　　　B.比较准确　　　　C.非常准确

14 你的书桌井然有序吗?（　　）

　　A.很少如此　　　　B.偶尔如此　　　　C.常常如此

15.你经常反省自己处理时间的方法吗?(　　　)

A.很少如此　　　　　　B.偶尔如此　　　　　　C.常常如此

评分与解析

选择A得1分,选择B得2分,选择C得3分。将各题的得分加起来,然后根据下面的评析判断出自己的时间管理能力和水平。

35~45分,有很强的时间管理能力。在时间管理上,是一个成功者,不仅时间观念强,而且还能有目的、有计划、合理有效地安排学习和生活时间,时间的利用率高,学习效果良好。

25~34分,善于对时间进行自我管理,时间管理能力较强,有较强的时间观念,但是,在时间的安排和使用方法上有待进一步提高。

15~24分,时间自我管理能力一般,在时间的安排和使用上缺乏目的性,计划性也较差,时间观念较淡薄。

14分以下,不善于时间管理,时间观念淡薄,不能合理地安排和支配学习、生活时间,需要好好地训练,逐渐掌握时间管理技巧。

如果所得的分数较低,要提高警惕,努力寻求改进方法。

(1)增强时间观念。应牢记:"最严重的浪费就是时间的浪费。""放弃时间的人,时间也会放弃他。"

(2)制订时间使用计划,并认真执行。以星期为单位制订一个较长的计划。每天要有每日学习计划表和时间使用表,严格按照计划学习,并自觉进行检查和总结。

(3)记录和分析一天内使用时间的情况。将在一天里所做的事情及耗用的时间记录下来,然后进行分析,看看哪些时间使用得有价值,哪些时间是浪费掉的。只要做到持之以恒,对时间管理能力的提高是大为有效的。

(资料来源:陈衍.大学生心理健康教育心理课堂.北京:化学工业出版社,2007.)

三、优化学习方法

科学的学习方法能提高学生的学习能力和学习效果。下面介绍几种学习方法,供大家参考。

(1)明确目标。

(2)系统地学习。

(3)协同学习。协同学习是指在学习时注意到不同门类知识之间的内在联系,协同一致地进行学习。

(4)分阶段、有步骤地学习,也就是"化整为零,化繁为简,化多为少,化难为易"。

(5)抓住特点,模糊记忆,细部校准。

(6)立即回想。

(7)反串角色,即把自己想象成讲授这门课程的老师,编写自己的讲义。

(8)实战演练。在实际应用中进行学习,学用结合,这样效果最好、进步最快。

心理测试

大学生学习技能测验

有人调查过成绩好和成绩差的两部分学生,发现成绩好的学生"学习得法",成绩差的学生则"学习不得法"。"得法"与"不得法"也就是有没有具备一定的学习技能。

下面有25道题,每道题有5个备选答案,请你根据自己的实际情况,在题目后面圈出相应的字母,每题只能选择一个答案。

A——很符合自己的情况　　B——比较符合自己的情况
C——很难回答　　　　　　D——较不符合自己的情况
E——很不符合自己的情况

1. 记下阅读中的不懂之处。ABCDE
2. 经常阅读与自己专业无直接关系的书籍。ABCDE
3. 在观察或思考时,重视自己的看法。ABCDE
4. 重视预习和复习。ABCDE
5. 按照一定的方法进行讨论。ABCDE
6. 做笔记时,把材料归纳成条文或图表以便于理解。ABCDE
7. 听人讲解问题时,眼睛注视着讲解者。ABCDE
8. 利用参考书或习题集。ABCDE
9. 注意归纳并写出学习中的要点。ABCDE
10. 经常查阅字典、手册等工具书。ABCDE
11. 面临考试,能克服紧张情绪。ABCDE
12. 认为重要的内容,就格外注意听讲和理解。ABCDE
13. 阅读中若有不懂的地方,非弄懂不可。ABCDE
14. 联系其他学科内容进行学习。ABCDE
15. 动笔解题前,先有个设想,然后抓住要点解题。ABCDE
16. 阅读中认为重要的或需要记住的地方,就画上线或做上记号。ABCDE
17. 经常向老师或其他人请教不懂的问题。ABCDE
18. 喜欢讨论学习中遇到的问题。ABCDE
19. 善于吸取比较好的学习方法。ABCDE
20. 对需要记牢的公式、定理等反复进行记忆。ABCDE
21. 观察实物或参考有关资料进行学习。ABCDE
22. 听课时做好笔记。ABCDE
23. 重视学习的效果,不浪费时间。ABCDE
24. 如果实在不能独立解答问题,就看了答案再做。ABCDE
25. 能制订出切实可行的学习计划。ABCDE

计分与评价

统计你所圈字母的次数,A 得 5 分,B 得 4 分,C 得 3 分,D 得 2 分,E 得 1 分,把所得的分数相加,算出总分,对照评价表(表 6-2),就能了解到自己的学习技能水平。

表 6-2　　　　　　　　　　　　评价表

总 分	评 价
101 分以上	优秀
86~100 分	较好
66~85 分	一般
51~65 分	较差
50 分以下	很差

(资料来源:郝春生.高职大学生心理健康指导.北京:清华大学出版社,2009.)

生活链接

读书可美容
王清铭

触发我写下题目的灵感来自宋代黄庭坚的一段话:"士大夫三日不读书,则义理不交于胸中,对镜觉面目可憎,向人亦言语无味。"没有了书籍中道理、哲理对心灵的"滋润",尘嚣就开始"恶化"脸部"环境",干瘪枯槁,令自己也感到厌恶。相反,苏东坡说"腹有诗书气自华",读书不可能改变人的容貌,至少可以塑造人的气质。山有玉则石润,读书人含英咀华,自然涵养了气质。

美容作为弥补自然缺陷的一种方式,成为当今人们追求的一种时尚。林清玄很赞赏一位台北化妆师的话:"三流的化妆是脸上的化妆,二流的化妆是精神的化妆,一流的化妆是生命的化妆。"我想,读书是精神和生命上的美容。矮个的鲁迅在文字中留下巍峨的形象,瘫痪的张海迪用文字在精神的天空行走漫步,知识弥补了身体的缺陷。不仅如此,培根说:"读史使人明智,读诗使人聪慧,演算使人精密,哲理使人深刻,道德使人高尚,逻辑修辞使人善辩。"读书可以培育智慧,熏陶心灵,祛除疾病。

你患了"哮喘病",请读文天祥的《正气歌》;你有"佝偻病",不妨服几钱李白的"安能摧眉折腰事权贵";你有"红眼病",就擦几片陶渊明的"采菊东篱下,悠然见南山";你"贫血",读几句杜甫的"朱门酒肉臭,路有冻死骨"……

林语堂先生对读书可美容也有独到见解:"章太炎脸孔虽不漂亮,王国维虽有一根辫子,但是他们是有风韵的……"章、王两位国学大师没有潘安之表,却有潘江、陆海之才,林先生用"风韵(风度气韵)"一词来表达景仰之情。他在《论读书》中谈道:"像《浮生六记》中的芸,虽非西施面目,并且前齿微露,我却觉得是中国第一美人。"《浮生六记》中的芸虽是闺阁少妇,但慧中而秀外。"兽云吞落日,弓月弹流星""秋侵人影瘦,霜染菊花肥"等佳妙词句就出自她的锦心绣口。

日本教育家小泉信三也曾说:"精于一艺或是完成某种事业之士,他们的容貌自然具有凡庸之士所无的某种气质与风格,读书亦然。读书而懂得深入思考的人,与全然不看书的人相较,他们的容貌当然也不尽相同。"思想的深沉,往往化为眼神的犀利,如鲁迅;结晶成头发的银白,如巴金;镌刻成皱纹的平和,如冰心,那些细小的皱纹排列起来,就是一个大写的"爱"。

美国前总统林肯曾经说人应该为自己的容貌负责,十八岁(有些版本说是四十岁)前不美丽是上帝的错,十八岁后不美丽则是自己的错。怎么纠正错误呢?读书可以熏陶自己的气质,塑造自己的灵魂。不要急着去美容院,先给自己的精神和生命化妆吧。

没有哪一种胭脂能涂抹时间,没有哪一件服装能掩饰灵魂。要想青春常在,请用知识充实灵魂,用智慧"涂抹"时间吧。

推荐好书

《人生光明面》

作者:【美】诺曼·文森特·皮尔
译者:殷金生
出版社:江西人民出版社
出版时间:2006年1月
内容简介:这不仅是一部供你阅读的书,更是一部指导你亲身实践的书。书中的每一个故事都是采用皮尔博士"积极思维"后转败为胜的奇妙结果,你的"积极思维"也能挖掘出你生命中永不枯竭的力量源泉,带给你一生中美好的祝福。

本书将告诉你怎样发掘人生光明面,激发"积极思维",从而在面对困难与烦恼时脱离困境。此外,本书还提供给你许多可供实践的事例。

作者简介:诺曼·文森特·皮尔博士是闻名世界的演讲家、教育家、作家,被誉为"积极思维之父""积极思维的鼻祖""自尊的倡导者"。他著有《人生光明面》等40多本畅销书。他的名言"成功是一种态度""态度决定一切"传遍了全世界,给无数人带来了无穷的力量。

第七章　创新思维

本章导航

思维的核心就是创新。创新思维是指用新颖独创的方法解决问题的思维过程。创新思维有什么特点？如何开发你的创新思维？这是本章讲述的主要内容。

经典名言

道在日新，艺亦须日新，新者生机也；不新则死。　　　　——徐悲鸿

能正确地提出问题就是迈出了创新的第一步。　　　　——李政道

要创新需要一定的灵感，这灵感不是天生的，而是来自长期的积累与全身心的投入。没有积累就不会有创新。　　　　——王业宁

第一节 创新思维概述

一、创新思维的含义

创新思维是指以新颖独创的方法解决问题的思维过程。通过这种思维能突破常规思维的界限,以超常规甚至反常规的方法、视角去思考问题,提出与众不同的解决方案,从而产生新颖的、独到的、有社会意义的思维成果。有专家学者认为,创新思维的本质在于将创新意识的感性愿望提升到理性的探索上,实现创新活动由感性认识到理性思考的飞跃。

二、创新思维的特点

(一)联想性

任何事物之间都存在着一定的联系,这是人们能够采用联想的客观基础。联想的主要方法是积极寻找事物之间的对应关系,将表面看来互不相干的事物联系起来,从而达到创新的界域。联想性思维可以利用已有的经验创新,如我们常说的由此及彼、举一反三、触类旁通,也可以利用别人的发明或者创造性进行创新。

(二)求异性

创新思维在创新活动过程中,尤其在初期阶段,求异性特别明显。它要求关注客观事物的不同性和特殊性,关注现象与本质、形式与内容的不一致性。

一般来说,人们对司空见惯的现象和已有的权威结论怀有盲从和迷信的心理,这种心理使人很难有所发现、有所创新。而求异性思维则不拘泥于常规,不轻信权威,以怀疑和批判的态度对待一切事物和现象。

(三)发散性

发散性思维是一种开放性思维,其过程是从某一点出发,任意发散,既无一定方向,又无一定范围。它主张打开想象大门,张开思维之网,冲破一切禁锢,尽力接受更多的信息,可以海阔天空地想,甚至可以想入非非。发散性思维是创新思维的核心。发散性思维能够产生众多的可供选择的方案、办法及建议,能提出一些独出心裁、出乎意料的见解,使一些似乎无法解决的问题迎刃而解。

(四)逆向性

逆向性思维就是有意识地从常规思维的反方向去思考问题的思维方法。面对新的问题或长期解决不了的问题,不要习惯于沿着前辈或自己长久形成的、固有的思路去思考,可以从相反的方向寻找解决问题的办法。

(五)综合性

综合性思维是把对事物各个侧面、部分和属性的认识统一为一个整体,从而把握事物的本质和规律的一种思维方法。综合性思维不是把对事物各个部分、侧面和属性的认识随意地、主观地拼凑在一起,也不是机械地相加,而是按它们内在的、必然的、本质的联系把整个事物在思维中再现出来的思维方法。

美国在 1969 年 7 月 16 日实现了"阿波罗"登月计划,该计划总指挥韦伯(Weber)曾指出:"阿波罗计划中没有一项新发明的技术,都是现成的技术,关键在于综合。"可见,阿波罗计划是充分运用综合性思维方法进行的最佳创新。

三、创新思维的过程

创新是一个复杂的心理过程。英国心理学家瓦拉斯(Wallas)在研究从思维萌芽到创造性概念形成时,提出了著名的创造性思维的四阶段学说。瓦拉斯认为,无论是科学还是艺术,或者其他创造性活动,大体上都包括以下四个阶段。

(一)准备阶段

这是创新过程的基础阶段。准备阶段包括积累知识、提出问题、调查研究、搜集资料、分析别人的经验和数据、提出假设等,它需要人们高度紧张、全神贯注、深入细致地探讨研究的对象。这一阶段的特点主要是在积累知识的过程中检查和清理问题,确定创造的方向和目标,从主观和客观条件上做好必要的创新准备。在这个阶段,提出问题、搜集资料和提出假设是最为重要的步骤。

1. 提出问题

一切创新都始于提出问题。为了能正确地提出问题,人们首先必须了解引起问题所依据的重要事实以及在解决问题方面已有的前提条件。

2. 搜集资料

在这一阶段,主要是围绕问题搜集资料、形成概念、储存经验,并以此为基础进行创新活动。占有的资料越丰富,创新思维就越灵活和深刻。

3. 提出假设

假设在创新活动中具有特别重要的地位,它能够揭示事实的奥秘,迈出探索事物规律的第一步。

(二)酝酿阶段

这是创新过程的运作阶段。经过长期系统的准备之后,围绕既定的方向和目标,个人在某一方面的知识和经验已经有了相当的积累,并进入深思熟虑和探索试验阶段。在酝酿过程中,人们通过对积累资料的筛选分析、对多个创新方案的比较、对可能遇到的各种问题进行反复思考,以期有一个明确的结果。

为了能把自己调整到创新的状态上来,你必须从熟悉的思考模式以及对某事的固定成见中摆脱出来。为了避免习惯的"智慧"的束缚,可以用以下几种技巧来进行酝酿。

1. 群策攻关法

群策攻关法是艾利克斯·奥斯伯恩(Alex Osborn)于 1963 年提出的一种方法,它建立在人们与他人一起工作时容易产生独特的思想并创新地解决问题的基础上。在一个典型的群策攻关期间,一般是一组人在一起工作,进行"头脑风暴",在一个特定的时间内提出尽可能多的思想;提出了思想和观点以后,暂时不对它们进行判断和评价。在创新思考时,鼓励人们善于借鉴他人的观点,因为创新的观点往往是多种思想交互作用的结果。

2. 创造"大脑图"

你可以这样来开始你的"大脑图":在一张纸的中间写下主要的专题,然后记录下所有与这个专题有联系的观点,并用线把它们连起来;让你的大脑自由地运转,跟随它一起去建立联系的活动;你应该尽可能快地工作,不要担心次序或结构;让其自然地呈现出结构,反映出你的大脑自然地建立联系和组织信息的方式。一旦完成了这个工作,你能够很容易地在新的信息和你不断加深的理解的基础上修改其结构或组织。

3. 坚持写"做梦日记"

根据弗洛伊德的观点,梦是通向无意识的捷径,是发现创新思想丰富而肥沃的土壤,是人内心深处思想过程的逻辑和情感的表达,而它们与创新的"本质"紧紧相连。为了抓住你的梦,你要在床边放一个便笺簿,把你所能回忆起来的梦的情景记下来。

(三)顿悟阶段

顿悟原为佛教用语,指顿然破除妄念,觉悟真理。这里借指与直觉和灵感具有一定联系的思维现象。创新者进入这一阶段,往往有柳暗花明、茅塞顿开的感觉。这是创新过程的收获阶段。这时人们会因为某种机缘或是受到什么意外的刺激,思想豁然开朗,一种新观念油然而生。这种表现通常被称为"灵感"。灵感是一个人长期实践、长期思考、艰苦劳动的产物。

心理知识

顿　悟

顿悟(insight)的研究始于格式塔心理学家柯勒,它挑战了当时占主导地位的桑代克的"尝试—错误"学习理论,证明问题解决过程可以以"突变"而不是"渐变"的方式发生,因而具有重要的理论意义。但柯勒关于顿悟的研究的意义却并不止于对于"尝试—错误"理论的反驳,它的意义还在于采用科学心理学的方法界定了一个高级的认知过程——顿悟,顿悟过程是我们的创造性思维赖以实现的基础。

顿悟式的问题解决含有"突发性"(suddenness)、"直指性"(directness)和"(行为操作的)持续性"(continuousness of performance)"三个特征。"突发性"是指顿悟式的问题解决往往在极短的一瞬间突然实现;"直指性"是指有效解决问题的方案在顿悟状态中直接呈现在眼前,并非经过反复的尝试错误或者复杂的手段—目的分析;"持续性"是指顿悟一旦获得,便很少出现行为上的反复,它很像一种"一学即会"的学习过程。

经典的顿悟问题包括"六火柴问题""蜡烛问题""双绳问题"和"九点问题"等。一般而言,顿悟问题包含三个显著的特征:其一,顿悟问题的解决并不需要特殊的认知技能;其二,人们在解决顿悟问题的过程中,往往会遇到一个明显的障碍,这个障碍让他们感到不知所措;其三,这个障碍一旦被打破,顿悟问题就会迎刃而解,人们会有一种伴随情感释放的"啊哈"的体验。

[资料来源:罗劲.顿悟的大脑机制.心理学报,2004(2).]

（四）检验阶段

验证阶段是创新过程的最后阶段。在这一阶段，人们为了精确地阐述创造的关键所在，为了检验创造成果的可行性、合理性和有效性，往往会通过推理或实际操作全力以赴、苦心孤诣地继续探索和思考，精力依然需要高度集中，不允许有丝毫的分散和懈怠。

随着创新过程的深入，对创新者的要求也越来越高。在这一阶段，创新者应具有较高的观察力和分析力，善于发现和判断有时看来是微不足道的但对创新却又是很重要的问题和事实。在这一阶段，创新者要把研究的内容与预期的结果加以系统的对比，用事实的逻辑来检验科学的假设。

生活链接

一项有趣的练习

请遵从指导：

在三分钟内完成以下任务：
(1)在纸的正中间写上你的姓名。
(2)在姓名的旁边写上三个"好"字。
(3)把你的性别和生日写在纸的右上角。
(4)在纸的最上方写上今天的日期。
(5)在纸的左下角画三个正方形。
(6)在这三个正方形外各画一个圆。
(7)在这三个正方形里各画一个三角形。
(8)在你的姓名上方写上你父母的姓名。
(9)把你们三人的生肖分别写在姓名的旁边。
(10)把你的生日数字单个相加，把结果写在生日的下面。
(11)在纸的左上角写出你所读过的一所学校的名称。
(12)把你最喜欢的一样东西写在纸的左边。
(13)把你最讨厌的一样东西写在纸的右边。
(14)在纸的右下角画五个五角星。
(15)在你的姓名下面画一条波浪线。
(16)在父母的姓名旁边写上他们的生日。
(17)算算你父亲比你大多少岁。
(18)算算你比你母亲小多少岁。
(19)再看看你父母相差多少岁。
(20)在你最讨厌的东西上画"×"。
(21)在你最喜欢的东西旁边画"?"。
(22)接下去的三题你不用做。
(23)将题目前面的单数题号圈出来。

(24)在题目前面的双数题号上画"√"。
(25)在纸的下端写出28乘以82的答案。
(26)把第7题中你所画的三角形全部涂黑。
(27)把第14题中你所画的五角星全部涂黑。
(28)看完后你只需要做第1题和最后两题。
(29)数一数当你"幡然省悟"时已做了多少题。
(30)在你姓名的下面写上"遵从指导我第一"。

课堂实录：

大部分同学听到开始的口令后都没有浏览，便急不可待地翻开试卷直接从第一题落笔答题，他们都想成为最快的人。教室里静悄悄地，只听见"沙沙"的落笔声……

也有极个别同学对此产生疑义，没有落笔，开始浏览，然后脸上露出笑容，落笔答题。不到一分钟他就举手示意，指导教师见状立即示意：知道，手放下。

两分钟以后，有些同学还在埋头苦算；有些同学已经察觉活动的题目有"猫腻"，此时他们已经知道在三分钟内难以完成任务，但是并没有找到解决问题的答案。

时间到！

指导教师课程语：

请同学们相互检查一下答题状况，如果你还没有全部答完的话，请看第28题。其实这30道题只需做3道题即可，亲爱的同学，你做了多少道题呢？

当你"幡然醒悟"的时候已经做了多少题，或是根本没有醒悟过来？

我们究竟错在哪里呢？

其实，我们谈不上什么错，我们只是受了思维定式的消极影响。作为一个大学生，我们长期的学习经历使我们养成了一种呆板、机械、千篇一律的解题习惯。当新的问题出现时，惯性的解题方法让我们不知不觉地步入误区，掉进陷阱。推而广之，当新问题相对于旧问题具有差异性而又不为人知时，由旧问题的求解所形成的思维定式则往往有碍于新问题的解决。因此，创新大多要从打破思维定式开始。

（资料来源：王培俊.职业规划与创业体验.北京：高等教育出版社，2011.）

第二节 创新思维开发

创新思维是相对于传统思想而言的，没有受到现成思路的约束，寻求对问题全新的独特的解决方法的思维过程。

一、创新思维开发的方式

创新思维的过程是开发大脑的一种发散思维的过程。从心理学的角度看，它可以采用以下方式。

（一）打破常规思维

打破常规思维，坚持独立思考。世界上众多的发明家和科学家所共有的一种宝贵品质，就是不迷信权威，大胆怀疑，勇于破难，敢于创新。正是他们这种敢于批判和独立思考的精神，使他们走上了发明创造的道路。人类发展的历史，从某种意义上讲，就是一部对错误进行批判和否定的历史。

> **案例**
>
> 有一次，科普作家阿西莫夫遇到一位汽车修理工，这位修理工是他的老熟人。修理工对阿西莫夫说："嗨，博士！我来考考你的智力，我出一道思考题，看你能不能回答正确。"阿西莫夫点头同意。修理工便开始出题："有一位既聋又哑的人，想买几根钉子，便来到五金商店，对售货员做了这样一个手势：两手两个指头立在柜台上，右手握拳头做出敲击的样子。售货员见状，先给他拿来一把锤子；聋哑人摇摇头，指了指立着的那两根指头。于是售货员就给他拿了钉子。聋哑人买好钉子，刚走出商店，接着进来一位盲人。这位盲人想买一把剪刀，请问：盲人将会怎样做？"阿西莫夫顺口答道："盲人肯定会这样。"说着，他伸出食指和中指，做出剪刀的形状。修理工一听笑了："哈哈，你答错了！盲人想买剪刀，只需要开口说'我买剪刀'就行了，他为啥要做手势呀？"
>
> 智商160的阿西莫夫，这时不得不承认自己确实是个"笨蛋"。而那位汽车修理工却得理不饶人，用教训的口吻说："在考你之前，我就料定你肯定要答错，因为你所受的教育太多了，不可能很聪明。"

实际上，人并不是因为学的知识多了就变笨了，而是因为人的知识和经验多，会在头脑中形成一定的思维定式。这种思维定式会束缚人的思维，使思维按照固有的路径展开。

人们在一定的环境中工作、生活和学习，久而久之就会形成一种固定的思维模式，这种模式使人们习惯于从固定的角度来观察、思考事物，以固定的方式来接受事物。

（二）提高想象能力

想象按照其有无目的性可以分为无意想象和有意想象。想象还可以分为再造想象和创造想象。

在想象中，联想是最为重要的一种想象形式。它是通过事物之间直接或间接的关系，把不同的事物联系起来的。在创新活动中，联想能力越强就越能把一个人的有限的知识和经验充分调动起来加以利用，越能把与某种事物相关联的众多事物联系综合，越能获得别人得不到的东西和难以进入的领域。

联想分为接近联想、相似联想、对比联想和因果联想。一个人的知识范围、工作性质、兴趣爱好等，事物之间相近、类似、相反的联系状况及对人的刺激强度、时间、次数等，都直接或间接地决定一个人的联想能力。

因此，提高联想能力的方法，首先是增加知识和经验；其次是采用合理的联想方法；再次是养成观察事物的良好习惯，善于发现事物与事物之间的联系。尤其重要的是对一件事物的观察，不仅要觉察其自身的特性，更要注意这一事物与其他事物之间的相互联系，不但要注意同时、同地事物之间的联系，还要注意当前的事物与以往的事物之间的联系，要注意所遇到的事物与自己的经验和知识的联系。

(三)扩展思维视角

扩展思维视角就是用不寻常的视角去观察寻常的事物,使事物显示出某些不寻常的性质。为了增强改变视角的能力,还可以采取一些简单的方法,如"单一视角泛化",它是指一个人在某一段时间内形成了某一种视角,那么他就可以把所有的外界事物和现象都纳入这种视角来加以认识,并根据这种视角来进行轻重缓急的次序排列。在这种高度统一的单一视角内,人们经常能够注意到被别人忽视的事物和现象,做出一些创造和发明。

案例

在北方的某个城市里,一家海洋馆开张了,50元一张的门票令那些想去参观的人望而却步。海洋馆开馆一年,简直门可罗雀。最后,急于用钱的投资商以"跳楼价"把海洋馆脱手,洒泪回了南方。新主人入驻海洋馆后,在电视和报纸上打广告,征求能使海洋馆起死回生的金点子。

一天,一位女教师来到海洋馆,她对经理说她可以让海洋馆的生意好起来。按照她的做法,一个月后,来海洋馆参观的人天天爆满,这些人当中有三分之一是儿童,三分之二则是带着孩子的父母。亏本的海洋馆开始盈利了。

海洋馆打出的广告内容很简单,只有12个字:儿童到海洋馆参观一律免费。

(四)实现多种思维的结合

1. 创新思维是直觉与灵感的相互贯穿

一般来说,直觉是大脑的一种高级的理性感觉;灵感是以直觉为起点的,在肯定性的直觉思维的基础上,经过一种量的积累导致质的飞跃。可以说,在创新思维的道路上,直觉与灵感是殊途同归。

2. 创新思维是逻辑思维和非逻辑思维的辩证统一

创新思维既包含逻辑思维,又包含非逻辑思维;既讲究逻辑推理,又需要思维跳跃;既是逻辑推理和思维跳跃相互促进的交替过程,又是逻辑思维和非逻辑思维的辩证统一。

3. 创新思维是发散思维和收敛思维的有机结合

发散思维即求异思维,是一种从不同途径、不同角度去探索多种可能性,探求答案的思维过程。收敛思维是在发散思维充分展开后,通过分析、讨论、比较得出最佳答案的思维过程。从共性中找个性、从个性中总结出共性,或通过推理归纳总结去发现规律,就是发散思维与收敛思维的有机结合。只有发散思维和收敛思维都产生后,才可能有创新思维的产生。

4. 实践是创新思维的基础

实践活动能够帮助我们将零散的思维"部件"装配成完整的、具有自己特殊运转能力的创新思想,于是人的认知策略也随着发生变化。实践引发了思维,新的思维又导致了更高一级的实践,如此循环往复,就可能生产出完整的、表达这一创造活动过程的产品来。

二、提高大学生创新思维的途径

(一)转变教师的传统教育方式

传统教育热衷于"教师滔滔讲,学生静静听"的教学方式,这很难吸引学生的注意力、调动学生的积极性。作为教师，应该努力寻求新的教学方法和教学模式，将自己的教学与学生的学习兴趣、思维活动紧密结合，使自己的教学设计更符合学生的认知规律，从而达到预期的教学效果。因此，教师要在教学组织方式上发挥引导作用，充分调动学生的积极性、主动性，使学生能动地运用自己的知识，积极参与教学，而不是被动接受；在教学方法上，要培养学生独立思考的能力，培养学生提出问题从而解决问题的能力，而不是让学生成为简单的"接收器"。

（二）重构有利于创新思维能力培养的考评体系

建立多元化的考核体系，可以考虑在考评目标、考评方法和考评主体等方面多样化。考评目标多层化是指根据学生的差异性制定差异化的考核目标，使每个学生都能发挥自身优势。考评方法多样化，可以采用笔试、口试、论文、调查报告等形式，对考试表现、日常表现、实习表现等方面进行综合评价。这种丰富的、全程式的考评结果能达到对学生知识、能力、素质的综合考查的目的，促使学生更注重创新思维能力的培养。考评主体多元化是指对学生的考核不再由教师单独完成，而是由任课教师、辅导员、实习主管相关人员、学生等共同组成，对每一位学生进行综合考评，这样学生可以通过全面考评结果客观地评价自己。

（三）开展有针对性的实践创新活动

针对不同学生主体进行实践教学，有助于激发大学生的创新意识和钻研精神。学校可以根据大学生的兴趣、特长、专业特点和不同的要求来安排实验项目和实践教学内容，学生本人也可以自主选择实践项目。学校要统筹安排各个实践教学环节，比如实验、实训、实习、创新制作、课程设计、社会实践、毕业设计等，将这些项目经过合理配置，循序渐进地安排进实践教学中，将实践教学的目标和任务具体落到实处。在这个过程中，学生的基本技能、专业技能和综合技术应用能力等逐渐提高，学生的一些创新设想也可以在这里实施和展示。同时，改革实践教学的方法和手段，少一些验证性实验，多一些综合性、开放式实验；组织学生开展科技活动，开展创新竞赛活动，建设创新实验室等，以充分发挥大学生实践主体的作用。

团体心理拓展活动

鸡蛋飞行器

活动目的： 培养团队的创新能力以及在短时间内进行有效决策的能力。

活动条件及道具： 面积较大的草坪或操场。道具：生鸡蛋、A4纸、大白纸、纸杯、皮筋、丝袜、筷子、牙签等低值易耗品。

活动步骤： 学生集合，教师以中等的语速和令人愉悦的语调对学生说："活动开始前，我想先问大家一个问题，大家觉得鸡蛋容易碎吗？那今天我要让你们做一个能飞得又远又不碎的鸡蛋飞行器，你们觉得可以完成吗？现在你们每个小组需要用我发的材料做一个可以运载鸡蛋的飞行器，不允许使用其他材料，完成后由起点起飞，飞行距离最远且鸡蛋完好者胜利。"

活动规则：
(1)飞行器不可以造成球状,要与飞机外形相似,必须有翅膀。
(2)安全第一,飞得再远,鸡蛋破了成绩也为零。
讨论：
(1)这个游戏让你有什么感受？
(2)你们是怎样策划的？你们的方法是怎样想出来的？
(3)你觉得你们的飞行器和别人的相比优势在哪里？
(4)你觉得你们的飞行器还有可以改进的地方吗？
启示：只有想不到,没有做不到。容易碎的鸡蛋竟然也可以成为飞行器,创新思维可以使梦想成为现实。

他山之石

仿真三维虚拟现实技术在旅游中的应用

祁欣佳是重庆大学动力工程学院研究生二年级的在读生,不久以前,他带着自己的项目来到了重庆高技术创业中心,祁欣佳的项目是仿真三维虚拟现实技术在旅游中的应用。通俗地讲,就是利用一些高科技设备,让眼睛接收到在真实情景中才能接收到的信息从而使人产生"身临其境"的感觉。祁欣佳的创意来自现实生活,他这样描述自己的项目,旅游景区对一个从未去过的游客来说是完全陌生的。那么,怎么才能让游客对旅游景区有所了解,不走冤枉路,还能玩遍喜爱的景点？祁欣佳设想把景区内所有的景物、服务设施以仿真三维的形式真实地再现于网上,让游客在足不出户的情况下,完成对旅游目的地的考察以及旅游路线的制定等工作。

(资料来源:重庆人才网)

心理测试

威廉斯创造力倾向测量表

这是一份帮助你了解自己创造力的练习。

在下列句子中,如果发现某些句子所描写的情形很适合你,请你在答案纸(请自备)上"完全符合"的圆圈内画"√";

若有些句子仅是在部分时候适合你,则在答案纸"部分符合"的圆圈内画"√";

如果有些句子对你来说,根本是不可能的,则在答案纸"完全不符合"的圆圈内务"√"。

注意：每一题都要做，不要花太多的时间去想。所有的题目都没有"正确答案"，凭你读每一句子后的第一印象作答。虽然没有时间限制，但应尽可能地争取以较快的速度完成，愈快愈好。切记，凭你自己的真实感觉作答，在最符合自己情形的圆圈上画"√"。每一题只能画一个"√"。

1. 在学校里，我喜欢试着对事情或问题做猜测，即使不一定都猜对也无所谓。
2. 我喜欢仔细观察我没有看过的东西，以了解详细的情形。
3. 我喜欢听变化多端和富有想象力的故事。
4. 画图时我喜欢临摹别人的作品。
5. 我喜欢利用旧报纸、旧日历以及旧罐头等废物来做成各种好玩的东西。
6. 我喜欢幻想一些我想知道或想做的事。
7. 如果事情不能一次完成，我会继续尝试，直到成功为止。
8. 做功课时我喜欢参考各种不同的资料，以便得到多方面的了解。
9. 我喜欢用相同的方法做事情，不喜欢去找其他的新的方法。
10. 我喜欢探究事情的真假。
11. 我不喜欢做许多新鲜的事。
12. 我不喜欢交新朋友。
13. 我喜欢一些不会在我身上发生的事情。
14. 我喜欢想象有一天能成为艺术家、音乐家或诗人。
15. 我会因为一些令人兴奋的念头而忘记了其他的事。
16. 我宁愿生活在太空站，也不喜欢在地球上。
17. 我认为所有的问题都有固定的答案。
18. 我喜欢与众不同的事情。
19. 我常想知道别人正在做什么。
20. 我喜欢故事或电视节目所描述的事。
21. 我喜欢和朋友一起，和他们分享我的想法。
22. 如果一本故事书的最后一页被撕掉了，我就自己编造内容把结局补上去。
23. 我长大后，想做一些别人没做过的事情。
24. 尝试新的游戏和活动，是一件有趣的事。
25. 我不喜欢太多的规则限制。
26. 我喜欢解决问题，即使没有正确的答案也没关系。
27. 有许多事情我都很想亲自去尝试。
28. 我喜欢没有人知道的新歌。
29. 我喜欢在同学面前发表意见。
30. 当我读小说或看电视时，我喜欢把自己想象成故事里的人物。
31. 我喜欢幻想200年前人类生活的情形。
32. 我常想自己编一首新歌。
33. 我喜欢翻箱倒柜，看看有些什么东西在里面。
34. 画图时，我很喜欢改变各种东西的颜色和形状。

35.我不敢确定我对事情的看法都是对的。
36.对于一件事情先猜猜看,然后再看是不是猜对了,这种方法很有趣。
37.玩猜谜之类的游戏很有趣,因为我想要知道结果如何。
38.我对机器有兴趣,也很想知道它里面是什么样子以及它是怎样转动的。
39.我喜欢可以拆开的玩具。
40.我喜欢想一些点子,即使用不着也无所谓。
41.一篇好的文章应该包含许多不同的意见和观点。
42.为将来可能发生的问题找答案,是一件令人兴奋的事。
43.我喜欢尝试新的事情,目的只是为了想知道会有什么结果。
44.玩游戏时,通常是有兴趣参加,而不在乎输赢。
45.我喜欢想一些别人常常谈到的事情。
46.当我看到一张陌生人的照片时,我喜欢去猜测他是怎样一个人。
47.我喜欢翻阅书籍及杂志,但仅限于了解它们的内容是什么。
48.我不喜欢探询事情发生的各种原因。
49.我喜欢问一些别人没有想到的问题。
50.不管是在家还是在学校,我总是喜欢做许多有趣的事。

评分方法

威廉斯创造力倾向测验共有50题,包括冒险性、好奇性、想象力、挑战性四项;测试后可得四项分数,加上总分,可得五项分数。分数越高,创造力水平越高。

冒险性:包括1、5、21、24、25、28、29、35、36、43、44等11道题。其中29、35为反向题目。记分方法分别为:正向题目,完全符合3分,部分符合2分,完全不符合1分;反向题目,完全符合1分,部分符合2分,完全不符合3分。

好奇性:包括2、8、11、12、19、27、33、34、37、38、39、47、48、49等14道题。其中12、48为反向题目,记分方法同冒险性部分。

想象力:包括6、13、14、16、20、22、23、30、31、32、40、45、46等13道题。其中45题为反向题目。记分方法同前。

挑战性:包括3、4、7、9、10、15、17、18、26、41、42、50等12道题。其中4、9、17题为反向题目,记分方法同前。

(资料来源:黎光明.心理测量.北京:清华大学出版社,2019.)

推荐好书

创新能力培训全案(第3版)

作者:郭强
出版社:人民邮电出版社

出版时间：2014 年 9 月

内容简介：创新不是简单的复制，也不是简单的模仿，而是在培养新观念、新技术、新体制的过程中对旧事物的淘汰、更新或改善。穷则变，变则通，通则久，企业只有不断创新，才能够长盛不衰。那么，如何建设创新型组织？如何加强组织成员的创新意识？如何提升组织成员的逻辑思考和逆向思维能力？如何建设学习型组织，不断提升组织成员的学习创新能力？如何实现自我超越？如何提升在企业管理、营销和服务上的创新能力？如何提升组织成员的创新方法运用能力？

本书从创新意识、逻辑思考、逆向思维、学习创新、自我超越、管理创新、营销创新、服务创新和创新方法运用共 9 个方面，详细介绍了如何培养创新能力的方法。

通过自测找差距，通过寓言拓思维，通过故事学方法，通过游戏提能力，通过语录理精华。

作者简介：郭强，培训师、咨询顾问，对企业人力资源管理问题有深入研究，曾为多家企业提供培训及咨询解决方案。

第八章 人际交往

本章导航

每个人都渴望幸福的生活。幸福指数的80%来源于融洽的人际关系。据一项对某高职院校大一新生的抽样调查显示，90%左右的大学生希望在大学里学会处理人际关系，结识更多的朋友，度过愉快的大学时光。那么，良好人际关系的秘诀是什么？本章将从人际交往的原则、技巧与实践操作等方面给你的人际交往搭桥铺路。

经典名言

一个永远不欣赏别人的人，也就是一个永远也不被别人欣赏的人。
——汪国真

和你一同笑过的人，你可能把他忘掉；但是和你一同哭过的人，你却永远不忘。
——纪伯伦

最能施惠于朋友的，往往不是金钱或一切物质上的接济，而是那些亲切的态度、欢悦的谈话、同情的流露和纯真的赞美。
——富兰克林

第一节 人际交往概述

一、人际交往与人际关系

人际交往指人们运用语言或非语言符号交换意见、传达思想、表达感情和需要等的交流过程,包括物质交往和精神交往。人际关系是在人际交往的基础上所形成的人与人之间的心理关系,它表现为人与人之间的心理距离,反映着人们寻求满足需要的心理状态。

在人际交往中,人与人之间形成了不同层次的人际关系,这些关系反映了人与人之间相互吸引的程度。依据大学生人际关系建立的动因和关系牢固程度,人际关系可以划分为以下三类:

第一类,低层次、低水平人际关系——建立在个人需求、好恶、爱恨基础上的人际关系,其思想基础薄弱,显示出脆弱、肤浅、表面、波动等特征。

第二类,中等层次、一般水平的人际关系——建立在共同的社会目标和一定行为规范基础上的人际关系,其思想基础比较牢固,显示出团结合作、友爱互助及比较稳定持久的特征。

第三类,高层次、高水平的人际关系——建立在对自然和社会发展规律的科学的认识基础上,具有远大的理想、抱负和志向,动机高尚、行为规范,并能根据社会的客观需要加以理性调节。这种人际关系稳定、持久,能经受各种严峻考验,是我们需要建立的良好的人际关系。

二、大学生中常见的人际关系类型

(一)同学关系

同学是大学生人际交往的主要对象,同学关系是大学生人际关系的主要内容。同学关系有:班级同学关系,宿舍同学关系,与老乡、社团成员关系。班级同学关系以学习与班级活动为主;宿舍同学关系以情感交往与生活交往为主;老乡关系以情感交往为主,社团成员关系以兴趣与工作交往为主。在大学生中,同学关系呈现以下特征:

1. 新的家庭

很多大学生寝室都会将各成员按年龄大小排行,像一个家庭的孩子,称呼老大、老二或姐姐、妹妹等。

2. 同学友情

在大学校园里,几个同学一起逛街、吃饭、看电影、下棋打牌,是很常见的事。大学生十分重视同学之间的情谊,希望感受彼此之间相互帮助、相互照顾、相互倾诉的学友情谊。

3. 称呼世俗化

大学校园里的称呼也出现了世俗化倾向,如同学中几个关系亲近的同学用"哥儿们""姐儿们""爷儿们"互相称呼;在学生社团的活动中,组织者常用"兄弟们多帮忙"之类的话来调动大家的积极性;同学之间出现矛盾时,大家用"弟兄们好说""大家都是朋友嘛"这样的话来化解。同学之间的称呼世俗化倾向,反映出大学生的人际交往更侧重于个人亲情交往。

4. 秘密私语

在大学校园里，流传着一些社会上使用不多的话语，比如，"小资""死党""逊哦"。如果不解释，社会上很多人听不懂，但这些话在校园里，几乎所有的学生都知道是什么意思。还有一些话不是校园里的流行语，而是一个班、一个寝室甚至是几个"圈内"同学之间的"密语"，他们只在特定的范围内使用。这种带有标志性的"圈内"语言，很容易把"圈内"人凝聚在一起。

（二）师生关系

从总体上来看，也许是受到大学提倡自主学习、自我管理风气的影响，师生关系不是特别密切，师生之间平常交往并不多。只有遇到与学习有关的功课问题、学业问题，才有较多的人去寻求老师的帮助。至于其他个人的心理问题、情绪问题、家庭问题、人际问题、恋爱问题等，则很少有人会去寻求老师的帮助。这反映出师生之间交往、交流都不太多。

三、良好人际关系的意义

大学是人生发展的特殊阶段。一方面，大学生离开熟悉的家人和朋友，到异地求学，第一次独立面对全新的生活和环境；另一方面，大学生正处于特殊的生理、心理发展阶段，自我意识迅速发展但尚不健全，往往更加渴求和谐的人际关系。可见，人际交往对大学生的成长与发展具有极其重要的意义。

（一）促进个体社会化

社会化是个体从自然人转变为社会人的过程，是一个人接受文化规范、形成独立自我的过程。人只有生活在一定的人际关系中，成为社会化的个体，才能具有完整的人格和品行，才能学习社会角色行为，才能获得社会公认的身份资格。在内心深处，把建立和维持人际关系的原则纳入自己的价值体系，来调节和支配个人的行为，是个体社会化发展不可缺少的重要环节。

（二）促进个体间信息交流

人际交往包括人们之间的一切互动过程，其中信息沟通是重要内容，即人与人之间诸如感情、意向、思想、价值等方面的理解与沟通。俗话说，"独学而无友，则孤陋而寡闻"，人们在与他人的交流中获取信息，纠正错误认识，实现心理共鸣，彼此相互促进、共同提高。

（三）有助于个体确立自我价值

自我价值是个体对自身价值的意识和判断，包括"我是谁""我是一个什么样的人""我是不是有能力的人""我是不是有价值的人"等方面。人不仅需要了解自己，而且需要通过了解别人来了解自己，需要在爱与被爱、归属与依赖的关系中确认自己的存在，需要在帮助别人和得到别人帮助的过程中感受自己的价值。

（四）有利于个体建立安全感

当我们对情境不确定时，需要有人指引，获得参照；当我们忧愁哀伤时，需要有人抚慰，能够倾诉；当我们面临危机时，需要有人帮助，得到支持。我们需要良好的社会支持网络，与他人保持人际关系。

（五）是事业成功的必备条件

戴尔·卡耐基曾说："一个人事业的成功，只有百分之十五是由于他的专业技术，另外百分之八十五要靠人际关系和处世的技巧。""一个好汉三个帮"，对于任何一个想要获得事业成功的人而言，没有良好的人际关系几乎是不可能的。

（六）是幸福感的重要源泉

追求快乐和幸福大概是人生活的最重要的目的。但怎样才能达到幸福，或者说幸福的最重要的支持因素是什么呢？

日常生活中，金钱、地位、名誉、成功等似乎与个人的生活质量关系较大，因此，许多人认为幸福是建立在这些要素的基础上的，但心理学家却否认了这种观点。心理学家通过广泛的调查和研究发现，良好的人际关系，尤其是亲子、夫妻、亲密朋友之间等关键的人际关系的融洽，才是人生幸福的重要的决定因素。

金钱买不到幸福，成功、名誉和地位也不一定能带来幸福。幸福从某种意义上说是一种生活态度和生活方式，只要我们对人真诚、友爱，对人关怀、体贴，对人理解、宽容，我们就可能收获良好的人际关系，并最终收获幸福。

第二节 人际交往中常见的心理困扰及其调适

一、大学生人际交往中常见的困扰及其调适

（一）缺少知心朋友

案 例

一位大学生说："中学时我有两个要好的朋友，我们整天形影不离，无话不谈。到了大学，我觉得大家都是'逢人且说三分话，未可全抛一片心'，交往如隔靴搔痒，没有真心话。于是，我觉得很孤独，感到长大了真没意思。"

这类大学生通常能正常交往，人际关系也不错，但总感到与人相处的质量不高，缺乏能互吐衷肠、肝胆相照、配合默契、同甘共苦的知心好友，因此常感到空虚、迷茫、失落。

朋友是一种极为重要的社会关系，它包含着信赖、分享、帮扶等诸多因素，是人在社会网络中生存发展的重要外在因素。如果缺乏知心朋友，人容易产生飘浮、游离的感觉，可能变得孤僻、封闭，严重的话还会导致抑郁。

主观上，这类大学生一方面强烈地渴望知心朋友，另一方面也许是出于保护自己的目的而怀着一种戒备的心态，不敢主动、真诚地与他人交往。另外，他们仍然期望心中向往的朋友像中学朋友那样亲密无间、无话不谈。

客观上，现代的大学生都是性格基本定型的成年人，不像中学时期，大家具备长时期的安全的感情培养基础。他们来自不同的家庭背景，有各自独特的相对成熟的价值观念、生活习惯、兴趣爱好、交往风格，完全的志趣相投出现的概率不是太大。

如何才能交到知心朋友呢？与人交往时，不妨按以下几点去做。

1. 真诚

与人交往,不要抱着功利性的目的。朋友是用心结交的。你真心对待别人,自然会有人向你靠近。

2. 信任

与人交往,应真诚相待、相信他人,因为信任是友谊的基石。

3. 求同存异

有相似的价值观或共同的兴趣爱好是友谊的前提,但是最好的朋友也得"亲密有间",有自己的生活空间。

4. 沟通与分享

平时与朋友保持较为紧密的沟通,开展各种互动活动,与对方分享自己的快乐、倾诉自己的忧愁。

5. 乐于奉献

朋友的试金石是能否患难与共,愿意为彼此做出牺牲。

6. 顺其自然

人生得一知己足矣。知音更是一种缘分,如果暂时没有找到,也不要自卑自怜,要顺其自然。

(二)没有私密空间的无奈

案例

一位同学谈到了自己遇到的难题:最近他与一位很好的朋友发生了一点不愉快,起因是那位好朋友经常借用他的手机,一开始他觉得偶尔用一次没什么,但后来朋友越来越实在,在外出找工作时竟把他的手机号码印在了名片上。结果,每天不断有电话骚扰他,他很生气,向朋友提出抗议,朋友认为他太小气,不够意思,结果两人产生了隔阂。他认为自己没做错,但又不想失去朋友,不知该怎么办。

我们都喜欢用"亲密无间"这个词来形容很要好的朋友,其实真的到了亲密无间的程度往往会适得其反。

朋友间保持一定的距离是很有必要的,只是不同亲密程度的朋友其距离的大小可以有区别。这里所说的距离,主要是应有礼貌和尊重。有些人一旦与别人熟悉了,就丢掉分寸感,进入了"不分彼此"的境界。物极必反,一到这种程度,友情就容易走向反面。因为一旦没有了距离,就势必会侵入别人的私人空间,给人造成不悦;没了分寸,就会把一些看似小节实际上却是很重要的问题放到无关紧要的地位,可能会增加误解或摩擦。有人说得好:"交友之道,宛如观荷。亭亭如盖,盈盈欲开,最宜远观。而香随风送,无语沁人,至臻妙境。太过近前,反见残枝败叶,腐水囤积,不免败兴。""每个人都有自己的空间,都有一方荷塘。我荷彼观,自悦与悦人,享受悠闲与宽阔。"

(三)生活习惯的差异导致宿舍关系剑拔弩张

案例

小王与小李是同班同学,他们同住一个宿舍。小王最近晚上老是失眠,白天上课昏昏沉沉，很难集中精神上课，他很担心这样下去学业会受到影响，为此他苦恼不已，来到心理咨询室。问起失眠原因，起先小王吞吞吐吐。在咨询师的再三询问下得知，小李同学是"夜猫子"，他和小王都睡在上铺，且是邻铺。小李每天都要到半夜才睡觉，要么看课外书，要么听音乐，要么小声打电话或发短信给女友。小王是"百灵鸟"，习惯于早起早睡，这可害苦了他，他也给小李提过意见。小李也说过尽量减少动静，同时建议小王早起时不要动作幅度太大，但仍然是半夜才休息。他们的矛盾越来越深，一直互不搭理，一遇小事就大动干戈。

像小王和小李这样由于生活习惯的差异导致的矛盾在大学宿舍比比皆是，公说公有理，婆说婆有理。不管是"夜猫子"还是"百灵鸟"，他们生活习惯就其本身来说，没有什么对错之分。换句话说，如果他们各自住在自己家里，互不干扰，矛盾将不复存在。

同学们来自五湖四海，大家拥有不同的生活习惯无可厚非，可宿舍是个具有一定空间、面积限制的公共的"家"，生活习惯的差异给彼此带来生活的不便是正常的现象，我们该如何处理此类的矛盾呢？

首先，接纳矛盾的正常性，切不可以此攻击对方。生活习惯是长期自然形成的，跟人的道德素质没有什么必然的联系，也不是针对某个人而故意为之。

其次，善于沟通。他人的生活方式影响到自己的生活时，可诚恳地找对方心平气和地沟通，先说他的优点，为进一步说服他打下感情的基础，然后诉说他的生活方式可能对你生活的影响，共同协商解决问题的办法。

最后，如果沟而不通，无法改变他人，那就只能改变自己，适应他的生活方式。

（四）缺少人际沟通技巧造成人际关系的紧张

案例

同学小张问另一个同学小王自己不懂的问题，小王觉得这是常识，心直口快，当着其他同学的面说"这种常识都不懂啊""白活了十几年"等一些话语。小张在众目睽睽之下被奚落，很是尴尬，又不好当众发火。过后小张再也不理小王了。小王开始丈二和尚摸不着头脑，经其他同学提醒，明白了怎么回事，后悔不已。

俗话说"一句话让人笑，一句话让人跳"。类似小王这样的同学其实从主观上并不想伤害对方。他们常常缺乏沟通技巧，说话直来直去，口无遮拦，无意之中给其他人造成误会和伤害。

人际交往的沟通技巧涉及很多内容，如尊重、真诚、理解、宽容等，而且这些沟通技巧除了从书本上学些基本的原则和理论外，更重要的主要靠日常人际交往的经验积累，不断总结教训。

二、建立健康的人际交往模式

适度的自我价值感是良好的人际关系的基础。自我价值感来源于对自己作为一个独特的个体而存在的固有价值的认识。任何一个个体都是无法完全被取代的，都有其独特的个性，有其独特的创造性潜能。伴随这种价值感而来的是对他人的独特性价值的理解及对他人的尊重。是否具有这种适度的自我价值感直接影响到人际交往模式。

美国著名心理学家爱利克·伯奈依据个体对自己和他人所采取的基本生活态度,提出了四种人际交往心理模式:

(一)我不好——你好,我不行——你行

著名心理学家阿德勒指出,人在生命的初始是依赖周围的人生存的,与周围的成人相比,儿童常常感到自己的无能,因而从小就有自卑感,婴儿在潜意识中形成了"我不行——你行"的人际交往心理模式。人的成长过程就是逐渐克服这种心态的过程。有的同学由于在个体社会化的过程中,尚未完全摆脱儿时形成的这种人际交往心理模式,因而在人际交往中常常表现出不同程度的自卑和恐慌,最为极端的表现是社交恐惧。

(二)我不好——你也不好,我不行——你也不行

不喜欢自己也不喜欢别人,既看不起自己也看不起别人,既不会去爱人也不能体验和接受他人的爱。这样的人在人际交往中常常表现为既自卑又自傲,愤世嫉俗而又自卑自怜。

(三)我好——你不好,我行——你不行

常常表现为充满优越感,骄傲自大,自以为是。总以为自己是对的,别人是错的,认为自己对别人好,而别人对自己不好,并为此感到愤愤不平,把人际交往失败的原因都归咎于他人。

(四)我好——你也好,我行——你也行

成熟的、健康的人际交往心理模式应该是"我好——你也好,我行——你也行"(理解、理性、宽容、接纳)。具有这种心态的人能充分体会到自己这种向上的强大理性能力,相信自己也相信他人、爱自己也爱他人。这种人不是十全十美的人,却能客观地悦纳自己和他人,正视现实,并努力去改变能改变的事物,善于发现自己、别人和外部世界的光明面,从而使自己保存一种积极、乐观、进取的精神状态。

四种人际交往心理模式的心理状态与人际关系见表8-1。

表8-1　　四种人际交往心理模式的心理状态与人际关系

心理模式	自我意识	情绪	心理状态	人生态度	人际关系
我不好——你好 我不行——你行	自卑	悲伤、困顿	退缩、封闭	拖延、逃避、自艾自怜、冷眼旁观、得过且过	很少与人交往
我不好——你也不好 我不行——你也不行	自暴自弃	悲愤	冷漠、绝望	麻木、破坏、自残、攻击他人	有"要与别人一起毁了"的冲动
我好——你不好 我行——你不行	自傲	愤怒、暴躁	具有防御性与攻击性、经常焦虑、烦躁	喜欢领导、操控他人	支配他人、统领他人
我好——你也好 我行——你也行	自信	喜悦	开朗、从容	尊重自己,也尊重别人	适时帮助别人,也能虚心接受别人的建议与帮助

心理测试

你的人际关系好吗?

本测验共有36道题,请你根据自己的实际情况,对其中的每个问题做出回答。符合你情况的,请在题号前写"是";不符合你情况的,请在题号前写"否"。

1. 你平时是否在乎自己的人缘?
2. 在食堂里你一般都是独自吃饭吗?
3. 和一大群人一起时,你是否会产生孤独感或失落感?
4. 你是否时常不经同意就使用他人的东西?
5. 当一件事没做好,你是否会埋怨合作者?
6. 当你的朋友有困难时,你是否时常发现他们不打算来求助于你?
7. 假如朋友们跟你开玩笑过了头,你会不会板起面孔,甚至反目?
8. 在公共场合,你有把鞋子脱掉的习惯吗?
9. 你认为在任何场合下都不应该隐瞒自己的观点吗?
10. 当你的同事、同学或朋友取得进步或成功时,你是否真的为他们高兴?
11. 你喜欢拿别人开玩笑吗?
12. 和自己兴趣爱好不相同的人相处时,你也不会感到兴味索然,无话可谈吗?
13. 当你住在楼上时,你会往楼下倒水或丢纸屑吗?
14. 你经常指出别人的不足,要求他们去改进吗?
15. 当别人在融洽地交谈时,你会贸然地打断他们吗?
16. 你是否关心和常谈论别人的私事?
17. 你善于和老年人谈他们关心的问题吗?
18. 你讲话时常出现一些不文明的口头语吗?
19. 你是否时而会做出一些言而无信的事?
20. 当有人与你交谈或对你讲解一些事情时,你是否时常觉得很难聚精会神地听下去?
21. 当你处于一个新的集体中时,你会觉得交新朋友是一件容易的事吗?
22. 你是一个愿意慷慨地招待同伴的人吗?
23. 你会向别人吐露自己的抱负、挫折以及个人的种种事情吗?
24. 告诉别人一件事情时,你是否试图把事情的细节都交代得很清楚?
25. 遇到不顺心的事时,你会精神沮丧、意志消沉,或把气出在家人、朋友、同事身上吗?
26. 你是否经常不假思索地随便发表意见?
27. 你是否注意赴约前不吃大葱、大蒜,以及防止身带酒气?
28. 你是否经常发牢骚?

29. 在公共场合,你会很随便地喊别人的绰号吗?
30. 你关心报纸、电视等信息渠道中的社会新闻吗?
31. 当你发觉自己无意中做错了事或损害了别人,你是否会很快地承认错误或做出道歉?
32. 有闲暇时,你是否喜欢和别人聊聊天?
33. 你跟别人约会时,是否让别人等你?
34. 你是否有时会和别人谈论一些自己感兴趣而他们不感兴趣的话题?
35. 你有逗乐儿童的小手法吗?
36. 你平时告诫自己不要说虚情假意的话吗?

计分与评价

请把你的答案与下面的答案逐个对照:1,是;2~9,否;10,是;11,否;12,是;13~16,否;17,是;18~20,否;21~23,是;24~26,否;27,是;28、29,否;30~32,是;33~34,否;35~36,是。

如果你的答案与上面所列的答案相同,就得1分,如果不相同,就不得分。把全部得分加起来,得分越高,表明你的人际关系越好,最高得分为36分。看自己的得分是在表8-2中的哪个范围内,便能大致判断出自己的人际关系好坏。

表8-2　　　　　　　　　评价表

总分	人际关系情况	总分	人际关系情况
30分以上	很好	15~18分	较差
25~29分	较好	15分以下	很差
19~24分	一般		

(资料来源:方平.自助与成长——大学生心理健康教育.北京:教育科学出版社,2010.)

生活写真

大学生常见的人际交往误区

误区一:如果周围有同学不喜欢你,就说明你人际关系不好

这句话换一种说法就是,只有周围所有的人都是你的朋友,才说明你有良好的人际关系。

事实上,这是很多同学评价自己人际关系时使用的标准,想让所有的同学都说自己好,尤其是有些班、团干部,当感到有同学对自己不是很肯定的时候,就非常沮丧。让所有人都接纳自己、肯定自己是不可能的,没有人是绝对的"大众情人"。

误区二：如果我拒绝别人，就会破坏人际关系

有些同学担心拒绝别人会破坏同学的友谊，于是一味地委曲求全。与人交往时，谦让、为对方着想是好的，但并不意味着完全不考虑个人的利益。当对方提出过分的要求时，要学会坦然地用平和的方式拒绝。

在人际交往中，恰当地表达自己是相互增进了解的一种方式。例如，有位男生因皮肤偏黑，同学们总是喊他"巧克力"，他觉得自我形象很差，自尊心受到伤害。当他试着告诉别人他不喜欢别人这样称呼他时，渐渐地，周围同学对他尊重了许多。

学习拒绝无理举动，本身是对自己尊严的捍卫。如果总是压抑愤怒不去表达，给别人的感觉是"我可以这样对你无理"，而自己也会生活在不真实的自我当中。

误区三：为了维系良好的人际关系，我只能永远是一个奉献者的角色

有一位从边远山区来的女生，总是扮演奉献者的角色。别人有事没事，都让她代替值日；宿舍检查卫生，室友总是说"今天检查卫生，你想着点儿啊"；宿舍要检查暖气是否漏水，大家也总是叮嘱她留下来。其实，人各有风采，单纯依靠牺牲自己利益的方式是无法求得良好的人际关系的。当你表现出真正的自己时，才会更有能力与他人交往，才是有能力帮助别人的人。

（资料来源：张钊源.大学生必读教程.北京：经济日报出版社，2007.）

第三节　提高人际吸引力

一、影响人际吸引的因素

人际吸引是人与人之间的相互接纳和喜欢。人为什么喜欢别人或被别人喜欢呢？心理学家阿伦森通过调查得出以下几点：一是信仰、利益与自己相同；二是有技术，有能力，有成就；三是具有令人愉快或崇敬的品质；四是自我悦纳。心理学家通过广泛研究后认为，人际吸引的条件主要是熟悉性、相似性、互补性与个人特征等。

（一）熟悉性

在日常生活中，人们更多地将喜欢的情感投向周围与自己有直接交往的对象，并在其中选择交往或合作的伙伴。自然而然地能够相互接触，彼此之间存在交往的可能性，这就成了人际吸引的前提条件。人际关系的由浅入深，也正是由相互接触与初步交往形成的。大学生进入大学后，最初的人际关系都是从宿舍与老乡开始的，相比之下，由于安排在一个屋檐下，彼此的熟悉程度显然高于非本宿舍成员，大学生最好的朋友往往都在同一宿舍；而老乡由于地缘关系，在陌生环境中会产生心理上的亲近感。

（二）相似性

在日常生活中，相同的态度、信仰、价值观与兴趣，相同的语言、种族、国籍、出生地，相同的文化、宗教背景，相同的教育水平、年龄、职业、社会阶层，乃至相同的遭遇、相同的疾病等，都能在一定条件下不同程度地增加人们的相互吸引。

为什么相似导致吸引呢？至少有三方面的原因：

第一，人们愿意同与自己相似的人交往，即"物以类聚，人以群分"。相似使人们更加相互理解，有共同语言。例如，大学生中的老乡之间有一种自然的亲近感，相同家庭背景的同学之间会多一些共同语言。

第二，相似的人可以为我们的信仰和态度提供支持，使我们感到自己不是孤立的而是有社会支持的。在大学里，共同的兴趣爱好往往成为同学交往的重要因素，而志同道合更容易成为知己；相反，对于那些在重要问题上与我们意见不合的人，我们可能会对其人格做出负面推断。

第三，人们认为与自己相似的人会喜欢自己。因为人们倾向于喜欢与自己相似的人，因此，想当然认为人同此心、心同此理，觉得他们也会喜欢自己，这样形成了良性循环。

（三）互补性

与相似性相联系的是互补性。当交往双方的需要和满足途径正好成为互补关系时，双方之间的喜欢程度也会增加。大学生中，外向型性格的人喜欢与内倾型性格的人友好相处，相互欣赏。

从表面上看，相似性与互补性是矛盾的，但实际上，二者是协调的。互补性主要是以在态度与价值观上的相似性为前提和基础的，主要涉及兴趣爱好、性格能力等方面的互补。

（四）个人特征

1. 外貌

大量的研究表明，外貌魅力会引发明显的"辐射效应"，使人们对高魅力者的判断具有明显的倾向性。但值得重视的是，人们对美貌的人的其他方面会给予积极评价，但如果人们感到外貌有魅力的人在滥用自己的美貌时，反过来倾向于对其实施严厉制裁。

2. 能力

人对有能力的人的态度往往出人意料。表面上似乎在其他条件相等的情况下，一个人能力越高、越完善，就越能受到欢迎。研究结果表明，实际上在一个群体中最有能力、最能出好主意的人往往不是最受喜爱的人。这是因为，一方面每个人都希望自己周围的人有才能，有一个令人愉快的人际关系圈，但如果某人的才能使其他人可望而不可即，则会产生心理压力。显然，才能与被人喜欢的程度在一定范围内成正比，超出这个范围，可能会产生逃避或拒绝行为。因此，一个才能出众但偶尔出点小错误的人在一定程度上比在公众面前表现完美的人更受欢迎。

3. 个性品质

美国心理学家安德森于1968年所做的一项影响人际关系的主要个性品质的调查中，排在序列最前面、受喜爱程度最高的六个个性品质是真诚、诚实、理解、忠诚、真实、可信，这些都或多或少、间接或直接与真诚有关。而排在序列最后的受喜欢程度低的几个品质如说谎、装假、不诚实、不真实等也都与真诚有关。一个人要想赢得别人的喜欢，与别人保持良好的交往，真诚是必须有的品质。

心理知识

人际交往的偏见

在人际交往中存在很多心理效应,了解这些知识有助于我们理解一些心理现象,从而改善人际交往。

1. 首因效应

第一印象一经建立,它对于后来获得信息的理解和组织有着强烈的定向作用。由于人的认知平衡和心理平衡的作用,人们必须使后来获得信息的意义与已经建立起来的观念保持一致。如一位大学生刚入大学时出色的自我介绍在同学的头脑中留下强有力的第一印象,即使以后他的表现不如以前,大家也会认为不是他能力有问题,而是不够尽力;相反,有的同学在寻求职业时留下很不称职的第一印象,那么要转变这一印象则需要很长时间。

2. 近因效应

近因效应不如首因效应突出,它的产生往往是由于在形成印象过程中不断有足够引人注意的新信息提供,或者是原来的印象已经随时间推移而淡忘。近因效应还与个性有关,一个心理上开放、灵活的人倾向于产生近因效应,而一个高度一致、稳定倾向的人,他的自我一致和自我肯定会产生首因效应。

建立良好的第一印象的方法是善于表现自己,给别人留下良好、深刻的印象。

3. 晕轮效应

人们将从已知的特征推知其他特征的普遍倾向概化为晕轮效应。其正面效应是通过某一方面建立有关别人的印象,最迅速、最经济,能帮助人们尽快适应多变的外部世界;其消极的一面在于以偏概全,有可能使人们对别人的印象与本来面目相去甚远。人们习惯于按照自己对一个人的某一种品质的存在推断出他还具有一些品质,如知道某人是正直的,则容易把这个人想象成具有刚正不阿、真诚可信、办事认真等品质,甚至爱屋及乌。

4. 刻板效应

有些人习惯于机械地将交往对象归于某一类人,不管他是否表现出该类人的特征,都认为他是该类人的代表,并总是将对该类人的评价强加于他,从而影响正确认知,特别是当这类评价带有偏见时,会损害人际关系。如有的大学生认为南方人小气、自私,家庭条件好的同学傲气、不好相处等,这种刻板印象容易形成先入为主的定式效应,妨碍正常人际关系的形成。

刻板印象的好处是能快速地了解一个陌生或不太熟悉的人或群体的特征,但刻板印象也有其弊端:一是它夸大了群体内成员间的相似性,从而对个体的知觉产生先入为主、以偏概全的偏差;二是夸大了群体间的差异性,容易产生偏见与歧视。

(资料来源:周家华,王金凤. 大学生心理健康教育. 3版. 北京:清华大学出版社,2010.)

二、人际交往的原则

(一)真诚原则

真诚待人是人际交往中最有价值、最重要的原则。以诚待人是人际交往得以延续和深化的保证。美国一位心理学家曾列出555个描写人品的形容词,让大学生说出最喜欢哪些、最不喜欢哪些,结果学生评价最高的品质是真诚。在8个评价最高的形容词中,有6个和真诚有关,即真诚、诚实、忠诚、真实、信赖和可靠。而评价最低的品质中,虚伪居首位。古人说:"以诚感人者,人亦诚而应。"在交往中,只有彼此抱着心诚意善的动机和态度,相互理解、接纳、信任,感情上引起共鸣,才能使交往关系巩固和发展。

(二)平等原则

人际交往,无论是公务还是私交,都没有高低贵贱之分,要以朋友的身份进行交往,才能深交。切忌因工作时间短、经验不足、经济条件差而自卑,也不要因为自己是大学毕业生、年轻、貌美而趾高气扬。这些心态都会影响人际关系的顺利发展。

(三)尊重原则

尊重包括自尊和尊重他人两个方面。自尊就是在各种场合自重自爱,维护自己的人格;尊重他人就是重视他人的人格、习惯与价值,尤其是隐私的尊重。尽管由于主、客观因素的影响,人与人在气质、性格、能力、知识等方面存在差异,但在人格上是平等的。只有尊重他人才能得到他人的尊重。例如,人与人之间无论关系多么亲密,彼此都有不愿暴露的私密空间,因此我们不能因关系亲密而任意侵犯对方所不愿暴露的领域。

(四)交互原则

人际关系的基础是人与人之间的相互重视、相互支持,对于真心接纳我们、喜欢我们的人,我们也更愿意接纳对方,愿意同他们交往并建立和维持关系。

我国古人所讲的"爱人者,人恒爱之""己所不欲,勿施于人"是有着其心理学基础的。

(五)互惠原则

心理学家霍曼斯提出,人与人之间的交往本质上是一个社会交换过程,人们希望交换对自己来说是值得的,希望在交换过程中至少得等于失,所以人们的一切交往行动及一切人际关系的建立与维持都是根据一定的价值观进行选择的结果。对于那些对自己来说值得的或者得大于失的人际关系,人们倾向于建立和保持;对自己来说不值得或失大于得的人际关系,人们就倾向于逃避、疏远或终止。

我国心理学家研究发现,由于人们的价值观不同,人际交往中存在着不同的社会交换机制。对重内在情感价值的人而言,他们在人际交往中个人情感卷入更多,因而有明显的重情谊、轻物质的倾向,与别人的交换倾向于增值交换;对重外在物质利益的人而言,他们在人际交往中重物质利益意识多于个人情感的卷入,因此倾向于用物质来衡量自己的得失,在人际交往中处于减值交换。

(六)理解原则

相互理解是人际沟通、促进交往的条件。就人际交往而言,你不仅要细心了解他人的处境、心情、特性、好恶、需求等,还要根据彼此的情况,主动调整或约束自己的行为,尽量给他人以关心、帮助和方便。"己欲立而立人,己欲达而达人,己所不欲勿施于人。"当你在交往中善解人意,处处理解和关心他人时,相信别人也不会亏待你。

(七)宽容原则

宽容表现在对非原则问题不斤斤计较,能够以德报怨。在人际交往中难免会遇到一些不愉快的人和事,要学会宽容,学会克制和忍耐。苏轼说得好:"匹夫见辱,拔剑而起,挺身而出,此不足为大勇也。天下有大勇者,猝然临之而不惊,无故加之而不怒,此其所挟持者甚大,而其志甚远也。"大学生在人际交往中心胸要宽,遇事要权衡利弊,要尽量团结那些与自己有分歧见解的人,营造宽松的交际环境。"学会原谅别人是美德,学会宽容别人是高尚。"有了这样的心境,就会有良好的人际关系,就会每一天都过得很快乐。

(八)信用原则

人际交往要讲究一个"信"字。"信"有两层含义:一是言必信,即说真话,不说假话,如果一个人满嘴胡言,净说假话骗人,到头来连真话都不能使人相信了;二是行必果,即说到做到,遵守诺言,实践诺言,如果一个人到处许愿而不去做,必然会引起人们的反感和唾弃。"人无信不立。""言而无信非君子。"要取信于人,第一要守信,即言行一致,说到做到;第二要信任,不仅要信任别人,而且要争取赢得别人的信任;第三不要轻易许诺;第四要诚实,即自己能办到的事一定要答应别人去办,办不到的事要讲清楚,以赢得对方的理解;第五要自信,即要有一种自信心,相信自己能行,给人以信心。

三、提高人际交往的技巧

(一)重视交往的第一印象

社会心理学家十分重视与人交往的最初阶段,并提出了首因效应,强调在与陌生人交往中最初印象的重要性。在充满竞争、讲究效率的现代社会,尤其在商界,交涉的成败在一定程度上取决于别人对你的第一印象。

在初次见面前,应检查一下自己的外表,如头发是否整齐、服饰是否得体,等等。在交往中,要运用好自己的体态语言,注意行为举止。握手轻飘无力、目光偏离、听人说话时注意力分散等,都会影响别人对你的第一印象。

微课
人际交往的技巧

(二)给人以真诚的赞美

会赞美别人是一种能力。

首先,赞美要选准角度。假如你赞美一位女同学,而这位同学相貌平平,与其说她美如西施,不如肯定她善良的心地、温柔的性情、不一般的才干。高水平的赞美是不落俗套的赞美。

其次,赞美要具体实在。比如,你想赞美一个同学,与其笼统地说"我真的喜欢你",不如换为"我喜欢你今天的穿着打扮"或"我喜欢你,因为你刚才说的那番话很真诚"。

第三,赞美要真诚。言不由衷的赞美只会让人生厌,效果适得其反。

第四,赞美要讲究艺术。有时好朋友不小心讲错一句话就会伤害到别人,赞扬人也一样。有位男生去一女生宿舍拜访,他要找的那位女生不在,只好坐下来等,那位男生想与正在宿舍的两位女生套近乎,就同时赞美两位女生。他对其中一个说:"你虽然没有她漂亮(这样已经得罪一个人),但你的亲和力比她强(又得罪一个人)。"可见,这位男生不会讲话!那应该怎么讲呢?"你们两个都很漂亮,一个是古典美,一个是现代美",或者"一个亲和力很强,一个古道热肠",这样就皆大欢喜了。

(三)给人以友善的微笑

有的人认为自己羞于言表,不好意思当面称赞他人,所以很难受人欢迎。其实不然,真诚的微笑往往也会给人留下美好而深刻的印象。

密歇根大学心理学家詹姆士·麦克奈教授谈他对笑的看法时说,有笑容的人在从事管理、教学、经商等职业是较有成效的。美国心理学家卡耐基曾说,你的笑容就是好意的信差。你的笑容能照亮所有看到它的人。对那些整天眉头紧皱、愁容满面的人来说,你的笑容就像穿过乌云的太阳。尤其对那些受到上司、客户、老师、父母或子女的压力的人,一个笑容能缓解他们的心理压抑,使苦恼和愁容烟消云散,让他们看到世界的美好。

(四)记住对方的名字

记住对方的名字并把它叫出来,等于给对方一个很巧妙的赞美。事实上,对方能记得你的名字,尤其是时隔多年还能记得,这说明你在他心目中是重要的、有地位的、有分量的。这使你获得了一种被人重视的成就感或被人记住的亲切感,这就等于赞赏了你、肯定了你。同样,你能记住别人的名字,尤其是分别多年后仍能记住对方的名字,对方会为此感到兴奋和激动。相反,记不住与你有关的人的名字是一种失礼,给对方一种被遗忘的感觉。如果你想得到别人的喜欢,请学会记住别人的名字。

(五)学会有效倾听

听和倾听是完全不同的,听只是对声波振动的获得,而倾听则是弄懂所听到的内容的意义,它要求对声音刺激给予注意、解释和记忆。下面行为与有效倾听有关:

1. 保持目光接触

与对方交流时应保持目光接触,因为对方会通过观察你的眼睛来判断你是否在倾听。

2. 复述

用自己的话重复所听到的内容,既可以使自己的注意力集中在交流的内容上,也可以使自己检查自己对所听到的内容理解的准确性。

3. 赞许性的点头和恰当的面部表情

有效倾听者会对听到的信息感兴趣,而适当的动作和表情恰恰能展现出这种兴趣。

4. 避免分心的举动或手势

倾听时,应该尽量避免看表、心不在焉地翻阅文件、乱写乱画等动作,这样会使说话者认为你对他讲的话题不感兴趣,也会使你的精力不集中。

5. 避免打断说话者

在别人说话时尽量耐心听,等别人说完了自己再说。

(六)多谈别人感兴趣的话题

在交往中,双方的信念、价值观、态度、兴趣、爱好及背景越相似,就越能相互吸引。因为两人之间相似,会缩短彼此间的心理距离,易产生感情上的共鸣,有一种平衡感、和谐感,在这种氛围中会有说不完的话题。

"物以类聚,人以群分"。两位都爱好文学的青年,走到一块儿谈天论地,十分畅快淋漓,友谊自然加深。相反,一位一心读书做学问,另一位只想经商淘金,两人在一块儿交谈,话题便很难深入下去。

为了结交更多的朋友,我们有必要扩大自己的知识面,培养自己多方面的兴趣、爱好,同时善于观察、判断交谈对象感兴趣的话题。美国前总统罗斯福在这方面堪称行家里手。凡拜访过罗斯福的人,无不对他广博的见闻佩服得五体投地。不管是政治家、外交家,还是西部牛仔、小市民,他都能找到适合对方身份的话题,能使彼此之间愉快地交谈。他的秘密在哪里呢?原来,当罗斯福知道谁将来访时,便提前查阅与当事人有关的资料,以使双方拥有共同的话题。

生活链接

拒绝的技巧

良好人际关系的建立并不意味着要一味地迎合对方,人际关系中适当的拒绝也很重要。因为每个人的能力都是有限的,都有个人的喜好,如果盲目地顺从对方,就会使这种交往变成一种负担,给自己造成不必要的压力。

拒绝是一门艺术,我们之所以拒绝对方,是因为一些不得已的原因或困难,而对方并不一定知道,我们不妨直接清楚地说出我们的难处,求得对方的理解,也可以用一些委婉巧妙的语言来化解。比如,对方邀请你参加郊游而你却不想去时,你可以这样说:"真想和你一起痛痛快快地玩一玩,可是我手头有一些重要的事情要做,否则我不会放弃这次好机会的。"

为了长远地、真诚有效地发展人际关系,在我们做不到的时候,我们要有说"不"的勇气和信心,这时的拒绝不会使你失去朋友,反而会让朋友觉得你诚实、可靠。但记住,在表达否定的时候,一定要尊重对方,说话要适当、得体,让对方容易接受,关于如何拒绝、如何说"不",应该注意以下问题:

(1)耐心倾听请求者说出的要求。
(2)如果你无法当场决定接纳或者拒绝,则要明白地告诉请求者要考虑多长时间。
(3)表达你对他的请求已给予慎重考虑。
(4)拒绝时表情上应该和颜悦色。
(5)拒绝时态度坚定。
(6)最好能向请求者说明拒绝的理由。
(7)表明拒绝的是他的请求,而不是他本人。
(8)为其提供其他可行途径。

(资料来源:贾晓明,陶勒恒.大学生心理健康——走向和谐与适应.2版.北京:北京理工大学出版社,2010.)

心理测试

包容力测试

包容力被视为人们高修养、睿智的表现。得到这项生活智慧之后,不应再对不同意见感到愤恨不平,而应自然地接受;有了这层领悟就容易包容任何事情,社会适应的大道也就会呈现在你的眼前。

请仔细阅读下列24个问题,你是赞成还是反对,请对它们做出不同的态度评价。评分标准为:反对,计0分;不太反对,计1分;有点赞成,计2分;大致赞成,计3分;赞成,计4分;非常赞成,计5分;绝对赞成,计6分。

1. 半夜被邻家婴儿的哭声吵醒,感到愤怒异常。
2. 觉得倾听和自己意见相左的见解很困难。
3. 客机机长应仅限男性。
4. 公司的人事科长不应雇用有犯罪前科者。
5. 剧场经理不应让穿牛仔裤的观众进会场参加首映典礼。
6. 为了让不听话的小孩学习服从,一定要常处罚他。
7. 应该强制嬉皮士和滑稽演员服两年役。
8. 基于扰乱和平的理由,应该禁止激进政治家的活动。
9. 技术革新会无法无天,不值得学习。
10. 只有勤奋劳动的工作才有高收入。
11. 可能的话,尽量避免和自己意见不同的人谈话。
12. 不承认女子足球队。
13. 外国劳动者不应该和一般公民享有同等权利。
14. 老人不应该穿着新潮服饰。
15. 早婚会有问题。
16. 住公寓的人不应该养猫、狗等宠物。
17. 公司的董事长应该对员工提升业绩和员工对公司的贡献抱有很大的希望。
18. "撒过一次谎,别人就不再相信你"这句话说得没错。
19. 顶尖运动选手应该保持最佳状态参加大赛。
20. 对最新流行服饰不得不稍加考虑。
21. 制订休假计划时,不必考虑小孩子的希望。
22. 女性和男性喝等量酒不太好。
23. 吸毒者被送到戒毒所是理所当然的。
24. 有和自己意见不一致的人在场心情就不好。

测量结果及解释

看自己的得分在表8-3中的哪个范围内。

表 8-3　　　　　　　　　　　　　　　分值对照表

14～16 岁	17～21 岁	22～30 岁	31 岁以上	包容力
0～10 分	0～13 分	0～9 分	0～15 分	非常强
11～12 分	14～16 分	10～15 分	16～31 分	强
13～29 分	17～30 分	16～32 分	32～50 分	尚可
30～62 分	31～49 分	33～48 分	51～60 分	稍低
63～144 分	50～144 分	49～144 分	61～144 分	很弱

非常强——非常有包容力。不在乎别人的意见和自己的不同,能够容忍偏激和善变的意见。

强——能理解和自己意见不同的想法。心中没有偏见,愿意敞开心怀接受新潮流、新思想。同龄层中比你缺乏包容的人很多。

尚可——包容力在平均水准中还算可以。

稍低——偶尔无法接受不同意见,对新趋势和新思想持怀疑态度。

很弱——没什么包容力。排斥和自己不同的意见,希望所有的人和自己想法一致。

(资料来源:黎光明.心理测量.北京:清华大学出版社,2019.)

团体心理拓展活动

泰坦尼克号

活动目标:有效激励学生在遇到困难时如何做计划,如何合作以及有效地利用有限资源。

活动道具:纸板 24 块(每组 6 块)、4 条长凳(方凳也可)、两条长绳(25 米)、《泰坦尼克号》音乐 CD、CD 机。

活动过程:教师给大家讲下面一个故事:"泰坦尼克号"即将沉没,船上的乘客(学生)须在《泰坦尼克号》音乐结束之前利用仅有的求生工具——6 块纸板,逃离到一个小岛上。

教师指导学生布置游戏场景:将 25 米的长绳在空地上摆成一个岛屿形状,在另一边摆 4 条长凳,用另外的绳子作为起点。给学生 5 分钟时间讨论和实验。

出发时,每一个人必须从长凳的背上跨过(就如同从船上的船舷栏杆上跨过),踏上纸板。

全部人到达小岛之后,并且所有纸板被拿到小岛上,游戏才算完成。

活动规则:

1.在逃离过程中,学生身体的任何部分都不能与"海面"(地面)接触。

2.自离开"泰坦尼克号"起,在整个逃离过程中,每块纸板都要被踩住,否则教师会将此纸板踢掉。

讨论与启示：

1. 你们小组可以想出什么样的办法来达成目标？

2. 你们小组是否确定出领导者？是根据什么确定的？撤离方案的形成是领导者的决定还是小组讨论的结果？

3. 你们小组的方案是否坚决贯彻到底了？中间发生了什么变化？为什么？

4. 事后回顾当初的方案觉得是否可行？有更好的方案吗？为什么当时没有想到或没有提出来？

（资料来源：樊富珉.团体心理咨询.北京：高等教育出版社，2005.）

推荐好书

《人性的弱点》

作者：【美】戴尔·卡耐基
译者：史建国
出版社：当代世界出版社
出版时间：2006年5月

内容简介： 在这个充满竞争的时代里，不善于应对弱点者显然缺乏竞争力，这绝非危言耸听，而是从许多失败的个案总结出来的教训。有些人总把自己弱点视为可改可不改的东西，一旦碰到问题和失败，就立刻对自己的弱点深恶痛绝；一旦情况有所好转，就满心欢喜，把自己的弱点带来的危害全抛在脑后。

本书关注的是如何改变你的人性的弱点，为自己成功的人生打开一条最有效的道路。

作者简介： 戴尔·卡耐基，成功学大师，美国现代成人教育之父。卡耐基在实践的基础上撰写而成著作，是20世纪最畅销的成功励志经典。卡耐基的主要代表作有：《沟通的艺术》《人性的弱点》《人性的优点》《美好的人生》《快乐人生》和《人性的光辉》等。这些书出版之后，立即风靡全球，先后被译成几十种文字，被誉为"人类出版史上的奇迹"。他一生致力于人性问题的研究，运用心理学和社会学知识，对人类共同的心理特点进行探索和分析，开创并发展出一套独特的融演讲、推销、为人处世、智能开发于一体的成人教育方式。

第九章　恋爱与性

本章导航

爱情是一个古老而又常新的话题。古往今来,有人为之讴歌,有人为之困惑,有人为之终生思索并苦苦地追求。就恋爱过程来看,从断桥相会到廊桥遗梦,从一见钟情到一往情深,从学业共济到比翼双飞,从异性相吸到爱情升华,百人百态,不一而足。那么,爱情的真谛是什么?如何应对恋爱过程中的心理困扰?你认可婚前性行为吗?本章将为你揭开爱情与性的神秘面纱。

经典名言

　　爱情不会因为理智而变得淡漠,也不会因为雄心壮志而丧失殆尽。它是第二生命;它渗入灵魂,温暖着每一条血管,跳动在每一次脉搏之中。
　　　　　　　　　　　　　　　　　　　　　　　　　　——爱迪生
　　爱情之中高尚的成分不亚于温柔的成分,使人向上的力量不亚于使人萎靡的力量,有时还能激发别的美德。　　　　　　　　——伏尔泰
　　爱情之酒甜而苦。两人喝,是甘露;三人喝,是酸醋;随便喝,要中毒。
　　　　　　　　　　　　　　　　　　　　　　　　　　——陶行知

第一节　关于爱情

一、爱情的心理学界定

传说人类诞生之初是连体儿,有四条腿、四只手,有相反方向的两幅面心、头颅、四只耳朵。这个连体儿很有智慧和能力,诸神感受到了强大的威胁,于是宙斯把人劈成两半,从而结束了威胁。从此以后,人类自出生之日起便是不完整的,在不断地寻找着自己的那一半,急切地扑向那一半,两个人纠缠在一起,拥抱在一起,强烈地希望融为一体。这便是人类爱情的起源。

那么,什么是爱情呢?心理学认为,爱情是建立在传宗接代的本能基础上,男女双方产生的特别强烈的肉体和精神享受的相互爱慕,并渴望对方成为自己终身伴侣的高尚情感。其特点是:

(1)相异性。爱情一般是在异性之间产生的,狭义的爱情专指异性恋,不含同性恋。

(2)成熟性。爱情是在个体身心发展到相对成熟阶段时产生的情感体验。

(3)高级性。爱情是一种高级情感,不是低级情绪。

(4)生理性。爱情有生理基础,包括性爱因素,不是纯粹的精神上的依恋。

(5)利他性。爱情的基本倾向是奉献。衡量一个人对异性有无爱情、强度如何,可以通过"是否发自内心地帮助所爱的人做其所期待的所有事情"这个指标来衡量。

二、爱情与友情

案例

菡与峰在高中时同校不同班,但他俩同时被某一高职学院录取。开学报到后,受菡的父母嘱托,峰如同大哥般不时关照着菡。在峰的关心帮助下,菡渐渐适应了校园生活。让峰始料不及的是,随着他与菡日渐熟悉,他从她的眼中感到了她对他的依恋。周围的同学也笑称他俩是"郎才女貌,天生一对",然而,他却始终找不到恋爱的感觉。面对这种情况,峰开始有意识地疏远菡。可几天不见峰,柔弱娇小的菡便哭得像泪人似的,不吃也不喝,谁劝都不听。峰三番五次鼓起勇气想对她说清楚,自己只能是她永远的兄长,不可能是恋人,可每次话到嘴边又都咽了下去。峰感到进退两难。

后来,峰给菡的父母写了一封信,坦率诚恳地谈了自己的想法,并请他们在假期里把自己的想法转告菡,表示如果有可能,在校期间他愿尽兄长的职责继续照顾菡。经过痛苦的思想斗争,菡终于理解了峰,他们成了一对好朋友。

许多在交往中的男女大学生,常常会想起一些问题:我是不是已经在恋爱了?我和他(她)交往有没有进一步的可能?我觉得我们只是朋友,但是别人怎么说我们是一对呢?诚然,这些问题是不容易回答的。但是我们可以确定的是,爱情必须以友情为基础,但友情不一定能发展成爱情。要了解友情与爱情的不同,我们可以用一个简单的对比来说明:友情是一种亲近的关系,而爱情则是一种亲密的关系。由亲近发展至亲密还是有一段距离的。

(一)友情的内涵

不管是同性间的友情,或是异性间的友情,两者若要保持亲近的关系,必须具有下列几个特点:

1. 共同的爱好

双方也许有共同的嗜好、共同的话题,或者是互为对方的才能所吸引。两人在一起时,彼此都会感到愉快。即使偶尔会有一点小争执,亦无损两人的友谊。

2. 彼此接纳

能接纳对方,欣赏对方,不会把对方改变成另外一种人,也不会强迫对方去做他不愿做的事。

3. 相互信任

彼此能互相信任,不管对方说什么或做什么,都值得我信赖,我相信他绝对不会伤害我。

4. 互相帮助

彼此能互相帮助,互相支持。一方有困难的时候,另一方一定心甘情愿地帮助他,乐意为他效劳。

5. 共同分享

双方可以分享彼此的经验与感觉,甚至内心的秘密亦能放心地吐露,而不必担心对方会传扬出去。

6. 相互理解

彼此可以察觉出什么对对方是重要的,并且了解对方所作所为的意义。当对方有困扰的时候,也能体会出他的困扰。

7. 轻松愉悦

两个人在一起时,彼此都觉得很自在,不必扮演另一个角色来迎合对方,也不必戴一副面具遮掩自己的本性,一切都显得坦然自在。

(二)爱情的内涵

爱情是指男女之间的一种特别的感情,它不但包含友情的内涵,而且还具有以下特质。

1. 魅力

深邃的眼神、回眸一笑、清新高雅的气质、成熟稳重的谈吐等,这些都是小说里常见的形容。当人互相为对方魅力所吸引时,整个心会顿时为对方所占据。做事的时候想到他(她),睡觉的时候也梦到他(她)。尤其在罗曼蒂克的爱情里,魅力可以说是最重要的因素。

2. 排他性

当两人进入恋爱阶段时,觉得两个人在一起就是整个世界,对对方的朋友,尤其是与对方接触密切的异性朋友比较敏感,容易滋生醋意。可以说,爱情是独占的,而友谊是可以分享的。

3. 亲密性

当爱情逐渐升温时,自然而然发展至亲密的肢体动作和行为。

4. 积极投入

彼此相爱的恋人,对于另一方的兴趣、嗜好都能给予积极的支持,同时也热切渴望对方不管做什么事都能获得成功。假如其中一方受到批评的话,另一方也会尽力为对方辩护,不愿他(她)受到伤害。

5. 无私奉献

当一方有所需时,另一方会充分给予,甚至会牺牲自己以成全对方。所谓"爱到深处无怨尤",只有奉献。

(三)友情与爱情的鉴别

从上述友情和爱情的内涵比较中,我们可以看出两者的不同。日本的心理学家提出过区别友谊与爱情的标准:

支柱不同——友情的支柱是理解,爱情的支柱是感情。

地位不同——友情的地位是平等的,爱情的地位是一体化的。

体系不同——友情的系统是开放的,爱情的系统是关闭的。

基础不同——友情的基础是信赖,爱情则纠缠着不安和期待。

心境不同——友情充满"充足感",爱情则充满"欠缺感"。

总之,爱情和友情都是永恒的话题,它们有甘甜无比的滋味,都值得我们用尽一生去追求和维护。爱情是真挚的感情,一颦一笑都使我们动情,使我们矢志不移;它具有排他性和封闭性,是两个异性之间专一的、忠贞不贰的感情,不容许有任何的第三者插足。相反,友情则超越了性的欲念,是同学、朋友之间一种平等、诚挚、相互信任的友爱之情,随着时间推移,通过长期的交往逐渐形成的。泰戈尔曾经说过:"友谊意味着两个人的世界,而爱情意味着两个人就是世界。"在友情中一加一等于二;在爱情中一加一还是一。

三、大学生恋爱关系的类型

(一)持久稳定型

处于这种亲密关系的大学生,对爱情充满了信心,既愿意为对方付出,也能深信和坦然接受对方的爱。他们对未来充满美好的幻想,渴望最终走在一起。当然这种类型的人占的比例不高,如果以最后走到一起为标志的话,只有不到5%的大学期间的恋爱有结果,其他均以分手告终。

(二)不断转换型

这一类型比较复杂,有两种表现形式。一种是不断换男朋友、女朋友。有一些大学生大学期间谈过很多次恋爱,而且每次恋爱时间又很短。其原因是这类大学生的内心极其渴望有一个亲密的关系,但是一旦拥有以后又惧怕这一关系的失去,或在这个关系中受到伤害,这种担心害怕使他们主动去解除这一恋爱关系。这类学生建立亲密关系是主动的,解除亲密关系也是主动的。这可以视为典型的矛盾依恋型。另一种表现是深知两人彼此相爱,但对自己没有信心,怕爱情只是一种梦幻,怕终有一天会破灭,不如自己亲手了断。

(三)多重关系型

同时爱上几个人,或被几个人同时爱上,这一现象在大学生恋爱中也存在。以往面对这种情况，人们用道德标准进行评判。从人类的本性讲，对几个人产生好感是可能的，只是爱情有其社会属性，必须遵循社会的规则，这也就是爱情具有排他性的特点。

（四）若即若离型

处于这一亲密关系中的双方，彼此很难有很深的感情，或者说拥有爱情。处于这一关系中的两个人之间会有一定的好感，也有一些彼此喜欢的地方。两人一起可以聊聊天，打发孤寂的时光，同时也不会被别人说成是没有爱的人。在一起也好，分手也好，彼此都不太会伤感情。当然也不乏有的人希望在这一关系中增加点恋爱的经验。他们在维持这一关系，但并不想永久保持这一关系，一旦发现自己真心相爱的人，也许就会分手。

（五）幻想型

这是亲密关系中很特别的一种类型。说其特别，是因为这一亲密关系是虚幻的、不真实的。没有恋爱的大学生，他们也会做白日梦，梦中会有他们的白马王子或白雪公主，会有不期而遇的一段浪漫的故事。这种自己编织的梦境从心理上补偿了现实中亲密关系的缺乏，用想象的亲密关系使自己的心理需要得到满足。当然还有另外一种情况，分手的人仍保留着恋爱中许多互赠的纪念物，或经常去曾经在一起的地方，通过这些行为来维系心理上的平衡。

四、爱情的发展阶段

社会交换论者视求爱者为理性主义者，人们总是选择能给自己带来更多利益和幸福的人生伴侣，而所有导致爱情的因素均可归为利益和价值。利益和价值两者都既有物质的、经济的因素，也包括社会的、心理的因素。根据社会交换论的观点来看，爱情这种亲密关系的发展大致经历四个阶段。

（一）取样与评估

男女双方在某一群体中选择愿意交往的对象时，所考虑的主要因素是交往的收益与成本及其相抵消后的盈余。如果收益及盈余超过自己的期望值，则对成为自己追求的目标。

（二）互惠

在此阶段，双方尽可能交换利益，既为对方提供收益，也从对方获益，同时力求降低成本。如一起聊天、互赠礼品、共同讨论有兴趣的话题等，但避免进入对方的私密性领域。在交换中，双方互惠，两个人亲密感随之加强。

（三）承诺

双方认为从对方得到的收益大于从其他异性那里得到的，因此减少甚至停止与其他异性的交往，双方关系相对稳定，开始一对一频繁交往。

（四）制度化

随着亲密感的不断增强，双方都觉得离不开对方，又担心对方离开自己，希望能通过契约形式将双方关系制度化，如订婚、办理结婚手续等。契约使双方的关系具有排他性，彼此忠诚。

> **心理知识**
>
> ### 如何分辨爱和喜欢?
>
> 很多大学生在向自己心仪的对象表白时常说"我很喜欢你",殊不知喜欢和爱是有质的区别的两种感情。正确区分自己是喜欢一个异性还是爱一个异性,是决定两个人是成为朋友还是成为恋人的关键。喜欢就可以做朋友,而要建立恋爱关系则必须是爱,不是仅仅喜欢就可以的。
>
> 首先,爱有专一性和目的性,喜欢则可以有多个对象同时存在。如果你是爱上一个异性的话,那你的心里只能装下他(她)一个人,嘴里念的、心里想的、白天盼的、夜里梦的,都是他(她)一个人,不会有另外一个人与他(她)平分秋色。同时如果有别的异性喜欢和接近他(她),或者他(她)和别的异性来往,你就会心生嫉妒。而喜欢则不同,你可以同时喜欢几个不同的异性,或者说和谁在一起,你就喜欢谁,这都只是喜欢,不是爱。如果你对一个异性只是喜欢,还不是爱的话,那就不要轻易跨过那条线,从朋友做起,或者一直只做朋友。
>
> 其次,爱不可控制,喜欢则可以控制。因为喜欢只是中等程度的人际吸引,而爱则是程度最为强烈的人际吸引,强烈到为了爱可以不顾一切。而喜欢则是可以控制的,不会因为喜欢某个人而做出一些不可理喻的事情。
>
> 最后,爱是一种激情状态,而喜欢则是一种比较持久的心境。因为爱是程度最为强烈的人际吸引,也是种不可控制的感情状态,所以爱是一种激情,来得快,去得也快。可以前一刻都还轰轰烈烈,后一刻就成为最熟悉的陌生人,而喜欢则是一种持久的心境。喜欢一个人就像是小溪里的水流得慢,但却细水长流。爱的人不常见面,但却可以一见如故。
>
> (资料来源:俞国良.大学生心理健康.北京:北京师范大学出版社,2018.)

第二节 培养健康的恋爱观

一、大学生的恋爱动机

(一)比翼双飞型

这类大学生基本上具备成熟的人格,有正确的恋爱观,能够以理性引导爱情,正确处理恋爱与学习、感情与爱情、情爱与性爱的关系。双方有较强的事业心、进取心和自控能力,有共同的理想抱负、价值观念,把事业的成功作为持久爱情的目标,不仅仅把恋爱看作人生的快乐,而且能把幸福的爱情转化为学习和工作的动力。他们认为,恋爱不仅应该促进双方的进步,而且应该促进双方的成长。

(二)生活实惠型

进入大学后,毕业去向是大学生最为关注的主题。恋爱无可非议地揉进了毕业动向的

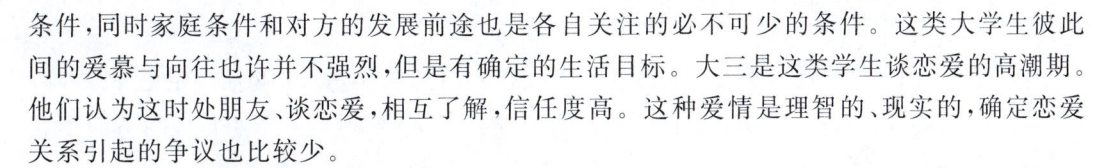

条件,同时家庭条件和对方的发展前途也是各自关注的必不可少的条件。这类大学生彼此间的爱慕与向往也许并不强烈,但是有确定的生活目标。大三是这类学生谈恋爱的高潮期。他们认为这时处朋友、谈恋爱,相互了解,信任度高。这种爱情是理智的、现实的,确定恋爱关系引起的争议也比较少。

(三)时尚攀比型

在一些高校,恋爱成为一种时尚。当周边的许多同学有了异性朋友时,一些男同学为了不使自己显得无能,一些女同学为了证明自己的魅力,也学别人的样子匆匆地谈起了"恋爱"。这种恋爱带有很大的随意性,成功率也比较低。

(四)玩伴消费型

这类学生在精神上不太充实,同性朋友较少,时常感到孤独、烦闷,为了弥补精神上的空虚,急欲与异性朋友交往,"恋爱"成为一种精神需求。尤其是周末,当寝室的室友成双成对地走出校园,自己一人在寝室时,有一些同学会有一种"空虚得想谈恋爱"的感觉。

(五)追求浪漫型

这类学生情感比较丰富,罗曼蒂克的爱情对他们有着强烈的吸引力,对爱情浪漫色彩的追逐和窥探心理日趋强烈。他们并非不尊重爱情,而是觉得出没于花前月下的刺激比爱情的责任和义务更富有色彩和韵味。与这种韵味相比较,人物自身的品质被淡化了。他们请求和接受爱情时,对爱情的缠绵悱恻有较深的体验并乐在其中,时时沉浸在两人的世界里,忘却了集体,甚至忘却了学业。

(六)功利世俗型

有些大学生以对方的门第、家产、地位、名誉、处所、职业、社交能力、驯服度等为恋爱的前提条件。这类学生恋爱往往带有很强的目的性,只是一方为了自己的利益而主动去套取另一方的感情,没有什么长久可言。如有的学生谈恋爱是出于"经济需要"或"择业所需",爱情被物化,有着浓厚的功利色彩。

二、大学生恋爱中的不良倾向

(一)恋爱功能休闲化

不少人考入大学后,没有顺利完成由中学生到大学生的角色转换,没能及时规划大学生活,人生理想"休眠",学习动力缺乏,感到学习生活枯燥乏味、精神空虚,心里极度孤独寂寞,于是一些学生用"恋爱"的方式来摆脱寂寞,为了谈朋友而找朋友,然后两个人一起吃饭,一起看电影,一起逛街,给人一种做伴的感觉,恋爱成了他们度过"闲暇"时光和消耗精力的理想选择。

(二)恋爱过程快餐化

生理和心理的日趋成熟,使得在校大学生有了接近异性的冲动,同时他们又认为在大学期间谈恋爱,成功的概率不大。于是,不少同学是抱着一种玩世不恭的态度在谈恋爱,他们不愿意付出真感情,不是为了寻觅终身伴侣,而仅仅是在寻求一种两性情感生活上的即时满足和人生体验。恋爱的过程越来越快,恋爱的时间越来越短,恋爱关系的稳定程度越来越低。

（三）恋爱目的实用化

由于当今社会巨大的就业和生活压力，大学校园一部分同学受到"物质决定论"的影响，他们将自己的幸福和将来寄托在自己寻找的"另一半"身上，爱情成了达到自己追求的某种特殊目的的交换条件。

（四）恋爱交往放纵化

大学生恋爱中的性行为分为两类：一类是边缘性性行为，如搂抱、接吻、抚摸等；另一类是指性交行为。这里主要谈的是后者。大学生处于性生理已经发育成熟但性心理尚未成熟的阶段，出现性冲动是很正常的现象。但是，恋爱中的不少大学生难以克制自己的性冲动，在对性还缺乏足够的、成熟的认识下与情侣发生性关系。

三、大学生健康恋爱观的培养

爱不仅是一种权利，更是一种责任和义务，必须以高度负责的态度对待恋爱。健康的爱情观包括以下几个方面。

（一）爱是给予

成熟的爱情是在保留自己完整性和独立性的条件下，也就是保持自己的个性的条件下与他人合二为一。人的爱情是一种积极的精神力量，这种精神力量可以推动个体创造生命的奇迹，可以推动个体找到人生的目标。爱情是一种行动，是一种力量，这种力量只有在自由中才能得以发挥，而且永远不会是强制的产物。恋人同对方分享快乐、兴趣、知识，分担悲伤、忧愁、责任等，没有生命力就没有创造爱情的能力。因此，爱情是对生命以及我们所爱之物的积极的关心，爱的本质是培养与创造。

（二）爱是责任

人只有认识对方，才能尊重对方。不成熟的爱情是"我爱，因为我被人爱"，成熟的爱情是"我被人爱，因为我爱人"；不成熟的爱是"我爱你，因为我需要你"，成熟的爱是"我需要你，因为我爱你"。所有的爱情都包含着一份神圣的责任，这种责任是内心的自觉，即为自己所爱的人抵挡风霜雨雪，而不仅是感官上的愉悦与寂寞时的陪伴。

（三）爱是尊重

真诚的爱是建立在双方平等与理解基础之上的尊重。尊重就是努力使对方成长、自己也获得发展；是让自己爱的人以他自己的方式和为了自己而成长，而不是服务于我。

（四）爱是能力

爱的能力包括施爱的能力、接受爱的能力与自我成长的能力。有人说："好男人是一所好学校，好女人也是一所好学校，由两性构成的学校促使男人与女人共同学习，共同进步。"

（五）爱是创造

有人说，爱情具有的魔力能够使人开创一个新的自我。爱情是神奇的，爱情不仅能够创造新的生命，而且真正的爱情对恋爱双方都是一个新的创造，它净化了恋人的灵魂，鼓舞着双方为挚爱的人奋斗进取，也创造着两人美好的明天。

心理测试

爱情温度计——你的恋爱观

恋爱是人生美好的彩虹,是两颗心碰撞产生的火花。恋爱作为婚姻的前奏,恋爱心理和恋爱方式是重要的,而决定这种心理和方式的根本因素——恋爱观,则更为重要。

恋爱观就是对恋爱问题的看法。它体现了一个人对美的认知尺度、择偶的标准、恋爱的目的、恋爱方式以及对幸福伴侣的理解等。你或许正在绿荫下徘徊,渴望着爱神的降临。那么,在行动前,不妨来确定一下自己的恋爱观是否正确吧。

1. 你认为恋爱作为人生一个极其重要的环节,其最终所达到的目的应当是:

   A. 找到一个情投意合的伴侣　　　B. 成家过日子,抚育子女

   C. 满足性的饥渴　　　　　　　　D. 只是觉得新鲜有趣,没有明确的想法

2. (男女生单独做)

   ① 如果你是位先生,你对未来妻子的要求最主要的是:

   A. 善于持家,利落能干　　　　　B. 容貌漂亮,气质高雅

   C. 人品不错,能体贴帮助自己　　D. 只要爱,其他一切无所谓

   ② 如果你是位女士,你在选择丈夫时首先考虑的是:

   A. 潇洒大方,有男子气质

   B. 有钱有势,社交能力强

   C. 为人诚实正直,有进取心,待人和蔼可亲

   D. 只要他爱我,其他不考虑

3. 你决定和对方建立恋爱关系时的心理依据是:

   A. 彼此各有想法,但大体互相尊重　　B. 我比对方优越

   C. 对方比我优越　　　　　　　　　　D. 没想过

4. 你对最佳恋爱时间的考虑是:

   A. 自己已经成熟,懂得了人生的意义和爱情的内涵

   B. 随着年龄的增长,自有贤妻和爱郎光临,"月老"不会忘记每个人的

   C. 先下手为强,越早越主动

   D. 还没想过

5. 你希望怎样结识恋人:

   A. 青梅竹马,情深意长　　　　　B. 一见钟情,难舍难分

   C. 在工作和学习中逐渐产生恋情　D. 经熟人介绍

6. 你认为增进爱情发展的良策是:

   A. 极力讨好、取悦对方　　　　　B. 尽力使自己变得更完美

   C. 百依百顺,言听计从　　　　　D. 无计可施

7. 人们通常认为,恋爱过程是个相互了解、相互适应和培养感情的过程,但了解、适应就需要花时间。那么,你希望恋爱的时间是:
   A. 越短越好,最好是"闪电式"　　B. 时间依进展而定
   C. 时间要拖长些　　　　　　　　D. 自己无主张,全听对方的

8. 谁都希望完整、全面地了解对方,你觉得了解他(她)的最佳途径是:
   A. 精心安排特殊场面,不断对恋人进行考验
   B. 坦诚地交谈,细心地观察
   C. 通过朋友打听
   D. 没想过

9. 经过一段时间的交往后,你发现了恋人的一些缺点,这时你:
   A. 采用婉转的方式告知对方并帮助对方改进
   B. 因出乎意料而伤脑筋
   C. 嫌弃对方,犹豫动摇
   D. 不知道如何是好

10. 当你已在爱河之中,一位条件更好的异性对你表示爱慕时,你会:
    A. 说明实情,忠实于恋人　　　　B. 对其冷淡,但维持友谊
    C. 向其献媚并瞒着恋人和其来往　D. 感到茫然无措

11. 当你对爱慕已久的异性有机会接触时,你忽然发现她(他)另有所爱,你会:
    A. 静观待变,进退自如　　　　　B. 参与角逐,继续穷追
    C. 抽身止步,成人之美　　　　　D. 不知道

12. 恋爱过程很少会一帆风顺,当恋爱中出现矛盾、波折时,你感到:
    A. 既然已经出现,也是件好事,双方正好趁此了解和考验对方
    B. 伤心难过,认为这是不幸的
    C. 疑虑顿生,就此提出分手
    D. 束手无策

13. 由于性情不合等,你们的恋爱搁浅了,对方提出分手。这时你:
    A. 千方百计缠住对方　　　　　　B. 到处诋毁对方名誉
    C. 说声再见,各奔前程　　　　　D. 不知所措

14. 当你十分信赖的恋人背信弃义、喜新厌旧而甩掉你以后,你会:
    A. 只当自己眼瞎,认错了人　　　B. 既然他(她)不仁,休怪我不义
    C. 吸取教训,重新开始　　　　　D. 痛苦得难以自拔

15. 你的爱情路途坎坷,多次恋爱均告失败,随着年龄增长进入"男大当婚,女大当嫁"的行列,你:
    A. 一如从前,宁缺毋滥　　　　　B. 厌弃追求,随便凑合一个
    C. 检查自己的择偶标准是否实际　D. 叹息命运不佳,从此绝望

评分标准(表 9-1)

表 9-1　　　　　　　　　　评分标准

题号	A	B	C	D
1	3	2	1	1
2	2	1	3	1
3	3	2	1	0
4	3	2	1	0
5	2	1	3	1
6	1	3	2	0
7	1	3	2	0
8	1	3	2	0
9	3	2	1	0
10	3	2	1	0
11	2	1	3	0
12	3	2	1	0
13	2	1	3	0
14	2	1	3	0
15	2	1	3	0

结果分析

总分:35~45 分为 A 型;25~34 分为 B 型;15~24 分为 C 型;3~14 分为 D 型

A 型:恋爱观成熟、正确

你是一个成熟的青年,你懂得爱什么和为什么爱,这是你进入情场的最佳入场券。不要害怕挫折和失败,它们是考验你的纸老虎,终将在你的高尚和热忱面前逃遁。尽管大胆地走向你梦中的恋人吧,你的婚姻注定美满幸福。

B 型:恋爱观尚可

你向往真挚而美好的爱情,然而屡屡失败,一时难以如愿。你不妨多看看成功的朋友,将恋爱作为圣洁无比的追求,不断校正爱情的航线,这样你就与幸福相隔不远了。

C 型:恋爱观需要认真端正

你的恋爱观存在不少问题,甚至有不健康之处。它使你辛勤播撒的爱情种子难以萌芽,更难以结出甜蜜的果实。如果你已经轻率地开始恋爱了,劝你及早退出。

D 型:恋爱观还未形成

你或许年龄还小,不谙世事;或许虽已年龄不小,却天真幼稚。爱情对于你来说是个迷惘未知的世界,你需防范圈套或袭击。建议你读几本关于两性关系的书籍,待成熟后,再涉爱河不迟。

(资料来源:周安华.关于爱情.北京:中国纺织出版社,2005.)

第三节 恋爱中的心理困扰及其调适

一、单相思

单相思是指男女一方苦于倾慕之情不被对方知道和接受而造成的一种强烈的渴望。单相思一般有两种情况：一是误解对方的言行、情感，把友情当作爱情；二是深爱对方，却不知道对方的感情，怯于表达。

单相思是每个人都可能经历的一种心理状态。单相思本身并不算心理问题，但盲目的、非理性的单相思如果得不到及时的疏导，就可能导致心理失调，甚至更为严重的后果。那么如何克服单相思的痛苦呢？

（一）将心事告诉你的密友

朋友会帮助你出谋划策，甚至还会告诉你他（她）的单相思故事。这样，你会感到自己在单相思路上并不寂寞。不管你朋友的谋划对你的"爱情"有没有帮助，能倾吐一下心中淤积的爱意，将自己的焦虑和忧愁与你的朋友分担，你就会感到轻松很多。

（二）勇敢表达

如果你有勇气，向意中人明白地表达爱慕之情是摆脱单相思的直接方式。一般来说，单相思者向意中人直接表达爱慕之情后，有可能会出现几种结果：接受、劝慰、拒绝、漠视。如果对方找出种种理由劝慰你放弃对他的爱，你就应该明白你们很难有进一步发展，但交个普通朋友他是不会拒绝的。这样，你单相思的苦恼就会缓解。如果他拒绝了你，你可以大哭一场，这对你来说也是人生必要的磨炼和情感体验，美梦惊醒的那一瞬虽然痛苦，但你很快就会发现这也并非是世界末日，吸引你的事情还会不断出现。

二、难以把握爱的契机

当真正的爱情降临到自己的头上时，要把握好机会，才能抓住爱的契机，得到真正属于自己的那份爱。

案例

刘林在入学的第三周喜欢上了同班的王欣，于是每天一上自习便坐在王欣的旁边一起学习，课间陪她聊天，下了自习理所当然地送她回宿舍。大家都能看出来，王欣对刘林也有好感。半个月后，刘林便向王欣表白，并提出想建立"更进一步"的关系。王欣沉默了，刘林担心遭到王欣拒绝，于是留给王欣一个星期的时间考虑。可是一周之后，王欣却告诉刘林，他们彼此还不熟悉，所以不愿意做他的女朋友。

刘林感到很苦恼，他认为他们的关系已经很好了，彼此都是有好感的，可为什么就得到了否定的回答呢？

有些大学生和刘林一样，跟人家相处没几天，就提出要建立"更进一步"的关系，这样十有八九都不会成功。爱情妙就妙在一切尽在不言中,说清楚了,话挑明了,反而不美。本来王欣肯跟刘林聊天,并愿意让他送自己回宿舍,就说明女孩对他是有好感的,但是这种好感有时连她们自己也说不清,如果你急于挑明,破坏了这种朦胧美,那就别怪人家敬而远之了。

三、恋爱中的自惑心理

> **案例**
>
> 王宁最近似乎陷入了怪圈里。他并不花心,却频繁地更换女朋友,从而使同学们都对他有了看法,认为他是一个不负责任的人。看了那么多的爱情故事,他总想找到理想中的爱情,与某个女孩相处之后,再将其与别的女孩比较,总会觉得其他的女孩更适合自己,可是真正选择了,还是不尽如人意,于是便不断地更换女朋友。其实他也后悔曾经放弃某个女孩,但总是无法让自己停在一个人的身边,因为在比较中,总觉得会有一个更适合自己的。

王宁经过了多次恋爱,在爱情问题上的成熟度本应得到相应的提高,恋爱成功的可能性理应增加,但实际情况恰恰相反,一个很重要的原因,就是自惑心理在起作用。

婚姻心理学的研究发现,随着时间的推移,人们在对以往恋人的回忆中具有扬善抑恶的现象。你越是为自己与以往某个恋人分手惋惜,他在你记忆中就会越好。结果你越是比较,越是感到懊悔或不如意,自己在自己设置的心理迷宫中转来转去而不能解脱,从而苦恼万分。

自惑心理是多次恋爱后普遍出现的反应,然而它又是一种消极的心理反应,克服的关键是要有恰当的择偶标准。"人无完人,瓜无滚圆。"世界上十全十美的人是没有的,"水至清则无鱼",不顾自己的条件定下的择偶标准,其结果当然是陷入恋爱旋涡而不能自拔。

此外,还要注意不必在新旧恋人之间进行反复比较,既然对方条件符合自己的择偶标准,就应该主动去爱,为什么还要去反复比较呢?这种比较的出发点是对过去的留恋,结果只能是加重心理上的失落感。

四、恋爱中的"高原心理"

> **案例**
>
> 张欣跟男友相处了一年,最初男友对她呵护有加,但关系稳定下来以后,他却慢慢地不再那么在意自己情感的变化了。张欣担心男友对自己的感情淡下来,于是放低了自己的姿态,对男友关心备至,一切以男友为中心,甚至失去了自我。可是,现在男友却表示无法接受她的行为,他觉得张欣已不再是自己曾经深爱的那个自信、乐观的女孩了。张欣觉得自己很委屈,难道自己的付出错了吗?

谈过恋爱的男女青年都会有这样一种感觉,双方在经过惊心动魄、牵肠挂肚的热恋之后,常会感到有段时间精神疲劳,心理上产生一种茫然和失落感:虽然想尽力保持热恋中的甜美和激情,但又感到一种越来越强烈的失落感,总觉得恋人似乎不那么可爱了,魅力减少了许多。这种不满足又茫然不知所措的心理,在心理学上被称为恋爱中的"高原心理"。

案例中的张欣由于"高原心理"的影响,对男友做出了错误的判断,认为他对自己的感情有了变化,从而做出了一厢情愿的改变,给美满的爱情带来了不和谐。

那么,如何防止"高原心理"影响恋人之间的感情呢?

(一)保持各自的活动空间

热恋前男女双方活动的空间比较大,可以根据自己的情趣自由活动,无拘无束、轻松愉快。热恋后双方整天厮守在一起,使原来的空间相对缩小,活动方式相对改变。这种改变使人的心理失去平衡,产生不适感,感到压抑和沉重。这时,人会把这种不愉快情绪向外进行投射,以减轻心理压力。而恋爱时期双方都是非常敏感的,彼此只要有一点变化都能感觉到,并产生具体的放大效应。这样会冲淡恋人之间的感情,削弱亲和力。

(二)不断扩大交往对象

恋爱前,双方社交范围广,精神生活丰富,而恋爱后出于对对方的忠贞,或在"爱情专一""爱情是自私的"等观念的制约下减少了交往对象,缩小了交往范围,这就使他们的精神生活相对贫乏、空虚,恋人之间易产生厌倦情绪。

(三)期望值不要太高

初涉爱河的男女幻想恋爱是摆脱痛苦、孤独和追求快乐的灵丹妙药,因此对恋爱的期望值定得过高,而热恋后才发觉恋爱不过如此,甚至有的还因恋爱不顺生出许多烦恼。对恋爱效果估计不足,心理承受能力差,因此稍有不快就会感到非常难受。

(四)明白爱情观念上的差异

一般而言,女性把被追求看作爱情,注重的是恋爱过程中的浪漫;男性却以为不必再追求才是爱。男女对待爱情的做法是有差异的,男性对待感情之事可以分为两个阶段:在追求过程中,男性不乏柔情蜜意,对所爱的人爱护备至,而且对小节十分注意;可是一旦发现对方爱上自己,男性会在不知不觉中转移目标,把对爱情的渴望转变为相互信任,再度回到外面的世界去寻求其他的成就与刺激。因此,当你感到男友的这些变化时,千万不要简单地下结论"他已不再爱我了",从而产生不满情绪,并将这种不满投射给对方。热恋之中保持一点神秘感是避免产生"高原心理"的首要准则。维系一段感情,最主要的是安全感和牵制力量之间的平衡。

生活链接

果断拒绝爱

被爱是一种幸福,但是如果向你表白的人并不是你的意中人,你就需要恰到好处地拒绝。

1. 态度果断,语气委婉

拒绝他人的表白难免会给对方造成伤害,因此拒绝时态度要坚决,语言要委婉,要尽可能减少伤害。例如,一个女生用诗人汪国真的诗《请你原谅》婉拒了一个追求者,既表达了态度,又没有伤害对方的自尊。

2. 真诚表达感谢

一个人鼓足勇气向心仪的人表白是对他的欣赏、喜欢和认可。被追求者首先要向对方真诚地表达感谢,然后再说出自己拒绝对方的理由,这样更容易被对方接受。

3. 内容聚焦于"不合适"

一般来说,被拒绝的人会有被伤害的感觉,甚至有人会将自己被拒绝归因于自己不够好。因此,拒绝时要肯定对方的优点,真诚地说明自己不能接受这份感情的理由。如果当面不方便说,也可以用写信的方式表达。

4. 选择合适的时间和环境

拒绝的时间最好是阳光明媚的上午或中午,并在较公开的环境表达拒绝,这样可以避免使追求者的心情更加沮丧,或者因被拒绝而出现情绪失控的情况。

5. 拒绝暧昧

有些大学生担心给别人造成伤害而不忍心拒绝,会与对方继续保持暧昧关系;还有的大学生拒绝对方之后为了安慰对方,会答应追求者的其他要求,如给一个亲吻或拥抱、接受礼物或约会邀请,这都会被对方误解为"接受表白",从而给双方的感情造成更大的伤害。

(资料来源:俞国良.大学生心理健康.北京:北京师范大学出版社,2018.)

生活写真

恋爱中的"吃醋"现象

热恋中的青年男女当看到自己的恋人、爱人与其他异性交往时,常常觉得很不是滋味,这称为"嫉妒",俗名"吃醋"。

从心理学的角度来分析,"吃醋"的原因是什么呢?

一种表现是缺乏信心,如"我配不上她(他)""她(他)比我条件优越得多""我会失去爱人"等。另一种表现是不断地猜疑,如"可能会出现情敌""她(他)会不会变心"等。这种想法只考虑自己,以自我为中心。

"吃醋"对爱情有利还是有害呢?德国心理学博士齐格弗利特·什纳勒回答了与此有关的问题:自古以来就存在着这样的意见——"吃醋"意味着爱。

但是,经常不信任对方,是与爱情完全相悖的。"醋意"任其表现,就必然会逐渐损害哪怕是最深的感情。

对付"醋意"有各种各样的"药方"。在第一种情况下,当其中的一方对自己没有信心而产生"醋意"时,必须力求说服"吃醋"者,使他(她)确信自己的"醋意"是毫无根据的,帮助他(她)提高对自己的评价。如果"药方"没有带来预期的效果,那就必须向"吃醋"者耐心解释,这没有根据的猜疑,会使爱情变得贫乏和陷入绝境,你可以说:"我没有做过任何对不起你的事,除了你以外,我谁都不爱;但是你应当知道,你的'醋意'是没有根据的,它对巩固我们的感情毫无好处。"这种谈话应当平静而信任地进行,同时也应当坚定而富有说服力。第二种情况就复杂得多了,那些以自我为中心者,对什么解释他都有一连串的反驳。这种状态已越出理智的界限,是危险的,必须请教心理医生。

如果确实存在"吃醋"的理由时,我们应如何做呢?此时必须善于控制自己的情绪,尊重对方的感情。要知道,她(他)不是你的私有财产,她(他)有权与别人交往,甚至爱上别人。但要知道,这一切与真正的爱情还很远。如果你"吃醋"了,只有一条出路:以爱取爱,挽回爱情。

(资料来源:孟庆荣,陈征澳.大学生心理健康.2版.北京:清华大学出版社,2011.)

五、失恋

失恋是指一方否认或中止恋爱关系后给另一方造成的一种严重的心理挫折。恋爱失败和失恋是两个不同的概念。前者指恋爱关系的否定,它表现为两种形式:一是恋爱双方都不满意,彼此同意分手;二是恋爱的一方已无情意而提出与对方分手,而另一方却仍情意绵绵,沉湎于对恋情的怀念之中。失恋就是指恋爱失败的第二种。从心理角度来看,失恋可以说是大学生最严重的挫折之一,会引起一系列的心理反应,如难堪、羞辱、失落、悲伤、孤独、虚无、绝望和报复等。这些不良情绪如果得不到及时的排除、转移,容易导致失恋者忧郁、自卑,严重者甚至采取报复乃至轻生等方式来排解心中的郁结。

失恋者可以采取以下方法调节自己的情绪与行为:

(一)合理宣泄

失恋后,大学生内心空虚,寂寞感会油然而生,此时最好的办法是找你最好的朋友或师长,向他们诉说你的悲伤和烦恼。当他们在倾听你的诉说后,会很好地安慰你;如果你不善言谈,那么你可以奋笔疾书,让情感在笔端发泄;你也可以关门大哭一场,因为痛哭是一种纯真感情的爆发,是一种自我保护性反应。

(二)积极转移

如果失恋,可以把注意力分散到自己感兴趣的活动中去,因为活动本身就是在冲淡心中的郁闷。恩格斯曾有过一次失恋,当他心灰意冷时,便去阿尔卑斯山脉旅行。峻伟的山川、广阔的原野,使恩格斯大为感慨,世界如此宏大,自己的痛苦只不过是沧海一粟而已。

(三)自我安慰

失恋后,有时也可以适当运用挫折合理化心理进行感情转移。一种是"酸葡萄"心理,即缩小或否定个人目标的好处,而强调其各种缺点。比如失恋了,就说对方不好,就好像狐狸吃不到葡萄而说葡萄酸一样。另一种是"甜柠檬"心理,即不是把目标好处缩小,而是把目前的境况扩大。比如失恋了,可以说这更有利于集中精力学习。这两种方法可以暂时延缓对不愉快的事情真相的接受,直至心理准备完毕、能够正视现实为止。当然,自我安慰只是一种消极的方法,如果失恋后听任这两种心理支配,不能接受现实,那就不能从根本上解决问题。

(四)自我反省

恋爱关系和任何一种关系一样,双方都应对关系的后果负责。如果能认清并承担自己的那部分责任,就不会那么怨天尤人,而是平静、耐心地去面对现实。可以通过开列"感情清单"来反省爱情,为下次开始感情之旅提供经验教训。"感情清单"至少应该包括以下内容:

1. 我们是怎样恋爱上的?
2. 我们在一起时,我是否觉得比和别人在一起更快乐、更幸福?
3. 我的付出,对方是否常有明确的回应?
4. 我们在一起是否不用多说话而彼此都不会觉得有什么难堪?
5. 提出分手的理由是否成立?如果真是这样,我该怎么办?如果不是这样又说明了什么?
6. 我如果悲伤痛苦,究竟能给我带来什么好处?
7. 我现在有没有必要记着对方?
8. 我现在又是一个人了,跟过去的我相比有什么改变?我对未来有哪些计划?

大多数失恋者在开出自己的"感情清单"后都会发现:事实上我们的爱情并不像最初自己感受的那样,我们的关系也不是那么美好,只是一种心理错觉,甚至认为失恋也许是最好的结果。

失恋的痛苦也是一种人生体验,正是这些体验构成了丰富的人生,处理失恋的积极方式应该是面对痛苦、分析原因、吸取教训,以更加饱满的精神面貌投入生活与学习。唯此,失恋的痛苦才会变得有意义。

(五)升华

失恋者积极的态度会使"自我"得到更新和升华,全身心地投入工作,许多失恋者因此而创造出辉煌的成就。像歌德、贝多芬、罗曼·罗兰、诺贝尔、牛顿等历史名人都曾经受失恋的痛苦。他们是用奋斗的办法更新"自我"、积极转移失恋痛苦的楷模。诗人歌德,24岁时回故乡当律师,邂逅了一个名叫夏绿蒂的少女,歌德一见钟情,热烈求爱,不料夏绿蒂已同歌德的朋友凯士特相爱。失恋的痛苦使歌德一时不知所措,但他很快离开了夏绿蒂,埋头于写作之中,结果《少年维特之烦恼》这部千古力作得以问世。

天涯何处无芳草,莫愁前路无知己。一扇幸福之门对你关闭的同时,另一扇幸福之门却在你面前敞开了。

团体心理拓展活动

寻找失恋的十大好处

尽管失恋是痛苦和不幸的,但并非绝对就是坏事,在某种意义上还可以说是好事。下面请同学们分成四人小组,每组成员一起努力,以下面的句型为模板分别列举失恋后的好处并完成10句话。

因为我失恋了,所以我获得了_____。

然后,全班同学讨论,评选出最多、最合理的优点和建议,并以此作为全班同学共同的情感自卫盾牌。

(资料来源:崔建华.大学生心理素质拓展教育.厦门:厦门大学出版社,2009.)

他山之石

苏格拉底和失恋者的对话

苏格拉底(以下简称苏)：孩子,为什么悲伤?

失恋者(以下简称失)：我失恋了。

苏：哦,这很正常。如果失恋了没有悲伤,恋爱大概也就没有什么味道了。可是,年轻人,我怎么发现你对失恋的投入甚至比对恋爱的投入还要多呢?

失：到手的葡萄给丢了,这份遗憾,这份失落,您没有经历过,怎知其中的酸楚啊!

苏：丢就丢了,继续向前走去,鲜美的葡萄还有很多。

失：我要等到海枯石烂,直到她回心转意向我走来!

苏：但这一天也许永远不会到来。

失：那我就用自杀来表示我的诚心。

苏：如果这样,你不但失去了恋人,同时还失去了你自己,你会蒙受双倍的损失。

失：踩上她一脚如何?我得不到的,别人也别想得到。

苏：可这只能使你离她更远,而你本来是想与她更接近的。

失：您说我该怎么办?我可真的很爱她。

苏：真的很爱?那你当然希望你所爱的人幸福?

失：那是自然。

苏：如果她以为离开你是一种幸福呢?

失：不会的!她曾经跟我说,只有跟我在一起的时候她才感到幸福。

苏：那是曾经,是过去,可她现在并不这么认为。

失：这就是说,她一直在骗我?

苏：不,她一直对你很忠诚。当她爱你的时候,她和你在一起;现在她不爱你,她就离去了,世界上再没有比这更大的忠诚。如果她不再爱你,却还装得对你很有情谊,甚至跟你结婚生子,那才是真正的欺骗呢!

失：可我为她所投入的感情不是白白浪费了吗?谁来补偿我?

苏：不,你的感情从来没有浪费,因为在你付出感情的同时,她也对你付出了感情,在你给她快乐的时候,她也给了你快乐。

失：可是,她现在不爱我了,我却还苦苦地爱着她,这多么不公平啊!

苏：的确不公平,我是说你对所爱的那个人不公平。本来,爱她是你的权利,但她爱不爱你则是她的权利,而你却想在自己行使权利的时候剥夺别人行使权利的自由。这是何等的不公平!

失：可是您看得明白,现在痛苦的是我而不是她,是我在为她痛苦!

苏：为她痛苦?她的日子可能过得很好,不如说是你为自己痛苦吧!明明是为自己,却还打着别人的旗号。

失：依您的说法,这一切倒成了我的错?

苏：是的，从一开始你就犯错。如果你能给她带来幸福，她是不会从你的生活中离开的。要知道，没有人会逃避幸福。

失：可她连机会都不给我，您说可恶不可恶？

苏：当然可恶。好在，你现在已经摆脱了这个可恶的人，你应感到高兴，孩子！

失：高兴？怎么可能呢？不管怎么样，我是被人抛弃了。

苏：被抛弃的并不是说就是不好的。

失：此话怎讲？

苏：有一次，我在商店看中一套高贵的衣服，爱不释手，店主问我要不要，你猜我怎么说，我说质地太差，不要！其实我口袋里没有钱。年轻人，也许你就是这件被遗弃的衣服。

失：你真会安慰人，可惜你还是不能把我从失恋的痛苦中引出。

苏：时间会抚平你心灵的创伤。

失：但愿我也有这一天，可我的第一步该从哪里做起呢？

苏：去感谢那个抛弃你的人，为她祝福。

失：为什么？

苏：因为她给了你忠诚，给了你寻找幸福的新机会！

说完，苏格拉底走了。剩下的路便由这位失恋者自己去走了。

（资料来源：柏拉图.柏拉图文艺对话录.朱光潜，译.上海：商务印书馆，2013.）

第四节　培养爱的能力

人是需要爱别人也需要被别人爱的，所以我们要培养爱的能力，即培养一种懂得如何表达爱、接纳爱的能力。

美国著名诗人惠特曼说："爱，不是一种单纯的行为，是我们生活中的一种气候，一种需要我们终身学习、发现和不断前进的活动。"

一、得体地表达爱慕之情

当你爱上一个人的时候，如何用恰当的方式表达爱呢？有些大学生喜欢高调表达爱慕之情，如在心仪对象的宿舍楼下摆上玫瑰或五颜六色的灯、点燃求爱的蜡烛、挂示爱条幅或手捧鲜花跪在楼前等。这种情形让被追求者或者感动不已，接受表白，或者拒不露面，不予回应，抑或直接从楼上泼下一盆冷水……这说明，在高调表达爱慕之情之前一定要了解对方。如果双方早已两情相悦，对方又喜欢大胆、浪漫的表达方式，那高调示爱会促进双方的感情。但是，如果不了解对方的心意就莽撞求爱，反而会给对方造成较大的心理压力，是不尊重对方的表现。因此，表达爱慕之情要循序渐进，先了解对方的性格特点、行为风格、兴趣爱好等基本信息，然后运用试探性的口头语言或身体语言看一看对方的心意，或者通过对方的好友去试探其想法，然后再表白，这样成功率可能就会提高。

在恋爱和婚姻中，人们有时会有这样的困惑：为什么在恋爱中自己付出了很多，而对方却没有感受到爱？其中一个关键的问题是：你表达爱的方式是对方想要的吗？如果你仅仅用送礼物的方式表达爱，但是对方需要的却是你的陪伴，那么对方便无法感受到你的爱。那么，如何得体地表达爱慕之情呢？

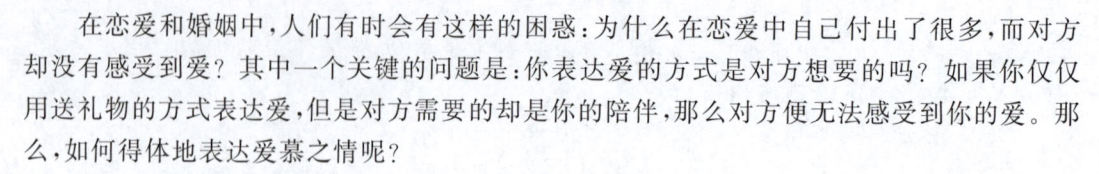

（一）肯定的言词

每个人都希望被他人肯定，恋人之间更是如此。伴侣间真诚的欣赏与鼓励是表达"我爱你"的有效方式之一，也是爱情保鲜的重要秘诀。其实，你用什么样的眼光看待恋人，恋人就会成为什么样的人，这就是心理学中的罗森塔尔效应。

（二）服务的行动

服务的行动是指通过为对方做一些事情来表达爱。例如，恋人懂得关心和体贴，在你忙于学习的时候，他会默默地去食堂为你买饭，出行时帮你背重重的行李，天冷的时候嘱咐你多穿衣服、注意身体。

（三）特别的礼物

对于接受礼物会感受到爱的人来说，即使是一些小礼物也有着十分重要的含义。其实，礼物的价值并不是用金钱来衡量的，它只是在传达一种信息——"我的心里一直有你"，"虽然我没有经常陪伴你，但你对我来说是重要的"。有时自己亲手制作或者是花费心思"淘"来的礼物更有意义。例如，你的恋人很喜欢一件东西，但是因为价格不菲一直没有买回来。你了解他的性格，即使花钱买下这个礼物送给他，他也不会接受。但是，你精心制作或者用合适的价格"淘"来了一件类似的礼物送给他，相信他会深深地被触动，感受到你的爱。

（四）精心的时刻

与恋人在一起并不是指你与他肩并肩坐在一起，各自玩着手机或做自己的事情，而是指你与恋人在一起交流，分享内心深处的渴望、快乐、焦虑以及生活中的点点滴滴，专注倾听对方的话语，体验彼此的关心与爱。也许你们每天在一起的时间并不长，但这是你们一起度过的美好时光。

（五）身体的接触

恋人间的拉手、拥抱或者是依偎都能传递爱的信息。和所爱的人有适当的身体接触，有时胜过千言万语。例如，一些恋人喜欢静静地偎依在一起看书、学习，一些恋人喜欢手牵手在公园漫步。当对方心情沮丧需要安慰的时候，不妨给他一个温暖、踏实的拥抱。

二、理性地接受爱情

接受爱的能力指一个人面对别人的表白能理性地做出判断，然后选择接受、拒绝或者再观察。

（一）识别爱情

在准备开始一段感情之前，首先要能够识别好感、友情与爱情，学会辨别爱情的真伪。大学生在与同学朝夕相处的过程中，对他人产生好感是正常现象，但这种朋友间的欣赏、喜欢和信任等不一定是爱情。大学生要学会识别爱，避免因混淆了爱情和其他情感而使自己陷入困境，尤其要警惕那些动机不纯、目的不明确的虚假爱情，这样才能把握自己的感情方向,使爱情朝着健康的方向发展。

即使没有遇到自己心仪且适合自己的人,也不要急于发展一段恋情。有一些女生在家人与朋友的压力下,担心自己步入"剩女"的行列。其实,在等待"他"出现的日子里,你正好可以多读一些书,多参加一些有意义的社团活动,发现并培养自己的兴趣、爱好,提升自己的内在修养与气质。相信在不远的将来,会有一个适合你的人,"执子之手,与子偕老"这才是真正的幸福。

(二)接受爱情

如果向你表白的人正是你心仪的对象,那么你可以欣然接受。有的同学非常开心,但是行动上却过于矜持,多次以冷漠的态度拒绝对方的表白以考验对方的诚意。这种行为背后的信念可能是:"我不能太主动,否则以后在恋爱关系中就会处于劣势""越矜持,就越高贵,对方就会越看重我""女孩子就应该像公主一样被追求"……其实,这都是不成熟的爱情心态。建立在不平等基础上的恋爱关系不会持久,这样的行为也会让追求方产生误解,误以为两人不合适而放弃这份感情。

三、经营爱情

爱情有着神奇的魔力,可以唤醒每个人心中最美好的一面,让双方的心灵得到滋养。但是,爱情经营不善也会给人带来创伤和痛苦。如何更好地经营爱情呢?下面的"爱情诫"希望能对你有所启发。

(一)不要强求对方

每个人都是独一无二的个体,我们无法要求对方与自己有同样的思想和感觉,也不能强求对方改变或者要求对方懂得"读心术"能够随时满足我们的要求,这样只能导致冲突。真正的爱应该是令人愉悦的,让人放松舒适、爱情就像放风筝,线捏得太紧飞不高,甚至会随时落下,收放有度才会让这段感情舒适。

(二)避免让爱情进展得太快

如果恋爱关系进展迅速,一开始就如胶似漆、未婚同居,这是很危险的事情。成熟的恋爱要经过相识相知——接纳信任——相互支持——承诺——性爱等阶段。关系进展过快会减少双方彼此信任、相互了解、建立亲密关系的机会,并最终降低彼此的吸引力。要知道,真正的爱情是需要时间的考验,不应像洪水汹涌而来,而应该是涓涓细流持久地在你心间滋润、流淌。

(三)避免过早地将个人隐私告诉对方

爱需要学习,也需要智慧。如果在恋爱初期,一方将过去的痛苦全部倾诉给对方,这看似是诚实的表现,实际上是强求爱人带给自己快乐,为自己的情绪与安全感负责。时间久了,不但会失去对方的尊重,也可能会使对方因无法承受而离开。每个人都有自己的秘密,可以在彼此的信任感加强后再分享给对方,但是不能勉强。

(四)不要剥夺对方的自由空间

爱情最怕的是一开始总是形影不离,一段时间后,一人变成逃避者,开始追求自己的独立空间,另一个则变成追逐者,抓住对方不放,剥夺对方的自由空间。要对自己保持信心,培养广泛兴趣,提升个人魅力,同时体贴、尊重对方,给对方适度的自由空间,不要一味强求对方满足自己。

(五)不要勉强对方做不愿意做的事

要尊重对方,持有理解、接纳与宽容的态度,除非与真理、是非有关,尽量不要妨碍对方做他爱做的事。努力提升沟通与解决冲突的技巧,寻求双赢的做法,帮助对方满足他的需求。

(六)不要因恋情稳定就言行随便、态度敷衍

即使两个人的恋情已经发展到稳定阶段,也要始终如一地保持尊重、接纳与支持,而不能言行随便、态度敷衍。

(七)不要只关注外表

当然,外表很重要,也许最初恋爱的时候你就是被对方的外表吸引的,但是最重要的是他的内心。忠诚、专一、善良、乐观等优秀品质要比外表更重要,这些才是未来婚姻幸福的关键。

(八)不要只专注对方的态度,也要了解其人际关系

有些大学生没有自信,自我价值感比较低,当别人对自己好的时候,就很容易开始一段感情,而根本没机会了解对方。与异性交往时,要保持头脑清醒,不要被爱情冲昏了头。去拜访对方的家人和朋友时,要看他与家人、朋友如何相处,他的人际关系如何。要知道,良好的人际关系与未来的幸福息息相关。若对方只是对你好而对别人不好,是非常不实际和危险的。

(九)不要回避婚前准备

当你们开始考虑婚嫁问题时,双方要理性地沟通婚后的情况,提前做好准备。例如,双方对金钱的看法如何?对双方父母的态度如何?婚后家事如何分配?什么时候要小孩?如果这些问题在婚前可以达成共识的话,则可减少很多困扰。婚姻等于两个人各自带着一幅蓝图去盖一栋共同的房子,这是一件很困难的事。这就是为什么婚前的准备如此重要。

(十)理解对方的婚前焦虑

有些人在婚前或许会出现焦虑反应,不确定自己的选择是否正确。这时,不要委屈自己或是逼迫对方,而是要给彼此空间,或者寻求婚姻心理辅导,了解焦虑和恐惧的来源并学习如何解决。经过一段时间的思考再步入婚姻的殿堂,是成熟的表现。

虽然上面的内容不可能人人都做到,但我们了解得越多、做得越多,将来的婚姻就可能会越幸福美满。

第五节　大学生的性心理

一、大学生性心理的一般特征

从年龄上看,绝大多数大学生正处于两性恋爱期,会表现出一系列的性心理行为,如对

性知识的兴趣、对异性的好感、性欲望等。具体来说,大学生性心理的特征主要表现为以下几个方面。

(一)性心理的本能性和朦胧性

由于性生理和性心理的日趋成熟,大学生与异性交往的需求十分强烈,喜欢探索异性的心理秘密,希望有机会与异性接触,正是在此基础上,在朦胧纷乱的心理变化中,大学生的性意识逐渐强烈和成熟起来。

(二)性意识的强烈性与表面上的文饰性

大学生在心理上对异性很向往,但在行为上却表现为拘谨、羞涩甚至冷漠。有的大学生明明对某个异性很感兴趣,表面上却有意无意地表现出无动于衷、不屑一顾或故意起哄的样子。有的大学生表面上十分讨厌男女间的亲昵动作,内心却可能很希望得到体验。

(三)性心理的压抑性和动荡性

青年期是人一生中性欲最旺盛的时期,但不少大学生心理不够成熟,尚未形成稳固的道德观和恋爱观,自控和自制能力有限,他们的性心理易受外界各种影响而显得动荡不安。一些大学生由于性的能量得不到合理的疏导、升华而导致过分的压抑,少数大学生还可能以扭曲的、不良的,甚至是变态的方式表现出来。

(四)男女生性心理的差异性

大学生的性心理存在着明显的性别差异。在对异性感情的流露上,男生显得较为外显和热烈,女生往往表现得含蓄和温存;在内心体验上,男生更多的是新奇、喜悦和神秘,而女生则常常羞涩、敏感和不知所措;在表达方式上,男生比较主动和直接,女生更喜欢采取暗示的方式;等等。

二、大学生常见的性心理困扰及其调适

(一)性焦虑

这里所指的性焦虑主要是指对自己形体的焦虑、对自己性角色的焦虑和对自己性功能的焦虑。

随着生理发育的成熟,一些大学生产生了对自己形体的不安。比如,男生希望自己魁梧高大,女生希望自己苗条漂亮。如果男生觉得自己矮小、瘦弱,就可能感到自卑,而女生若觉得自己过胖、长相平平,就可能出现苦恼。男生对自己生殖器的发育,女生对乳房的大小都十分敏感,并常为此心事重重。还有一些大学生为自己的皮肤问题、脸上的青春痘而烦恼不安。

除了对形体的不安外,大学生还为自己是否与性角色相吻合而忧虑。一些男生常感到自己缺乏男子汉气质。还有一些男生担心自己的性功能不正常,尤其是看到某些书刊上谈到性功能障碍时,便会疑神疑鬼。

上述的性焦虑一般可通过性教育和性咨询得到解决。对于大学生来说,重要的是树立健康的审美观,同时接纳自身的现实,不怨天尤人,注意扬长避短。如果对自己的性生理、性心理方面有疑问,可及时寻求咨询和帮助。

(二)性冲动

性冲动是男女大学生生理、心理的正常反应,它是在性激素作用和外界刺激下产生的,并不是不纯洁、不道德或可耻的,但不少大学生难以接受自己的性欲、性冲动,对此感到羞愧、自责、苦恼和恐惧。这正是"龌龊的性欲和关于美好爱情的高尚理想同时存在于同一个人的意识中"。

大学生处理性冲动的方式有三种:

1. 压抑

这是较常用的方式。适度的压抑是社会的需要,也是一个人性心理健康的反映。压抑有健康的压抑与病态的压抑之分。健康的压抑表现为:压抑并不费力气,去掉压抑也较容易;他们明白压抑的是什么;压抑不妨碍心理活动的效率,不妨碍人的社会功能。反之,则是病态的压抑,有害于身心健康。性压抑对两类人的身心健康影响尤其大:一类是性冲动明显、强烈而心理素质又比较脆弱的人,他们往往焦虑不安,形成一种压抑情绪,长此以往就会导致心理异常,还可能出现生理上的病变,这比较多见于男生;另一类是对性抱有反感、厌恶的人,他们会背离正常人性心理发展的规律,精神上对性的反感会导致生理上的感应失灵,从而在婚后陷入无法获得性满足的不幸之中,可能引起性冷淡等一系列心理问题,这在女生中更为明显。

2. 宣泄

即以某种性的方式获得满足。对大学生来说,性自慰和婚前性行为是较常用的方式。此外,观看有关性的书刊、录像,体验性梦、性幻想等也有宣泄的作用。当然,性宣泄不只是一个生理行为,其方式应该符合社会规范,有益于身心健康。

3. 升华

即用一种积极的、富有建设性的、能为社会所接受的方式来取代性欲,转移性欲,比如用绘画、音乐、体育活动、娱乐等使性能量得以转移,使性情感得以平衡。一些学者认为,强烈的性冲动可以转移为高水准的情绪活动和理智活动,用于工作或创作中,结出意想不到的硕果。弗洛伊德甚至认为性冲动的升华创造了文学、艺术和社会文明。

因此,从心理健康的角度看,大学生对性的冲动首先应接受其自然性和合理性,其次应通过学习、工作、活动以及男女交往等多种合理途径使性生理能量得到释放、转移及升华。陶冶情操、接受科学的性教育,对于调节性冲动也有很大的帮助。

(三)性梦

性梦是指在睡眠中出现的带有性内容色彩的景象,青春期的男女一般都会有这种体验。

心理学家认为,对青春期的少男少女或处于"性饥渴"的成年人而言,性梦是一种自发调整性张力的自慰想象。异性之间的性吸引力——爱慕、倾心,有时会导致性冲动,但在清醒的意识状态下,理智和道德可以抑制这种冲动。然而在进入梦乡后,这种被压抑到潜意识中去的性冲动就像弗洛伊德说的,按照"本我"的享乐原则行事,可以不受理智、道德的约束,在清醒状态下不敢想不敢做的性心理、性行为都可以不受道德的约束而出现,使大脑皮层出现非常活跃的兴奋期。这种性梦的自然宣泄,类似安全阀的作用,可以缓解累积的张力,有利于性器官的完善和成熟。

学者们基本认可的是,凡做性梦,梦境中的对象总是一些不相干的陌生人,而难得是平时爱恋的对象,即使在入梦以前竭力地揣摩,希望在梦中一语,也是枉然。这个研究结果告诉我们,性梦作为意识控制解除下的一种潜意识行为,既无法控制,也无法预防。无论平时是多么"正人君子"的人,在性梦中都可能出现荒诞不经的性事,此时绝对没有必要以清醒状态下人们普遍遵循的伦理道德去鞭挞这些"荒唐事"。性梦绝不意味着对自己恋爱对象的不忠,也不是邪恶、丑陋的现象,因此不必内疚、恐惧,了解这一点对大学生很重要。

尽管性梦是正常的心理现象,但若性梦频繁则要寻找原因,例如,劳累过度,性自慰过频、过激烈,内裤过紧,心理上的兴奋,情绪上的激发等。至于许多男生在性梦中出现梦遗,这是正常的生理现象。

(四)性幻想

性幻想,又称为"性爱的白日梦",是指在清醒的状态下想象与异性发生性行为。性幻想主要通过联想异性的形象,特别是异性的性特征、性表现外露的部分、性情景,在已有的性经验基础上编织出符合自己性审美的性爱对象而产生的。

医学研究证明,在 16 岁到结婚以前,这种白日梦在很多人的心头萦绕不去。当事者可以虚构出自己与任何爱慕的异性在一起约会、接吻、拥抱、性交。这种幻想可以随心所欲地编,在进入角色以后,还伴有相应的情绪反应,可能激动万分,也可能伤心落泪。性幻想是性冲动活跃时不可避免的结果。如果发展过度,会以常态开始,却以病态结束。

性梦的产生是无意识的,性幻想的产生则不是无意识的。经常性幻想的大学生往往在学习时注意力分散,思想无法集中,对学习影响很大。

(五)性自慰

性自慰在我国称为"手淫",是指用手或其他器具、其他方式刺激性器官获得快感,它是青春期最常见的一种性行为。

然而,正是"万恶淫为首"的"淫"字,使许多有此行为的青少年产生错误的心态,认为这是下流的道德败坏行为。此外,中国古代有手淫大伤元气的说法,有些青少年担心性自慰会造成性功能障碍,并为此背上沉重的负担。现在国内外对性自慰的看法是越来越趋向于"无害"。医生、心理学家一致认为性自慰既不是不正常也不是对身体有害的行为,并且认为性自慰是没有正常性生活的一种代偿办法,对于调节烦躁的神经系统有好处。

我国青少年性自慰焦虑的发病率普遍高于西方国家,除了性教育的普及程度低,还与"手淫"这种习惯性称呼的明显贬义也有很大关系。因此,近年来我国已经将手淫更名为"性自慰",它界定了性行为的对象为个体自身,其功能在于心理缓解,从而有助于人们正确看待这种行为,克服偏见,缓解心理压力。

对于大学生来说,对性自慰的错误认识是不安、烦恼的真正原因,也是变得难以节制的心理原因。伴随性自慰快感的消失,悔恨、紧张、多疑、自责涌上心头,越是如此,越是可能沉溺于此不能自拔,于是陷入恶性循环。性自慰的本意是用于释放性紧张,而在习惯者身上,则可能变成释放焦虑心理的手段以及成为更加紧张焦虑的原因。长期频繁的性自慰,会引起大脑高级神经功能和性神经反射的紊乱,从而影响人的身心健康。对于大学生来说,培养广泛的兴趣爱好,合理安排学习和多种有益身心的文体活动,加强人际交往,在丰富多彩的现实生活中全面发展自己,都可以分散对性的注意力,实现身心的全面健康。

> **心理知识**
>
> **性心理健康的标准**
>
> 性在带给人们享受的同时,也带来了心理冲突。大学生处于青春期发育的中后期,性生理和性心理逐步发展、成熟,对性也充满了渴求。有人曾戏称大学生处于"性待业期",他们虽然在生理上逐步走向性成熟,但是婚姻并不是这一时期的主要课题,性冲动不能通过婚姻这个社会所接受的形式宣泄,同时社会道德规范也不提倡大学生有过多的性行为发生,面对这样的压力,难免会使人产生各种性心理困扰,那么如何才能调整心态,积极有效地面对呢?
>
> 世界卫生组织认为,随着人类文化和生活水平的提高,人类的性问题对个人健康的影响将远比人们以前所认识的更为深入和重要。对性的无知和错误观念将极大地影响人们的生活质量。
>
> 心理学家达拉斯·罗杰斯则认为,保持健康的性心理应遵循如下标准:
>
> (1) 具有良好的性知识;
>
> (2) 对于性没有由于恐惧所造成的不良态度;
>
> (3) 行为符合人道;
>
> (4) 在性方面能做到"自我实现",即能学会拥有、体验、享受性的能力,在社会、道德的允许下,最大限度地获得性活动的快乐与满足;
>
> (5) 能负责地做出有关性方面的决定;
>
> (6) 能较好地获得有关性方面的信息交流;
>
> (7) 接受社会道德和法律的制约。
>
> 达拉斯·罗杰斯的标准适用于广义的成年人,对于大学生而言,其标准有三项内容,即有正常的性需求和性欲望,有科学、客观的性知识,有正当、健康的性行为方式。正常的性需求和性欲望是性心理健康的物质基础,科学、客观的性知识是性心理健康的自我调节机制,正当、健康的性行为方式是指符合法律法规、校纪、道德等规范的行为方式。只有这三者协调、顺畅,才能具备健康的性心理。
>
> (资料来源:谭谦章,袁一平. 新编大学生心理健康教程. 2版. 北京:化学工业出版社,2011.)

三、保护自我,谨慎性行为

某高校对741名学生进行抽样调查,大学生对"非婚姻关系而同居现象",持"只要双方同意不妨碍他人,别人管不着"态度者占51.8%,另有32%也只是认为"不可取","坚决反对"的只占16.2%;认为婚前性行为"只要基于爱情就行"或"只要双方愿意就可以"的占53%;对爱情"只求曾经拥有,不求天长地久"的占33.7%;认为"三角恋爱"是公平竞争,无可非议的占23.4%,认为"应视情况而定"的占53%,认为"不道德"的只占23.6%。从中可见,随着我国对外开放的深化,呈多元状态的文化思潮对青年,尤其是对高文化区的大学生产生了较大的影响。

(一)大学生发生婚前性行为的特点

大学生婚前性行为时有发生,其特点主要表现为:

1. 突发性

往往在无心理准备或心理准备不足的情况下发生。

2. 非理智性

大学生已是青年,较少为别人所胁迫,大多是在双方自愿而又不理智的情况下发生性行为。

3. 反复性

由于年龄和观念的影响,一旦冲破这一防线,便不再过多顾虑,还会多次反复发生。

(二)谨慎婚前性行为

恋爱双方坠入爱河之后,由于拥抱、抚摸、亲吻等会使人处于持续的冲动和愉悦的情绪之中,此时此刻,理智便是感情河流中的航标灯,为热恋的情人导航引路。从生理的角度来看,热恋中的男性,产生性冲动是自然的事,而同期的女性受中国传统文化的影响,在恋爱中则更重视心与心的交流,更向往浪漫纯洁的交往,对性行为往往有所排斥,这是男女两性在恋爱中的根本差异。

女大学生发生婚前性行为,主要有以下心理:一是热恋心理,两人由初恋进入热恋,感情如胶似漆,有"一日不见,如隔三秋"之感,恋爱达到白热化程度,一旦海誓山盟,性行为也随之而来;二是迎合心理,这些女生认为男友各方面都比自己好,当男友提出性要求时,因怕失去对方,便默然应允,迎合对方;三是占有心理,这类女生认为男友不错,同时别的女生与她又有一定的竞争性,为了不使自己在竞争中失利,便发生性行为,造成既成事实,达到占有目的;四是侥幸心理,首次发生性关系后,大多产生怕怀孕的紧张恐惧心理,但时间一长,发现没事,便产生侥幸心理;五是好奇心理,进入青春发育期的女生,随着体内激素水平的增高,在身体发生一系列变化的同时,对性也产生了好奇心理,于是抱着好奇的尝试心理而发生性行为。

婚前性行为使男女大学生在性欲和其他动机方面获得了一定的满足,但"禁果"就像一个带刺的仙人球,匆匆忙忙采摘,也许会带给你满手的刺。因此,恋爱中的男女大学生,为了保护自己的爱情,也为了今后的婚姻幸福,千万不要无知而冒失地匆匆品尝"禁果",婚前性行为会给当事者,特别是直接会给女大学生,带来不良后果。

1. 给女生心理带来极大压力

婚前性行为的发生会给女生带来极大的心理压力,如恐惧、自卑等。调查发现,有60%的人性交怕怀孕,21.3%的人表示很懊悔;在接受人流手术时,怕痛的占80%,不敢告诉家长的占17.3%;手术后怕有后遗症的占62.3%,怕失恋后不易再找对象的占20.7%。

2. 给女生身体造成严重影响

在不想生育的前提下受孕,其补救措施是人工流产。对婚前性行为者来讲,人流的不良后果有三种:一是不能正常恢复身体的健康状况,有的女生为了不让别人知道,做完手术后不休息,严重影响了身体的恢复,甚至导致大出血。二是容易损伤生殖器官,出现意外事故。三是引起许多并发症。医学研究和临床资料表明,人流对女性可造成月经量少、闭经、性冷淡、不孕,再次妊娠易流产、子宫内膜异位症、生殖器官炎症、子宫穿孔,甚至产后大出血。

3. 使恋爱关系出现不利于女生的趋势

在未发生婚前性行为时,恋爱双方是互相平等、自由选择的关系,可发生之后情况则有所不同。一是双方的吸引力逐渐减弱。二是女生再选择机会减少。原来男生十分迁就女生,自女生委身于他后,便以为"她再也离不开我""非我莫属了",可能对女生开始态度随便、任意支配。反之,女生则因把贞洁交给他了,"已经是他的人了",可又担心男生改变初衷,唯恐被抛弃,于是对男生一再迁就、容忍,即使发现他有较大缺点,事已至此,只得将就成婚,贻误了终身大事。三是使男生对女生的猜疑开始萌生。男生总希望女生只信任自己,对自己开放,一旦与之发生关系,便又开始猜疑女生,"她对别人是否也这样?"若女生过去谈过几个对象,这种疑心就会加重,或导致终止恋爱关系,或婚后生活不和谐。

医学、心理学的研究表明,在认识、对待和体验"性"中,男女两性自古以来就存在着相当大的差异。男性包括现在的大学生,他们中的很多人不肯为一次性行为做出终生相爱的承诺,而且在大多数场合中,他们是性行为的主动者,一次性行为不会对他今后的生活道路产生重大的影响。而对女生来说,内心则要复杂得多。尽管现在的男女大学生多对贞操保持宽容、理解的态度,可当问及"如果你的恋人曾与他人有过性关系,你的态度如何"时,75%的男大学生明确表示不能接受。虽然男大学生在学识和修养上属于较高的社会层次,但还是有那么多的人重视贞操问题,这实际上也是整个社会中男性对待女性贞操态度的缩影。这就是社会对婚前性行为的双重标准,即"男的行,女的不行",由此可见女性在"性"中所处的弱势地位。

社会学家也认为大学生发生婚前性行为是可理解但不可取的。大学生在年龄、生理上都已成熟,因此不能单纯地评说婚前性行为的对错。主要问题不在于这个行为是发生还是没发生,而在于应该以一个正确的态度来看待。以"感情好"为理由而发生婚前性行为,可以理解但不可取。对于在校学生来说,婚姻本身是不可预期的,而且作为学生,主要的任务还是学习。如果事情已经发生了,女大学生就更应该严肃地看待这个问题,至少应该考虑这件事情在今后的生活中会造成什么后果。一个女性,只有自尊、自重,才能成为一个幸福的女性。

他山之石

怎样拒绝男友提出的性要求

1. 别的恋人之间都是这样做的,我们那么相爱,就试试吧。

别人是别人,但是我还没有想好,我相信好多人都不会这样做的,包括我在内。

2. 如果你真的爱我,就应该理解我的感情,我真的非常想。

我不同意不等于我不爱你,如果你爱我的话,就不要逼我做我不想做的事。

3. 我们都彼此那么爱着对方,还有什么不可以做呢?

但是,我们还没有足够的准备,我还要好好地想一想。

4. 行啦,我们都是大人了,都已经成熟了,还等什么?

成熟的人做什么事都会想得清清楚楚,并会考虑后果。不如我们先讨论一下事后会有什么样的后果和责任,你说好不好?

5.我们上次不是都已经试过了吗,感觉也不错,这次你怎么又不愿意了?

上次归上次,现在我要再想想清楚,我想你是不会逼我的,是不是?

6.有性要求是正常的,而且性行为会带来快感,你不想试试吗?

你付出那么多就是为了试试看?

7.总之我太爱你了,实在控制不住。

你太冲动啦!如果你爱我,你应该顾及我的感受。

8.我知道你其实和我一样很想试试的,为什么不试试呢?

其实你不知道我想要什么,证明你根本不了解我。我要的是真正关心我、尊重我的人。

9.拥抱使我很兴奋,如果你真的爱我,就证明给我看。

对不起,我想爱不是这样证明的。不如我们冷静一下,好不好?

10.如果你不肯,就说明你不是真爱我,那我就找别人了。

我觉得你不尊重我,你是真的爱我吗?如果你真是这样想的,我倒要好好想想你是否真正值得我爱。

(资料来源:郝春生.高职大学生心理健康指导.北京:清华大学出版社,2009.)

推荐好书

《爱情笔记》

作者:(英)阿兰·德波顿

译者:孟丽

出版社:上海译文出版社

出版时间:2004年04月

内容简介:一个年轻的建筑设计师在飞机上邂逅一个年轻的女设计师。他们一见钟情、相恋、同居,后来女主人公却移情别恋。小说以男主人公结识新女友,并邀请她共进晚餐而结束。德波顿没有用过多的笔墨描写情爱小说中常有的男欢女爱的场景,更没有靠离奇的小说情节吸引读者。他的非凡之处在于把对现代爱情各阶段的一系列的哲理思考与平庸的故事融合起来,结合他特有的写作手法——调侃式的细节描写、图表式的理性分析,把他对现代爱情的渊博哲思及对爱情本质的独到见解生动地展现在读者面前。

作者简介:阿兰·德波顿,英国作家,1969年出生于瑞士苏黎世,毕业于英国剑桥大学。著有小说《爱情笔记》《爱上浪漫》《亲吻与诉说》及散文作品《拥抱逝水年华》等。其发表的处女作小说《爱情笔记》对爱情进行了哲学式的探讨,此后其发表的《爱上浪漫》和《亲吻与诉说》更是继续对爱情进行了深刻思考。

第十章 绿色网络

本章导航

现代网络的信息性、时效性、分享性、便捷性给我们呈现了一个精彩生动的世界：足不出户知晓天下事，情感倾诉随心所欲，网络游戏精彩纷呈，网上购物眼花缭乱。同时，网络也处处隐藏着诱惑与危险，如网络诈骗时有发生、网络成瘾已成为社会关注的一大问题。网络"一半是天使，一半是魔鬼"。本章将阐述网络的利与弊、网络恋爱、网络游戏、预防网络成瘾等主题，引导你做个尽享网络资源而又在网络陷阱里游刃有余的"绿色"网民。

经典名言

电脑网线使我们彼此孤立，而不是将我们联系在一起。
——克利福特·斯托尔

网络正在改变人类的生存方式。
——比尔盖茨

不劝君戒网，劝君莫被网。
——佚名

第一节　网络概述

一、互联网的特性

作为计算机技术和通信技术的完美结合,互联网有着自己鲜明的特性:

(一)开放性

互联网是一个四通八达、没有边界、没有中心的分散式结构,体现的是自由开放的理念和堵不住、打不烂的设计原则。任何人只要拥有一台计算机和简单的上网设备,遵守相关法律法规,就可以接入互联网,向世界发布信息,传播自己的观点和理念,同时也可以选择自己喜欢的信息和内容。在这里,信息跨越了时空界限,实现了自由流动。

(二)全球性

当互联网以其传播方式的超地域性将地球连接成"地球村"时,每个网民就成为地球村的平等公民,互联网无论在广度上还是在深度上都在我们无法想象的空间中蔓延、伸展着,它突破了种族、国家、地区等各种各样的有形或无形的"疆界",真正体现了全球范围内的人类交往,体现了人与人之间的"无限互联"及"无限关涉"。

(三)虚拟性

网络世界是人类通过数字化方式和复杂的技术生成的一个逼真的三维感觉世界。进入网络世界的人,其基本的生存环境是一种不同于现实的物理空间的电子网络空间。这样,一方面网际关系的虚拟性是与实体性相对的。交往主体隔着"面纱",以某种虚拟的形象和身份沟通、交流着,交往活动也不再像一般社会行动那样依附于特定的物理实体和时空位置。另一方面网际关系的虚拟性并非与虚假性等同,尽管由于个别人的恶意操作它会堕落变质为虚假。在人工构造的虚拟情境中,网络赋予人一种在现实中非实在的体验,从功能效应上说这是真实的,所发生的虚假主要是交往者的品德所致,与网络的上述功能无关。

(四)身份的不确定性

在现实世界中,人与人的社会关系是亲戚、朋友、同事、邻里、师生……在很大程度上是一种"熟人型"的关系,其交往活动依附于特定的物理实体和时空位置,并受着较为稳定的社会价值观念和文化的支撑与规约。而在网络世界里,信息在其构成上是确定的,但是信息的庞杂性、虚拟性和超时空特征使得传播通道并不是清晰可辨的。在"网络社会"这个信息世界里,每个人都可以成为"隐形怪杰",其身份、行为方式、行为目标等都能够得到充分隐匿或篡改,如一个白发老翁可以在 QQ 上将自己伪装成妙龄少女。

(五)平等性

互联网作为一个自发的信息网络,所有的用户都是自己的领导和主人,在这里谁都没有绝对发言权,但同时,谁都又有发言权。这样,网民可以充分感觉到自由性与主体之间的平等性。网上的信息不被某一个人独有,而是平等地属于每一个网民。互联网的这种特点,使网民的意识和思维进一步走向平等和双向沟通,思维方式更加多样化,从而也更加具有个性和创造性。

二、互联网对人心理的影响

(一)互联网对认知的影响

认知是信息整合、归纳、储存和使用的过程,互联网拓展了人们的视野,拓宽了人们的信息来源渠道,缩短了收集信息的时间,提高了汇集信息的效率。互联网也为人们提供了更多自我学习的途径和机会,为自我发展创造了更多的条件。当然,互联网对人的认知也有消极影响,对某些辨别是非能力较差的人来说,多样化的互联网信息会令其无从选择,易造成信息"过载",导致思维模式的非清晰状态。

(二)互联网对情感的影响

互联网不仅给人们创造了一个情感交流的空间和场所,而且可以使人们充分地表达和宣泄,这在现实中是无法做到的。现实中情感的表达必须受环境的影响,受社会规范和社会关系的制约。互联网满足了人们情感表达的多样化需求,为人性的本能宣泄提供了释放的渠道,对保持心理平衡、维护心理健康是有益的。

(三)互联网对人格的影响

在提倡个性化的时代,互联网有意识地强化了人的自我意识状态,可以充分张扬个性,增强人们处理事件时的独立性、自主性和支配性。同时,互联网的虚拟性使得人们在互联网中的行为与现实中的行为存在很大的差异,互联网中频繁的角色转换会使人们的人格统一性受到影响和破坏,知、情、意的和谐统一出现动摇,容易出现人格分裂倾向及自我同一性的混乱,导致双重人格及多重人格的极端性表现。

(四)互联网对人际关系的影响

网际空间好比一个巨大的城市,有图书馆、大学、博物馆、娱乐场所,也有各种各样的人;无论什么人,都可以到这个"城市"去逛逛。在这个空间里不仅可以获取和发布信息,还可以通过各种聊天软件进行聊天、交友等网络人际交往。网络人际交往的主要特点有:

1. 交往角色的虚拟性

用户只要注册或者登记,就可以获得一个相应的身份,并以这个身份在网上进行人际交往。这种虚拟的角色,总是随着时间、空间、场景的转换而转换,而所谓的网名也只是各种个性化的符号。

2. 交往主体的平等性

网络上没有固定的权威,主体之间突破了等级、年龄、社会地位、价值取向等现实因素的限制,以"网友"的身份平等地展开交往。

3. 交往心理的隐秘性

网络人际交往虽然可以通过文字来传情达意,但这种文字交流大多是经过刻意加工的,交往的心理也是经过包装的,网友之间也很难明白对方的真实意思。

4. 交往过程的弱社会性和弱规范性

在现实人际交往中十分看重的身份、职业、收入、容貌、家庭背景等交际主体的社会特征

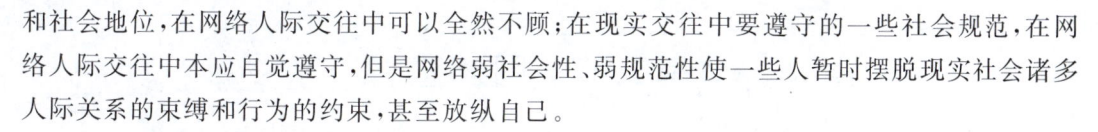

和社会地位,在网络人际交往中可以全然不顾;在现实交往中要遵守的一些社会规范,在网络人际交往中本应自觉遵守,但是网络弱社会性、弱规范性使一些人暂时摆脱现实社会诸多人际关系的束缚和行为的约束,甚至放纵自己。

5. 交往动机的多样性

人们渴望友情、爱情、理解和尊重,但又认为现实生活中存在各种"不真实、不安全、不自由",可以通过网络逃避现实生活的危机和压力;可以通过网络达到完美的自我展示和自我表现,获得认同;可以通过网络寻找情投意合的群体或随心所欲地谈情说爱,等等,从而满足现实交往无法满足的欲望。

三、大学生上网的动机

(一)好奇求新心理

网络信息极为丰富,内容涉及社会生活的方方面面,政治、经济、文化、科学教育、艺术、生活应有尽有,大大拓展了大学生的视野,为大学生带来了全新的生活体验;而且集图、文、声、像于一体,对人的感官带来多方面的强烈刺激。大学生正处在精力旺盛、求知欲强、想象力丰富的人生阶段,网络上丰富的信息资源,足以满足他们的好奇求新心理。

(二)自由、平等的参与意识

在互联网上,大学生们可以比在学校里、家庭里更自由地发表自己的看法,抒发自己的爱与憎,表达自己的思想感情,而不会担心受到现实环境的限制或承担责任。平时对学校不敢提、无处提的意见可用匿名方式贴到BBS上去,平时对异性不敢表达的感情也可以尽情表达。

(三)追求开放性和多元性

网络是一个开放的信息源,各种文化、思想、观念都可以在这里碰撞。这就为大学生追求开放性和多元性的文化、观念提供了平台。

(四)宣泄心理

网络由于具有隐匿性、开放性、便捷性和互动性等特点,这给大学生适时地转移、倾诉和宣泄自己的不良情绪提供了机会和场所。上网成了他们释放心理压力、松弛身心的一种有效方式:或到聊天室向网友倾诉自己的不快,或到对抗游戏里冲杀一番。

(五)虚拟地自我实现

大学生有很多的需求,但许多需求是难以满足的,然而,在网络这个虚幻的世界里却能轻易地得以满足,如在游戏中体验成功的乐趣。他们在虚拟的网络世界获取的快乐和自我成就感比现实世界要多得多。这让那些在学校活动中少有表现的学生也体会到成功的乐趣。而这种感觉亦会强化他们参与网络游戏的行为,使他们沉醉于此而不能自拔。

第二节 网　恋

一、网恋的含义

网恋是指在网络空间里异性之间形成和发展的一定程度的情感依恋关系。它包括两种形式：第一种是纯粹意义上的网恋，即纯粹在网络上认识、恋爱，完全没有现实的接触；第二种是网络与现实相结合，即在网络中认识、恋爱，然后发展到现实生活中的恋爱与婚姻。

二、大学生网恋的动机

大学生之所以钟爱网恋，不外乎以下几个原因：

第一，距离产生美。大学校园本来就充满着浪漫的气息，大学生又对新事物有强烈的猎奇心理，容易被网上陌生人的神秘、浪漫和新鲜吸引，陷入爱河而不可自拔。

第二，寻找自我。有一些大学生性格内向、敏感、抑郁、自卑，缺乏社会交往，自我价值感低，不敢向身边的异性表白情感，而网络正好给他们提供了掩护自尊、获得异性认可的虚拟环境。

第三，学习压力。一些学生进入大学后成绩落后，自信心下降，丧失学习动力；而另外一部分学生没有学习目标，生活空虚寂寞，于是到网上找异性搭讪，寻找新鲜感。

第四，大学生普遍有凡事都想体验的心理特点，对网恋也不例外。

这些因素导致大学生经常忽视了现实的爱情生活，回避真实的情感，而在网上又容易轻易地付出情感，这也是因为他们忽略了网络中潜伏的危险。网络专家研究认为，网络世界中人们以匿名方式出现，容易诱发人性恶的一面，一些人可能会从恶作剧开始，发展到故意进行情感欺骗，犯罪分子也会利用大学生的心理特点和网络的间接性实施诈骗。

三、大学生网恋的心态

据了解，多数女大学生不爱好网恋，因为网络离现实相差很远，但几乎没有大学生反对网恋。一名女大学生称，平时他们的生活很单调，离家又远，业余时间大部分都在网上度过，在网上交两个网友谈些知心话也是可以的。网恋是满足情感需要的一种方式，18.4%的同学承认自己有一个或两个及以上的网络恋人，38%的大学生反映周围同学有网恋现象，超过一半的学生会在"失落""无聊""感情受挫"等情绪状态下发生网恋。

调查显示，87.8%的大学生认为网恋是满足情感需要的一种方式。一名同学坦率地表示："网恋是虚拟的，是人精神上的一种依恋，是一种可以让自己感到轻松的恋情。对我而言，如果在网上能遇到一个很谈得来的，让我倾心的，我会网恋。"一位赞成者这样说："网恋是很正常的事情。它比现实爱情更为真实，你可以坦白你的一切，也可以要求他坦白所有，而不考虑后果。"

据了解，在调查中，对网恋持明确否定态度的只有11.6%的同学。"网恋会让人的责任感变得淡薄"，一位反对者说，"我觉得，感情不能太随意，没有现实的接触不会有好的结果，如果网恋随意发展，人人都不负责任地对待彼此，会给社会带来很多不良影响。"

四、网恋的发展过程

社会学学者曾坚朋曾借用社会心理学家戈夫曼的"戏剧论"将网恋发展过程分为"前台"和"后台"两个阶段。"前台"是理想化表演、自我展示的场所,由"前台"彼此言语描述而建构的对对方的想象和预期,吸引网恋双方"见光",进而转入现实"后台"。

由于"前台"文字交流中往往饱含交流主体对文字信息的"再加工",这就需要现实中的信息再甄别,继而决定是否持续"后台"交往,大学生网恋发展基本过程如图10-1所示:

微 课

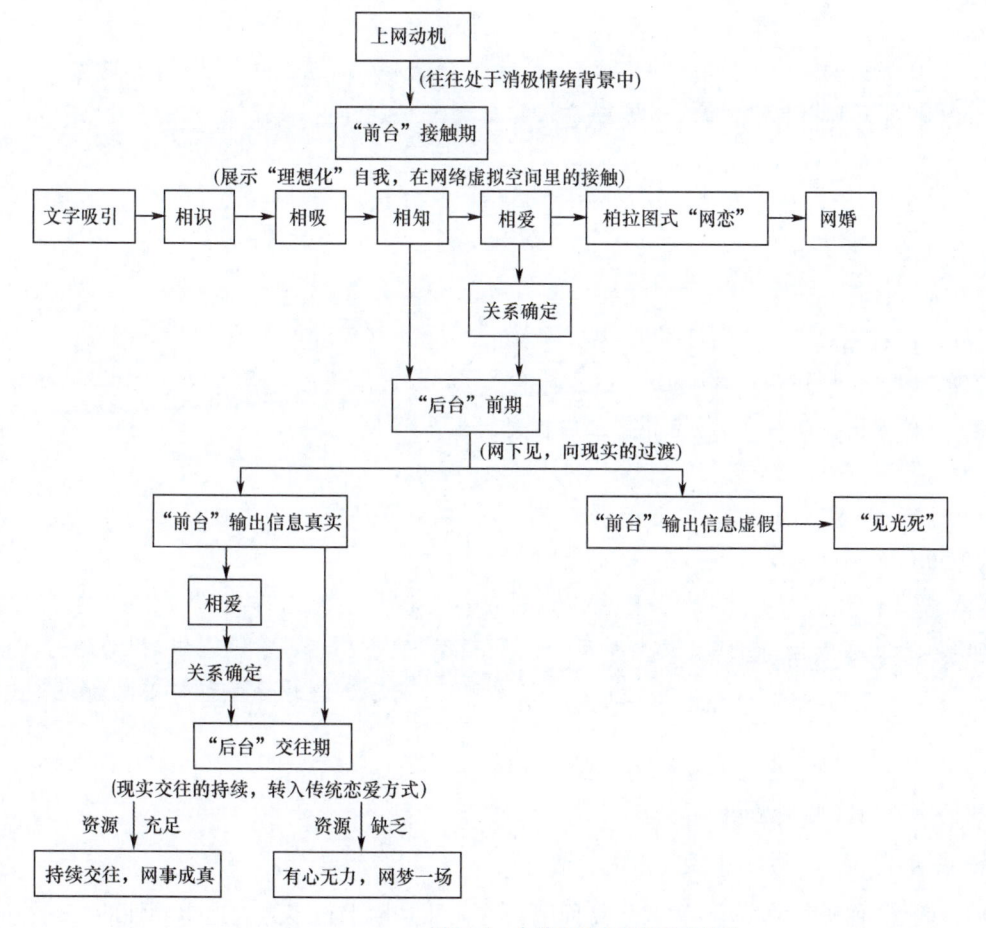

网络恋爱"见光死"?

```
                    上网动机
                       │
            (往往处于消极情绪背景中)
                       │
                  "前台"接触期
                       │
       (展示"理想化"自我,在网络虚拟空间里的接触)

文字吸引 → 相识 → 相吸 → 相知 → 相爱 → 柏拉图式"网恋" → 网婚
                              │
                          关系确定
                              │
                        "后台"前期
                              │
                   (网下见,向现实的过渡)
              ↓                          ↓
      "前台"输出信息真实          "前台"输出信息虚假 → "见光死"
              │
            相爱
              │
          关系确定
              │
         "后台"交往期
              │
   (现实交往的持续,转入传统恋爱方式)
      ↓                    ↓
   资源 充足            资源 缺乏
      ↓                    ↓
 持续交往,网事成真     有心无力,网梦一场
```

图 10-1 大学生网恋发展基本过程

要避免"后台"交往的"见光死",除了保证"前台"交流信息的真实性以外,还需要以充实的现实资源做支撑,包括经济实力、时间张力、文化教育上的匹配、生理魅力、情感毅力等。因此,要想"网事成真",需要经历很多的过滤与筛选、考查等。

五、降低网恋风险

网络自身的特性和部分网友的动机不纯,使网恋存在一定的安全隐患。

> **案例**
>
> 热线倾诉人：兰兰(女,20岁,学生)
>
> 记者：李小娟
>
> 兰兰：两个月前,我在网上认识了一个武汉男孩,也是一名大学生,他对我特别好。在他的关心和体贴下,我爱上了他。3月14日,我到了武汉,他来接我,想跟我发生性关系,被我拒绝了。
>
> 记者：他跟你交往动机不一定单纯。
>
> 兰兰：3月16日,我们一起去光谷步行街逛街,他以忘带钱包为由让我给他买了一个800元的戒指。3月17日,他说他一个铁哥们儿去买泡面,结果被车撞了,送到医院就去世了。3月18日,他说要去火葬场参加追悼会,找我借了200元。他还说心里烦,要我晚上陪他喝酒。他要跟我发生性关系,我答应了。其实我不想这样的,纯粹是为了分担他内心的痛苦。
>
> 记者：你好傻呀,觉得他对你不怎么样,还答应他这种要求？
>
> 兰兰：我当时也想不出别的办法帮他。可是我没想到他后来根本就不理我了。
>
> 记者：怎么了？
>
> 兰兰：后来我打电话给他,不是关机,就是没人接听。我那天什么都吃不下,终于决定晚上去找他。我在他们宿舍楼下碰到他,当时他叼着烟,很悠闲的样子。我真的好难过啊,为什么突然就变成这样了,感觉和网上的他完全是两个人。
>
> 记者：看来他对你没什么感情呀。
>
> 兰兰：从小到大,我一直很单纯,很容易相信人,我以为人都是善良的。可是我对他那么真诚,他为什么要这么对我？
>
> 记者：单纯不等于傻。我觉得你自己也应该明白他肯定是不爱你的,只是你不愿意相信这个事实,所以总抱着些侥幸。这样的人,你现在根本就不应该再看他一眼,因为他根本就不是一个值得你去爱的人。把这当成一个教训吧,以后恋爱时得多留个心眼,多加辨析。

那么,我们应如何降低网恋风险呢？

(一)警惕开门见山地发出见面要求者

"你有照片吗？""你长得真好看。""我们见面吧。"这往往是网上很多男人追求异性的"三板斧"。

网络目前的普及程度已经使它成为几乎所有人都可以便捷使用的交流平台,因此在网上遇见的人也是形形色色。其中,有些人是可以携手前行的有缘人,而有些人只是游戏于其中。网恋是要建立在彼此较深入的了解和精神交往上的,因此,那些刚一相识就提出要见面约会的,至少不能说对彼此的交往有着比较认真的态度。

（二）直接探听姓名、住址、电话的别深交

除非你对 QQ 那端的网友有了很深的了解，否则不要随意把自己的姓名、住址、电话或者任何可能影响到你自身安全的资料和盘托出，应切记"不要和陌生人说话"。网络是心灵的游戏，上来就关心最实在"数据"的一定抱着不良用心。

（三）考虑双方的现实距离

相同的环境会使网恋之后的发展更加顺利，也使面对面的交流和沟通比较容易进行。如果本着恋爱的目的在网上交友，应考虑双方的现实距离，毕竟一场美好的恋爱总要从网上发展到网下，现实距离是感情不可回避的一大障碍。

（四）长期交流后再见面

如果想要发展一场认真的恋爱，相互间的深刻了解和沟通是必不可少的。

现在很多人以见异性网友为乐，认识一两天就见面的比比皆是，同时又怀着很强的目的性。然而这种"相亲式"的见面成功率极低，也失去了网络聊天的原有内涵，仅仅建立在彼此外形吸引上的感情也是短暂而肤浅的。

因此，网恋双方一定要经过长期的交流，让彼此纯精神的感情交流经过时间的考验，再考虑向现实的进一步发展。

（五）见面前最好经过电话沟通

文字可以显示一些诸如个人性格、修养、爱好等的信息和内容，但它毕竟是比较平面和单薄的信息交流手段。单纯的文字网聊，有可能成为一些人掩盖自己身份的办法。而见面之前的电话沟通，至少能够确定对方一些基本的个人信息，同时也为进一步的接触打下基础。

（六）见面前查清对方真实身份

双方现实状况的悬殊必然成为彼此感情的障碍，纯粹的精神恋爱在现实面前往往不堪一击。

不了解对方真实状况就贸然见面，也会造成一些令人啼笑皆非的后果。女大学生赴网友之约发现对方仅是小学生，网恋两个月不知彼此是姐弟……此类极端事件都曾有所发生。

在不了解对方真实身份的情况下贸然进入状态，有可能让双方陷入一种痛苦的境地。

（七）见面地点别选太僻静的场所

百货商场、人流熙熙攘攘的广场、某网站或论坛举行网聚的地方，这些都是女孩子见网友的最好地点。人气不光能冲淡见面的尴尬，还能让不怀好意者无法做出任何不轨之举。即使对方提出要去僻静的地方"增加情调"，也要严词拒绝。

（八）第一次见面行为一定要谨慎

在网上的关系无论多么甜蜜亲热，真正见面，还是要有一个彼此适应的过程。同时，无论是男士还是女士，在这种情况下应适当矜持与谨慎，善于察言观色，及时发现对方的不良企图，以最大限度地保护自己。

第三节　网络游戏

一、网络游戏的心理动机

作为网络传媒与游戏文化嫁接的产物,网络游戏继承了网络这一新型媒介和游戏这一古老文化的诸多优势,迅速成长为一种生机勃勃、参差复杂的传媒文化,并以其强大的魅力,吸引着数量庞大的游戏玩家。网络游戏分为魔幻、科幻、童话、武侠等类型。网络游戏的魅力在于:精美的画面、悦耳动听的音乐、惊险刺激的升级诱惑等。

案例

大学生小李是学习上的"挂科高手",也是游戏高手。他打游戏过关速度之快、级别之高,受到同寝室男生的高度评价。他谈到游戏时说:"在游戏中,通过升级能获得一种成就感。级别越高,装备、道具越高级,越能得到大家的拥戴,有种众星捧月的感觉,爽!没玩过网游的人是体会不到的。"

刚进入大学的小王说:"现在的大型网游都采用大手笔大制作,背景音乐、视觉效果都是国际知名大家精心打造的,特棒,特享受。另外,在游戏中,你可以扮演各种角色,把握角色的命运,会产生一种自我中心感,这些都是在现实中无法体会到的。"玩游戏几乎占据了小王全部的业余时间。

小李和小王都是在网络游戏中体验他们的自我价值实现感。如今的大学生面临的压力过大,他们追求一种现代化的放松。网络游戏对他们来说成了最好的选择,网络游戏带给人的不仅是纯粹的娱乐,还满足了游戏玩家本身的各种潜在心理需求。

(一)体验不同角色需求

角色是一定社会身份所需的一般行为方式及其相对应的心理状态。虚拟现实技术为游戏者真实体验不同角色提供了技术支持。它突破了以文本为主要媒介的二维静态局限,实现了人机交互的三维立体虚拟空间,以动态性、实时互动性和多媒体集成性等技术为基础,满足人们的需求。

(二)获得快感,释放潜意识需求

网络游戏的诞生使得人们终于有了一个真实、刺激而又不伤害他人的释放方法,它特有的对抗性使游戏者注意力空前集中,耗费大量的精力和时间。在这种大规模的释放中,游戏者获得了巨大的生理和心理快感。

(三)满足交往心理

大学生渴望与人交往,渴望获得别人的认同和信任,可是现实并不能满足他们。很多大学生玩网络游戏是因为现实的交往出现了危机,通过游戏获得朋友和团队认同是游戏者深层心理渴求摆脱孤独与冷漠的一种反映,通过游戏的共同参与和平等参与,达到与人交往的目的。

(四)满足自我实现需要

马斯洛的需要层次理论认为,人的需要层次里既有尊重的需要,也有自我实现的需要。人活着除了要满足生存性需要、安全性需要等基本需要之外,还有更高一级的自我实现需要,也就是成就感、自我存在的需要。网络游戏大部分都有故事情节,在故事中游戏者可以成为锋芒毕露的英雄,也可以改写故事,甚至改写历史。网络游戏通过竞技的方式,极大满足了参与者的虚荣心和价值感。

二、网络游戏依赖

案例

> 武汉某大学大三的小李,入学成绩在班上排前两名。大一下半年,他迷恋上网络游戏"王者荣耀",开始时经常通宵达旦地上网,后来发展到一周甚至半月不回寝室,吃在网吧住在网吧,经校方多次劝说不改。后来其父得知情况,来学校劝其改过,谈及贫寒的家境和跨出农门的不容易,父子抱头痛哭,小李当面保证以后绝不再玩网络游戏。但其父前脚刚走,他后脚又进了网吧,最终导致多门"挂科"。有时,小李也曾想收回心来好好学习,可是由于他在网络游戏中确实占领霸主的地位,只要一有网络游戏比赛,以前的网友总是千方百计找到他,因为他不"出征",他们所组的战队就无法获胜。无奈,小李躲不过就得继续"出征",随后一发不可收拾。虽然在现实中小李找不到成功的感觉,但是在网络游戏中他绝对是"大哥大",受人追随和尊敬。就这样,小李最终走向了沉迷网络的深渊。

小李的行为是典型的网络游戏依赖。网络游戏依赖是指人们不可抑制地长时间过度使用网络游戏而产生的生理和心理上的病态依赖。

(一)大学生产生网络游戏依赖的心理原因

1. 网络游戏世界可以满足大学生赢得尊重和认同、追求成功的需要

人的基本需要是一样的,都需要别人的尊重和认同,需要成功带来的满足感。但是在学校里面,学习成绩非常优秀的学生毕竟是少数,大部分学生还是处于成绩中等或偏下的位置。由于社会、学校和家长普遍对学习成绩优秀的学生持高度肯定的态度,而对成绩中等或偏下的学生却缺少关注。

那些平时成绩并不出众的学生,一方面像其他同龄人一样渴望得到关注、尊重和认同,追求成功,但是在现实生活中这些需要却很难得到满足;另一方面,网络游戏世界提供了一个舞台,在这个舞台上人们可以按照自己的需要扮演一定的角色,并通过网络游戏特有的规则来使角色不断升级或打败对手,赢得其他玩家的尊重和承认,获取一种替代的成就感。在这样的情况下,很多大学生被网络游戏所吸引,尤其是一部分成绩较差的学生,往往通过网络游戏中的更高"级别"来获得其他同学的尊重和认同。

2. 网络游戏可以满足大学生的好奇求新心理

种类丰富的网络游戏以其精心制作的声音图像和互动的游戏方式极大地吸引了大学生的好奇心,引起了他们的特别关注和兴趣。因此,很多大学生从学习生活中"解脱"出来,投入新奇的网络世界并试图在这个虚构的世界中发挥自己的才能。

3. 网络游戏的虚拟空间可以满足大学生自由平等的参与意识

在网络游戏的虚拟空间里,现实社会中的种种限制都消失了,只要参与进来,任何人都是"平等的",都可以在游戏中按自己的意愿和口味,扮演一个虚拟角色,做自己想做的事。而且,大学生都有社会交往的需要,一旦他们的这种需要在现实生活得不到满足,他们就可能到网络游戏世界中去寻找朋友和友谊。

4. 网络游戏可以满足部分大学生从众模仿、追求时尚的群体心理

许多从未玩过网络游戏的大学生,就是抱着从众模仿、追求时尚的心理,通过旁观别人上网玩网络游戏并模仿操作,从而逐步获得切身体验的。

5. 网络游戏可以满足部分大学生逃避现实的解脱心理

大部分大学生在生活中都会遇到这样那样的挫折和危机。同时,复杂的社会生活也会使思想相对不成熟的大学生感到难以应对。部分大学生在现实中受挫后,往往愿意到虚幻的网络游戏世界中去逃避现实、寻求自我解脱。

(二)大学生产生网络游戏依赖的四个阶段

1. 参与阶段

处于这一阶段的大学生获得上网的机会,开始了解互联网并开始学习如何使用它。几天之后,他可能在网上发现一个特别感兴趣的东西,比如喜欢上了某一个在线网络游戏或者进入聊天室、论坛,在那儿他拥有了一个网络身份,并且以后会经常使用网络。

2. 替代阶段

处于这一阶段的大学生开始迷恋网络中的虚拟游戏世界,在几个星期或几个月之内结交到朋友,获得信任、关怀和支持,有了可去的地方、可做的事。他们开始忽略生活中其他的事情,网络游戏逐渐成为他们生活中无法替代的东西。

3. 逃避阶段

处于这一阶段的大学生越来越频繁地访问虚拟游戏世界,上网时间也越来越长。他们在网上感到平静、安宁和快乐,虚拟社区成为他们逃避苦恼的避风港,在那里他们不用担心自己内心的孤独,不用担心学业或生活的压力。他们想要更多这样的感觉,于是从现实生活中逃开,而这种逃避会进一步加强他们对网络的依赖。

4. 沉迷阶段

处于这一阶段的大学生越来越沉迷于网络世界,总是感到上网的时间太少而不满足。上网时,他们聚精会神,现实生活中的种种烦恼一扫而空;下线后,他们还对网络念念不忘,对人际交往失去兴趣,甚至有疏离和失落感。他们明知不能花太多时间上网,但无法控制自己的上网行为,一旦减少了上网的时间,就会变得焦躁不安,希望尽快回到网络世界中。他们往往因为上网放弃现实中重要的人际交往和学习,导致生活和学业受到影响。

(三)大学生减少网络游戏依赖的策略

1. 加强网络思想教育

思想是行动的先导,大学生出现网络游戏依赖行为,根本原因在于思想上没有正确认清网络游戏行为,缺乏有效的行为指导。因此,高校要建立课上专任教师和课后辅导员的联动教育机制,加强大学生的网络思想教育。

2. 进行团体心理干预辅导

产生网络游戏依赖的大学生沉迷于虚拟的人际交往中,不懂得在现实生活中应该如何进行有效的人际沟通与交往,害怕甚至拒绝与陌生人进行交往,心理上也难以满足情感归属和自我实现的需要。高校可以通过团体心理干预辅导,帮助他们减少对网络的依赖。团体心理干预辅导可以让产生网络游戏依赖的大学生正视现实世界中自己的能力,正确认识网络,以端正的态度参与现实的人际交往。

3. 发挥校园文化作用

校园文化是大学生思想政治教育的重要载体,充分发挥校园文化的育人功能,有利于帮助产生网络游戏依赖的大学生摆脱虚拟空间的束缚,积极参与到各项文体活动之中。

高校可以举办多种多样的校园文化活动,引导大学生积极参与,提高其社交能力。集体活动中,为了一个共同的目标,全体成员出谋划策、共同合作完成。这是一个互相交流、互相配合的过程,同时,也是一个自我价值和社会价值得以实现的过程,能提高参与成员的协作能力、社交能力、沟通能力等。

4. 确立人生目标,制订学业规划

人生目标的确立会对大学生产生激励作用,促使他们制订具体的学业规划,从而努力提高自身各方面的素质。产生网络游戏依赖的大学生在同学和老师的帮助下,确立自己的人生目标,制订相应的学习计划,包括长期计划和短期计划,能够敦促他们将注意力从网络游戏中转移到学习上来。

5. 提高抗压能力

大学生处在身心发展的特殊时期,面对来自各方面的压力,例如家庭环境的不和谐、学业问题、经济压力、人际关系压力、就业压力等,部分大学生会产生焦虑、抑郁等心理问题,容易沉溺在网络世界中寻求安慰。因此,大学生尤其是产生网络游戏依赖的大学生应当提高"抗压"能力,乐观积极地面对压力,遇到问题沉着冷静地解决,从自身出发,强大内心,完善自我。

他山之石

戒网的7条建议及其康复标志

1. 戒网的7条建议

(1)防止复发。

(2)对自己要有耐心。

(3)不断给自己鼓励。

(4)寻找上瘾的原因。

(5)让你的同学、好友或亲人帮助你。

(6)积极从事其他活动,努力寻找健康的替代活动。如果你特别喜欢在网上起各种名字,或是喜欢玩角色扮演类的网络游戏,可以试着去参加学校的话剧社团。

(7) 利用外界力量。例如,学校心理辅导老师,必要时可以到心理咨询机构接受心理咨询与治疗。

2. 康复标志

(1) 坚持你制订的上网计划,不超过计划的每周总上网时间。

(2) 你的好友告诉你,你的上网习惯和人际交往已经有所改变。

(3) 严格记录每月上网的花费,坚决不超过预算。

(4) 按时完成学习任务,恢复你之前的生活习惯。

(5) 重新发现你以前喜欢的兴趣爱好。

(6) 花更多的时间与那些在你面前的人进行交流,而不是网上的陌生人。

(7) 当你回头看看自己迷恋网络时的情景,你发现你看到的是另一个人。

(8) 能进行正常的社会交往,以积极的心态处理人际关系。

(资料来源:郑日昌. 大学生心理健康——自主与自助手册. 2版. 北京:高等教育出版社,2017.)

心理测试

网络使用情况测试

表10-1是一组帮你了解自己网络使用情况的自测题,请根据你最近1个月的情况,在符合你的数字上画"√"(1表示"没有";2表示"极少";3表示"有时";4表示"经常";5表示"总是")。

表10-1　　　　　　　　　　网络使用情况自测题

1. 花在网上的时间比预期的长	1	2	3	4	5
2. 试图减少上网时间却无法做到	1	2	3	4	5
3. 因为上网宁愿失去重要的人际交往	1	2	3	4	5
4. 上网没有明确目的,但就是不愿停下来	1	2	3	4	5
5. 每天早上醒来,想做的第一件事就是上网	1	2	3	4	5
6. 经常上网而影响学校功课及成绩	1	2	3	4	5
7. 经常放弃需要完成的事去收E-mail	1	2	3	4	5
8. 常对亲友掩盖上网行为	1	2	3	4	5
9. 遇到生活中烦恼的事总会避开,转而去想上网时的愉快经历	1	2	3	4	5
10. 只要有一段时间没上网,就会觉得好像少了什么	1	2	3	4	5
11. 没有网络的世界是沉默、空洞、没有生气的	1	2	3	4	5
12. 总觉得上网的时间不够	1	2	3	4	5
13. 如果有人打扰你上网,你会很不高兴	1	2	3	4	5
14. 常常在离线时想网上的事情想得出神	1	2	3	4	5
15. 不上网时感到情绪低落,上网后马上精神亢奋	1	2	3	4	5

说明

每道题所选择的数字就是该题所得的分数,15道题的分数相加即为你的得分。若你的得分为15～29分,说明你是一个正常的网络用户,能够理性控制自己、健康使用网络;若你的得分为30～59分,说明你会因网络产生情绪问题,需要重新考虑网络对你的影响,合理使用网络;若你的得分为60～75分,说明网络已经明显占据了你的生活,要积极改善你的上网习惯。

(资料来源:方平.自助与成长——大学生心理健康教育.北京:教育科学出版社,2010.)

生活写真

网络游戏与人生前途

心理老师:

给您提笔写信,才知道自己好久没有写过信了,没有摸过笔了,这双手天天都在键盘上指指点点,就这样四年的大学生活就要过去了。回首过去,我痛恨我自己啊。

当年,我过五关斩六将,考上了市里的重点高中,爸妈给我买了一台电脑作为奖励。但当时,我们学校实行住宿管理,我也没什么机会玩,只有周六、周日回家才猛玩一顿。当时我主要是玩一些像"红警""抢滩登陆"这样的脱机游戏。但爸妈对我玩游戏看得特严,我一般都是下半夜才偷偷起来玩。

高考报志愿时,为了能公开、"合法"地鼓捣电脑,加上我对电脑也挺感兴趣,就报了计算机系。上学第一天,我就把电脑从家里搬来了,心里想着,以后在学校玩儿游戏再也不用受管制,而且懂电脑还挺时髦呢。

开学后,我才发现,计算机系根本不像我想象的那样轻松,我们还得从基础物理学起,而且还得学编程,学了一个月,我头都大了。但学计算机总能"近水楼台先得月",我们通过校园网,把几个男生宿舍的电脑联成一个局域网,这样,我开始了"网游"。

大一时,胆子比较小,只敢在没课的时候玩,玩"传奇"时,我总玩不过同学,感觉挺丢人,那些玩得好的男生在我们圈里特别有威信,说实话,我挺羡慕这些老大。我知道,要想达到那种级别,必须得花更多时间。我开始逃课、熬夜,一般到凌晨三四点,"社区"里没什么人了,我才撤下来,或者干脆换成"自动打",我就在电脑前眯几个小时,等人气旺一点,我接着再打。要是碰上上课点名的老师,我还得硬撑着眼皮去上课。到大二,我连这种"点卯"的课也懒得去了。

没有课的生活,就变得简单多了。到了饭点,就托同学从食堂带点烧饼、面包,有时候实在找不着同学,就只好饿着。沉浸在游戏里,饥饿的感觉就没有那么强烈。洗澡、洗衣服这样的事也基本省略了,床底下堆满了脏衣服、脏袜子。我家就在武汉,我妈让我每周回家一次,陪陪她,汇报学习情况,走走亲戚。可迷上游戏后,我回家的任务基本上就剩下拿生活费这一项。我妈说我瘦了,我说食堂伙食又贵又不好,我妈多给我生活费,让我注意营养,多喝牛奶。其实,我整天坐在电脑前,除了买卡,我也没啥机会花钱。

说我"废寝忘食"也不过分。我们四个男生曾创下三天三夜不合眼、不下机的记录。很多人都很奇怪,有那么大的吸引力吗?这得问设计游戏的人,一关接一关的情节设计,一个赛一个的先进武器,逼真的厮杀声和现场气氛,很容易让你忘了自己生活在现实里。一段时间后,我的技术果然提高很快,在"社区"里也算名人了,成天都有人求我带他们一块玩,还有一些女孩是我的粉丝呢,我感觉自己在游戏里生活得挺有英雄气概。可回到现实的课堂,我就像被打回原形一般。看着老师在黑板上写得密密麻麻的程序,我像看天书一样。现实的失败感和网游带给我的成就感,简直一个在地下、一个在天堂。

就这样,玩游戏,逃课,听不懂课,再逃课,再玩游戏,我陷入了恶性循环,成绩一塌糊涂也是理所当然的。考试的时候,我都坐在成绩好的同学周围,抄点选择题什么的也就过了。可到大三时,专业课难度明显加大,连考前老师押题给出的答案,我都看不懂。考场上看着邻座同学写得密密麻麻的卷子,我都不知道从哪儿抄起。大三上学期,我的专业课全"挂"了。学校还把成绩单寄回了家,我妈拿到满是红色的成绩单都哭了……不知道为什么,我也哭了。后来,我爸跑到学校把电脑砸了。爸妈和我都以为电脑没了,我的瘾也该戒了,成绩也该好了,可谁知道,理科技术性的知识是一环扣一环的,我两年没学了,早已听不懂老师讲的内容。英语还得学,可背了这个词又忘了那个,我学得痛苦极了。

最可怕的是学校规定,没有英语四级证,毕业时不发学位证。可偏偏我们班的英语课都安排在每周二、四的上午。这简直对我是个致命的打击。上午我要么在睡觉,要么就是昨晚的夜场还没结束,一个学期下来,英语老师都不知道有我这个人。第一次考四级,我当然没过;到了大三,又接着考,还是没过。我也没敢告诉我爸妈。

现在,我已经快毕业了,毕业前,只有一次四级考试的机会了,要不然,我这四年真的就白读了。真不敢想象没有学位证,我怎么办。

网络,不是罪魁祸首。滥用网络的人,往往投入了自己太多的喜好,把网络变成自己的发泄对象或是满足自己欲望的承载体,从而使自己自由地享受这虚拟的强大与美丽。然而,网络又是那么的残忍,根本不给那些"爱"它的人有充分的时间去悔过。面对网络的诱惑,我们需要抑制的是内心的贪婪与欲望,需要直面回避现实的脆弱。一切的逃避与沉溺,只能让自己一败再败。警醒吧,网络中的游子!

(资料来源:徐光兴.学生心理辅导咨询案例集.沈阳:辽宁教育出版社,2012.)

生活链接

游戏成瘾会导致"脑残"?

多玩游戏将会导致"脑残(大脑萎缩)"?!听起来太可怕了,但这正是来自公共科学图书馆(Publics Library Science)发表的一项研究结果。

此项研究表明,多玩游戏可以永久改变大脑功能(如图10-2所示)。游戏成瘾者大脑的几个小区域会出现萎缩情况,一些测试对象受影响区域达到10%～20%,影响范围包括背外侧前额叶皮层、前喙扣带皮质、辅助运动区和小脑部位等。此外,成瘾时间越长,组织减少越明显。研究者认为,这些收缩情况可能导致负面影响,如无法控制不适当行为或减少目标取向,则会影响决策能力等。

实际上,美国研究者也曾在针对十几岁男性临床试验中发现,平日涉及暴力节目、影片或游戏越多,会导致其在生活中对暴力的敏感度越低。

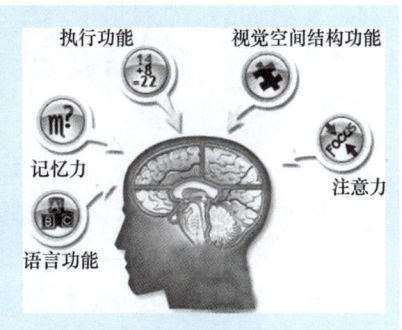

图 10-2 大脑功能示意图

瑞典研究理事会(Swedish Research Council)的报告显示,玩暴力视频游戏时,玩家心跳频率会加快,他们睡觉时这种影响犹在。

[资料来源:朱平.游戏成瘾会导致大脑萎缩成脑残.中老年健康,2011(8).]

第四节 大学生网络心理素质的培养

一、合理使用网络

在当今信息社会中,网络以其灵活便捷的特点和高度的互动性成为实现互动双向交流的代表性媒体,大学生要想不受网络的影响几乎是不可能的。在此情况下,大学生应合理地使用网络,充分利用网络资源,促进自己身心健康的发展,有效地增加知识的积累。大学生使用网络时应做到:

1. 要理智地控制上网时间和次数,不长时间泡在网上。
2. 对网上经常出现的色情图片信息,应洁身自好,千万别掉入色情陷阱。
3. 网上交际不能代替现实生活的社交活动。要加强现实生活中的人际交往和情感交流,主动同父母、同学、朋友联系,诉说生活中的烦恼和忧虑,寻求帮助和支持。积极参与丰富多彩的校园文化活动,在活动中释放压力和不良情绪,在交往中结交朋友,在挫折中强大自己。
4. 有心理疾病最好不要到网上寻求安慰,应求助于心理医生。
5. 有网瘾症状的网民一定要尽快借助周围亲友乃至社会力量来帮助纠正,切勿怠慢。
6. 不要把上网作为逃避现实生活问题或者消极情绪的工具,借网消愁愁更愁。
7. 上网之前先定目标。每次花两分钟时间想一想你要上网干什么,把具体要完成的任务列在纸上。
8. 上网之前先限定时间。看一看你列在纸上的任务,估计一下大概需要多长时间。可以在电脑中安装一个定时提醒的小软件,在上网的同时打开,这样就能有效控制你的上网时间了。

> **生活链接**
>
> ### 全国青少年网络文明公约
>
> 要善于网上学习——不浏览不良信息——
> 网络用好是个宝,查找资料不用跑。网上并非全都好,乌七八糟也不少。
> 天下大事早知道,学习知识不可少。不良信息决不看,一旦陷入不得了。
> 要诚实友好交流——要维护网络安全——
> 网上有朋远方来,善待他人莫胡来。网上交友要慎重,随意约会不安全。
> 诚实交流要牢记,友好沟通情谊在。网络公约心中记,莫把安全放一旁。
> 不侮辱欺诈他人——不破坏网络秩序——
> 网络自有规矩在,自我约束洁身爱。网络塞车难疏通,莫在网上逞英雄。
> 侮辱他人不可取,互相欺诈更不该。冲浪必须讲秩序,别把自由当放纵。
> 要增强自护意识——要有益身心健康——
> 自护意识需加强,是非真假要分清。网上风光无限好,运用不良添烦恼。
> 学会防范最要紧,换得平安网上行。合理利用是关键,身心健康最重要。
> 不随意约会网友——不沉溺虚拟时空——
> 网上也会起风浪,黑客来袭要紧防。网络是个假时空,现实虚拟有不同。
> 单凭网上聊聊天,是非好坏难分辨。上网冲浪要节制,过度沉溺可不行。

二、预防网络成瘾

(一)网络成瘾的含义

网络成瘾指在无成瘾物质作用下对互联网使用冲动的失控行为,表现为过度使用互联网后导致明显的学业、职业和社会功能损伤。

(二)网络成瘾的基本类型

网络成瘾的类型五花八门,具体表现也有明显差异,主要包括以下几种:

1. 网络性成瘾

网络性成瘾指上网者迷恋网上的色情音乐、色情图片、色情影视、色情笑话以及网络色情文学作品等。有专家指出,每周花费11小时以上用来漫游色情网站的人,就有网络性成瘾的嫌疑和倾向。

2. 网络交际成瘾

网络交际成瘾指上网者利用各种聊天软件、网站的聊天室或专门交友网站进行人际虚拟交流,甚至发生网恋、网络黑交易、发表反动或愚昧言论、网络欺诈与愚弄等错误行为,乃至诱发犯罪。

3. 信息超载成瘾

信息超载成瘾包括强迫性地从网上收集无用的、无关紧要的或者不迫切需要的大量垃圾信息。这种行为没有预先的计划和目的,耗费时间,是纯粹的盲目行为或网络生活怪癖。

4. 网络游戏成瘾

网络游戏成瘾即一种游戏行为模式,特点是对游戏失去控制力,日益沉溺于游戏,以致其他兴趣和日常活动都须让位于游戏。这在许多大、中、小学生中是较为普遍存在的现象。

5. 网络视听成瘾

这在青少年学生中仍然是很普遍的现象。网络视听成瘾就是在网络上耗费大量的时间光顾"音乐在线"网站和"在线影院"网站,沉溺于网络音乐和电影资料的阅览。

迄今为止,几乎所有的研究都发现,网瘾症患者往往具有某些特殊的人格特征,而且大多数人在对互联网上瘾之前,常有其他方面的心理障碍,特别是抑郁症和焦虑症。综观国内外的研究结论,网瘾症患者往往同时具有以下一些人格特征或行为表现:喜欢独处,敏感警觉,倾向于抽象思维,缺乏社会交往,不服从社会规范,学习或工作表现较差,自信心严重不足,具有自卑感心理倾向等。

(三)网络成瘾的诊断标准

1. 对网络的使用有强烈的渴求或冲动感。
2. 减少或停止上网时会出现周身不适、烦躁、易激怒、注意力不集中、睡眠障碍等戒断反应,上述戒断反应可通过使用其他类似的电子媒介,如电视、掌上游戏机等来缓解。
3. 下述5条中至少符合1条:
（1）为达到满足感而不断增加使用网络的时间和投入的程度；
（2）使用网络的开始、结束及持续时间难以控制,经多次努力后均未成功；
（3）固执使用网络而不顾其明显的危害性后果,即使知道网络使用的危害仍难以停止；
（4）因使用网络而减少或放弃了其他的兴趣、娱乐或社交活动；
（5）将使用网络作为一种逃避问题或缓解不良情绪的途径。

网络成瘾的病程标准为平均每日连续上网达到或超过六个小时,且符合症状标准已达到一定时间。根据国家卫生健康委员会发布的《中国青少年健康教育核心信息及释义(2018版)》,相关行为需持续12个月才能确诊。

由此可见,网络成瘾有严格的临床诊断依据,不能仅仅根据上网时间的长短来界定。在现实生活中,部分同学喜欢上网,在网吧呆的时间较长,其他同学或他本人误认为自己是网络成瘾,这可能给他们带来不必要的心理恐慌或心理压力,其实大部分酷爱上网的同学可能属于网络依赖。表10-2是它们的主要区别,可以帮助同学鉴别真假网络成瘾。

表10-2　　　　　　　　网络成瘾与网络依赖的区别

项目	网络成瘾	网络依赖
对现实生活的影响	严重地影响生活,除了维持生命基本需要的饮食和睡眠,时间和精力都花在网上	一旦有空闲时间就想上网,但仍旧能保持正常的社会生活
人际交往	实际生活中没有人际交往,自我封闭	和周围人正常交往
情感表现	情感冷漠,和家人朋友没有语言交流	情感表现正常,有固定的社交圈
思维意识	依赖虚拟世界,厌恶现实	能分清虚拟和现实

(续表)

项目	网络成瘾	网络依赖
心理疾病	不同程度地存在着抑郁症、自闭症、强迫症、偏执症等心理症状	没有心理上的病症
大脑控制元素	大脑中控制情绪、心境的元素5HT不平衡	5HT平衡

(四)网络成瘾对网民心理的危害

网络成瘾对网民心理的正常发展会产生很大的负面影响,主要表现在以下五个方面:

1. 交往方式错位

网民的行为往往是在虚拟情景或虚拟情形下进行的,这是一种技术性的人机交往,不是一种人性化的真实的人与人交往。这种情况如果长期持续下去,就会影响或改变网民的正常交往方式,导致真实的人际交往萎缩,产生畸形的人际交往行为。

2. 人性异化

沉溺于网络中的群体,关注并满足于网络世界的虚幻环境,就会渐渐失去对现实环境的感受能力和积极参与意识,形成缄默、孤僻、冷漠、紧张、不合群、缺乏责任感和欺诈等心理现象,进而导致数字化的"虚拟人格"。

3. 自我迷失

网民的自我系统中,有三个"自我",即真实自我、现实自我和虚拟自我。这三者有时相互冲突,网上网下判若两人,结果有可能导致出现多重人格问题。网络有整合世界的功能,同时也有分裂自我结构的作用。

4. 道德失范

网络活动的最大特点就在于虚拟性。虚拟状态既为网上行为提供了无拘无束的环境,也给不正当、不道德行为披上了漂亮的外衣,从而造成网络世界虚假信息的泛滥及非道德现象的发生。一些人会在网上做出一些平时不允许做的明显不道德行为,如粗言恶语、人身攻击、网上多角恋、浏览网络色情影视、恶意攻击网络运行(黑客行为)等。

5. 社会功能退化

部分网民往往一有时间就去上网,参加社会活动越来越少,人与人真实的互动时间太短,对社会缺乏了解与认同,导致社会经验缺乏、适应能力减退。此外,网络成瘾还是一种比较独立的心理和行为综合征,会伴随诱发其他的心理障碍或精神疾病。常常伴有以下情况:

(1)品行障碍。在品行障碍的表现中,说谎、出走、网恋、游戏成瘾行为可以说是较突出的障碍行为。

(2)人格障碍。一些分裂型人格障碍或其他人格障碍者,常常表现为对"网络人生"产生精神依赖,这与人格障碍者的人际关系困难有关。

(3)情绪障碍。抑郁、孤僻不一定有典型的抑郁综合征表现,网络成瘾行为与许多情绪障碍者结合后形成类似于精神活性物质依赖症状。

(4)心理应激反应。网络成瘾是一种对现实生活中心理应激的反应和应付挫折与压力的手段,以缓解应激带来的情绪紧张和自我挫折感。

(5)精神分裂症前驱期。精神分裂症前驱阶段可以表现为网络成瘾症伴同社会功能的受损、人际关系的困难、存在价值的否定、虚幻事物的突现等。这些心理疾病都有一个共同的特点,就是自我人格力量的发育不良或蜕变,网络成瘾症也不例外。

三、网络成瘾症的矫治

对于网络成瘾症的预防和矫治,主要在成瘾者自身,其次是群防群治。

首先,矫治网络成瘾关键在于学生个人真正下定决心戒瘾,制定一个戒网期,并做好自我调节、自我节制,采取坚决措施。对新环境的某些暂时困难要坚定信心,做好个人调适。学习、生活中,要培养自己广泛的兴趣,如积极参加社会调查、新学科知识学习、各种文体活动,用一切办法转移注意力,增加替代性活动,在与外界的广泛接触中充实自己。在个人戒断网络游戏的过程中,要有防止复发的对策,从而成功度过反复期。

对于中、重度网络成瘾者,应采取心理治疗与药物治疗相结合的方法。心理治疗主要有精神分析治疗、厌恶治疗、认知行为疗法等,应由心理医生实施。药物治疗可试用抗抑郁、抗强迫药物或抗焦虑的药物,需在专业医生指导下进行。

其次,网瘾的成功戒断必须借助外力。学校的系、班级,特别是学生宿舍应该是帮助矫治网瘾症最有力的单位。同班同学面对面,互相了解,对过度上网的人一目了然。班干部和同学应该对具有网瘾的同学充满同情心,不能歧视,更不应疏远,而应耐心细致地进行劝阻,对重点对象"一帮一",帮他摆脱网瘾。学校应在各项活动中充分调动每个人的积极性,创造在班级活动中实现个人价值的环境,要使学生明白这样的道理:网络注定要改变我们的生活,但不能替代生活;戒网瘾是戒掉对网络的不当使用或不良习惯之瘾。学校应根据现实情况组织有关专家对全体学生进行网瘾症的预防教育,包括组织专刊专题宣传,对少数学生进行有针对性的、必要的心理咨询、心理干预和心理救助,这样才能构筑一条学生身心健康的保障线。

推荐好书

《网络行为心理学:虚拟世界与真实生活》

作者:亚当·乔伊森
译者:任衍具、魏玲
出版社:商务印书馆
出版时间:2010 年 9 月
内容简介:计算机网络的发展正改变着整个社会,这种改变影响了人们的工作、生活和受教育的方式,甚至渗透到我们每个人的行为中。网络已成为人们生活中不可或缺的一部分,对网络社会中人的行为的研究也日渐成为人们关注的焦点。在《网络行为心理学:虚拟世界与真实生活》这本书中,作者亚当·乔伊森博士从心理学的视角出发,对网络社会中人的行为进行了全面的阐释。《网络行为心理学:虚拟世界与真实生活》是世界上最早的网络行为心理学研究的扛鼎之作,能够帮助人们更深入地理解网络社会中人的行为,更充分地利用网络并认识虚拟世界与现实生活。

作者简介:英国开放大学教育技术系教师。

第十一章 情绪管理

本章导航

情绪伴随我们的一生,每个人无时无刻不处在一定的情绪状态之中。快乐、幸福的生活是每个人的期盼,我们如何激发愉快的情绪?怎样才能让消极的情绪远离我们?如何提高我们的情商水平?本章将引导你做情绪的主人!

经典名言

怒不过夺,喜不过予。
——荀子
成功者与失败者最大不同在于,前者是情绪的主人,而后者是情绪的奴隶。
——拿破仑·希尔
真正的管理人是去管理人的情绪。
——顾修全

第一节 大学生与情绪

一、情绪概述

关于情绪的定义,一直存在众多的争论。人们通常以愤怒、悲伤、恐惧、快乐、爱、惊讶、厌恶、羞耻等反应来说明情绪。中国人常说的喜、怒、哀、惧、爱、恶、欲七情,也可以被称作情绪。

情绪总是同人的需要和动机有着密切的关系。如人的某种需要得到满足,他会产生愉快的情绪;如人的某种目的没有达到时,他会感到难过。一般意义上讲,情绪是人对客观事物是否满足自己的需要而产生的态度体验。

(一)情绪的三要素

1. 情绪的生理变化

在不同的情绪状态下,人的生理上的心律、血压、呼吸乃至人的内分泌、消化系统等,都会发生相应的变化。例如,人在焦虑状态下,会感到呼吸急促、心跳加快;在恐惧状态下,会有身体战栗、瞳孔放大等表现;在愤怒状态下,会出现汗腺的分泌增加、面红耳赤等生理特征。这些生理变化都是受人的自主神经支配的,是不由人的意识所控制的。

2. 情绪的内心体验

人的不同情绪必然会反映在人的知觉上,反映到人的意识中来,从而形成人的不同的内心感受和体验。如人在受到伤害时,会感到痛苦;在朋友聚会时,会感到由衷的快乐;当面临极度危险境地时,会产生毛骨悚然的恐惧感;当自己的某些需要得到充分的满足时,会感到愉快;在遇到被欺辱时,会感到愤怒;在失去亲人时,会感到悲伤。

3. 情绪的外在表现

情绪不仅体现在生理上的反应和内心的体验,而且还会以面部表情、体态表情和声态表情等外在形式表现出来。面部表情最直接反映着人的情绪状态,人们可通过一个人的面部表情的变化,了解一个人的情绪状态。例如,当自己喜欢的球队获胜时,我们会喜笑颜开;当遇到困难和挫折时,我们会愁容满面。体态表情同样反映着一个人的情绪状态。例如,在期末考试过后,我们可通过考生们的坐立不安、手舞足蹈和垂头丧气看出他们此时此刻的情绪状态和面临的境地。声态表情则是指人们在与人交流时的声调、音色和声音节奏的快慢等方面的变化。例如,一个人悲伤时,语调低沉、语速缓慢、语言断断续续;而当人兴奋时,则会语调高昂、语速加快,声音抑扬顿挫、清晰有力。

(二)情绪的分类

现代心理学根据情绪发生的强度、持续性和紧张度,把情绪分为心境、激情和应激。

1. 心境

心境是一种比较微弱、持久且具有感染性的情绪状态。心境具有渲染性,当个体处于某种心境之中时,他的言行举止、心理活动都会蒙上一层相应的情绪色彩;情绪也具有弥散性,此时心境不具有特定的对象,蔓延的范围较广,常常会影响大学生的整个言行。正如古语所说,"忧者见之则忧,喜者见之则喜"。

积极的心境使我们的生活、学习、工作等活动效率提高,有益于身心健康;消极的心境使人悲观消沉,活动效率降低,无益于身心健康。无论是在大学,还是今后的学习中,我们最常经历的情绪状态是心境状态。因此,要善于调节和控制自己的心境,保持积极、良好的心境。

2. 激情

激情是一种强烈而短暂的、爆发式的情绪状态。欣喜若狂、悲痛欲绝、气急败坏、惊恐万分等均为激情的不同表现。

由于激情多是由重大事件的强烈刺激所致,人们总伴以强烈的生理反应和表情行为,有强烈的体内活动和明显的外部表现,因此激情具有爆发性和冲动性的特点。例如,狂喜时会手舞足蹈,发怒时会暴跳如雷,恐惧时则面如土色,有时则以一言不发、呆若木鸡、萎靡不振等极端形式表现出来。

处于激情状态时,人的认识活动范围缩小,控制力减弱,对自己行为的后果不能做出适当的评价。但是激情可以在其发生前加以控制,运用自己的意志转移注意力,可以减弱激情爆发的程度。此外,加强对激情不良后果的认识,也有利于控制激情。但激情并不都是消极的,如战士为了正义事业去冲锋陷阵时需要激情,诗人写作时需要激情,我们与坏人坏事做斗争去拼搏时也需要义愤填膺的激情等。

3. 应激

应激是出乎意料的紧迫情况所引起的高度紧张的情绪状态,往往发生于出乎意料的危险情境或紧要关头,如火灾、地震、高考等。在应激状态下,人可能有两种表现:一种是手忙脚乱,陷入窘境;一种是急中生智,摆脱困境。

应激时会产生一系列的生理反应。1947 年加拿大生理学家塞利(Selye)指出,在危急状态下的应激反应会导致适应性疾病。有关研究表明,应激会引起"一般适应综合征"的发生,可能出现警觉阶段、反抗阶段、衰竭阶段等一系列症状,最终使有机体精疲力竭,抵抗力下降,出现适应性疾病。

应激状态下会产生积极的反应与消极的反应。积极的反应表现为急中生智,力量倍增,使体力和智力充分调动起来,获得超常发挥;而消极的反应表现为惊慌失措,四肢无力,眼界狭窄,思维阻塞,动作刻板或反复出错,处理事件的能力大大削弱。因此,我们应发挥积极的反应,避免消极的反应,并适度控制应激反应,促进身心健康。

二、大学生情绪的特点

大学时期是人心理成熟的重要时期,也是情绪丰富多变、相对不稳定的时期。大学生的情绪具有以下鲜明特征。

(一)丰富性和复杂性

从生理发展分段来看,大学生正处于多梦的年龄阶段,人类所具有的各种情绪几乎都可在大学生身上体现出来,并且各类情绪的强度不一。从自我意识的发展来看,大学生表现出较多的自我体验,自我尊重的需要强烈,易产生自卑、自负等情绪体验。从社交方面来看,大学生的交际范围日益扩大,与同学、朋友及师长之间的交往更细腻、更复杂,有的大学生还开始体验一种更突出的情感——恋爱,而恋爱活动往往又伴随着深刻的情绪体验,这种特殊的体验对大学生有十分重要的影响。

(二)波动性和两极性

大学生相对敏感,情绪带有明显的波动性,一句善意的话语、一个感人的故事、一支动听的歌曲、一首情理交融的诗歌,都可以使大学生情绪发生剧烈变化。

同时,由于大学生正处于情绪表现的"动荡"时期,自我认知及心理发展还未成熟,他们的情绪起伏较大,带有明显的两极化特征:取得胜利时得意忘形,遇到挫折时垂头丧气;喜欢时花草皆笑,悲伤时草木流泪。

(三)冲动性与爆发性

心理学家霍尔认为青年期处于"蒙昧时代"向"文明时代"演化的过渡期,其特点是动摇的、起伏的,他把这一时期称为"狂风暴雨"时期。

(四)阶段性和层次性

大学新生面临的是环境适应、学习方法的改变、新的交往对象等问题,他们自豪感和自卑感混杂,放松感和压力感并存,新鲜感和恋旧感交替,情绪波动大。大二学生经过了前期的适应过程,能够融入校园生活,情绪较为稳定。毕业生面临毕业论文(毕业设计)及择业等多方面的重大问题,压力大,情绪波动大,消极情绪多。

三、大学生常见的情绪问题及其调适

(一)焦虑

焦虑是一种伴随着某种不祥预感而产生的令人不愉快的情绪,是一种不愉快的情绪状态。事情的不确定性是产生焦虑的根源。

焦虑可划分为三类。一是神经性焦虑。这是当人意识到内心的欲望与冲突而无法控制时所产生的恐惧感。二是现实性焦虑。这种焦虑是由现实环境的压力与困难引起的,自我无力应付。例如,无力参与竞争、期望过高、要求过严等。三是道德性焦虑。这是由社会生活准则引起的对自我的责备与羞愧感,因而唯恐犯错误或触犯不能逾越的规矩。

适度的焦虑具有积极的作用,能使大学生在各种活动和学业上表现出色,维持良好的人际关系;过度的焦虑会使人心情过分紧张,情绪不稳定,不能正确地推理判断,记忆力减退,以致影响考试成绩和人际关系。那么,如何调整焦虑情绪呢?

1. 深度呼吸法

深度呼吸法是通过深度呼吸,身体组织器官与呼吸节律发生共振,从而达到放松的效果。在放松训练开始前,应该选择最合适的姿态,或坐,或卧,或站。开始深呼吸时,全身放松,观察自己的呼吸和身体各部位的活动状况。注意自己的肺部在一张一合地呼吸,呼吸频率逐渐降低,呼吸程度加深,紧张部位在逐渐放松。你似乎在观察自己呼吸,似乎又没有观察,感觉在有无之间。然后,再用鼻子深吸一口气,再慢慢地、均匀地呼出,呼气的时候平和而舒畅。继续呼吸,慢慢地、均匀地、深长地、平和地、舒畅地呼吸。接下来,请数呼吸的次数,从1数到10,你可以重复10遍、20遍。注意一下你身体各部位的感觉:各部位在渐渐地与呼吸节律趋于一致,全身的毛孔随肺部一张一合而有规律地开合。这时你开始感到不仅

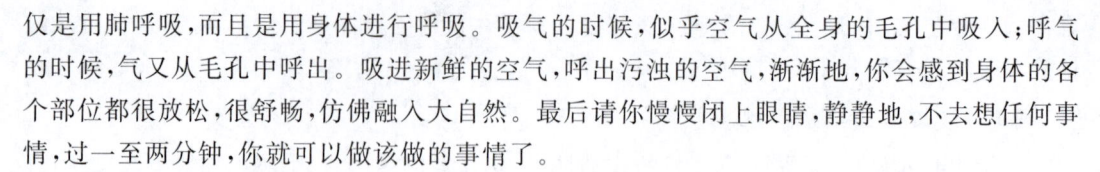

仅是用肺呼吸,而且是用身体进行呼吸。吸气的时候,似乎空气从全身的毛孔中吸入;呼气的时候,气又从毛孔中呼出。吸进新鲜的空气,呼出污浊的空气,渐渐地,你会感到身体的各个部位都很放松,很舒畅,仿佛融入大自然。最后请你慢慢闭上眼睛,静静地,不去想任何事情,过一至两分钟,你就可以做该做的事情了。

2. 意象训练法

意象训练法的基本原理是通过想象轻松、愉快的情境,如大海、山川、蓝天、白云、鲜花等,达到身心放松、轻松舒畅的目的。意象训练的效果取决于想象的生动性和逼真性,意象越清晰、生动,放松的效果就越明显。

在进行意象训练时,你可以想象某一个特定的静态情境,如蓝天、白云、碧海、金沙等;也可想象动态、有序的画面,像旅游一样从一个地方到另一个地方。最后,把想象从外部转向自己,如想象自己置身于鲜花丛中,芬芳四溢……这时,你的身心会有一种从未有过的放松感。

(二)抑郁

抑郁是大学生中常见的情绪困扰,是一种感到无力应付外界压力而产生的消极情绪,常常伴有厌恶、羞愧、自卑等情绪体验。对大多数人来说,抑郁只是偶尔出现,时过境迁很快会消失。但也有人长期处于抑郁状态。

情绪抑郁的大学生的主要表现是:情绪低落、思维迟缓、郁郁寡欢、闷闷不乐、兴趣丧失、缺乏活力,干什么都打不起精神;不愿参加社交,故意回避熟人,对生活缺乏信心,体验不到生活的快乐;伴有食欲减退、失眠等。长期的抑郁会使人的身心受到严重伤害,使大学生无法有效地学习和生活。

那么,怎样摆脱抑郁情绪呢?

1. 参加各种运动

摆脱忧郁的最好办法是让自己运动起来,如跳舞、跑步、做操等。运动之所以能改善心情是因为它能改善与心情息息相关的生理状态。

2. 善待自己,热爱生活

享受生活也是一种摆脱抑郁的良方,如泡热水澡、吃顿美食、听音乐、逛街、旅游等。

3. 学会幽默

幽默能使生活充满情趣,哪里有幽默,哪里就有活跃的气氛。谁都喜欢与谈吐不俗、机智风趣的人交往,而不喜欢跟郁郁寡欢、孤僻离群的人接近。

(三)恐惧

这里讲的恐惧是指有病理性特点的恐惧,即对常人一般不害怕的事物感到恐惧,或者恐惧体验的强度和持续时间远远超出常人的反应范围。它是人们对某一类特定的物体、活动或情景产生持续的、难以克服的恐惧情绪,并伴着各种焦虑反应,如担忧、紧张、不安或逃避等行为。恐惧带有明显的强迫性,即自知这种恐惧是过分的、不必要的,但却是难以抑制和克服。

对于恐惧症的治疗,主要采取满灌疗法和系统脱敏疗法。

1. 满灌疗法

满灌疗法,顾名思义就是把恐惧症患者害怕的刺激突然而又强烈地暴露在其面前,使之无法躲避,将刺激"灌满"。采取这种治疗方法一是要患者勇敢接受,二是要有一位患者信任的人在场做支持者。治疗时,患者开始必然极端恐惧,但在支持者的安慰、劝说和鼓励下,惧怕情绪会渐渐减弱,直到平静下来不再害怕。

2. 系统脱敏疗法

系统脱敏疗法,就是通过两种条件反射相互抑制从而一步步慢慢地解除恐惧症患者的某种恐惧反应。

第一步,请患者列出引起恐惧反应的具体刺激物或情景。

第二步,将刺激物或情景按从弱到强的顺序,排成"恐惧等级"。

第三步,通过放松训练形成松弛反应。方法是坐在一个舒适的座位上,让全身肌肉放松,闭上眼睛,慢慢地有规律地做深呼吸。进入松弛状态后,想象自己列出的刺激物或情景。若有不安和紧张,就停止;再放松。如此反复,直到自己从心理上对上述刺激物或情景不再紧张、害怕为止。

第四步,从刺激物或情景最弱的那项开始,从行动上适应这种刺激。

系统脱敏疗法要循序渐进,要多用激励的方法,只要患者有进步,就要给予其鼓励和奖励。

(四)愤怒

愤怒是由于客观事物与人的主观愿望相违背,或因愿望无法实现,人们内心产生的一种激烈的情绪反应。研究表明,当愤怒发生时,可能导致人体心跳加快、血压增高等生理反应,同时还会使人的自制力减弱甚至丧失,思维受损。

"愤怒是以愚蠢开始,以后悔结束。"那么,我们如何制怒呢?

1. 自我谈话,积极对话

每次快生气时就默念下面这些话,它会让你心平气和。

冷静,放轻松点!

只要保持冷静,一切都会没事。

我总不能期望别人事事都遂我的愿吧。

我很平静,我不会被激怒的!

慢慢来,深呼吸几下!

2. 生气时紧握拳头,开始从1数到60

如果你的指甲很长,最好剪掉,免得指甲伤害到双手。当你数到40之后,每数一声就更用力握紧拳头,即使你的手已经握得很痛了,而且愈来愈痛,你还是要将拳头愈握愈紧,直至数到60为止。这时候,你身体的痛正代表着你心里的痛,也正是伴随生气而来的痛。然后慢慢地让紧握的拳头松开,放松时注意心里快乐的感觉,想象你的疼痛和压力在这时候完全消失。

3. 合理宣泄

遇有不良情绪时,最简单的办法就是宣泄。宣泄一般是在背地里、在知心朋友中进行的；采取的形式或是用过激的言辞抨击、谩骂、抱怨恼怒的对象，或是尽情地向至亲好友倾诉自己认为的不平和委屈，或是通过体育运动、体力劳动等方式来尽情发泄，或是到空旷的山林原野，拟定一个假目标大声叫骂，发泄胸中的怨气。要选择适当的场合和对象，以免产生意想不到的不良后果。

4. 有效地转移

把注意力转移到使自己感兴趣的事情上去，如外出散步、看电影、看电视、读书、打球、下棋、找朋友聊天、换一个环境等。这些都有助于使情绪平静下来，并在活动中找到新的快乐。

心理测试

大学生情绪稳定性自我测验量表

指导语

情绪是身心健康的重要标志，一个人的情绪是否稳定反映了他的身心健康状况。那么怎样知道你的情绪是否稳定呢？请做一做下面这个测验。这个测验共有30道题，每道题都有三种答案可供选择，请你从中选择与自己的实际情况最相接近的一种答案。

1. 看到自己最近一次拍摄的照片，你有何想法？（　）
   A. 觉得不称心　　　　B. 觉得很好　　　　C. 觉得可以
2. 你是否想到若干年后会有什么使自己极为不安的事？（　）
   A. 经常想到　　　　B. 从来没有想过　　　　C. 偶尔想到过
3. 你是否被朋友、同事、同学起过绰号、挖苦过？（　）
   A. 这是常有的事　　　　B. 从来没有　　　　C. 偶尔有过
4. 你上床以后是否经常再次起来一次，看看门窗是否关好？（　）
   A. 经常如此　　　　B. 从不如此　　　　C. 偶尔如此
5. 你对与你关系最密切的人是否满意？（　）
   A. 不满意　　　　B. 非常满意　　　　C. 基本满意
6. 半夜，你是否经常觉得有什么值得害怕的事？（　）
   A. 经常有　　　　B. 从来没有　　　　C. 偶尔有
7. 你是否经常因梦见可怕的事而惊醒？（　）
   A. 经常有　　　　B. 从来没有　　　　C. 极少有
8. 你是否曾经有过多次做同一个梦的情况？（　）
   A. 是　　　　B. 否　　　　C. 记不清
9. 是否有一种食物使你吃后呕吐？（　）
   A. 是　　　　B. 否　　　　C. 记不清
10. 除去看见的世界外，你心里是否有另外一种世界？（　）
    A. 是　　　　B. 否　　　　C. 偶尔是
11. 你心里是否时常觉得你不是现在的父母所生？（　）
    A. 是　　　　B. 否　　　　C. 偶尔是

12.你是否曾经觉得有一个人爱你或尊重你?( )
　　A.说不清　　　　　　　B.否　　　　　　　　C.是
13.你是否常常觉得你的家庭对你不好,但你又确知他们的确对你好?( )
　　A.是　　　　　　　　　B.否　　　　　　　　C.偶尔是
14.你是否觉得没有人十分了解你?( )
　　A.是　　　　　　　　　B.否　　　　　　　　C.说不清
15.在早晨起床的时候,你常有的感觉是什么?( )
　　A.忧郁　　　　　　　　B.快乐　　　　　　　C.讲不清楚
16.每到秋天,你常有的感觉是什么?( )
　　A.秋雨霏霏或枯叶遍地　B.秋高气爽或艳阳天　C.不清楚
17.在高处的时候,你是否觉得站不稳?( )
　　A.是　　　　　　　　　B.否　　　　　　　　C.偶尔是
18.你平时是否觉得自己很强健?( )
　　A.是　　　　　　　　　B.否　　　　　　　　C.不清楚
19.你是否一回家就立刻把房门关上?( )
　　A.是　　　　　　　　　B.否　　　　　　　　C.不清楚
20.当你坐在房间里把门关上时,是否觉得心里不安?
　　A.是　　　　　　　　　B.否　　　　　　　　C.偶尔
21.当需要你对一件事做出决定时,你是否觉得很难?( )
　　A.是　　　　　　　　　B.否　　　　　　　　C.偶尔是
22.你是否常常用抛硬币、玩纸牌、抽签之类的游戏来测凶吉?( )
　　A.是　　　　　　　　　B.否　　　　　　　　C.偶尔是
23.你是否常常因为碰到东西而跌倒?( )
　　A.是　　　　　　　　　B.否　　　　　　　　C.偶尔是
24.你是否需用一个多小时才能入睡,或醒得比你希望的早一个小时?( )
　　A.经常这样　　　　　　B.从不这样　　　　　C.偶尔这样
25.你是否曾看到、听到或感觉到别人觉察不到的东西?
　　A.经常这样　　　　　　B.从不这样　　　　　C.偶尔这样
26.你是否觉得自己有超越常人的能力?( )
　　A.是　　　　　　　　　B.否　　　　　　　　C.不清楚
27.你是否曾觉得因有人跟你走而心里不安?( )
　　A.是　　　　　　　　　B.否　　　　　　　　C.不清楚
28.你是否觉得有人在注意你的言行?( )
　　A.是　　　　　　　　　B.否　　　　　　　　C.不清楚
29.当你一个人走夜路时,是否觉得前面潜藏着危险?( )
　　A.是　　　　　　　　　B.否　　　　　　　　C.偶尔
30.你对别人自杀有什么想法?( )
　　A.可以理解　　　　　　B.不可思议　　　　　C.不清楚

评分方法

以上各题的答案,选A得2分,选B得0分,选C得1分。请将你的得分统计一下,算出总分。

结果解释

0~20分情绪稳定,自信心强。

21~40分情绪基本稳定,但较为深沉、冷静。

41分以上情绪极不稳定,日常烦恼太多。

自测后提醒或建议

此问卷仅作为了解自己参考使用。如有疑问,请咨询专业人员。

(资料来源:郑日昌.大学生心理健康——自主与自助手册.2版.北京:高等教育出版社,2017.)

团体心理拓展活动

愤怒情绪的管理

活动一 觉察愤怒

活动目标:帮助学生认识愤怒的整个过程,包括事件、愤怒时的生理和行为现象以及愤怒对个人的影响。

活动材料:一张A4纸,笔。

活动步骤:

1.请学生回忆最近发生的最令自己愤怒的事件,试着把自己的情绪引发出来,按要求用笔写在纸上。

(1)描写自己当时愤怒的表情和动作。

(2)描述自己愤怒时的生理感觉,如心跳加速、呼吸急促、脸热、眼睛圆睁、头皮发紧、流泪等。

(3)表达自己愤怒时的内心感受,如"我被愚弄了!""他(她)太过分!""这简直是厚颜无耻的做法!",等等。

(4)写下自己愤怒时的行为反应,如骂人、摔东西、打人、痛哭、咬紧牙关、硬忍、强迫冷静等。

(5)写下自己做出愤怒反应后自己和对方的感受。

2.小组分享。学生自愿表达自己写的内容。

3.讨论。

(1)什么样的愤怒反应是恰当的?

(2)压抑愤怒情绪好不好?

(3)宣泄愤怒情绪应注意什么问题?

活动二　管理愤怒

活动目标： 帮助学生反省自己的愤怒表达习惯，练习新的、恰当的处理方式。

活动材料： 一张 A4 纸，笔。

活动步骤：

1. 请学生回忆最近发生的最令自己愤怒的事件，试着把自己的情绪引发出来，按要求（参见"活动一"）用笔写在纸上。

2. 小组讨论。

(1) 我对愤怒的处理方式是否恰当？为什么？

(2) 如果事件重演，我会怎样做？

3. 配对练习。

每个同学找一个搭档，改用新的处理方式，重演练习。可以互换角色。

[资料来源：聂振伟.高职心理健康阳光教育（学生用书）.北京：北京师范大学出版社，2007.]

（五）嫉妒

案例

小莉与小娟是某艺术院校的学生，同在一个宿舍生活。入学不久，两个人成了形影不离的好朋友。小莉活泼开朗，而小娟性格内向，沉默寡言。渐渐地，小娟觉得自己像一只丑小鸭，而小莉却像一个美丽的公主，她认为小莉处处都比自己强，把风头占尽，心里很不是滋味，时常以冷眼对待小莉。大学三年级时，小莉参加了学院组织的服装设计大赛并获得一等奖，小娟得知这一消息后妒火中烧，趁小莉不在宿舍之机将她的参赛作品撕成碎片，并扔在小莉的床上。

小娟撕碎小莉的参赛作品是典型的嫉妒行为。嫉妒是指他人在某些方面胜过自己而引起的不快甚至是痛苦的情绪体验。西班牙作家塞万提斯说："嫉妒是万恶的根源，美德的蟊贼。"

当看到别人比自己强时，心里就酸溜溜的不是滋味，于是就产生一种包含着憎恶与羡慕、愤怒与怨恨、猜嫌与失望、屈辱与虚荣的复杂情感，这种情感就是嫉妒。嫉妒者不能容忍别人超过自己，害怕别人得到自己无法得到的名誉、地位等。在他看来，自己办不到的事，别人也休想办成；自己得不到的东西，别人也不应得到。

嫉妒是自尊心的一种异常表现，在大学生中普遍存在。其具体表现为：当看到他人学识、能力、品行甚至穿着打扮超过自己时内心产生的不平、痛苦、愤怒等感觉；当别人身陷不幸或处于困境时则幸灾乐祸，甚至落井下石，在人后恶语中伤、诽谤。嫉妒是一种情绪障碍，它扭曲人的心灵，妨碍人与人之间正常、真诚地交往。

嫉妒心理是人的过度自尊（唯我独尊）、虚荣心、自卑和报复心的产物。那么，如何克服嫉妒心理呢？

1. 心胸豁达

"天外有天，人外有人。""海纳百川，有容乃大；壁立千仞，无欲则刚。"多读好书，开阔视野,加强修养。遇到任何问题,能冷静理智地分析,用辩证的眼光去看待,带着爱心去处理就会显得宽容大度。

2. 增强自信心

一个人在嫉妒别人时,总是注意到别人的优点,却未能注意自己比别人强的地方。其实任何人都有不如别人的地方,当别人在某些方面超过我们时,我们可以有意识地想一想自己比对方强的地方,这样就会使自己失衡的心理天平重新恢复到平衡的状态。

3. 扬长避短

在接纳自我、肯定自我的前提下寻找和开拓有利于充分发挥自身潜能的新领域,这样在一定程度上补偿先前没能满足的欲望,缩小与嫉妒对象的差距,从而达到减弱乃至消除嫉妒心理的目的。

4. 换位思考

嫉妒,往往给被嫉妒者带来许多麻烦和苦恼,换位思考就会收敛自己的嫉妒言行。

(六)冷漠

冷漠是指人对外界刺激缺乏相应的情感反应,对生活中的悲欢离合无动于衷。其具体表现为凡事漠不关心、冷淡、退让的消极情绪体验。如有的大学生对周围的人和事漠不关心,对集体和同学态度冷淡,似乎已看破红尘。

具有这种情绪的人,从表面上看虽表现为平静、冷漠,但内心却往往有强烈的痛苦、孤寂和压抑感。

克服冷漠最根本的是改变认知,发现生活的意义,发现自我的价值,正确认识自我与他人、个体与社会的关系,改变长期以来形成的对人生消极的看法;在行为上,积极投身各种有意义的活动,融入集体,进行积极的自我暗示与自我提升。

第二节 理性情绪理论及其应用

一、理性情绪理论的含义

美国心理咨询专家埃利斯于20世纪50年代创立了著名的理性情绪理论,也叫"情绪ABC理论"。他认为,人的情绪主要根源于自己的信念及其对生活情境的评价与解释。即诱发事件 A(Activating event)只是引起情绪与行为后果 C(Consequences)的间接原因,而引起行为后果 C 的直接原因是个体对诱发事件 A 的认知与评价而形成的信念 B(Belief)。

有这样一则故事:

有两个秀才一起去赶考,在路上他们遇到了一支出殡的队伍。看到那一口黑乎乎的棺材,其中一个秀才心里立即"咯噔"一下,凉了半截,心想:完了,赶考的日子居然碰到这个倒霉的棺材。于是心情一落千丈,走进考场,那个"黑乎乎的棺材"一直挥之不去,结果,文思枯竭,果然名落孙山。

另一个秀才也同时看到了,开始心里也"咯噔"了一下,但转念一想:棺材,棺材,那不是有"官"又有"财"吗?好,好兆头,看来今天我要红运当头了,一定高中。于是心里十分兴奋,情绪高涨,走进考场,文思如泉涌,果然一举高中。

回到家里,两人都对家人说:那"棺材"真的好灵。

第一个秀才之所以落得名落孙山的结果(C_1),是因为他在考场上文思枯竭,文思枯竭是因为情绪不好,情绪不好又是因为他看到令他感到"倒霉"(B_1)的棺材(A)。另一个秀才之所以金榜题名,是因为他在考场上文思泉涌,而文思泉涌是因为情绪高涨,情绪高涨又是因为看到令他感到"好兆头"(B_2)的棺材(A)。如图11-1所示。

图 11-1 情绪 ABC 理论示例分析

二、理性情绪理论的核心

人既是理性的,又是非理性的。人的精神烦恼和情绪困扰大多来自其思维中不合理、不符合逻辑的信念。它使人们逃避现实,自怨自艾,不敢面对现实中的挑战。当人们长期坚持某些不合理的信念时,便会导致不良的情绪体验。而当人们接受更加理性与合理的信念时,其焦虑与其他不良情绪就会得到缓解。

在诱发事件 A、个人对此所形成的信念 B 和个人对诱发事件所产生的情绪与行为后果 C 这三者关系中,A 对 C 只起间接作用,而 B 对 C 则起着直接作用。换言之,一个人情绪困扰的后果 C,并非由事件 A 造成,而是由人对事件 A 的信念 B 造成的。所以,B 对于个人的思想行为方法起决定性的作用。

人的不合理信念主要有三个特征:①绝对化要求,即对人或事都有绝对化的期望与要求,"应该""必须""绝对""一定"。例如,"我必须考上研究生""我绝对不能失败"。具有绝对化非理性观念者在生活和人际交往中,刻板僵化,总是在苛求完美,容易陷入不良情绪的困扰。②过分概括,即对一件小事做出夸张、以偏概全的反应。例如,某人做一次坏事,就认为类似的事情与他有关。③糟糕透顶,即对一些挫折与困难做出强烈的反应,并产生严重的不良情绪体验。例如,一次考试失利,就认为自己已经彻底失败了。凡此种种,都易使人对挫折与困境做出自暴自弃、自怨自艾的反应。

生活写真

大学生常有的不合理信念

1. 做事要得到所有人认同,尤其是生活中重要人物的赞许和喜爱。要记住:做一件事情,你即使尽了一百二十分的努力,也不可能让所有的人满意。

2. 只准成功,不能接受自己失败。这个目标是无法达到的,因为"人之不如意,十之八九",世界上根本没有十全十美的人。

3.当面对现实中的困难和自我承担责任很困难时,采取逃避的办法。逃避虽然可暂时缓和矛盾,但因问题始终存在而未解决,且时间一长,问题就会恶化,从而更难以解决,最终会导致更加严重的情绪困扰。

4.过分投入他人的事情,而忽视了自己的问题。关心他人,富于同情心,这是有爱心的表现,但如果因此而忽视了自己的问题,会导致自己没有能力去帮助他人。因此,一个人应该首先学会爱惜自己,学会帮助自己,才有能力去帮助别人。

5.寻求人生问题的"完美答案"。他们认为人生都应有一个唯一正确的答案,如果找不到这个答案,就会痛苦不堪。人生是一个复杂的历程,如果坚持找寻"完美的答案",就会痛苦一生。

不同的人对同一件事情会有不同的态度。乐观的人与悲观的人对事情的看法是截然不同的。在现实生活中,有人会因为失败而自暴自弃,也有人会因为战胜失败而成就一番更大的事业;有人会因为困难巨大而选择退缩,也有人会因为挑战困难而使自己成为强者;有人会被激烈的竞争压力击垮,有人却把压力转化为动力,从而进一步提高了自己的才能,完善自己的人格。事物的本身并不影响人,人们只受对事物看法的影响。因此,积极的思想,成就一生;消极态度,困顿一世。欢天喜地是过一天,愁眉苦脸也是过一天。所以,只要我们活着,就有权利和义务让自己快快乐乐过一辈子。

三、理性情绪理论的应用——消极情绪的调适

(一)回顾消极情绪

1. 介绍理性情绪理论

我们通常认为"某某事件使我产生了某某情绪",其实,影响我们情绪的不是事件本身,而是我们对事件的看法。对同一件事,不同的人会有许多不同的想法,即使同一个人也会对同一件事有不同的想法,不同的想法则引起不同的情绪。

2. 练习

请就以下事件,尽可能多地写出你的想法,并注明每一种想法下的情绪。

事件:你的好友说周末会找你去逛街,但整个周末他都没有和你联络。

想法1:	情绪1:
想法2:	情绪2:
想法3:	情绪3:
想法4:	情绪4:

3. 举例分析

想法1:这个人一点都不讲信用。　　　　　　　情绪1:讨厌、生气。
想法2:他根本不当我是朋友。　　　　　　　　情绪2:气愤。
想法3:他可能突然有急事,来不及通知我。　　情绪3:谅解。
想法4:他不会是来找我时出了什么意外吧?　　情绪4:担心。

4.学生分享交流

可见,"怎么想"会使我们产生不同的情绪。情绪其实操控在我们自己手中,记住:"换个想法,快乐自然来。"

(二)运用理性情绪理论调节消极情绪

目标: 学生学会运用理性情绪理论来调节情绪。

步骤:

(1)教师介绍消极情绪调节的ABCDE步骤:确定引发情绪的事件(A)→自己对此事件的想法(B)→这想法所引发的情绪(C)→对原想法的不合理成分进行驳斥(D)→建立理性的想法和适当的情绪(E)。

(2)学生运用练习:以你最近产生过的一种消极情绪为例,按上述步骤进行情绪调整,并把调整过程记录在纸上。

(3)教师举例分析:最近我总处在焦虑不安和自卑的情绪中。

A:最近一次考试没考好。

B:我真没用,不是读书的料。

C:焦虑不安、自卑。

D:一次失败不代表一个人永远失败,这一次发挥不好也不代表自己没用,这一次犯了以偏概全的错误。

E:建立理性的新想法:这一次发挥不好不代表自己没用,这次没考好的原因是没有认真复习,下次认真做好准备,定会考出好成绩的。于是产生新的情绪:自信。

(4)小组内交流自己的调整步骤并互相评析。

(5)每组选一个代表说出自己的调整过程及体会。

(6)练习:请用理性情绪理论对自己的一个负性事件进行分析。

A:发生了什么事?

B:当时有什么想法?

C:是怎样的情绪反应?(用词语表达,且用1~10程度描述)

D:对"当时想法"进行辩论。"想法"对吗?证据是什么?按当时的想法去做的最大好处是什么?最大坏处是什么?

E:若再来一次,现在"我"会怎样处理,会说些什么,会做些什么,感觉如何?

(三)积极的自我谈话

目标: 会用正向的情绪词表达情绪,形成积极的心态。

步骤:

(1)案例分析:好学生的烦恼。

自从上了高中以后,我就没有了周末,几乎所有的周末都在做作业和看参考书中度过。其实我也不想这么过日子,只是学校的学习压力真的很大,同学之间都在"明争暗斗"。表面上,大家都喜欢玩,背地里每个人都在努力学习,生怕在学习上被别人超过或被落下,希望在班级里有一个更好的排名。

我觉得自己好累,多想回到无忧无虑的童年啊! 有时扪心自问:"我快乐吗?"快乐是什么?自从进入高中以来,我感到的只有压力,我有多久没有感受到快乐了?快乐到底是什么东西?整天扑在学习上,时常告诫自己必须保持前三名的地位。这就是我最大的快乐吗?我已经做到这些了,可我为什么还一直这么烦恼呢?

分析:他为什么整天感到压力重重,无快乐可言,最主要的是他的自我谈话影响了自身的情绪。"我时常告诫自己必须保持前三名的地位。"他的生活目的完全单一化了:仅仅只为了名次与分数。当然,我们不排除学生以学业为重,但一个人整天只想着名次和分数,那又如何去体验其他的快乐呢?这种自我设限的想法,只能给自己带来更大的压力。

这里的"必须"后面隐藏着一种责任和义务,会产生自我压力,如果没有做到,就会觉得很痛苦,并由此而自责和忧虑。其实,这是一种伤害性的自我谈话,属于"强迫性的"思想。尤其是对于那些自我要求过分严格的人来说,当达到一个目标已不再成为一种成就,而是一种负担时,就需要特别注意这些谈话。像上述那个好学生,为什么不尝试着将这种消极的谈话改变一下呢?

(2)用建设性的积极用语代替危险性用语。

减少"应该",用"能够"替代,你内心的压力会有所减轻。

去掉"必须",以"乐意"替代,你内心的压力可变小。

剔除"不得不",以"愿意"替代,你再也不会被压得透不过气来了。

撵走"本应该",以"想要"替代,你内心的压力会消失。

"是……但……"会为自己设置障碍。说"我将试一次",会给你增添力量和自信。

"真可怕""真该死""悲惨啊"会让你陷入过度的悲伤之中。如果说"这是我丰富生活经验的一部分",则会助你前进。

(3)练习。将危险的自我谈话变成建设性的自我谈话,见表11-1。

表 11-1　　　　　　　　危险的自我谈话与建设性的自我谈话

危险的自我谈话	建设性的自我谈话
我必须……	我愿意……
我不能……	我能/我不……
这太不公平	事情本来就是这样
这个问题有点麻烦	这是一种挑战
生活是乱七八糟的	生活就是我造就的
我真没用	我是一个会出错的人
我不能对付	我自信我能把握住
我应该……	我能够……
真是太可怕了	真的很遗憾
是的……但……	也许我能……
我可能……	我打算……
我不够好	我能和别人一样做得好
我一向都不走运	我能掌握自己的命运

第三节 健康情绪情感的培养

一、健康情绪情感的特点

不良情绪是患身心疾病的主要原因之一,积极的情绪情感有益于身心健康,常言道:"笑一笑,十年少。"因此,我们要培养健康的情绪情感。

心理学家索尔指出健康情绪情感的八个特点:

1. 独立,不依赖父母;
2. 增强责任感及工作能力,减少与外界接纳的渴望;
3. 去除自卑情结、个人主义及竞争心理;
4. 适度的社会化与教化,能与人合作,并符合个人良心;
5. 成熟的性态度,能组织幸福家庭;
6. 避免敌意与攻击;
7. 对现实有正确的了解。

二、培养健康的情绪情感

(一)保持乐观愉悦的心境

在所有的情绪中,快乐是最具积极意义的。法国大作家乔治·桑认为:"心情愉快是肉体和精神的最佳卫生法。"愉快的心境来自乐观的态度,来自宽广的胸怀,来自对未来生活的美好希望,来自于对生活的热爱。

1. 要保持乐观态度

乐观的人总能看到事物积极的一面,而悲观的人却总是看到消极的一面。如对于一个渴极了的人,当他发现自己的水杯中只有一半水时,乐观的人会想"还有一半",而悲观的人则会想"只剩一半";看到落日有人悲叹"夕阳无限好,只是近黄昏",而乐观的人则道"老夫喜作黄昏颂"。

2. 要有宽广的胸怀

有人曾说:"世界上最宽广的是海洋,比海洋更宽广的是天空,比天空更宽广的是人的胸怀。"心胸宽阔、达观的人自然将目标望向更高更远处,不会纠缠人生的细枝末节,能排除不良情绪的干扰。因此,在对问题归因时,应"大是大非,清清楚楚,小事小作,难得糊涂"。"海纳百川,有容乃大",任何挫折在心胸宽广的人面前都会春风化雨、烟消云散。

3. 对未来充满希望

希望是人们对未来生活的一种美好的愿望。人们在遭受挫折时之所以能够在困境中继续生存、发展,就是因为有希望支撑。对于受到挫折的人来说,希望就像黑暗中的灯塔,照亮我们前进的道路,点燃我们胸中的热情之火;而绝望就像压在我们头顶的乌云,将希望的光芒笼罩,使我们迷失前进的方向,失去生活的信心与勇气。因此,任何时候我们都不能放弃希望。正如毛泽东所言,"风物长宜放眼量"。

4. 热爱生活

生活不总是一帆风顺,必然有低谷,但是只要你热爱生活,就能克服负面情绪,更好地渡过逆境。热爱生活的人会善待自己、善待生命、善待他人,并能全身心地投入社会生活。

(二)培养高尚的情操

为拥有一个健康的身心,更好地服务于祖国,大学生要不断提高自己的修养,开阔心胸,培养高尚的情操。

1. 大学生要增强民族自豪感、自尊感与责任感

范仲淹在他的千古名篇《岳阳楼记》中抒发了他"先天下之忧而忧,后天下之乐而乐"的博大胸怀。他的这种忧国忧民、"不以物喜,不以己悲"的以天下为己任的高尚情操,在那些一切以个人利益为出发点、患得患失、见利则喜、失利则忧的人面前显得多么伟大!

当一个人将个人利益置之度外,把国家前途和人民利益置于首位时,他的情绪情感就将得到升华,他的心胸将更开阔。当他再面对个人利益得失时就不会产生种种痛苦。历史上的无数伟人在这方面为我们做出了榜样。

2. 大学生要培养道德感,遵守社会公德,讲究职业道德和家庭美德

社会公德是人们日常生活中所形成的和应当遵循的基本准则,它要求人们讲文明、懂礼貌、助人为乐、爱护公物、保护环境、遵纪守法。职业道德是在一定的职业活动中所应遵循的具有自身职业特征的道德准则和规范,其基本内容是:爱岗敬业,诚实守信,办事公道,服务群众,奉献社会。家庭美德是一定社会阶段根据其总的道德要求所制定的、调节人们在家庭生活方面的关系和行为的道德准则。它要求人们尊老爱幼,男女平等,夫妻和睦,勤俭持家,邻里团结。

3. 大学生要培养理智感

亚里士多德说过:"求知是人的一种本性。"他把求知看作一个人一生中最大的幸福,而理智感是和人的认知活动、求知欲、认识兴趣密切相关的。人的认知活动越深刻,求知欲越强烈,追求真理的情趣就越浓厚,人的理智感也越深厚。理智感是推动人们探索和追求真理的强大动力。大学生正处于精力充沛、求知求学的最好阶段,强烈的好奇心、求知欲,是大学生自主式学习、发现式学习、探索式学习的动力基础。因此,培养理智感对大学生的学习有着重要作用。

4. 大学生要培养美感

爱美之心,人皆有之。爱美,追求美,追求美好的生活、美好的社会和美好的未来是人类的本能。离开美,离开对美的追求,人的生活也就失去了意义。美感是对事物美的体验。大学生通过对自然美、艺术美、社会美的体验,可以增强自己的审美情趣,提高艺术修养,陶冶个人情操,增进身心健康。

作为当代大学生,不仅要了解美,提高审美能力,还要从自身做起,做美的表率;不仅要仪表美、行为美,更重要的是要心灵美。

团体心理拓展活动

活动一　镜子活动

活动目标：让学生明白，装着有某种情绪会真的产生某种情绪，掌握"镜子技术"。

活动准备：学生分成两人一组，相对而坐。

活动步骤：

1. 学生两人一组，甲学生做出各种愉快的表情，乙学生作为"镜子"模仿甲的各种表情。时间为2分钟左右。
2. 双方互换角色。
3. 学生围绕刚才的活动讨论分享。
  (1) 看到"镜子"的表情，你有什么感受？
  (2) 情绪可传染吗？
  (3) 在努力做各种愉快表情时，你的情绪有变化吗？
4. 学生发言，教师小结：心理学研究表明，当我们装着有某种心情或模仿着某种心情时，我们往往能真的获得这种心情。因此，每天早上起床后请对着镜子笑一笑，告诉自己"今天会有个好心情"。即使没有镜子，也可利用镜子技巧：脸上露出很开心的笑容来，挺起胸膛，深吸一口气，然后唱一段歌曲，或吹一小段口哨，或哼哼歌，记住自己快乐的表情。

活动二　发现快乐

活动目标：让学生明白，只要我们善于发现，生活中到处充满快乐。

活动步骤：

1. 请学生回想最近两周令自己开心的事件，在笔记本上列出自己的"快乐清单"，每人至少列出10项。
2. 请部分学生读出自己的"快乐清单"。
3. 把短文《美国年轻人眼里的开心时刻》发给学生，请学生快速阅读，并与"快乐清单"相对照。
4. 小组脑力激荡：在同学的"快乐清单"及短文的启发下，大家开动脑筋，再尽可能多地寻找快乐，每个小组请一位同学做记录，完成小组的"快乐清单"。
5. 以小组为单位读出小组的"快乐清单"，给想得最多的3个小组发礼品。
6. 教师小结：生活中不缺少快乐，只是缺少发现。
7. 教师出示一份"情绪宣言"模板，让学生参考写一份符合自己实际的情绪宣言，每天早上（特别是心情不爽时）大声读出。

教师的"情绪宣言"模板：今天我要学会控制情绪！弱者任思绪控制行为，强者让行为控制思绪。每天醒来，当我被负面情绪包围时，我就这样与之抗争：沮丧时，我引吭高歌；悲伤时，我开怀大笑；恐惧时，我勇往直前；不安时，我提高嗓音；力不从心时，我回想过去的成功；自轻自负时，我想想自己的目标。

8. 学生补充阅读《如何发现快乐与传播快乐》。

（资料来源：郝春生.高职大学生心理健康指导.北京：清华大学出版社，2009.）

心理知识

情　商

"情商"这一术语由美国耶鲁大学彼得·沙洛维教授和新罕布什尔大学约翰·梅耶教授正式提出。根据现有的理论,情商的内容大致可以概括为以下五个方面。

1. 自我认知能力

自我认知能力包括:了解自我优、缺点的能力,了解自身真实感受的能力,能对人生大事做出正确的选择的能力。当个人某种情绪刚一出现就能即时觉察,做到自我知觉,这是情商的核心与基础。心理学家的研究成果表明:"不了解自身真实感受的人必然沦为感情的奴隶""没有能力了解自己的感情的人,也不能了解别人的感情"。

2. 管理自我能力

管理自我能力包括:自我安慰、摆脱焦虑的能力;对冲动和愤怒的控制力;临危不惧、处变不惊的能力;能在挫折和困难面前保持冷静,有效地摆脱消极情绪侵袭的能力等。管理自我能力是建立在自我知觉的基础上的,是情商的重要内容。

3. 自我激励能力

自我激励能力是为服从某一目标而自我调动、指挥个人情绪的能力,是情商的重要内容。它包括:"始终保持高度热情",这是一切成就的动力;"不断明确目标",即能根据主观变化的情况,不断给自己制定目标,又能促使自己不断前进;"情绪专注于目标",这是集中注意力、发挥创造性所需要的。人类的一切行为都有一定的目的和目标,人有目的的行为都是出于对某种需求的追求。不断的自我激励就会使人有一股内在的动力,朝着所期望的目标前进,并最终达到目标。因此,自我激励在个人走向成功中起着引擎作用。

4. 识别他人情绪的能力

识别他人情绪的能力是在情感的自我知觉的基础上发展起来的一种了解、疏导与驾驭别人情绪的能力。具有这种能力的人能通过细微的社会信号,敏锐地感受到他人的情绪变化状态、需求与愿望。识别他人情绪的能力包括:具有能"感受别人的感受"的"同理心";能通过细微的社会信号敏锐地觉察他人的需求与愿望;能设身处地地为他人着想;能通过控制自己的情绪,从而改变别人的情绪等。正确地识别他人情绪,是与他人共处、处理好人际关系的基础。

5. 人际交往能力

在当今这个既激烈竞争又紧密依存的社会里,人际交往能力是一个人生存和发展的最基本的能力,是情商的主要内容。人际交往的水平以及情商的高低会直接影响个人智商的发挥。人际交往能力可强化一个人受社会欢迎的程度、领导权威以及人际互动的效能等。

(资料来源:张钊源.大学生必读教程.北京:经济日报出版社,2007.)

推荐好书

《SOS！救助情绪——处理常见情绪问题实用指南》

作者：林恩·克拉克
译者：姚海林、庞晖、姚枫林
出版社：北京师范大学出版社
出版日期：2002年3月
内容简介：该书为那些试图更多地了解、更有效地调控自己的不愉快情绪的人而写，为正在接受心理治疗的人而写，为那些希望通过学习自我救助的方法来改善自己的情绪的人而写。全书共四篇：认识我们的情绪，调控我们的情绪，控制焦虑、愤怒与抑郁，以更多的方式救助自我。该书深受读者喜爱，并被教育界、心理学界极力推荐。
作者简介：临床心理学家林恩·克拉克1968年于美国堪萨斯大学获心理学博士学位，现任美国西肯塔基大学心理系教授。他经常在社区心理健康服务中心、咨询中心及医院等机构从事有关儿童的心理及行为问题的咨询、辅导与治疗。

第十二章 挫折应对

本章导航

在人的一生中,几乎无人能幸免于挫折的"惠顾"。挫折是不可避免的,但不同的人面对同一挫折情境会产生不同的反应。那么我们应如何面对挫折?本章将为你分析挫折产生的原因,介绍挫折的防御机制,从而增强你的挫折免疫力!

经典名言

挫折和不幸,是天才的晋升之阶,信徒的洗礼之水,能人的无价之宝,弱者的无底深渊。 ——巴尔扎克

人生不幸之事犹如一把刀,它既可以为我们所用,也可以让我们被割伤,这要看我们究竟抓住了刀刃呢,还是握住了刀柄。 ——罗威尔

环境越是困难,精神越能发奋努力。 ——郭沫若

第一节　挫折概述

一、挫折的含义

"人有悲欢离合，月有阴晴圆缺，此事古难全。"尽管人们希望能一帆风顺、万事如意，但挫折却总是不可避免的。

挫折，即失败、失利。心理学中的挫折是指一种情绪状态，是指人们在某种动机的推动下，为实现目标而采取的行动遭遇到无法逾越的困难障碍时，所产生的一种紧张、消极的情绪体验。

挫折包括三个方面的含义：一是挫折情境，即指对人们有目的的活动造成的内外障碍或干扰的情境状态或条件；二是挫折认知，即对挫折情境的知觉、认识和评价；三是挫折反应，即个体在挫折情境下所产生的烦恼、困惑、焦虑、愤怒等负面情绪交织而成的心理感受，也就是挫折感。其中，挫折认知是核心因素，挫折反应的性质及程度主要取决于挫折认知。

二、挫折的产生与性质

挫折的产生与以下五个方面有关：一是需要和由此产生的动机；二是在动机驱使下有目的的行为；三是使需要不能获得满足或目标不能实现的内外障碍或干扰的情境状态、情境条件，称为挫折情境，挫折情境可以是实际存在的，也可能是当事人想象中的；四是对挫折情境的知觉、认识和评价，称为挫折认知，挫折认知既可以是对实际遇到的挫折情境的认知，也可以是对想象中可能出现的挫折情境的认知；五是因受到挫折而产生的情绪和行为反应，称为挫折反应。

在以上五个方面中，挫折认知是产生挫折最重要的因素，因为只有在挫折情境被知觉后人们才会产生挫折感，否则，即使挫折情境实际存在，只要不被知觉，人们也不会有挫折感。所以，挫折感的实质是当事人的一种主观感受，当事人是否有挫折感和挫折反应的强弱，主要取决于当事人对挫折情境以及对自己的动机、目标与结果之间关系的知觉。不同的人，需要和动机的强度、对实现目标的评价标准、对自我的预期以及对挫折的归因等都不尽相同，所以，即使面对同样的挫折情境，不同的人便会产生不同的挫折反应。如同样是考试不及格，有的学生痛不欲生，有的学生懊悔不已，有的学生则不以为然，这就是因为他们对考试不及格这一挫折情境的认知不同。正如巴尔扎克所说，"世上的事情，永远不是绝对的，结果完全因人而异。苦难对于天才来说是一块垫脚石，对于能干的人是一笔财富，而对于弱者是一个万丈深渊"。挫折的产生过程如图12-1所示。

从挫折产生的过程看，挫折是不可避免的，所以，挫折具有必然性和普遍性。同时挫折还具有两面性：一方面挫折具有消极性，使人失望、痛苦、沮丧，或引起粗暴的消极对抗行为，甚至导致攻击侵犯行为或失去对生活的追求，给自己和他人造成严重损失；另一方面挫折又具有积极性，给人以教益，使人认识错误、接受教训、磨炼意志，使人更加成熟、坚强，在逆境中奋起，从而获得进一步的发展。

图 12-1 挫折的产生过程

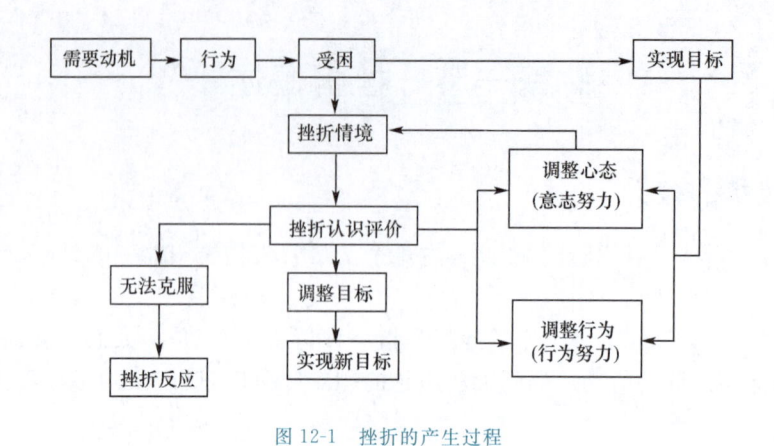

第二节 大学生常见的挫折及其反应

一、大学生常见的挫折

(一)专业意识与价值观的困惑带来的挫折感

进入大学后,所学专业与自己的志向大体一致的大学生会感到满足、欣喜和安慰,并由衷地增添学习的动力。但所学专业与自己的志向不一致时,就会感到苦恼、失落、迷惘、困惑、彷徨。

(二)学习动机过强与"力不从心"导致的挫折感

有些学生不顾自己的客观条件,把自己的学习目标定得很高:总分一定要考入班级的前三名;自考专升本一定要每次过四门,等等。他们认为,只要努力了,就一定能够达到目的。由于为自己设定的目标太高,这样的学生即使有了成就也没有成就感,有了一点点疏漏,就会无休止地责怪自己,使自己总是生活在紧张、焦虑和不安的情绪状态之中。

(三)过高的自我期望与现实的巨大落差而形成的挫折感

大学生进入大学后,广泛地接触了科学知识,他们心理上产生了大量新的需要,如希望大量阅读各种相关学科的书籍,努力学好专业知识。但是,如果结果不遂人愿,他们就会感到自己能力差,觉得没有前途,产生挫折感。

(四)交往需要和人际关系问题导致的挫折感

在大学校园这一特定环境之中,大学生具有强烈的归属感,对友谊、对朋友有着热切的依恋和期望,渴望有较高的人际沟通能力,以不断促进自我认知和自我完善。由于交往经验与技巧的不足,交往过程中沟通不足、关系失调、人际冲突等现象时有发生,从而导致心理挫折。

(五)性能量旺盛与性心理不和谐而造成的挫折感

青年期是人一生中性能量最为旺盛的时期。但从性成熟到以合法婚姻形式开始正常的性生活,一般都需要近10年的时间,有人将这段时间称为"性饥饿期"。浙江大学马建青教授等曾对319名大学生做过一个调查,结果显示,在这段时间里,大学生的性心理发展往往表现出矛盾性的特征:一是正常的性生理冲动与传统道德约束之间产生的强烈心理冲突,这些心理冲突造成部分大学生心理负荷严重超载;二是性心理成熟与性意识发展滞后的冲突;三是与异性的亲近性和文饰性的冲突,这主要表现在他们与异性的交往过程中,行为表现的矛盾性比较明显,在内心深处很想体验异性之间的亲昵行为,但表面上似乎又很讨厌这种亲昵。

(六)追求就业公正与表现偏执而产生的挫折感

对于即将走出校门的大学生来说,他们极度渴望拥有公平的机会,通过自己的努力来获得成功,但是现实中的一些限制和就业困难降低了他们的社会预期。如有些单位只接收男生而不接收女生,或者附加如身高等苛刻条件,使不少毕业生深感平等、公开的市场原则并没有在自己的择业过程中得到体现,因而抱怨自己"出身不好""生不逢时",怨天尤人,表现得过于偏执,缺乏必要的理解。

二、大学生常见的挫折反应

(一)情绪性反应

情绪性反应是指人们在受到挫折时伴随着强烈的紧张、愤怒、焦虑等情绪所做出的反应,可能表现为强烈的内心体验,也可能表现为特定的表情或行为反应。情绪性反应多为消极性反应,主要表现为焦虑、冷漠、退化、幻想、逃避、固执、攻击、自杀等。

1. 焦虑

焦虑是一种模糊的、紧张不安的综合性负性情绪,常常伴随焦急、忧虑、恐惧等感受,甚至可能会出现出冷汗、恶心、心悸、手颤、失眠等神经生理反应。挫折是引起焦虑的重要方面,人们遇到挫折时一般都会表现出某种程度的焦虑情绪。

持续的、过度的焦虑对人们的身心健康是有害的,若不及时调整,设法尽快摆脱或降低焦虑,可能会导致心理问题。

2. 冷漠

冷漠是指当一个人遇到挫折时表现出的一种无动于衷和漠不关心的态度,这是一种复杂的挫折反应。表面上看,冷漠似乎是逆来顺受,毫无情绪反应,但事实上并不意味着当事人没有反应,而是其对挫折有着更加痛苦的内心体验,只是被压抑或以间接的形式表现出来了。一般情况下,对挫折的冷漠反应是由于一个人长期遭受挫折或感到没有任何希望摆脱或消除困境时产生的。

3. 退化

退化是指当人们受到挫折时所表现出的与自己年龄和身份不相称的幼稚行为。当人们遇到挫折后,一些人在一定程度上会失去对自己的控制,以低于自己年龄的简单、幼稚的方式应对挫折,以求得别人,有时是自己的同情和照顾。退化是一种由成熟向幼稚倒退的反常现象,从长期来看不但不能有效地应对挫折,反而会使人的判断能力降低和工作效率下降,甚至使人缺乏主见、脱离现实、意志衰退。

4. 幻想

幻想是指一个人在遇到挫折时企图以自己想象的虚幻情境来应对挫折。当人们遇到挫折时，暂时的幻想可以在一定程度上缓冲挫折情绪，但如果用幻想来应对现实中的挫折，就会使人降低对现实生活的适应能力和脱离现实生活，严重的可能导致精神疾病。

5. 逃避

逃避是指一个人在遇到挫折或感到可能面临挫折时，不能面对现实，正视挫折，而是以消极的态度躲开挫折现实的一种挫折反应方式。逃避虽然可以使人们降低因挫折产生的紧张感，或者避免再次受到挫折的伤害，但当事人面对的现实问题并没有解决，而有些问题又是不能回避的，所以，逃避常常使人害怕困难，不求进取，长期下去将大大降低人们的适应能力和自信力，甚至可能会导致适应不良。

6. 固执

固执是指一个人在受到挫折后，采取刻板的方式盲目地反复进行某种单调、机械的无效动作，尽管知道这些动作对目标的达成、需要的满足并无帮助。有些学生考试失败后，受到家长的责备，几经努力后仍没有效果，于是就丧失信心，破罐破摔，不再进行新的努力和尝试，茫然地按照往常已被证明是无效的做法刻板地反复去做。

7. 攻击

攻击是指当一个人受到挫折时，为了将愤怒的情绪发泄出去，或者对构成挫折的对象进行报复而产生的攻击性行为。攻击性行为的对象可能是构成挫折的人或物，也可能是其他替代物，还有可能是受挫者。攻击性行为的表现形式多种多样，一般分直接攻击和转向攻击两种。

一般情况下，当人们遇到挫折时，最原始的反应便是直接攻击，当直接攻击不能解决问题，甚至可能带来更坏的结果或遭受更大的挫折时，人们又常常以间接的攻击方式或者以冷漠、退化、幻想、逃避等方式来对待。

8. 自杀

自杀是一个人遭受挫折后的一种极端反应方式，也可以看作受挫后针对自身的一种典型的特殊的攻击行为。当一个人受到突然而沉重的挫折打击，或者长期受到挫折的困扰和折磨，受挫者感到万念俱灰不能自拔时，就可能产生自暴自弃、轻生厌世的想法，此时若得不到外力和专业的帮助，受挫者就可能采取极端行为。

（二）理智性反应

理智性反应是指人们在受到挫折后，采取积极进取的态度，在理智的控制下所做出的反应。理智性反应是对挫折的积极反应方式，主要表现在以下两个方面：

1. 坚持目标，逆境奋起，矢志不渝

有些人遇到挫折后，经过客观冷静的分析，发现自己所追求的目标是现实的和正确的，当前的挫折只是暂时的，只是在实现目标的道路上遇到的一些曲折，经过努力是可以克服和逾越的，所以，他们设法排除障碍，克服困难，坚持不懈，朝着既定目标矢志不渝地迈进，直至最终实现自己的愿望和目标。

2. 调整目标，循序渐进，不断努力

人们在实现目标的过程中，如果几经努力和尝试都失败后，就要冷静下来，认真客观地分析导致失败的真正原因，并根据实际情况对自己的奋斗目标进行适当的调整。

调整目标并不是害怕困难的表现，而是实事求是的表现，是一个人成熟和理智的表现；调整目标还可以降低和避免由于目标选择不当而难以实现对人们自信心的挫伤以及由此产生的挫折感和焦虑情绪。

（三）个性的变化

挫折对个性的影响，一般是在人们连续经历挫折或者遭受特别重大挫折的情况下产生的。由于导致挫折的情境和条件相对稳定并长期持续，由此产生的紧张状态和挫折反应就会反复出现，久而久之这些反应方式就会逐渐固定下来，使受挫者形成了习惯和一些突出的个性特点。

另一方面，挫折对个性形成与发展也可能产生积极的影响，如经历了重大挫折，或者长期身处逆境之中，人们能养成坚强、刚毅和不屈不挠的个性特点。

遭遇挫折时，人们产生各种挫折反应是正常的。因此，学会适应和驾驭这些反应，使这些反应不至于失控而导致异常，进而能够面对现实，调整身心，摆脱负向情绪，采取积极和理智的方式应对挫折，是每个人一生发展过程中的基本任务。

第三节 大学生耐挫能力的培养

一、正确运用挫折防御机制

（一）挫折防御机制的类型

为了使自己的情绪恢复平衡，减轻或解除由于受挫而带来的精神上的焦虑、痛苦、烦恼和不安，自尊心免遭伤害，人们会自觉不自觉地采取一些自我保护的方法和策略，对自己与现实的关系做出某些改变，使自己比较容易接受现实，以此来缓解或处理当前的矛盾与冲突。这种在人的内部心理活动中所具备的有意无意地摆脱挫折造成的心理压力、减轻精神痛苦、恢复正常情绪、平衡心理的种种自我保护方式，称为挫折防御机制。每一个人，无论是正常人还是神经症患者，都在不同程度上使用全部防御机制中的一个或几个特征性的组成成分。

常见的挫折防御机制有以下几种：

1. 潜抑

这是一种最基本的防御机制，是指个体把意识所不能接受的观念、欲望、冲动、情感或行为在不知不觉中一直放到潜意识里去，使自己意识不到，不去回忆，主动遗忘，而使内心保持"纯洁""安宁"。它虽不能随意回忆，但可通过其他心理机制的作用，以伪装的形式出现。

2. 否定

这是指一种拒不承认现实的某些方面，对引起精神痛苦的事实予以否定，借以减轻焦虑和痛苦的心理防御机制。一个女孩心爱的人已死亡，可仍相信或认定他还活着或即将回来，甚至还为他做些什么；一个癌症病人否认自己患了绝症，尽管他可能就是一位通晓该疾病的知名度很高的医生。这一过程可使一个人逐渐地接受现实而不致一下子承受不了坏消息或痛苦，可现实生活中的既成事实，我们是无法否认的，掩耳盗铃只是一种自欺欺人的做法。

3. 退化

当人们感到严重挫折时，放弃已经习得的成人方式，而使用困难较少、阻力减弱、较安全的儿童时期的幼稚方式去应对事件，无意中恢复儿童期对别人的依赖，表现出与年龄、身份不相符合的幼稚行为，心理状态像是退回到儿童期水平，而不是积极去解决自己所面临的问题，害怕担负成人的责任。

4. 幻想

这是指个体遇到现实困难时，因为无力实际处理这些问题，就利用幻想的方法，任意想象应如何处理心理上的困难，以达到内心的满足。这是一种对待挫折的非现实的方法。幻想对挫折后的情绪可以起到缓冲作用，但它终究代替不了现实，还是不能使问题得到彻底解决。如果完全依赖这种方法来应对实际问题，则属不正常的表现。

5. 转移

这是指个体在遇到挫折后，因某种原因无法向其对象直接表现时，把对某一对象的欲望、情感、意图或幻想，转移到其他较安全或较为大家所接受的对象或替代的象征物上去，以减轻精神负担取得心理安宁。例如，一个学生受了老师的批评或家长的斥责后，把怒气发泄到同学身上，对同学发火、扔东西。一定的情感发泄，对自身神经的暂时松弛、对身心的健康是有益的，但必须掌握一定的度，不应伤害他人，不能违反社会道德标准，不能给社会带来不良的后果。

6. 合理化

合理化又称文饰作用，指个体遭受挫折或无法达到所追求的目标以及行为表现不符合社会规范时，用一种似乎有理的解释或实际上站不住脚的理由来为其难以接受的情感、行为或动机辩护，以使其可以接受，减轻心理痛苦。阿Q式的"精神胜利法"即属于此。虽然这种理由在第三者看来是不客观或不合逻辑的，甚至是荒唐可笑的，但本人却认为是合适的理由并以此来说服自己，即用一种能为自己所接受的理由来替代真实的理由，以避免精神上的苦恼。例如，考试不及格，则说考题太难，超出要求；表白失败，则说对方本来就没有什么可爱之处。

7. 投射

这是指个体在遭受挫折后，为了保持自尊，减轻焦虑和痛苦，常把自己的过失归咎于他人，或者将自己内心那些不能为社会规范或自我良心所接受的感觉、欲望、冲动、性格、态度、意念等投射到别人身上或外部世界去，断言别人是这样的，以某种借口、态度、念头保持心境安定。"以小人之心，度君子之腹"就属于此。

8. 反向

这是指个体表现出与自己的欲望、动机、观念等截然相反的矫枉过正式的态度和行为，以减少焦虑。"此地无银三百两"是反向作用的心理表现。例如，有很强烈的吃手动机的小孩，见到妈妈马上把双手背在身后，并且大叫"妈妈，我没有吃手"；有的人明明内心自卑感很重，觉得事事不如别人，但却总表现出自高自大、傲慢不羁。

9. 替代

替代也称补偿性机制，指个体由于生理上的缺陷、心理上的不适应或个体条件不够致使目标无法实现而产生挫折感时，会试图以种种方法来弥补这些缺陷，以减轻挫折感和心理不适，实现心理平衡，即"失之东隅，收之桑榆"。例如，长相平凡者通过刻苦学习受到大家的关注和好评；学习成绩平平但体育成绩突出，或有其他特长，而使自己能够得到满足。

10. 仿同

这是指个体无意识中取他人之长归为己有，把一个他所钦佩或崇拜的人的特点当作是自己的特点，作为自己行为的一部分去表达，用以掩护自己的短处，借以排解焦虑的一种防御手段。仿同有两种，一种是近似模仿。例如，在不知不觉中，男孩模仿父亲，女孩模仿母亲。另一种是利用别人的长处，满足自己的愿望、欲望。例如，一个不漂亮的女孩喜欢和一个漂亮的女孩子做朋友，她可以为别人夸奖她的朋友而感到自豪。

11. 幽默

这是一种积极的精神防御机制，是较高级的适应方法之一。当一个人遇到挫折时，常可用幽默来化解困境，维持自己的心理平衡。例如，大哲学家苏拉格底有位脾气暴躁的夫人。有一次，当他在跟学生讨论学术问题时，听到叫骂声，他夫人提着水桶过来，往他身上一浇，弄得他身上都湿透了，在场的人都很尴尬，可是苏格拉底只是一笑，说："我早就知道电闪雷鸣之后，一定会有倾盆大雨。"本来很尴尬的局面，经此幽默，也就自然化解了。

12. 升华

这是一种最积极的富有建设性的防御机制，是指个体将被压抑的本能欲望导向人们所接受、为社会所赞许的活动上面来，即把痛苦化为一种具有建设性的动力，将低层次的需要和行为上升到高层次的需要和行为，把情感和精力投到有利于社会和他人的活动之中，在重大挫折面前重塑自己的人生价值。从艺术家的一些著名创作，如歌德的《少年维特之烦恼》等，均可见到升华机制的作用。人原有的行为或欲望，如果直接表现出来，可能会受到处罚或产生不良后果；如果能将这些行为或欲望导向比较崇高的方面，使其具有创造性和建设性，有利于本人和社会，这便是升华。

（二）挫折防御机制的特征

1. 挫折防御机制是无意识的或至少是部分无意识的

当自我受到本我和超我的威胁而引起焦虑和罪恶感时，焦虑将无意识地激活一系列的防御机制，以某种"歪曲事实"的方式来减弱、回避，或克服现实冲突带来的挫折、焦虑、紧张等，从而保护自我，缓和或消除不安和痛苦。可见，挫折防御机制及其作用形式是在无意识中进行的，在现实生活中是一种相当普遍的心理现象。固然，我们时常会做一些有意识的努力，但真正的防御机制是无意识进行的。

2. 挫折防御机制是通过支持自尊或通过自我美化(价值提高)而保护自己

挫折不是穷途末路,与其因挫折而愁肠寸断,伤了身心健康,莫不如借助挫折防御机制减弱、回避消极的情绪状态,暂且放自己过去,以便为寻求解决矛盾的最佳办法留出时间和空间。适时适度地启用挫折防御机制,会有助于个人以平衡的心理状态悦纳自己、悦纳我们身处其中的这个酸甜苦辣的世界。

3. 挫折防御机制的作用具有二重性

从挫折防御机制的作用和性质来看,可分为积极的挫折防御机制和消极的防御机制两种。积极的挫折防御机制有助于适应挫折,化解困境;消极的挫折防御机制只能起到暂时的平衡心理的作用,并不能解决问题,甚至还会埋下更大的隐患。心理健康的人能在积极意义上使用挫折防御机制,而心理不健康的人总依赖挫折防御机制,其结果是适应能力日趋减弱,人格和心理发展受到严重影响。

4. 挫折防御机制似乎有自我欺骗的性质

挫折防御机制通过掩饰或伪装我们真正的动机,或否认对可能引起焦虑的冲动、动作或记忆的存在起作用。因此,挫折防御机制是借歪曲知觉、记忆、动作、动机及思维,或完全阻断某一心理过程而使自我免于焦虑。个体或不理会感情,或无视环境,或错误地将某些特征归因于并不具备这些特征的他人。实际上,这也是一种心理上的自我保护法。

5. 挫折防御机制具有调和自己与环境间的矛盾的功能

挫折防御机制本身不是病理性的,相反,它们在维持正常心理健康状态上起着重要的作用。它可减低情绪冲突,从自身内在具有危险的冲动中保护自己,缓和伤感的经验,减轻失望感,消除个人内在、外在因素的冲突,协助个体保持价值观与充实感,使个人有机会"退一步想"或"从另外一个角度看"而解决问题。个人应该学会进行自我调节,面对不能调适的,应主动地去寻求心理咨询,在心理医生的指导下缓解或消除心理上的痛苦,以最合理的方式处理好,但如果使用不当或过分使用,其结果可能引起心理问题。

6. 挫折防御机制可以单一地表达,也可以重叠地表达

例如,某工人在车间受到组长批评,于是说:"我才不在乎呢!"随后在工作中有意无意地摔摔打打,以消除心中不快,这就是合理化与转移的双重作用。尽管每个人都在有意无意地运用挫折防御机制,但这种防御是个人在其生活经历中学会的,因此人们所掌握的防御机制的方式又往往作为该人人格的一部分而表现出来。

(三)挫折防御机制的正确运用

挫折防御机制是一种自发的心理调节机能,具有两面性:一方面挫折防御机制可以起到使人适应挫折、减轻精神痛苦、促进发展的作用;另一方面挫折防御机制又会使人逃避现实,降低对生活的适应能力,从而导致更大挫折,甚至产生心理疾病。

正确运用挫折防御机制可以有效地缓解情绪上的痛苦,提高对挫折的承受能力,为人们最终战胜挫折提供条件,特别是积极的挫折防御机制的运用,还可以促使人们面对现实,积极进取、战胜挫折,获得进一步的发展。

在上述各种挫折防御机制中,升华是最具有积极性和建设性的挫折防御机制;仿同、替代、幽默等挫折防御机制在很大程度上正视挫折,承认挫折,正确分析挫折产生的主客观原因,总结经验教训,表现出自信、进取的倾向,对战胜挫折具有积极意义。潜抑、否定、退化、幻想、转移、合理化、投射、反向等方式是指当一个人受到挫折后,采取一些暂时减轻受挫感的行为方式,以解脱挫折对自己带来的心理烦恼,减轻内心的冲突与不安,表现出带有强烈情绪色彩的非理性行为,起暂时平衡心理的作用,但不能真正解决问题。

因此,挫折防御机制在一定程度上能够帮助人们提高和保持个人自尊,躲避或减轻焦虑情绪,缓解心理压力。但挫折防御机制使用过度或使用不当,不仅减轻不了紧张和焦虑的程度,反而可能破坏心理活动的平衡,妨碍个人的社会适应,甚至还可能造成心理异常和行为偏差。

了解了这些防御机制以后,每个人都可以试着判断自己无意中运用的防御机制是哪几种,如果它们本身比较原始或过分地使用了,就应有意地改变一下,适度地运用以发挥它的积极作用,学会更有效地应对挫折,保持身心健康。

二、提高挫折认知水平

(一)充分认识挫折承受力的重要性

"没有挫折就没有成长",大学生在成长过程中,必定会遇到各种危机与挫折,这种危机与挫折在给人带来巨大的心理压力和情绪困扰的同时,也给人带来了成长的契机。人们只有在承受和克服挫折的努力中,才能发现自身的不足,进而发挥潜力,学习新的技能,逐步完善自我。"挫折是一把双刃剑,既可以刺伤自己,也可以保护自己。"挫折具有两面性,它可以给人带来痛苦与不幸,也可以使人在与困难的斗争中获得经验和信心。正确的人生心态需要在生活实践中培养与获得,一个人没有经过生活的磨炼,是很难对生命的顽强与伟大有真正的认识的。

(二)建立"失败"的正确观念

大学生初涉社会,对"失败"比较敏感,害怕失败,害怕挫折。因此,大学生首先应对"失败"有科学认识,建立"失败"的正确观念。正如毛泽东所说的,"错误和挫折教训了我们,使我们比较地聪明起来了,我们的事情就办得好一些"。因此,在这个意义上说,失败也是成功。大学生面对挫折、失败之时,应坦然面对,积极总结经验和教训,调整自己,超越失败,走向成功。

(三)树立"失败也是我所需要的"思想

"失败也是我所需要的"是爱迪生一生奋斗的经验的总结。爱迪生一生有1 328项发明,每项发明都不是一帆风顺的。例如,他研制蓄电池从1900年一直到1909年,历经10年,共失败100 296次,最终研制成功,其艰辛与挫折可想而知。然而正是从这10万多次的失败与挫折中迎来了成功。

三、确立合理的自我归因

遭遇挫折时,大学生首先要学会多方面收集关于挫折事件的信息,了解困难的原因所在。其次,要学会合理地归因,避免归因的片面性,学会实事求是地承担责任,克服过分承担或完全推诿责任的倾向,避免过多自责带来的挫折感。再次,要积极采取措施主动改变挫折情境因素,从而有效应对挫折。例如,在学习过程中发现最近学习效率不高,分析原因之后,在解决内在问题的同时,可以尝试改变学习地点、学习时间,或改变学习科目的顺序、学习结构等,从而避免学习效率不高给自己带来的压力和困扰。

四、增强耐挫能力

(一)名言警句激励法

大学生可以在书本扉页、床边、墙上等较显眼的地方贴上有针对性的名言、警句、格言,以提醒自己,控制过激情绪,并激励自己上进。

(二)转移法

在受到挫折、思想负担过重时,大学生应想办法转移精神上的压力,缓解情绪,比如,大声唱歌、到户外散散步、找好朋友倾诉、画画等。这样,就逐渐忘掉挫折,开阔胸襟,缓解了精神压力,以便寻找更好解决受挫的办法。

(三)比较法

大学生既要与周围同学进行横向比较,提高竞争意识,也要善于纵向比较自己的过去和现在。只要有进步,哪怕慢,也不要自卑和气馁,要不断鼓励自己,正确认识自己的短处,并能接纳自己的短处,心理压力自然减轻,耐挫能力也会增强。

(四)调整目标法

当一种动机和行为由于自身条件或社会因素的限制,经过再三尝试仍不能达到目标时,就要调整目标或降低要求并改变行为方向,退一步海阔天空,既能减缓心理上的冲突,增强前进的勇气和信心,也能扬长避短,积极进取。在实现目标的实践中找出自己以前目标中"理想的自我"与"现实的自我"的差距,确立符合自己现实的目标,达成新的成功体验,树立新的符合自己实际的较高的目标。

(五)寻求社会支持

人在遭受挫折打击后,会变得敏感而脆弱,这时尤其需要他人情感的支持。因此,在别人遇到困难时给予关怀是一种美德,而在自己遭遇难题时,能够求助并获得他人的支持,是一种至关重要的能力。

社会支持系统是一种后盾,在你遇到挫折时,可以从那里获得帮助和克服困难、继续航行的力量和勇气。因此,建立由家人、朋友、同学、同事、网络、危机干预机构等共同构成的社会支持系统,是提升挫折应对能力的重要途径。

生活链接

寻找美好的一面

世界上的一切事物,都在不断地变化和发展着,都具有两重性。逆境可以向顺境转化,顺境同样也可以转化为逆境。挫折可以使人沉沦,也可以使人猛醒和奋起。关键在于受到挫折时,能否从失败中吸取经验和教训,能否发现自己的优点和长处,从而振奋精神,重新站起。当你失望和沮丧时,如果能看到自己美好的一面,你就会突然发觉,天空原来是那么辽阔,阳光原来是那样明媚,自己并非一无是处,从而就会鼓起战胜挫折的勇气和信心,提高应对挫折的适应能力。

在找出自己美好的一面,走出自己的小圈子这一问题上,专家提供了几项具体的方法,可供人们选择:

1. 发现自己的优点。请你花点时间去发掘自己的优点,然后逐一用笔记下来。例如,个人有什么专长? 曾经做过什么有益的、建设性的事情? 过去人们是如何称赞你的? 你一定会从中发现自己的许多优点,从而知道自己原来并不差。

2. 找出榜样人物。在认识或不认识的人中,找一个你最羡慕和敬仰的人,这个人可以是居里夫人、司马迁、毛泽东,也可以是你的老师或父母。不管是谁,他们一定有值得模仿之处,找出他们所受的挫折,并与自己的挫折比较,你就会发现,目前自己的一时失败,与他们相比根本算不上什么。

3. 肯定自己的能力。每天找出三件自己做成功的事。不要把"成功"看成像登上月球那么大的事,成功可以是顺利跟医生预约了治疗时间,可以是上班一路顺利,可以是处理的文件档案没出一个差错,等等。

4. 培养自己某方面的兴趣。在自己的优点、专长和兴趣中寻找一种,加以特别培养,使之发展成为自己的专长。培养的专长可以是很简单的事情,如做蛋糕、剪头发、游泳、讲笑话、记电影的中英文名称……有了专长,就有机会当主角,自然神采飞扬。

(资料来源:赵中利.现代秘书心理学.4版.北京:高等教育出版社,2020.)

团体心理拓展活动

要金币

活动目的: 通过本次体验活动,让学生在不断的拒绝中坚定自己的信念,在不断的挫折中磨炼自己的意志。

活动道具: 具有纪念意义的金币。

活动过程: 指导老师:大家看这枚金币,小巧精美,特别有纪念意义。在今天的课堂体验活动过程中,如果哪位同学能够胜出的话,他将会拥有小小的奖励,就是这些精美的纪念币。大家想不想要?

学生:想!

指导老师:好,本次体验活动的目标就是小组成员成功地要到这枚纪念币。

1. 指导老师发布口令,各小组散开,把学员带到活动地点(组与组之间间隔至少五米)。

2. 各小组到教室划分好的区域,组织成员围绕自己呈半圆形站立。

3. 指导老师将纪念币放在手中发布活动开始的命令后,各组成员依次自发上前告诉老师一个自己索要金币的理由。

学生:……(理由)

243

老师:好理由,请再给我一个理由!
(另一名老师悄悄记录组员索要金币的理由及次数)
学生:……(理由)
老师:好理由,请再给我一个理由!
……
学生的理由千变万化,但指导老师的回答只有一个:好理由,请再给我一个理由!
一次次失败,令许多同学感到非常沮丧……
已有人开始动摇、开始放弃,逐渐退到圈外……
个别同学绞尽脑汁想得到一个充分的理由,他们仍在坚持……
就在快要绝望的时候,终于有人要到了金币,但他和其他同学一样未必会知道得到金币的真正理由。活动时间为20分钟。

活动规则:
不得强行索取纪念币。
不得拥挤,要有秩序地向指导老师说明给你纪念币的理由。
要纪念币的理由不能重复。
活动开始后不允许放弃,不允许中途退出。
成功获得纪念币的同学可先行到场边休息。

讨论与启发:
在体验活动中你有过放弃的念头吗?若有,你是怎样对待的?
在体验活动中你是如何取得成功的?
通过本次活动,你有哪些感悟?
(资料来源:钱永健.拓展培训.3版.北京:企业管理出版社,2016.)

他山之石

轮椅上的大师

史蒂芬·霍金是20世纪享有国际盛誉的伟人之一,英国理论物理学家,世界公认的科学巨人。人们总是把霍金和爱因斯坦、牛顿相提并论,他的黑洞蒸发理论和量子宇宙论不仅震动了自然科学界,并且对哲学和宗教的发展也有深远影响。从宇宙大爆炸的起点到黑洞辐射机制,霍金对量子宇宙论的发展做出了杰出的贡献。1974年,霍金当选为英国皇家学会最年轻的会员。

霍金一方面对宇宙进行着最为深刻的思考,另一方面一直努力进行着科普的宣传和介绍。他的科普著作《时间简史》将最艰深的理论问题与大众最普遍的兴趣结合了起来。

这部著作在世界上的发行量已超过2500万册,成为世界上最畅销的科普读物。他的新书《果壳里的宇宙》获得2002年度安万特科学图书奖,该奖项是世界最知名的科普图书奖之一。目前,霍金正在着手将《时间简史》改写成适合青少年阅读的版本。

探索宇宙时空的杰出科学成就,使得霍金成为当今世界最具传奇色彩的科学家之一。但更具传奇性的是,他所有的这些贡献都是在他患卢伽雷氏症40余年而被禁锢在轮椅上的情况下做出的,这才真正是空前的。1963年,由于患有卢伽雷氏症(肌萎缩性侧索硬化症),他不得不被禁锢在轮椅上,他全身唯一能动的是左手的3根手指和部分面部肌肉。近年,他又在一次手术后失去了发声能力,与人交流需依靠计算机合成语音。由于患病,他瘦弱得实在令人吃惊,总是斜着头,即使笑起来也特别勉强。《时间简史》的中文译者是这样描述他第一次见到霍金时的情景:"门打开后,忽然脑后响起一种非常微弱的电器的声音,回头一看,只见一个骨瘦如柴的人斜躺在电动轮椅上,他自己驱动着电开关。我尽量保持礼貌而不显出过分吃惊,但是他对首次见到他的人对其残废程度的吃惊早已习惯。他要很努力才能举起头来。在失声之前,他只能用非常微弱的变形的语言交谈,这种语言只有在陪他工作、生活几个月后才能通晓。他不能写字,看书必须依赖于一种翻书页的机器,读文献时必须让人将每一页摊平在一张大办公桌上,然后他驱动轮椅如蚕吃桑叶般地逐页阅读。"

　　人们不得不对人类中居然有以如此坚强的意志去追求终极真理的灵魂从内心产生深深的敬意。很难想象像霍金这样的残疾人,生活中的大多数事情却都要自己做,不愿意让人家帮忙。他坐着轮椅自己驱动,努力使自己像普通人一样。每天他必须驱动轮椅从他的家——剑桥西路5号,经过美丽的剑河、古老的国王学院驶到银街的应用数学和理论物理系的办公室。该系为了使他的轮椅行走便利而特地修了一段斜坡。由于他意志坚强,他才会不断突破生命的一个个禁区,并取得巨大的成就。1985年,他因咽喉发炎,进行了气管切开手术,手术后再也无法讲话了。医生当时说他剩下的时间没有多少年了,可是他一再突破这一预言,绽放他顽强的生命力。在医生预言之后,他写信给朋友说他很骄傲,因为他生了个儿子!尽管霍金身残如此,可他到处演讲、旅行,他的精力甚至超过了平常人。因为霍金坐着轮椅,平时很难外出与人们交流,通过旅行,他就可以得到一种满足。

　　更重要的是,他对学术活动一直很重视,也乐于做科普工作,向世界各地的人们宣传科学思想。一个行动如此艰难的人,是怎样成功地攀上科学的高峰的呢?人们设法探寻霍金的内心世界。他说:"我觉得残疾并不影响我的研究。"霍金热爱生活,在科学研究之外,家庭生活和古典音乐给了他巨大的快乐。霍金是一个生活的斗士,他的武器是乐观的生活态度。

　　霍金读大学时的朋友诺曼·狄克斯这样评价霍金:"我们可以相信,当他所热爱的东西都失去时,他不仅坚强地活着,而且伟大地活着,那么他所带给我们的不仅仅是科学的智慧,还有人类最可贵的精神。"

　　"宝剑锋从磨砺出,梅花香自苦寒来。"大学生朋友们,你的生命如果是一把披荆斩棘的"剑",那么,挫折就是一块不可缺少的"砥石"。为了使青春的"剑"更锋利些,就勇敢面对挫折的磨砺吧!

　　(资料来源:涂慧.非常人物之非常记忆——天地玄黄:霍金.北京:民主与建设出版社,2012.)

心理测试

挫折承受能力测试

1. 碰到令人担心的事:
   A. 无法着手工作　　　B. 照干不误　　　C. 两者之间
2. 碰到讨厌的对手时:
   A. 感情用事,无法应付　　　B. 能控制感情,应付自如　　　C. 两者之间
3. 失败时:
   A. 不想再干了　　　B. 努力寻找成功的机会　　　C. 两者之间
4. 工作进展不快时:
   A. 焦躁万分,无法思考　　　B. 可以冷静地想办法　　　C. 两者之间
5. 工作中感受到疲劳时:
   A. 脑子不好使了　　　B. 耐住疲劳继续工作　　　C. 两者之间
6. 工作条件恶劣时:
   A. 无法干好工作　　　B. 克服困难创造条件　　　C. 两者之间
7. 在绝望的情况下:
   A. 听任命运摆布　　　B. 力挽狂澜　　　C. 两者之间
8. 碰到困难时:
   A. 失去信心　　　B. 开动脑筋　　　C. 两者之间
9. 接到很难完成的任务或很难完成的工作时:
   A. 顶回去　　　B. 千方百计干好它　　　C. 两者之间
10. 困难落到自己的头上时:
    A. 厌恶之极　　　B. 欣然努力克服　　　C. 两者之间

评分标准

选A计0分,选B计2分,选C计1分。

评分在17分以上,说明承受能力很强;10~16分,说明对某些特定挫折的承受能力比较强;在9分以下,说明承受能力较弱。

(资料来源:《家教世界》2007年第3期)

推荐好书

《开启阳光心扉——改变人生的十大思考》

作　者:【美】罗伯特·安东尼
译　者:胡传国

出版社：上海科学普及出版社

出版时间：2002年8月

内容简介：人的一生中都会遭遇不如意的境遇或身处逆境。此时，如何看待逆境，思考何种解脱的方法，采取什么行动来摆脱困境，对人生的发展有至关重要的影响。本书概括了改变人生的十大思考，帮助人们摆脱不良的影响，建立良好的心态，形成正确的价值观和人生观，激励人们在漫长的人生道路上始终奋发向上，追求卓越。本书告诉我们：把挫折看作机会，推诿、责怪只会使我们困在逆境中；有信心就能有成功；预测未来的最好办法是去创造未来；有什么样的想法就会产生什么样的现实，行动起来去开创自己积极的人生。

作者简介：罗伯特·安东尼是哈佛商学院管理控制学"罗斯·格雷厄姆·沃克"荣誉退休教授，撰写或与他人合著了《自信的秘密》等27部著作，它们先后被译成14种语言。

第十三章　珍爱生命

本章导航

每个人都拥有生命，但并非每个人都会珍惜生命、懂得生命的真谛。很多人都在追问短暂生命的价值何在。水珠投入海洋，生命就会变得无限；把有限的生命投入到自己的使命之中，实现内心的渴望、履行应负的职责，这样的一生才会充实而圆满。本章就生命的内涵、生命的意义、生命的价值等重大问题进行探讨。

经典名言

健全自己的身体，保持合理的规律生活，这是自我修养的物质基础。
——周恩来

芸芸众生，孰不爱生？爱生之极，进而爱群。——秋瑾

你若要欣赏自己的价值，你就得给世界创造价值。——歌德

第一节 生命意识

一、生命存在的特征

大学阶段是人的自我意识逐渐成熟的重要时期,"人是什么""人应该怎样生活""活着到底为什么""生命总是要结束的,为什么我们还要活着"等一些事关生命本质的问题,已成为大学生生存和发展的普遍性问题。而要正确回答这些问题,就必须对生命的内涵和本质有个明确的认识。

(一)生命的不可逆性

生命的宝贵就在于它的不可逆性。人的生命只有一次,失去了就永远不会回来。从胚胎起,生命便一直生长、发育、发展,直到衰亡。它绝不会"倒行逆施",返老还童。正是生命的这种特征,才使得人们更加关注、珍惜和呵护自己的生命。

(二)生命的有限性

人的生命的有限性表现在三个方面:第一,生命存在时间的有限性。人的寿命一般为七八十岁,最多百十来岁。第二,生命的无常性。表现在生老病死、旦夕祸福等的不可预测。第三,个体生命的存在不能离群索居、不食人间烟火,每个人都需要别人的帮助、支持和关怀。正是生命的有限性,才促使人去努力思考,发愤创造,积极生活,以实现自己生命的意义。

(三)生命的不可换性

生命为个体私有,相互不能交换,彼此不可替代。生命对每个人来说只有一次,任何人都是无法复制的孤本。每个人都有自己的需要、兴趣、特长和认知思维方式,并赋予自己的生命以不同的内涵,从而形成个人化的精神世界,使生命展现出不同的特色。

(四)生命的双重性

人的生命体中存在着两种生命:一种是人作为肉体的存在物,是自然界的一部分,受自然规律的决定和制约,具有自然性。二是人作为精神的存在,要受到道德规范的决定和支配。人的这种双重性、矛盾性及其之间的相互作用,是人的生命存在的最根本的动力。人就是在生命的双重性中寻求生命的意义,实现生命的价值。

(五)生命的完整性

人的生命也是完整的。人是生理、心理和社会性的统一体,是自然生命和价值生命的统一体。人的生命是一个不可分裂的整体,人通过实践活动在认识世界和改造世界的同时,也发展人自身,使人不断超越自我。

(六)生命的创造性

人的生命本身就是一个不断成长、发展、生生不息的过程,生命是创造的、超越的。生命就是不间断的运动,一切静止就是死亡。但生命比单纯的持续运动更为丰富,生命乃是在此基础上不断产生新内容的创造性运动,生命的基本特点就是创造性和超越性。人通过创造去把握生活的变化,通过创造去发现生命的意义,通过创造去实现对自己生命的认识与超越。人的生命的本质就是超越,人的生命过程就是超越自我、追求意义的过程。

二、尊重生命

尊重生命,包括尊重自己的生命和尊重别人的生命。如果你不懂得尊重自己的生命,实际上你就不可能懂得尊重别人的生命。一个人首先要珍惜自己的生命,在生命遭到威胁时,学会保护自我,对自己的生命负责。当然不但要尊重自己的生命,更要尊重他人的生命。

(一)珍惜自己生命,养成良好的生活习惯

对于我们每一个人,不论是贫穷或是富有,不论是天才或是凡人,生命都只有有限的一次,我们要好好珍惜我们的身体,养成良好的生活习惯。

1. 合理的饮食

绝大多数大学生是第一次远离父母独立生活,往往不清楚怎样吃好三餐,而且有些大学生本身就存在着一些不太好的饮食习惯。他们大都饮食不规律,很多人早晨起床较晚,来不及吃早餐便去上课,有的就索性取消早饭,有的则在课间随便吃点零食。此外,大学生们主要在食堂就餐,但食堂的就餐时间比较固定,常有大学生由于学习或其他事情错过了开饭的时间,于是就吃点方便面等食品应付……这些对于正在长身体的大学生来说都是十分有害的。

营养学家们的研究证明:早餐吃饱、吃好,对维持血糖水平是很必要的;用餐时不能挑食偏食,要加强全面营养,还要多吃水果和蔬菜。大学生要保证合理的营养供应,养成良好的饮食习惯,改正吸烟、酗酒、沉溺于网络游戏等不良生活习惯。

2. 充足的睡眠

武汉大学公共卫生学院谭晓东教授的一项研究调查表明:大学生存在睡眠质量问题的有11.4%,而高达55.7%的大学生在日间活动中存在着瞌睡(睡在床上不想起来)现象,而白天思睡(总想睡觉)的发生率为21.6%,这将会影响学生的学业、日间功能和生活质量。究其原因,学业繁重带来的学习压力在相当大的程度上影响着学生的睡眠。居住环境也是一个不容忽视的因素,47%的学生抱怨宿舍环境嘈杂,影响休息。另外,吸烟、自觉有睡眠问题、自评健康状况差及情绪不佳者,其睡眠明显比其他学生差。

要保持身体健康,充足的睡眠与合理的饮食、坚持体育锻炼一样重要。长期睡眠不足,会刺激人体释放更多的肾上腺皮质激素。这种激素过多,容易使人在腹部堆积脂肪。睡眠不足也会降低人体内一种叫立普丁(Leptin)的内分泌产物,立普丁减少会促使另一种叫格莱令(Ghrelin)的激素增加,后者的作用就是促进食欲,使人不停地想吃东西,结果体重超标。不管是长期还是暂时的睡眠不足,它们都会造成不良的情绪,包括烦躁、易怒、思想不能集中、承受疼痛的能力下降,等等。

3. 坚持体育锻炼

近几年,高校中因病休学、退学的人很多。尽管校方常开展各种体育运动以增强学生的体质,但真正重视身体锻炼的学生却并不多。"文武之道,一张一弛",学习之余参加一些文体活动,不但可以缓解刻板紧张的生活,还可以放松心情、增加生活乐趣,有助于提高学习效率。大学生应养成每天锻炼的习惯,真正做到"每天锻炼一小时,健康工作五十年,幸福生活一辈子"。

(二)尊重他人的生命,与他人和谐相处

生命只有一次,一旦失去就不可能再回来,每个人都希望自己的生命能够受到尊重。那么,如何做到尊重他人的生命,与他人和谐相处呢?

1. 同情心是尊重他人生命的基础

中国和西方的哲学家都非常重视同情这个本能,认为它是人性中固有的因素,是人区别于动物的起点,把同情看作是道德的基础。

西方哲学家亚当·斯密认为,同情是道德的基础,由同情发展出了两类道德。一类就是正义,你不能对别人做坏事,不能损害别人的利益。在中国哲学里,正义就相当于孔子所说的"己所不欲,勿施于人",也就是恕。另一类是仁慈,仁慈是从肯定的方面来规定人的行为的,就是你应该做什么。如看见那些正在受苦的人、那些弱者,你仅仅不去损害他当然就不够了,这个时候他需要你的帮助。简单地讲,正义就是不损人,仁慈就是帮助人。在孔子那里已经有了两类道德的思想,仁慈就相当于他所说的"己欲立而立人,己欲达而达人",也就是仁。

2. 和谐相处是尊重他人生命的行为准则

大学生生命教育的目的之一,就是要使大学生学会尊重他人的生命,学会和自然中的一切生命和谐相处。在学校范围内,师生之间要互相尊重,不能因为平时生活中的一些小事而心生芥蒂,进而做出过激的行为;同时也要经常主动和同学进行沟通,彼此之间互相帮助、信任和理解,让彼此感受到兄弟姐妹般的情谊,形成融洽的人际关系。在学习和生活的过程中,感受他人生命的闪光点,丰富自身的生命;在互助中,找到实现自己生命价值的途径。

学会爱自己、爱别人、爱自然,学会被爱,生命教育在某种意义上就是学会爱与被爱的教育。

生活链接

吸烟的危害

新生入校不久,尤其是一些男生,或出于寂寞,或出于好奇,或看别人抽烟很酷,经不住诱惑抽上一支,主观上可能有兴奋感或轻松感,但实际上吸烟会使人血压上升,呼吸兴奋,心率加快。这与人休息时的情况恰恰相反,但每个吸烟者的主观感觉确实是舒适与放松。原因何在?尼古丁刺激了体内肾上腺素的分泌,而肾上腺素能明显增加人体的应激能力,从而使人适应外界刺激的能力提高,导致主观上的轻松感,久而久之,很容易上瘾。

抽烟对身体的危害很大。烟草的烟雾中至少含有三种危险的化学物质:焦油、尼古丁和一氧化碳。焦油是由好几种物质混合而成的物质,在肺中会浓缩成一种黏性物质。尼古丁是一种会使人成瘾的药物,由肺部吸收,主要是对神经系统产生影响。一氧化碳会降低红细胞将氧输送到全身的能力。

一个每天吸15~20支香烟的人,其易患肺癌、口腔癌或喉癌致死的概率,要比不吸烟的人大14倍;其易患食道癌致死的概率比不吸烟的人大4倍;死于膀胱癌的概率要比

不吸烟的人大两倍；死于心脏病的概率也要比不吸烟的人大两倍。吸香烟是导致慢性支气管炎和肺气肿的主要原因，而慢性肺部疾病本身，也增加了得肺炎及心脏病的危险，并且吸烟也增加了高血压的危险。

吸烟对女性有特殊危险，吸烟的妇女如果正使用口服避孕药，会增加心脏疾病发作和下肢静脉血栓形成的概率；吸烟孕妇的胎儿易早产和出现体重不足的情况，婴幼儿期免疫功能降低，容易生病；据统计，孕妇被动吸烟的婴儿致畸率明显增高。

（资料来源：张敏.大学新生.北京：中国水利水电出版社，2014.）

他山之石

中国古代的生命观

在中国先秦至今两千多年的传统文化中，儒家和道家都对"生命"问题进行了思考，并提出了各自的生命观。

儒家认为，宇宙本质是"生生"，"天地"有"好生之德"，既创生万物，亦长养万物。人应该有"生生不息"之精神，珍惜生命，注重人事，修养心性，以配天德。所以，儒家重视生命，对死亡避而不谈，孔子告诫："未知生，焉知死"（《论语·先进》）。《孝经》开宗明义："身体发肤，受之父母，不敢毁伤，孝至始也。立身行道，扬名于后世，以显父母，孝之终也。"

这个孝道，固然范围很广，但行孝，却很简单，你要爱亲，先要从自己的身上爱起。凡是一个人的身体，或者很细小的一根头发和一点皮肤，都是父母遗留下来的。身体发肤，既然承受之于父母，就应当体念父母爱儿女的心，保全自己的身体，不敢稍有毁伤，这就是孝道的开始。

一个人的本身，既站得住，独立不倚，不为外界利欲所动摇，那他的人格，一定合乎标准，这就是立身。做事的时候，他的进行方法，一切都本乎正道，不越轨，不妄行，有始有终，这就是行道。他的人格道德，为众人所景仰，不但他的名誉传诵于当时，而且将要播扬于后世，无论当时和后世，将因景慕之心，推本追源，兼称他父母教养的贤德，这样，他父母的声名，也因儿女的德望光荣显耀起来，这便是孝道的完成。

冯友兰先生说过，"道家的出发点就是舍生避害"，即保全生命，排除威胁生命的各种力量。"今吾生之为我有，而利我亦大矣。论其贵贱，爵为天子，不足以比焉；论其轻重，富有天下，不可以易之；论其安危，一曙失之，终身不复得。"（《吕氏春秋·重己》）

由此可见，儒道两家都追求精神生命的"不朽"。但儒家主张积极入世，奋发有为的人生态度，即通过建功立业的实际活动来达到"不朽"。而道家却认为你只能通过"心齐""坐忘"，在精神境界上摒弃生死的区分，与大道合一，达到"死而不忘"，从而派生出纯精神养炼不问世事的人生态度。

"生命观教育"是中国古代的传统人生教育的重要组成部分，也是构建当今大学生生命观教育思想的来源。

生活链接

活着真好

我们很庆幸能来到这个世界上,拥有一个真实的生命,才有可能欣赏鲜花绿草、鸟语花香、蓝天白云、海涛浪花、烟波浩渺……我们看着白云在悄然地游走,洒下那一丝丝、一绺绺的烟絮;看着雄鹰展翅,只为丈量那广袤的天际;看着"两只黄鹂鸣翠柳,一行白鹭上青天",生命是那自由的灵性和一切闲适的情怀。"活着真好",只有健康地活着才能感受生命的美妙和顽强。

这个故事一定能让你铭记终生。

有这样一个青年,二十多岁,正是青春年少,然而他却因杀人罪被判死刑,这是当时许多人意料之中的事。然而令人意想不到的是,他是自己到公安局投案自首的,而且宣判那天,他很平静。

他的父亲是当地数一数二的富商,对宝贝儿子的所作所为大为恼火,"恨铁不成钢"地责骂他犯傻。

曾经,他也是品学兼优的学生,有着一段朴实无华的少年时光,可是后来,他学会逃学、打架、吸毒,以致最后杀人。执行枪决的前三个月,他被关在密封如笼的死囚房里,最大的心愿是快快结束生命。似乎,这个世界上已没有什么东西再让他留恋了,直到他看见一只麻雀。

那天中午,他正蜷在牢房的一角,突然一声熟悉的声音传进寂静而空荡的牢房里,他像是听到了什么,站立起来,抬头向上看,脸上第一次露出笑容——麻雀在铁网的网格间欢跳乱叫,还不时地歪着脑袋看他。

他一动不动地凝望着那只麻雀,没有人知道他都在想些什么。

只是从那一天开始,他天天望着铁网,他在等那只麻雀,但那只麻雀从此再也没有出现过。

后来,他开始在看守所的《新生》小报上发表一些自我反省的文章。他说:"我没有想到,活到今天我第一次看到了麻雀。"

很多人不明白他在说什么,但我明白,他是真的第一次看到了麻雀——有婴儿般的惊喜和真诚的怀念为证!

活到那一天,他只看到一只麻雀,却是以死刑为代价。

不要可怜或是同情他,更不要耻笑或蔑视他,想想我们自己,可曾看见过一只麻雀。

故事还没有结束,但剩下的故事结尾,他永远也不会知道的,就像他生命中的另一只麻雀,他永远地错过了。

接下来的故事是这样引起的。

执行枪决前,他诚恳地再三嘱托一个狱友出去后一定帮他了却一桩心愿。原来,初三时,与他同桌的一个女孩因贫穷不得不辍学,临走前女孩要他第二天送送她,并说有事求他。他猜想女孩是想向他借钱,他便准备好了。可是,当天晚上他因打架受伤没能去车站,所以他想求狱友出去后,帮他找那个女孩解释一下,他不是故意失约的,他不是一个不讲信义的人。

一个劣迹滔天的死囚临终前的心愿竟是这样一个小小的牵挂!我们没有理由不感动,就像他看见一只麻雀一样,何足挂齿。

但是我们错了——因为我们没有看见过一只麻雀。

后来,那个狱友出去后,找到了女孩,女孩已为人妻、为人母了。听完一切后,她哭了:"十年前的那天我约他,并不是为了借钱,只是想带他到山里吃几天苦,见见他从来没见过的东西啊……"

听到这句话,我想每一个纯净的灵魂都会禁不住打一个冷战。谁会想到这一场误会竟成了他们两人之间的隔世之憾了啊。而那时,他本应看见麻雀及一切的啊!

然而,他错过了那一天,直到生命将止,他才看到了一只麻雀。他看到的那只,也许正是我们应该去寻觅的那一只。把握自己的生命,把灵魂的耳朵叫醒,在一个平平常常的黎明里,去倾听一声鸟鸣,去领会一种语言……

这对每一个脆弱的生命都是最重要的。

在我们感受大自然生命的韵味和人世间的真、善、美的同时,更要关注自我的生命价值,爱自己才有可能爱其他的生命。

(资料来源:方舟.珍爱生命.北京:北京理工大学出版社,2008.)

第二节 生命的意义

面对无常的人生处境和种种困境,以及当对生命的存在有所质疑,对人生有所徘徊,对生活有所彷徨时,最易思考生命存在的意义与价值。那么生命的意义和价值是什么呢?

一、生命的进化传承意义与价值

从进化的角度来看,没有生命就没有进化,生命对于进化是有用途的,生命是进化的载体。如果没有过去生命的存在和进化,就不会有现在的生命。所以,过去的生命对于现在的生命是有用的、有关系的,因而是有意义的。

同样,现在的生命对于将来的生命也是有意义的。过去的人们创造了我们现在所享受的物质文明和精神文明,他们的生命对于我们来说是有意义的,如果没有过去的人们的努力,我们绝不会有今天的生活。我们的生命对于我们的后代是有意义的,因为没有我们现在的存在和努力,也不会有人类社会更美好的将来。

二、生命的社会意义与价值

历史是由劳动人民创造的,作为社会群体中的一份子我们的生命是有意义的。一个人完全脱离社会,不为社会做任何奉献,一味强调社会、他人对他的尊重,强调个人需要的满足,这是不合理的,也是不能实现的。正是从这个意义上来说:"人生的价值在于奉献,而不在于索取。"

纵观历史,我们可以发现,历史上那些伟人、那些为人们所怀念和称颂的人、那些被认为实现了人生意义的人,都是对社会发展做出了极大贡献的人;而历史上那些坏人之所以是坏人,就是因为他们被认为是对社会发展起到破坏作用的人。这个衡量的标准在人们心底,随着时间的流逝日益明显,越发清楚。这就是历史的公正性。

三、生命的情感意义与价值

我们每个人的生命对于亲人朋友来说都是有价值的。对于我们来说,亲人朋友的生命也是有意义的,失去他们我们会感到悲痛,而且我们正是从这些关系中感受到生命存在的意义。假如人的生命没有持续的意义,那么当我们死后,我们的生命对于后人就没有用途,也不发生关系,这从进化和社会发展的历史来看,显然也不是事实。

假如说人的生命没有意义或每个人任意地赋予自己生命的意义,那么,这些意义可能是相互冲突的、不稳定的,由每个人的生命意义共同作用所产生的人类社会的发展方向也将是漫无目标的,全凭人们自身对于生命意义的理解,这样的结果不可能产生稳定一致的前进方向,社会也不会持续向前发展,这与人类社会发展史是相矛盾的。正因为生命是有意义的,我们可以更好地认清生命在有机界进化发展过程中的作用,认识到进化发展的趋势以及我们在其中的位置。

生活链接

寻找生命的意义

一位老太太正带着家人在伊豆山温泉旅行。有个名叫乔治的十七岁少年在伊豆山投海自杀,被警察救起。他是个美国黑人与日本人的混血儿,愤世嫉俗,末路穷途。老太太到警察局要求与青年见面。警察知道老太太的为人,同意她和青年谈谈。

"孩子,"她说时,乔治扭过头去,像块石头,全然不理,老太太用安详而温柔的语调说下去,"孩子,你可知道,你生来是要为这个世界做些除了你以外没人能办到的事吗?"

她反复说了好几遍,少年突然回过头来,说道:"你说的是像我这样一个黑人?连父母都没有的孩子?"老太太不慌不忙地回答:"对! 正因为你肤色是黑的,正因为你没有父母。所以,你能做些了不起的妙事。"少年冷笑道:"哼,当然啦! 你想我会相信这一套吗?"

"跟我来,我让你自己瞧。"她说。

老太太把他带回小茶室,叫他在菜园打杂。虽然生活清苦,她对少年却爱护备至。生活在小茶室中,处身在草木苍郁的环境,乔治慢慢地也心平气和了。老太太给了他一些生长迅速的萝卜种,十天后萝卜发芽生叶,乔治得意地吹起口哨来。他又用竹子自制了一只横笛,吹奏自娱,老太太听了称赞道:"除了你没有人为我吹过笛子,乔治,真好听!"

少年似乎渐渐有了生气,老太太便把他送入高中读书。在求学那四年中,他继续在菜园内种菜,也帮老太太做些零活。高中毕业,乔治白天在地铁工地做工,晚上在大学深造。毕业后,他在盲人学校任教,对那些失明学生关怀备至。

"现在,我已相信,真有别人不能做只有我才能做的妙事了。"乔治对老太太说。

"你瞧,对吧?"老太太说,"你如果不是黑皮肤,如果不是孤儿,也许就不能领悟盲童的苦处。只有真正了解别人痛苦的人,才能尽心为别人做美妙的事。你十七岁时,最需要的就是有人爱惜你,可没有人爱惜你,所以那时想死,是吧?你大声呐喊,说你要的根本不可能得到,根本就不存在——可是后来,你自己却有了爱心。"

乔治心悦诚服地点点头。

老太太意犹未尽,继续侃侃而谈:"尽量爱护自己的快乐,等到你从他们脸上看到感激的光辉,那时候,甚至像我们这样行将就木的人,也会感到活下去的意义。"

没有目标就没有意义,只能是行尸走肉,而一旦我们找到生活的方向,找到我们自己的价值,找到我们对他人的意义,世界便会豁然明朗。你向世界开放了你的心,世界才会向你展开它的美好。

(资料来源:沈志冲.中学生素质教育美文精选.南京:江苏教育出版社,1999.)

他山之石

"稀世之宝"

一个生长在孤儿院的男孩常常悲观而又伤感地问院长:"像我这样没人疼没人爱的人,活在世上还有什么意思?"

院长总是笑而不答。

有一天,院长交给男孩一块石头,说:"明天早上,你拿这块石头到市场上去卖,但不是真卖,记住,无论别人出多少钱,绝对不能卖。"第二天,男孩蹲在市场角落,意外地有很多人向他买这块石头,而且价钱越出越高。回到院里,男孩兴奋地向院长报告,院长笑笑,要他明天拿到黄金市场去叫卖。在黄金市场,竟有人出比昨天高10倍的价钱要买那块石头。

最后,院长叫男孩把石头拿到宝石市场去展示。结果,石头的价钱较昨天又涨了10倍,由于给多少钱都不卖,竟被传为"稀世珍宝"。

男孩兴冲冲地捧着石头回到孤儿院,将一切禀告院长。院长望着男孩,慢慢道:"生命的价值就像这块石头一样,在不同的环境中就会有不同的意义。一块普普通通的石头,由于你的珍视,它的价值由一文不值变成稀世珍宝,这不正是你的真实写照吗?只要看重自己,自珍自爱,生命就会有意义。"

遗憾的是,不少人因为看轻自己,自暴自弃,不思进取,甘于平庸,而一生虚掷。

生命本身没有高低贵贱之分,珍爱自己的生命,别人才会看重你,生命就会有意义。

(资料来源:何元庆,全莉娟.大学生心理健康教育.北京:高等教育出版社,2019.)

团体心理拓展活动

活动一 生命线

活动目的：生命的有限性,更加珍惜自己的生命。

活动时间：约60分钟。

活动准备：一张纸,一支笔。

活动过程：团体指导者先说明活动内容,然后让团体成员自行填写,10分钟后大家一起分享交流。小组交流中,每个人都要拿出自己的生命线给其他人看,边展示边说明,注意自己与他人内心的反应。

生命线(lifeline)

出生(0)   预测死亡年龄

预测死亡年龄的依据
①本人的健康状况：
②家族的健康状况：
③生活地区的平均寿命：

找出今天你的位置
①写上今天的年龄：
②写上今天的日期：

生命还剩下几分之几？我们如何度过剩下的岁月？

活动二 我的墓志铭

有没有大学生想为自己写个遗嘱？这听起来似乎荒唐,因为我们活得好好的,写遗嘱似乎在跟死亡对话,那意味着死亡即将到来。其实写遗嘱,是我们正视死亡的一种表现,当然它也具有法律的效力。

当我们真的面对死亡的时候,我们怎么跟死亡对话？

活动目的：明确人的价值观及生命的意义。

活动时间：约45分钟。

活动准备：白纸,笔,"墓志铭"表格(见表13-1)。

表13-1   "墓志铭"表格

1.你得病即将离世了,现在要替自己写墓志铭,反映自己的一生。墓志铭将会刻在墓碑上,供人凭吊。
2.墓志铭除了生年、卒年外,至少应包括以下几点：
①一生的最大目标：
②在不同年纪时的成就：
③对社会、家庭或其他人的贡献：
④我是一个怎样的人：

活动过程：介绍活动背景,使参加活动者了解何谓墓志铭。举例说明如何写墓志铭

(可以简单至只有名字、生年及卒年,也可写长篇大论)。填好的表格张贴起来(不必写名),然后讨论。

讨论:

(1)看完这么多墓志铭后,你觉得哪些人的人生目标吸引你并值得尊重?为什么?

(2)哪些人的成就是"真正"的成就?为什么?

(3)你认为对社会或他人最有贡献者是谁?

(4)假若你要替自己重写墓志铭,你会怎样写呢?

活动三 生存选择

活动目的:探讨并澄清价值观,通过交流认清生活中最有价值的东西。

活动时间:60~80分钟。

活动准备:若干小组,每小组5~8人,一份材料及统计表(表13-2)。

表13-2　　　　　　　　小组成员决定统计表

人物＼小组成员	1	2	3	4	5	6	7	8	小组决定
①									
②									
③									
④									
⑤									
⑥									
⑦									
⑧									
⑨									
⑩									

活动过程:指导者告诉成员:地球上发生了核战争,人类将要灭亡。但是,一位科学家发明了一个特别的保护装置,如果谁能进入其中,谁就能生存下去。现在有10个人,但是核保护装置里的水、食物、空间有限,只能容纳7个人。也就是说,人类只能有7个人生存下去。请你决定谁应该活下去,谁只能面临死亡,说出理由并请排出先后次序。

全体成员听完给定的情况后,认真思考,做出自己的选择。有的人会用排除法,先选出死亡者;有的人会直接选出生存者。

10人分别是:①小学老师;②小学老师怀孕的妻子;③职业棒球运动员;④12岁的少女;⑤外国游客;⑥优秀的警官;⑦年长的僧侣;⑧流行男歌手;⑨著名的小说家;⑩慢性病住院患者。

每位成员将自己的选择及理由记入统计表并在小组内交流。为了获得小组一致的意见,全组充分讨论,各抒己见,每个人可以在讨论后修正自己的意见。然后每个小组派代表在整个团体中介绍小组的决定及讨论情况。小组成员可保留自己意见,到团体中再阐明。

这个活动具有丰富的寓意,充分体现了每个成员的价值观及对未来社会的憧憬或联想。讨论并不求得出一致的结论,真正的目的在于讨论过程中了解自己的价值观及他人的价值观,并通过他人的启发,调整自己的认识,认清生活中最重要、最有意义的是什么。

活动四　洞口余生

活动目的:认识自己的目标及自己将来对社会可能的贡献。

活动时间:约40分钟。

活动准备:折叠椅一人一把。

活动过程:若干小组,每组5~6人。每组围圈坐下,相互距离较近,留出一个出口,为增强气氛可以拉上窗帘,关上灯,出口处最好靠近门或窗。然后指导者说明:有一群学生到郊外旅游,不巧遇到泥石流,全部被困在几米的地下,只有一个出口,只可以过一个人,而出口随时有倒塌的危险,谁先出去就有生的希望。请每个人依次说出自己求生的目的及将来可能对社会做出的贡献,然后大家协商,看谁可以最先逃出,排出次序。然后,全体一起讨论练习过程及自己的感受。指导者要引导大家把讨论的重点集中到自己能否说出将来生活的指向,听了别人意见后自己是否修正原有的想法,小组内以什么为标准决定逃生者的次序。

(资料来源:樊富珉.团体心理咨询.北京:高等教育出版社,2005.)

活动五　人生价值拍卖会

活动目的:探索自己的价值观

活动时间:约40分钟

指导语:人的一生是由无数次选择构成的。不同的选择把人们导向不同的路途和方向,使各自的人生呈现出不同的色彩。在面临相同的选择时,每个人做出的决定却不完全一样,这是因为我们每个人所持的价值观不完全一样。

现在,每位同学手上都有10 000元道具钱,它代表了一个人一生的时间和精力。每个人可以根据自己对人生的理解随意竞买下面的东西。每样东西都有底价,每次出价都以500元为单位,出价高者得到东西,有出10 000元的,立即成交。拍卖的东西如下:

①爱情:1 000元

②三五个知心朋友:500元

③金钱:2 000元

④至高无上的权力:2 000元

⑤出国深造的机会:1 000元

⑥一门精湛的技艺:1 500元

⑦亲情:2 000元

⑧美貌:1 000元

⑨自由:2 000元

⑩豪宅名车:1 000元

⑪长命百岁:2 000元

⑫勇敢和诚信:1 000元

⑬一颗爱心:1 000元

⑭名垂青史:2 000元

⑮每天都能吃美食:1 000元

⑯拥有自己的图书馆:1 000元

⑰健康:1 500元

⑱智慧:1 000元

⑲欢乐:1 000元

⑳冒险精神:1 500元

㉑孝心:1 000元

㉒周游世界:1 500元

由教师或一位同学担任拍卖师。根据拍卖规划一般喊价三次成交。在座的每一位同学都是竞价者,请大家在心中选定自己想要的东西。大家要记住,生涯也如战场,假如你已认定了自己的目标,就紧紧锁定它,不要让机会白白溜走。

拍卖会结束后进行讨论与分享。

①假如现在已经是人生的尽头,请看看你手上所有的是什么东西?你是否后悔得到你所买的东西,为什么?它们对你来说是否仍有意义?

②在拍卖过程中你的心情如何?你是否后悔刚才为自己争取的东西太少?

③有没有同学一件物品都没有买到呢?为什么?

④你争取回来的东西是否是你最想得到的东西?

⑤金钱是否一定会带来幸福和欢乐?

⑥有没有一些东西比金钱更重要,或能够比金钱带来更大的满足感呢?你是否甘愿为了拥有金钱、权力而放弃一切呢?

⑦有没有比上面所列拍卖物品更值得追寻的东西呢?

⑧整个活动给了你哪些启示?

活动六 生命中最宝贵的五样东西

活动目的: 认清自己生命中最在乎什么

活动时间: 约40分钟

活动过程:

第一步:请在一张白纸上写下你生命中最宝贵的五样东西(不分先后顺序)。

第二步:每个人在你写下的五栏当中涂掉相对不那么重要的一样,只剩下四样。

第三步:请在剩下的四样当中再剔除一样,仅剩三样。

第四步:继续涂掉一样,只剩两样。

第五步:再涂掉一样,只剩下最后一样。

完成以上步骤后进行以下讨论与分享。

①面对生命中最宝贵的五样东西,你依次舍弃四样的理由是什么?最终保留一样的理由是什么?

②请分享一下在这个活动过程中你的心理活动。

③在人生的长河中,我们都会面对许多艰难的抉择。就现在而言,你认为最宝贵的东西是什么?为什么?

(资料来源:俞国良.大学生心理健康.北京:北京师范大学出版社,2018.)

第三节　自杀及其心理干预

《世界卫生组织公报》2015 年曾经指出,自杀每年造成约 100 万人死亡,全球平均每 40 秒就有 1 人死于自杀,每 3 秒有 1 人自杀未遂。自杀是现代社会人类的十大死因之一,并成为 15～34 岁人群首位主要的死亡原因。生命是宝贵的,预防自杀、守护自己和他人的生命是我们每个人的神圣职责。

一、自杀者的心理特征

即使专家知道一些危险因素也不等于能预测出哪个人会自杀,什么时候自杀。但一般来说,自杀的人,从面对生活中的危机到实施自杀之间要经过几天或几周的时间;欲自杀者中大多数人有想死和期待得到帮助的矛盾心情;他们采取行动之前,在考虑自己的死将给至爱亲朋带来极大痛苦和震惊时,心理压力特别沉重,会有一些可观察到的反常表现。因此,自杀是可以干预的。及时发现自杀前的征兆往往能抓住挽救生命的契机。

(一)自杀的心理过程

自杀行为特别是对于理智型自杀,往往可以发现其心理表现和心理过程。一般来说,自杀者的心理过程可以分为四个阶段:

1. 自杀动机或者自杀意念形成阶段

在各种负面因素的影响下,如大学生因升学不如意、就业或学习压力大、人际关系恶劣、失恋等各种困扰,自认为生存无价值,活着无意义,经常责备自己,怨天尤人,自暴自弃,逃避现实,在心理状态比较脆弱的情况下,感到非常无助和绝望,于是萌生出自杀念头。在这个阶段,其内在的自杀动机和意念一般不易察觉,但并非没有迹象,如自杀者常常表现出情绪低落、孤独、沮丧、沉默寡言、自我封闭等,是可以察觉的。

2. 矛盾冲突阶段

自杀者萌生了自杀的念头后不会马上就采取行动,往往处于苦恼和徘徊之中。在生与死的面前,想得非常多,产生激烈的心理矛盾。这个时期求生的欲望特别强烈。由于求生的本能使自杀者陷入生与死的矛盾冲突中,常常会谈论与自杀有关的问题,直接或间接地暗示自杀意图。例如,最常见的是说"不想活了""活着真没意思""你说我们活着到底是为什么呢"之类的话。

实际上也可以把自杀者的这些表现看作一种向外呼唤和求助的信号,甚至有些人的自杀本身就是一种求助信息。在这个阶段,如果能得到外界及时的帮助,就可以有效地消除自杀的念头,避免死亡悲剧的发生。但这个阶段往往被人忽视。

3. 自杀的决定阶段

自杀者在经过生与死的抉择之后,已从生与死的矛盾中解脱出来,坚定了自杀的念头,情绪会恢复,表现出异常的平静、轻松、自然,并开始考虑自杀方式,为自杀做准备,如写遗书、告别朋友、无缘无故地送给他人礼物等。在这个阶段,如果能及时发现这些反常的行为并给予危机干预,可以避免自杀悲剧的发生。

写遗书和反常表现是自杀决定阶段的主要特征,写遗书、绝命书往往表示自杀意念比较坚定。据统计,大学生自杀前写遗书比较多,占30%。国外的资料显示,有六分之一的自杀者死前会写遗书。遗书内容多半表示个人私事或人际关系不调,表达愤怒、敌意或者失望等情绪。

自杀过程的前三个阶段,可以视为自杀者向外发出信息的表现,如果能发现并给予帮助,往往可以防止和减少自杀行为的发生。

4. 自杀实施阶段

经过上述几个阶段以后,自杀者往往采取比较果断、坚决的自杀行为。这时自杀的死亡率特别高,而自杀未遂者自杀的复发率也很高,因此,应采取措施,全力救助。

(二)自杀者的心理特点

1. 性格过于内向、孤僻,情绪不稳定,容易陷入焦虑与绝望之中不能自拔。有研究报道,自杀者中性格内向或较内向者占95.2%,孤僻者占52.4%,虚荣心强者占71.4%。性格内向和情绪不稳定者容易出现焦虑、绝望和强烈的自责,易发生自杀行为。

2. 思维刻板执拗,在与别人的冲突中不易接受劝告,一意孤行。

3. 缺乏自省,自暴自弃,常常表示活着没有意义,对工作、生活失去兴趣。

4. 悲观怯懦,退缩,不思进取,把现实生活中的一切都看成是不可克服的困难。

5. 性情暴烈而脆弱,一旦遇到挫折和失败,往往会走向极端,情绪极度低落,悲观失望,心灰意冷,企图一死了之。

(三)自杀前的征兆

自杀并非突发。一般而言,自杀者在自杀前处于既想死又渴望求生的矛盾心态,往往可以从其行为与态度变化中看出蛛丝马迹。据南京危机中心调查,61例自杀的大学生中,有22人曾明显地流露出各种消极言行以引起周围的注意。常见的征兆有:

(1) 对自己关系亲近的人表达想死的念头,或者在日记、绘画、信函中流露出来。

(2) 情绪明显不同于往常,焦躁不安、常常哭泣、行为怪异粗鲁。

(3) 陷入抑郁状态,食欲不振、沉默少语、失眠。

(4) 躲避,避免与他人接触,不愿见人。

(5) 性格、行为突然改变,像变了一个人似的。

(6) 无缘无故收拾东西,向别人道谢、告别、归还所借物品、赠送纪念品等。

日本学者长冈利贞认为自杀前会有种种信号,可以从言语、身体、行为三方面观察。

(1) 言语。有自杀念头的人会间接地、委婉地说出来,或者谨慎地暗示周围,如"想逃学""想出走""活着没意思""生活是毫无意义的""我没有希望了""如果我走了,情况可能会更好一些",等等。

(2)身体。有自杀念头的人会有一些身体症状反应,比如,容易感到疲劳、体重减轻、食欲不振、失眠、头晕等。这往往是抑郁情绪所致,不能简单地认为是身体有病,应引起注意。

(3)行为。无故缺课,看有关死亡的书籍,异常的冷淡,萎靡不振,绝望,逃避社会,或者食欲不振,无缘无故地与你诀别,将平时珍视的私人物品送人,甚至出走、自伤手腕、无意中服药过量等。

以上种种征兆都可以为自杀预防提供线索和可能。

二、自杀干预的一般技术

(一)良好的沟通和建立治疗关系技术

建立和保持治疗师与危机当事者双方的良好沟通、相互信任,有利于当事者恢复自信和减少对生活的绝望,保持心理稳定和有条不紊的生活以及改善人际关系。

治疗师应该同情和尊重当事者,致力于提供完善的医疗服务;应该诚实对待当事者,敢于暴露自己个性或能力上的不足;应该用通俗易懂的言语与当事者交谈,避免应用专业性术语。

(二)支持技术

支持技术主要是给予精神支持,而不是支持当事者的错误观点或行为。这类技术的应用旨在尽可能地解决目前的危机,使当事者的情绪得以稳定,可以应用暗示、保证、宣泄、环境改变、镇静药物等方法,如果有必要,可考虑短期的住院治疗。有关指导、解释、说服主要应集中在放弃自杀的观念上,而不是对自杀原因的反复评价和解释。同时,在干预过程中必须注意,不应带有教育的目的,教育虽说是干预者的任务,但应作为危机解除和康复过程中的工作重点。

(三)干预技术

危机干预的主要目标之一是让当事者学会对付困难和挫折的一般性方法,这不但有助于渡过当前的危机,而且也有利于以后的适应。干预的基本策略为:

1. 主动倾听并热情关注,给予心理上的支持。
2. 鼓励当事者将自己的内心情感表达出来。
3. 解释危机的发展过程,使当事者理解目前的境遇、理解他人的情感,树立自信。
4. 给予希望使其保持乐观的态度和心境。
5. 培养兴趣、鼓励其积极参与有关的社交活动,注意社会支持系统的作用,多与家人、亲友、同事接触和联系,减少孤独和心理隔离。
6. 帮助面临逆遇的当事者学会解决实际问题。

三、预防自杀行为

尽管高校发生的自杀事件大多是冲动性自杀,从自杀念头产生到实施自杀行为的过程相对理智性自杀时间较短,但从现实发生的自杀案例来看,冲动性自杀前不仅发生严重的刺激事件,还伴随着语言、情绪、行为的异常反应。高校是群居生活的密集体,自杀倾向者的异常行为极易被周边同学发现。高校一般都设置专业的心理咨询机构,配备专业的心理咨询

263

人员,所以在高校如果组织得当,预防自杀行为的发生是有一定的成功可能性的。

(一)建立大学生自杀心理危机干预的预警机制

在对学生、辅导员等相关人员进行自杀危机干预相关专业培训的基础上,建立以寝室联络员、心理班委、辅导员、系主任、院心理咨询中心、学工处、分管学生的副院长为主的七级自杀心理危机预警系统。一旦发现有自杀倾向的可疑学生,立即向上级汇报,做到及时发现、及时处理。在这七级自杀心理危机预警系统中,寝室联络员、心理班委是信息收集的关键环节,同学们平时朝夕相处,稍有自杀倾向的"风吹草动"——语言、动作、精神状态、行为方式,如果他们细心观察,常常是第一时间知晓。因此加强对他们的责任心、专业性培训尤为必要。实践证明,关键环节如果培训得很好,不仅可以有效预防自杀行为的发生,而且为对自杀倾向者进行专业的心理干预和自杀干预的决策者进行决策提供及时的信息资源。

(二)开展心理健康普查,建立大学生心理健康档案

学校一般每年都在大一新生入学时组织针对大一新生的心理普测,筛查可能有心理问题的学生,并列入重点心理关注对象。对有精神病倾向的要及时转诊就医,对有神经症可能的要约请他们面谈,了解情况,建立心理健康档案。心理咨询专业人员应定期与辅导员沟通,调查反馈重点关注人群的近期心理状况。

(三)密切关注心理高危人群

对存在下列情况的同学应予以高度心理关注:

1. 在心理健康测评中筛查出来的有心理障碍或心理疾病或自杀倾向的学生。
2. 遭遇突然打击和受到意外刺激后出现心理或行为异常的学生(家庭发生重大变故,身体发现严重疾病,遭遇性危机,感情受挫,受辱,受惊吓,与他人发生严重人际冲突后出现心理或行为异常的学生)。
3. 学习压力、就业压力特别大以及环境适应不良出现心理或行为异常的学生。
4. 因严重网络成瘾行为而影响其学习及社会功能的学生。
5. 性格内向、经济严重贫困且出现心理或行为异常的学生。
6. 有严重心理疾病(抑郁症、恐惧症、强迫症、癔症、焦虑症、精神分裂症、情感性精神病等)且出现心理或行为异常的学生。
7. 对近期发出下列警示信号的学生,应作为心理危机干预的重点对象,对其及时进行危机评估与干预:

(1)谈论过自杀并考虑过自杀方法,包括在信件、日记、图画或乱涂乱画的只言片语中流露死亡的念头者。

(2)不明原因突然给同学、朋友或家人送礼物,请客,赔礼道歉,无端致以祝福,述说告别的话等行为明显改变者。

(3)情绪突然明显异常者,如特别烦躁,高度焦虑,恐惧,饮食、睡眠受到严重影响,易感情冲动,或情绪异常低落,或情绪突然从低落变为平静等。

(四)构建完善的大学生心理健康教育体系

对大学生进行系统的心理健康教育,培养健全的人格,是预防自杀心理危机的根本途径。

1. 开设心理健康课程

学校对全体大学生普及心理健康知识,增强他们心理保健意识,端正他们对心理咨询的看法,引导他们主动寻求帮助,缓解负性的情绪,避免因心理问题加重而导致心理危机的发生。

2. 举办心理素质训练

通过各种途径锻炼大学生的意志,训练他们的心理素质,提升他们的心理调适能力,使他们保持心理健康。

3. 开展大学生心理辅导和心理咨询工作

通过各种辅导形式,进行大学生心理咨询工作。通过语言、文字等媒介,给咨询对象以帮助、启发和教育,解决其在学习、工作、生活、疾病、康复等方面出现的心理问题。

4. 加强校园文化建设

通过开展丰富多彩的校园文化生活,改善大学生的社会心理环境,满足大学生精神和心理需求,为他们展现天赋和才华、发泄内心的激情、增强竞争意识、获取自信心提供平台。

生活链接

如果您正在考虑自杀……

若您现在在想自杀,请稍等。让您有足够的时间看完这页,只需用上您5分钟。我不是想说服您打消情绪,我不是辅导员亦不是其他精神健康专业的人士,我只是那些明白置身痛苦中是怎样一回事的人。

我不知您是谁或为何您会看完这页,我只知道此刻的您正在阅读。我可假设您正感到烦恼及正考虑结束您的生命,假若可以的话,我很希望我能与您一起,通过电话或坐在您身旁与您面对面坦诚地倾谈,但现在不可能做到。

我认识很多曾经尝试结束生命的人,所以我大概明白您现在的感受。在我们最后一起度过的5分钟内,我有5个简单而实用的想法,要与您分享。我不会与您争论您是否应该结束自己的生命,不过我知道您倘若有此想法,一定是您感到非常沮丧。

您仍在阅读,这实在太好了,我恳请您陪我一起看完这页,我希望您现在至少在您内心深处有一点不肯定,您到底是否真的要结束自己的生命,在我们最绝望的一刻,我们经常会有这想法,未完全确定自己是否真的要寻死,这是可以理解及正常的,事实上此刻您仍然活着,已表示您仍是有一点儿不肯定,这表示就算您真的想死,某部分的您仍是想活。再支持下去,再继续多留数分钟吧!

自杀不是您想选择的;这只不过是一时间痛苦超越了您所应对的能力而已,就像我在您的肩膀上不断放上铅重,无论您怎样努力去保持平衡,最终您都只会因我不停加重而倒下。这正好解释了就算旁人怎样努力地叫您开心点也是无补于事——因为若您能做到,您必会去做或已经做了。

或许您也不接受家人对您说:"您所承受的痛苦不足以您去寻死",这也是可以理解的。人生的确有很多痛苦可能会诱致自杀的念头，而承受痛苦的能力亦因人而异。某些人可以忍受的痛苦，不等于您能承受，承受痛苦的能力亦很大取决于您有什么资源去面对您的困难。

当痛苦超越您所有的资源，自杀的念头便会由此而生。自杀没有错与对，也不是性格上的缺陷，道德上是中立的，这只不过是痛苦和解决问题资源在这一刻失去平衡而已。

所以若您能找方法减轻痛苦，找方法增加您应对困难的资源，您便能打消自杀的念头。现在我希望您尝试做以下五项事情：

1. 您需要知道有很多人曾遇到过比您现在感受到的痛苦更痛苦的事，最终他们也可以克服过去。从统计角度去看，您是大有机会可以生存下去的，我希望您同样能有这一点信心及希望。

2. 给自己一些空间。跟自己说"在我要做任何事之前，我会多等24小时或是一个星期"，记住，感受跟行动是不一样的。您很想结束自己的生命不等于您真的马上要去做，请让自杀念头与自杀行动留些距离，哪怕只是多等24小时。要知道您在阅读这页的此刻，已经这样做了5分钟。继续看下去，您可以在随后的5分钟也能这样做到。继续吧！

3. 很多人想借自杀来逃避痛苦，要知道解脱是一种感觉，需要您尚在人世才可感受到。若您死去，您根本不能感受到您所寻求的解脱。

4. 您身边有些人可能会对您想自杀的感受做出较强烈的反应，这只是基于他们的恐惧或是愤怒。无论他们的动机是什么，无论他们说出或做出什么，您要明白他们的反应不是针对您，只是出于他们的恐惧而已。

这里有些人是愿意在您困苦的时候与您在一起。他们不会批评您，不会跟您争辩，不会教训您，只会关心您。就马上找他们其中一个吧！在您计划自杀的24小时内，或一个星期内，告知他们你今天发生了什么事。

寻求帮助是平常不过的事，致电北京心理危机干预中心24小时的心理危机干预热线800—810—1117（全国免费），或找个社工、辅导员、心理医生、朋友，只要是那些乐意聆听的人就行。

5. 自杀的念头带来很大的心理创伤，就是打消这个念头之后，我建议您仍要继续爱惜自己，去接受心理辅导或治疗会是很好的方法，参加亲友支持小组以及一些在互联网上或在您生活圈子中的自助小组亦很有帮助。

几分钟已经过去，很好，您还与我一起。您的努力很值得奖励，我觉得您应该选一份礼物给自己以示奖励，给自己的努力做一个肯定，您会有更大的能力继续面对这个困难，这不就是增添了您的资源吗？正如我一开始就说过，重要的是帮自己，增加解决困难的资源，使您的应对能力超越您现在所感受到的痛苦，所以，我们努力再给自己多一些资源。

以上建议大概会给您一些舒缓，但我相信能给您最有效消除痛苦的资源应该是一个活生生的人，让他跟您倾谈。这里有很多人乐意听到您的近况，就拿起电话找他们吧。

（资料来源：根据北京回龙观医院"全国心理危机干预培训资料"编写）

推荐好书

《生命的重建》

作者：（美）露易丝·海
译者：徐克茹
出版社：中国宇航出版社
出版日期：2008年1月

内容简介：《生命的重建》是誉满全球的健康观念第一畅销书，曾经创造了《纽约时报》畅销书排行榜连续50周第一名的骄人纪录，被译成25种文字。你是否感到身心疲惫？你是否觉得有无法承受的压力？你是否经常处于亚健康状态？你是否想摆脱疾病的折磨？你是否对过去的事无法释怀？你是否无法化解心底的怨恨？生命真的可以重建吗？露易丝·海在书中给我们揭示了疾病背后所隐藏的心理模式，从而为人们开辟了重建生命整体健康的完美道路。

露易丝·海将深刻的哲理、科学的精神与博大的爱，结合自己的坎坷经历，以浅显生动的语言娓娓道来，如清泉般滋润每一个读者的心田。

作者简介：露易丝·海，美国最负盛名的心理治疗专家、杰出的心灵导师、著名作家和演讲家。她是全球"整体健康观念"的提倡者和"自助运动"的缔造者。

第十四章 爱与感恩

本章导航

爱是人类永恒的话题,爱让我们懂得感恩。大学生大多数比较懂得感恩,但仍存在部分学生以自我为中心、感恩意识淡漠的现象。本章主要从心理的视角阐述感恩的意义,感恩与身体健康、与幸福的关系;探析大学生感恩缺失的表现及其对策,提升大学生的感恩情感。

经典名言

谁言寸草心,报得三春晖 ——孟郊
孝子之至,莫大乎尊亲;尊亲之至,莫大乎以天下养。 ——孟子
生活需要一颗感恩的心来创造,一颗感恩的心需要生活来滋养。
——王符

第一节　爱让我们懂得感恩

一、爱

(一)爱的含义

爱,词典中的基本解释为对人或事有深挚的感情。

爱,在日常生活中通常指人际的爱。因此,有人给出爱的最佳定义应该是真心对待某个生命体或物体(可以是人、物品、动物),使其整体感到快乐。

爱是无私的奉献和给予,包括物质、感情、行动等形式。有爱的人有朋友,博爱的人朋友广,爱是与生俱来的,所以可以认为是人的本性的特质,换言之,爱是作为人必须具备的本质之一。

爱可以包括灵魂或心灵上的爱、对组织的爱、对自己的爱、对食物的爱、对金钱的爱、对学习的爱、对权力的爱、对名誉的爱、对他人的爱,数之不尽。不同人对于其接受的爱有着不同的重视程度,爱本质上为一个抽象概念,可以体验但却难以言语。

著名的心理学家弗洛姆在他的名著《爱的艺术》中有这么一句名言:不成熟的爱是因为我需要你,所以我爱你;成熟的爱是因为我爱你,所以我需要你。

(二)爱与喜欢的区别

喜欢包括"想拥有,想得到"。例如,我喜欢××轿车(我想得到××轿车),我喜欢这个女孩(我想和这个女孩在一起),我喜欢吃苹果(我想吃苹果)等。

喜欢,仅代表个人的心理感受。当见到喜欢的人或事物时,自身感觉到快乐。当喜欢达到一定的强度,人就会为之付出物质、时间、情感,甚至倾其所有,这时就上升为爱。

爱代表着愿意为对方无条件地付出,而不求回报,就像母亲对孩子的付出一样。

爱是愿意为爱的人付出。如果不愿付出,仅仅是追求在一起时的快乐,那就不是爱而是喜欢。

真正的爱不问理由。它不会走近你,也不会远离你。爱始终存在着,它不仅在我们的手中,也在我们的心里。

二、感恩

"感恩"一词起源于拉丁文 gratia 和 gratus,他们的意思分别是"好感"和"愉快的"。它的含义为"心怀感激的品质或状态;带有回报倾向的感激"(来源于《牛津英语大词典》)。首先,感恩是对生活中美好事物的承认。心中怀有感激之情时,我们会对生活保持肯定的态度。我们确信,总的来说生活是美好的,是值得留恋的。得到某种东西往往会使我们感到满足,满足于这种东西本身,也满足于赠予者在挑选它时所注入的心思。其次,感恩是认知——认知恩惠的来源不全在其本身。感恩所指的对象是受支配的。一个人可以对别人、对自然、对动物心怀感激,但从不会感激自己。这便是感恩与其他精神情感特性之间的一个重要区别。一个人可以生自己的气,可以为自己感到高兴和自豪,或者因为做了坏事儿感到自责,但是如果要说一个人对自己心怀感激就会让人觉得很奇怪。即使你为自己买了一份丰盛的晚餐,你也不会由此而感谢自己,所以感恩总是指向施予者。

从这个角度来看,感恩不仅是一种感觉。它包含以下三种认知的意义:其一,对自身作为受惠者的认知;其二,认知到施惠者的施惠为有意行为,并涉及个人的花费;其三,认知到恩惠本身在受惠者看来是有价值的。感恩包含着谦卑的意味——对我们之所以成为现在的我们或者取得现在的地位是有赖于他人的贡献的认知。感恩还是一种对别人出于有益且无私的动机向我们施予的可能性的认知。

在平常的一天开车去上班的路上,我们也许会第一次注意到日出,注意到布满春花的草地,抑或空中列队飞过的大雁,我们胸中会骤然间涌动一种对生命的感恩。

感激是对于自己是恩惠收获者的一种心领神会的认识。在感恩中,我们铭记恩惠施予者为了我们的安乐所做的一切。作为接受者,我们承认收获了好意,而且意识到施予者是有意为之。感恩是我们对授予仁爱者的一种令人愉悦的爱的情感。

总之,感恩包含三重含义:认知(知性层面)、承认(意愿层面)、欣赏(情感层面)。

三、拥有感恩心态的意义

1. 心怀感激的人拥有更高层次的积极心态,例如快乐、热情、爱心、幸福与乐观,并且能够避免产生诸如嫉妒、怨恨、贪婪和苦闷这些具有破坏性的情感冲动。

2. 心怀感激的人能够更有效地应对日常压力,受到创伤时也显示出更强的恢复力,在患病时能够更快康复,并拥有更好的健康状况。

3. 心怀感激的人更富有爱心,更宽容。感恩让我们能够最大限度地享受一切美好事物,包括享受与人相处的快乐,享受生活的恩泽与美好。当我们享受别人的恩惠时,当我们珍惜已经拥有的一切时,感受幸福就会变得容易起来。

本·斯坦指出:感恩本身的意义在于它可以丰富人生。感恩的心态能够使人振奋,使人充满活力,鼓舞人,改变人。通过感恩,人们受到感动,变得坦诚和谦卑。感恩将生活包裹成一份礼物,让生活充满意义。

四、感恩与身体健康

懂得感恩的人与那些只知道放松与愤怒的人相比,心率明显不同。即使我们内心处于放松的状态,心脏的功能也达不到我们心存感恩时的有效状态。

当我们做出情绪反应,例如愤怒、沮丧、焦虑和没有安全感时,我们的心率就会变得没有节奏,起伏不定,这会干扰心脑交互。这种波动模式很显然属于更高的范畴。消极的情绪会对身体造成连锁反应,例如血管收缩,血压升高,免疫系统功能减弱。如果身体长期处于这种不协调状态,可能会加重对心脏以及身体其他器官的伤害,并最终导致严重的健康问题。

另一方面,当我们内心感受到爱、关怀和感激,或者充满同情心时,我们的心率就会变得协调和平缓,这就能增强心脑间的交互,促进心血管功能以及神经系统的协调,同时也会产生其他积极的影响,包括增强免疫力和协调内分泌。

五、感恩与幸福

感恩的心态是幸福的关键。感恩是一种积极的人生态度,它决定着人的幸福和成功。

常怀感恩之情,对别人、对环境就会少一份挑剔,多一份欣赏和感激。感恩,会为自己的过错由衷忏悔并努力改过;感恩,足以稀释心中狭隘的积怨和仇恨,快乐积极地投入生活。感恩,是一种美好的情感,是人格上的净化剂、事业上的内驱力,是人性的高贵与美好之所在。感恩会使人的心和人的事业联系得更紧,感恩会使人产生对生活、对一切美好事物的信念,从而一生被美好的事物包围。常怀感恩之心,我们便能够心无芥蒂地拥抱生活,全力以赴地投入工作,人生也将变得更成功与幸福。

六、爱让我们心存感恩

英国戏剧家萧伯纳曾经说过:"人生不是一支短短的蜡烛,而是一支由我们暂时拿着的火炬,我们一定要把它燃得十分光明灿烂,然后交给我们的下一代。"因为别人的爱,我们幸福地生活;因为别人的爱,我们感恩;因为别人的爱,我们要爱别人;因为别人的爱,我们要承担生活的责任。

心理知识

感恩——心理锁定技巧

"闭上双眼,然后放松,将注意力从大脑转移到心脏周围。如果这有助于你更好地集中注意力,就把手贴近心脏,想象你的呼吸经由心脏进出,然后放慢速度,深呼吸。现在精神集中地对生活中的人物和美好事物产生一种真诚的感激和关爱。试着真正体会一下感激之情,而非仅仅想象,尽可能长时间地认真维持这种感激和关爱。"

这段话摘自加州巨石城心脏数理研究院研究人员提供的资料,由此来归纳出"欣赏"这种积极情感。欣赏虽然不完全等同于感恩,但类似于感恩。他们将其称为"心理锁定技巧"。"心理锁定"通过将注意力转移至心脏(大多数人将其与积极情感相联系),从而有意识地摆脱不愉悦情感,它还存在于将注意力集中在欣赏他人、欣赏自己所处的积极情感的状态,在这种状态下,人往往会专注于思忖他人的仁慈与善良。

(资料来源:罗伯特·埃蒙斯.感恩:成功花朵的快乐种子.伍铁,译.北京:中国友谊出版公司,2008.)

第二节 学会感恩

一、感恩的对象

(一)感恩自然

神奇的大自然创造了万物,赋予了人类生存所必须的一切。我们生活在自然界中,接收它的馈赠,索取它的精华,过着丰衣足食的日子,享受着阳光雨露的滋养。"绿水青山就是金

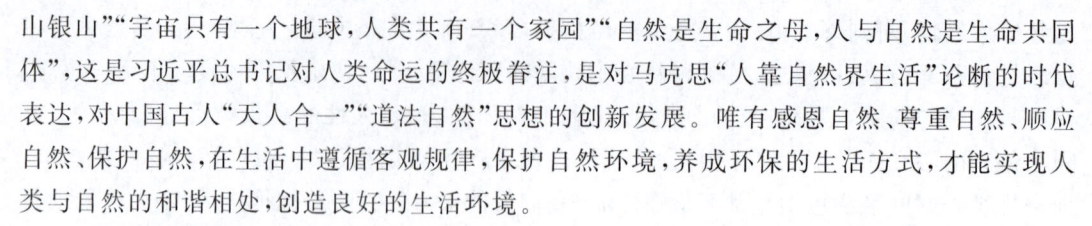

山银山""宇宙只有一个地球,人类共有一个家园""自然是生命之母,人与自然是生命共同体",这是习近平总书记对人类命运的终极眷注,是对马克思"人靠自然界生活"论断的时代表达,对中国古人"天人合一""道法自然"思想的创新发展。唯有感恩自然、尊重自然、顺应自然、保护自然,在生活中遵循客观规律,保护自然环境,养成环保的生活方式,才能实现人类与自然的和谐相处,创造良好的生活环境。

(二)感恩父母

父母的爱像巍峨的大山,博大而宽厚;父母的爱像缠绕的树根,坚定而深沉;父母的爱像甘甜的花蜜,馨香而甜蜜。父母在赋予我们生命的同时,也给我们带来了一生的呵护和关爱。无论日月如何轮回,无论事态如何变迁,父母的爱真挚而永恒,所以我们要用一颗感恩的心去感恩父母,永远牢记父母的恩情。"羊有跪乳之恩,鸦有反哺之义",我们更应该感念父母给予我们生命和无私付出的养育之恩,对父母多一份体贴,多一份关怀,多一句问候,用自己的实际行动孝敬父母,回报父母。

(三)感恩社会

社会上每天都在发生着令人温暖的事件,从穿梭在大街小巷的外卖小哥,到奋战在抗疫一线的医务工作者,再到投身于航天事业的科研人员……他们不辞辛苦、奋力拼搏、舍小家为大家,以实际行动感恩社会、回馈社会,他们坚守岗位,传递着正能量,他们无私感恩回报社会的精神品质令人感动,更值得我们铭记于心、积极学习。一些无数平凡而渺小的举动却谱写了社会的大爱,星星之火可以燎原,点点之爱也能温暖人心,行小爱之事谱大爱之曲。作为社会的成员,我们每个人都应懂得感谢他人、感恩社会,怀着一颗爱心去帮助别人,尽自己所能回报社会,将这种温暖的精神传递下去,"把爱施予众人,众人皆以爱报我",让正能量遍布社会,让爱的进行曲不断演奏。

二、记住不愉快的经历

虽然有对正面回忆的偏爱,但是我们没有理由在每天的感恩列表中只列出令我们愉快的恩惠,我们也需要留下对不好的经历的记忆。想想你最艰难的时刻,你的悲哀、你的损失、你的伤心,再想想你目前还对这些经历历历在目;你经历了生命中最糟糕的一天,你度过了一次危难,你经受住了考验,你成功地抵制了诱惑,你从糟糕的关系中幸存了下来,你走出了黑暗地带……记住这些不好的事情,再看看你现在的情况。当我们回忆生活曾经是那么艰难但我们一路走了过来时,脑海中立刻会形成过去与现在的鲜明对比,而这种对比正是滋生感恩的肥沃土壤。

三、冥想

运用一种名叫"内视"的冥想技巧能提高效率。

我从何处收获了什么?

我对谁付出了什么?

我引起了什么麻烦与困难?

第一个问题谈的是如何识别自己的收获。记住别人的一个微笑、几句关心的话,一个帮助的行为会引发感激之情。当我们聚焦于每天体会到的好意时,我们的内心将充满感激而不是问题带来的沉重负担。

第二个问题的焦点集中在我们对别人的付出上,这有助于我们意识到自己与他人的紧密关系,同时也消除了心中的自我优越感:以为自己得到别人的帮助理所当然,不需回报。

第三个问题有一些难度,因为它不是要我们承认别人带给我们的麻烦,而是我们的思想、言语和行为给别人的生活带来的麻烦与伤害。要知道,如果我们不愿看到并接受我们带给别人伤害的事实,那么我们将无法真正了解自己或自己所受到的恩典。

四、用感官体验

将近 80% 的研究参与者都表示对自己或者家人拥有健康的身体而深表感激,这样一来,它就成了最容易诱发感恩的动因之一。一个常被提到的感恩诱因就是我们的感官系统——具有能感觉到、看到、闻到和听到的能力。

不忙时,停下来注意听自己的呼吸,一天这样做两三次。

什么都不做,只留心自己呼入呼出的空气……一直这样呼吸下去。

这样呼吸 5~8 次,每次呼吸时都默默说声"谢谢你",以提醒自己拥有呼吸的能力,体验能够活着是多么幸福的一件事。

五、付诸行动

(一)耳濡目染,润物无声

如果我们和不知感恩的人在一起,我们会"感染"上他们的思想;如果我们选择与更懂得感恩的人做朋友,就会受到另一种积极影响。找到一个懂得感恩的人,多花些时间和他待在一起。如果你自己是一个满含感激之情的人,你会发现,人们也会受到你的情绪的"感染"。

(二)下决心进行感恩锻炼

"我发誓不再对许多事抱理所当然的态度。我发誓每天至少一次,放下手边的事,细数我的幸福。我发誓将对使我终身受益的人表达感激,过去我没有好好感谢他。"如果你在很正式的场合起了誓,最好能把你的誓言贴在一个显眼的地方,这样就能经常提醒自己。不过,最好的方法还是与负责任的伙伴分享你的誓言。

(三)注意自己的用语

我们也许会对自己说:"我的生活中有如此多需要感谢的方面""我真有福气""每天都是一个惊喜"或者"我的生命是一件礼物"。感恩式自言自语似乎是心理学家偏爱的药方之一,它使我们关注别人为我们所做的积极贡献,同时会给我们的精神健康带来好的影响,并且还会加强我们与社会的联系。

对从未花时间好好感谢的人表达感激会带来积极的效果,无论是对表达者还是接受感谢的人。关键在于立刻开始,感觉也会紧跟而来。有很多心理现象表明,行为改变往往会伴随着态度改变。好的意图经常被老习惯毁掉,如果我们只是站在那里等感觉到来,可能永远都等不到。

团体心理拓展活动

感动瞬间

活动目标：为体验父母之恩，回报父母之情，请讲述一个印象最深刻的、父母对自己的亲情故事，给父母写一封表示感恩的信。

活动场地与道具：

场地：室内。

道具：纸、笔、信封、邮票。

活动过程：

父母对我们的付出太多，以至我们大多数人都已经习以为常，那么今天请大家认真回顾，选出一件最令你感动的体现父母之爱的事。

1. 小组同学仔细思考并把主要过程记在纸上。

2. 小组内分享感动瞬间并体验父母之爱。

3. 记下至今为止为父母曾经做过的事情，对比父母对我们的付出，在小组内交流此时的心理体验。

4. 给父母写一封纸质家书。

活动规则：整个过程应态度端正，严肃认真。

讨论与启发：在小组分享的过程中，指导教师可以半开放性地讲述一件最令自己感动的、父母对自己关爱的事，对有些找不到感动瞬间的同学给予引导与启示。父母在我们的成长中付出了昂贵的成本——不仅仅是金钱，还有青春、健康甚至生命。正是父母的精心呵护让我们的生命如此健康、美丽。感恩不在形式，一张证书、一次聊天、一个电话、一个拥抱、一次饭后的散步、一项家务的分担……哪怕只是一个健康、活泼、孝顺的你，都足以让父母感到快乐！

(资料来源：刘利才，等.青少年感恩教育的理论与实践研究.北京：科学出版社，2014.)

生活链接

学会感恩　收获人生

生活当中，自己所做的事情不一定都是别人认可的，也许这在当时会成为心中的纠结。但是，在经历过后，仔细想想，岁月的洗礼才能让自己逐渐走上成熟。这个时候，要感谢那些曾经让自己成长的人,是他们让我们走向成熟睿智。学会感恩,收获别样的人生。

感恩斥责你的人,因为他们让你学会了思考。

人与人之间的相处过程中,有欣赏就有斥责。遭遇斥责请不要恼羞成怒,要学会自我反思,试着换位思考。这样在以后的人际交往中,你就会以此为戒,有则改之无则加勉。所以要感恩斥责你的人,是他们让你学会了思考。

感恩绊倒你的人,因为他们强化了你的意志。

竞争的社会免不了尔虞我诈,有些人为了达到自己的目的,会不择手段地在你前进的道路上放置各种障碍。当我们遭到这些阻挠时,请不要轻言放弃,要勇敢地面对。请相信,只要你坚持,阳光就在风雨后。压力就是最好的动力,这种越挫越勇的精神无形中强化了自己的意志力。所以,请感恩绊倒你的人。

感恩遗弃你的人,因为他们教会了你要独立。

一个人在成长和成熟的过程中,难免要经历自我独立。因为亲人不可能一生陪伴在你身边。正所谓,花无百日在深山,人无百年在世间。当亲人因为某种原因放弃了我们,我们不能心生埋怨和悔恨,要懂得感恩,感恩他们一生不求回报无限地付出,感恩他们的及早放手。有一种爱叫放手,因为他们的放手,我们才学会了独立。

感恩欺骗你的人,因为他增长了你的阅历。

生活中欺骗无处不在。当你被骗,请不要仇视对方,也不能自责。所谓吃一堑长一智,害人之心不可有,防人之心不可无。所以,请感恩欺骗你的人,因为有了他们的欺骗,才让我们无形中增长了社会阅历。

感恩伤害你的人,因为他磨砺了你的心志。

一个人在成长和成熟的过程中,难免会受到不同程度的伤害。因为人生不可能一帆风顺,当你的真诚换不来等同的回报,请不要怨天尤人。请坚信,每一次伤害都是对你人生的洗礼,每一次伤害都是一种崭新生活的开始。舔舐伤口,把痛楚化作前进的动力,相信终有一天你会化茧成蝶。所以,请感恩伤害你的人,是他们磨砺了你的心志。

感恩在困境中帮助过你的人,是他们让你坚定了信念。感恩在顺境中忠言提醒你的人,是他们帮你校正了航向。感恩污蔑你的人,是他们让你知道正人先正己。

我们生活在感恩的世界里,感恩生命的伟大,感恩生活的美好,感恩父母的言传身教,感恩老师的谆谆教诲。我们感恩大自然赋予生命的一切恩泽。

感恩是力量之源,爱心之根,勇气之本。感恩父母,你将不再辜负父母的期望;感恩社会,你会轻轻扶起跌倒在地的老人;感恩人生,你将笑对狂风暴雨,笑迎天边那一抹彩虹。让我们一起学会感恩,收获别样的人生!

(资料来源:搜狐网)

第三节 大学生感恩缺失的表现及其改进途径

一、大学生感恩缺失的表现

(一)对父母师友感恩之情的淡化

"百善孝为先",感恩教育首倡感恩父母。某高职院校进行了一项调查,结果显示大学生的孝心不尽如人意,有27%的大学生不知道自己父母的生日,有31%的大学生只知道父母其中一人的生日,81%的大学生称没有给父母过过生日。当问及平时在家是否做家务活、会干几项家务活时,有11%的大学生称自己从来不做家务活。

老师是我们人生的指路明灯,引导我们走上正确、成功之路,我们要学会尊重老师,感恩老师。当前一些大学生缺少对老师的感恩之情,在校园里见到老师像不认识一样,课堂上无视老师的存在,我行我素,甚至是出口不逊,顶撞老师。

回报激励、帮助过自己的朋友,不背信弃义,这种对他人的感恩在大学生中也有所淡忘。如在新生报名时,大二学生小刘志愿参加新生接待服务,帮助十几名新生报名排队,提行李,做向导,却只收到五句"谢谢"。

(二)漠视生命的珍贵

随着当今社会竞争压力的增大,一些大学生心理承受能力差,遇到感情碰壁、学业不顺、就业困难等问题不能及时调整心态,很容易就产生自杀冲动。

(三)个体及公共资源的浪费

有些大学生已经习惯衣来伸手、饭来张口的生活方式,且对实际生活又缺乏深刻了解和体验,没有养成勤俭节约的习惯,表现为:许多高校餐厅经常可看到只吃了几口的饭菜、馒头被随意倒弃,寝室里亮着灯开卧谈会,卫生间水龙头"长流水",等等。

二、大学生感恩缺失的改变途径:感恩教育体系的建构

(一)更新感恩教育理念,倡导多维教育观念

高校感恩教育是一种道德教育,也是培养健康人格的重要组成部分。高校应该通过对大学生实施感恩教育来引导和培养他们的感恩意识,让他们自觉自愿接受和发现生活中的美好事物,并以感恩的心态回报社会和他人,自觉使感恩成为自己做人的基本准则。

高校感恩教育也是一种认知上的价值观教育促使大学生将感恩意识内化为自己的价值观。高校应引导大学生形成对父母、社会、祖国深深的感恩情感,塑造他们积极向上的道德灵魂和精神风貌,帮助他们树立正确的价值观。

(二)调整感恩教育目标

高校在对大学生实施感恩教育的过程中,要注意感恩教育目标的制定既要反映所处时代的教育总目标,又要符合大学生心理认知的发展情况,还要体现大学教育的特色与地位。具体来说,高校感恩教育的目标应该采取多种方式,通过多种途径,引导大学生自我完善,通

过感恩学习内化自己的感恩情感,养成良好的感恩意识和感恩、施恩习惯,从而不断提高道德素养,形成正确的价值观。

(三) 设置感恩教育课程

高校感恩教育课程在大学一年级开设较为合适。这主要是基于这样的原因:第一,开设感恩教育课程可以"补救"家庭教育、中学教育在感恩培养方面的不足,及时唤起"迷失"的感恩意识。第二,新生刚入学即开设感恩教育课程,有利于夯实理论基础,使高校感恩教育从一开始就进入良性循环,从而更具针对性和时效性。

(四) 在学生的日常管理和服务工作中进行感恩教育

高校感恩教育应结合学生的日常管理和服务等工作来进行,使感恩教育"生活化"。学生教育管理教师(辅导员)要充分发挥其表率示范作用,深怀感恩心、仁爱心,使自身充满人文情怀。高校感恩教育要从大学生的生活出发,从细节入手,让他们在日常生活中体验感恩、把握感恩,在现实行动中把感恩意识和个人的情感、意志、知觉等交融在一起,最终在现实生活中实现感恩教育。

(五) 家庭、学校、社区和社会共同开展感恩教育

加强大学生的感恩教育是一个系统工程,只有实现家庭教育、学校教育、社区教育和社会教育四者有机结合,做到"四位一体",相互渗透、互相促进,才能形成合力,为大学生的身心健康发展创造一个和谐的社会环境。通过家庭、学校、社区和社会的共同努力,大学生的感恩意识才能得到有效的培养。

生活写真

孟佩杰:恪守孝道的平凡女孩

命运对孟佩杰很残忍,她却用微笑回报这个世界。

五岁那年,爸爸遭遇车祸身亡,妈妈将孟佩杰送给别人领养后不久也因病去世。在新的家庭,孟佩杰还是没能过上幸福的生活,养母刘芳英在三年后瘫痪在床,养父不堪生活压力,一走了之。绝望中,刘芳英企图自杀,但她放在枕头下的40多粒止痛片被孟佩杰发现。"妈,你别死,妈妈不死就是我的天,你活着就是我的心劲儿,有妈就有家。"

从此,母女二人相依为命,家中唯一的收入来源是刘芳英微薄的病退工资。当别人家的孩子享受宠爱时,八岁的孟佩杰已独自上街买菜,放学回家给养母做饭。个头没有灶台高,她就站在小板凳上炒菜,摔了无数次却从没喊过疼。

在同学们的印象中,孟佩杰总是来去匆匆。她每天早上六点起床,替养母穿衣、刷牙洗脸、换尿布、喂早饭,然后一路小跑去上学。中午回家,给养母生火做饭、敷药按摩、换洗床单……有时来不及吃饭,拿个冷馍就赶去学校了。晚上又是一堆家务活,等服侍养母睡觉后,她才坐下来做功课,那时已经九点了。

"女儿身上最大的特点是有孝心、爱心和耐心。"刘芳英说,如果有来生,她要好好补偿女儿。为配合医院的治疗,孟佩杰每天要帮养母做200个仰卧起坐、拉腿240次、捏腿

30 分钟。碰上刘芳英排便困难,孟佩杰就用手指一点点抠出来。

2009 年,孟佩杰考上了山西师范大学临汾学院。权衡之下,她决定带着养母去上大学,在学校附近租了间房子。大一那年暑假,孟佩杰顶着炎炎烈日上街发广告传单,拿到工资后的第一件事就是买养母最爱吃的红烧肉。

"我只不过做了每个女儿都会做的事。"不少好心人提出过帮助,都被孟佩杰婉拒了,她坚持自己照顾养母。孟佩杰的毕业愿望是当一名小学老师,安安稳稳,与养母简单快乐地生活。

(资料来源:新浪网)

心理测试

感恩心理

感恩,一个温馨而又动人的话题,什么又是感恩呢?你是不是一个懂得感恩的人呢?请看下面的测试题:

1.如果你是牛顿,在树下被苹果砸中了脑袋,被自己的死对头看见并嘲笑了。面对被砸和嘲笑你会怎么办?

A.像牛顿一样,不管他人嘲笑,刻苦努力,发现万有引力。

B.与他相视一笑,说这个苹果是见自己渴了,想让自己解渴。

C.抓起苹果向他扔去,管他什么苹果问题。

2.如果你是一个被陷害而蹲过监狱的作家,当你平反后,记者问你对警察的看法时,你会怎么说?

A.他们让我明白法律的强制性,感谢他们,我会因这次经历而不再犯法。

B.他们抓我进去后,我突然有了灵感,会写那篇小说的结尾了。

C.警察这种宁可错杀一百,绝不放过一个的精神很让人"佩服"。

3.你和另一个同学都有评上"三好学生"的条件,但老师决定让那位同学获此荣誉,你的态度是:

A.老师这么做肯定是因为我与那个同学还有差距,我应向他看齐。

B.心里不舒服,觉得老师不公平。

C.背后揭那个同学的短。

4.如果你是一个爱占小便宜的人,你同学当众给你指出来,让你没面子,你的态度是:

A.没关系,人恒过,然后能改,我会改正的。

B.我就爱占小便宜,关你什么事。

C.你既然不给我面子,下次,我也就不客气了。

5.你的同桌暗暗喜欢上你,而你也有察觉,你生病后,他总帮你收拾桌子,你知道后,态度是:

　　A.十分感动,以后对他好点。

　　B.装着没看见,置之不理。

　　C.去!一厢情愿。

评分标准

选 A:5 分,选 B:3 分,选 C:1 分,

5～12 分:对所有事和人都有一颗感恩的心,你才能发现真情。

10～20 分:你是一个知情达理,知恩图报的人。

20～25 分:你对万物存有一颗感恩的心,你的生活充满诗情画意。

(资料来源:罗伯特·埃蒙斯.感恩:成功花朵的快乐种子.伍铁,译.北京:中国友谊出版公司,2008.)

推荐好书

《有一种幸福叫感恩》

作者:林清玄

出版社:华侨出版社

出版时间:2010 年 10 月

内容简介:《有一种幸福叫感恩》是一本关于感恩的温馨之书,精选了 100 余个凝聚着人间至情至性的关于父爱、母爱、亲情、友情、爱情的故事,文笔质朴无华、情感炽热动人,告诉你尘世的温情、家庭的温暖;告诉你幸福来自人的内心,来自人与人之间的关爱。感恩父母给我们生命,哺育我们不断成长;感恩妻儿给我们温暖,让我们拥有休憩的港湾;感恩朋友给我们友爱,让我们在无助时看到希望和阳光……感恩之心是人生最珍贵的所有。学会感恩,让无力者有力,让有力者有爱,让有爱者幸福。

作者简介:林清玄,中国当代著名作家、散文家,17 岁开始发表作品,其作品《和时间赛跑》《桃花心木》选入小学语文课本。

参考文献

[1] 张日冉.大学生心理健康.2版.大连:大连理工大学出版社,2006

[2] 贾晓明,陶勑恒.大学生心理健康——走向和谐与适应.2版.北京:北京理工大学出版社,2010

[3] 方舟.珍爱生命.北京:北京理工大学出版社,2008

[4] 孔洁.高职大学生心理健康指南.合肥:中国科学技术大学出版社,2006

[5] 吴芝仪.我的生涯手册.北京:经济日报出版社,2008

[6] 季建林.自杀预防与危机干预.上海:华东师范大学出版社,2006

[7] 周家华,王金凤.大学生心理健康教育.2版.北京:清华大学出版社,2010

[8] 张钊源.大学生必读教程.北京:经济日报出版社,2007

[9] 聂振伟.高职心理健康阳光教育(学生用书).北京:北京师范大学出版社,2007

[10] 陈衍.大学生心理健康教育心理课堂.北京:化学工业出版社,2007

[11] 王民忠.大学生心理健康进行时.北京:中国轻工业出版社,2008

[12] 郝春生.高职大学生心理健康指导.北京:清华大学出版社,2009

[13] 陈琦.当代教育心理学.北京:北京师范大学出版社,2002

[14] 严肃,陈先红.大学生心理素养.合肥:中国科学技术大学出版社,2008

[15] 中国就业培训技术指导中心.心理咨询师(二级).北京:民族大学出版社,2005

[16] 樊富民.团体心理咨询.北京:高等教育出版社,2005

[17] 中国就业培训技术指导中心.心理咨询师(基础知识).北京:民族大学出版社,2005

[18] 郑日昌.大学生心理健康——自主与自助手册.2版.北京:高等教育出版社,2017

[19] 崔建华.大学生心理素质拓展教育.厦门:厦门大学出版社,2009

[20] 邢群麟.哈佛大学教授给学生讲的200个心理健康故事.北京:中央编译出版社,2007

[21] 边玉芳.心理健康(教师用书).上海:华东师范大学出版社,2007

[22] 孟庆荣,陈征澳.大学生心理健康.2版.北京:清华大学出版社,2011

[23] 杨国枢.华人本土心理学.重庆:重庆大学出版社,2008

[24] 钱永健.拓展培训.3版.北京:企业管理出版社,2016

[25] 欧阳辉,闫华,林征.大学生心理健康应用教程.沈阳:辽宁教育出版社,2010

[26] 谭谦章,袁一平.新编大学生心理健康教程.2版.北京:化学工业出版社,2011

[27] 沙莲香.社会心理学.北京:中国人民大学出版社,2006

[28] 王培俊.职业规划与创业体验.北京:高等教育出版社,2011

［29］方平.自助与成长——大学生心理健康教育.北京:教育科学出版社,2010

［30］蒲清平,徐爽.感恩心理及行为的认知机制.南宁:学术论坛,2011(6)期

［31］吴文兵.论和谐社会构建时期的大学生诚信教育.马鞍山:安徽工业大学学报,2007(1)

［32］罗伯特·埃蒙斯.感恩:成功花朵的快乐种子.伍铁,译.北京:中国友谊出版公司,2008

［33］约翰·波拉克.创新的本能:类比思维的力量.青立花,胡红玲,陆小虹,译.北京:中信出版集团股份有限公司,2016

［34］杰伊·哈曼.创新启示:大自然激发的灵感与创意.王佩,郭燕杰,译.北京:中信出版集团股份有限公司,2015

［35］刘利才,等.青少年感恩教育的理论与实践研究.北京:科学出版社,2014

［36］朱育红,潘力军,王爱丽.大学生心理健康教育课堂互动手册.上海:华东理工大学出版社,2015

［37］汪丽华,何仁富.大学生心理健康与生命教育.北京:北京师范大学出版社,2014

［38］黄群瑛.大学生心理素质训练.长沙:湖南师范大学出版社,2011

［39］徐光兴.学生心理辅导咨询案例集.沈阳:辽宁教育出版社,2012

［40］俞国良.大学生心理健康.北京:北京师范大学出版社,2018

［41］夏翠翠.大学生心理健康教育.2版.北京:人民邮电出版社,2019

［42］黎光明.心理测量.北京:清华大学出版社,2019

［43］何元庆,全莉娟.大学生心理健康教育.北京:高等教育出版社,2019